燕京
创意文化产业学刊

2013年卷（总第4卷）

YANJING CHUANGYI WENHUA CHANYE XUEKAN

包晓光　主　编

郭　嘉　副主编

文物出版社

封面设计：王　超
责任编辑：孙　霞
责任印制：张道奇

图书在版编目（CIP）数据

燕京创意文化产业学刊. 2013年卷：总第4卷 / 包晓光, 郭嘉主编.
—北京：文物出版社, 2013.12
ISBN 978-7-5010-3962-3

Ⅰ.①燕…　Ⅱ.①包…②郭…　Ⅲ.①文化产业 – 北京市 – 丛
刊　Ⅳ.①G124-55

中国版本图书馆CIP数据核字(2014)第069914号

燕京创意文化产业学刊
2013年卷（总第4卷）

包晓光　主　编

郭　嘉　副主编

*

文物出版社出版发行

（北京市东直门内北小街2号楼）

http://www.wenwu.com

E-mail:web@wenwu.com

中煤涿州制图印刷厂北京分厂印刷

新　华　书　店　经　销

710×1000　1/16　印张：24.5

2013年12月第1版　2013年12月第1次印刷
ISBN　978-7-5010-3962-3　定价：58.00元

本卷学刊出版得到

首都师范大学专业群建设专项、研究生教育专项经费资助

学术顾问：陆贵山　徐延豪

编　委　会

目　录

前　言 ……………………………………………………………………（1）

卷首特稿

郑自隆　文创商品品牌知识指针之建构 ……………………………（7）

文化开发

李　艳　在活态展示中保护　于良性循环中传承
　　　　——传承人"家庭博物馆"对于"非物质文化遗产"保护
　　　　的价值及其设计策略 ………………………………………（21）

秦　勇　"京味诗性"与大众审美文化 ………………………………（30）

石晨旭
祝　帅　中国与日韩平面设计产业发展现状比较研究
　　　　——再探中国平面设计产业竞争力提升路径 ……………（39）

时　晨　增长乏力　转型在即
　　　　——浅析日本漫画出版业的若干问题 ……………………（62）

区域聚焦

胡洪斌
邹沁园　民族村寨文化创意产业发展模式研究
　　　　——以西双版纳勐罕镇傣族园为例 ………………………（73）

李　佳　特色文化产业聚集区的构建模式与选择路径
　　　　——基于大理−丽江区域的案例研究 …………………………（85）

程　暄　中国葡萄酒产业区域品牌现状与发展 ………………………（95）

媒介研究

阮南燕　微电影及其产业前景 ………………………………………（112）

尹铁钢　"媒体红利"产生的制度要素分析 …………………………（123）

李杰琼　"数据化"——考察新闻业转型的一个新视角 ……………（137）

潘婷婷　数字技术介入下的电视艺术"时空"流转 …………………（145）

黄　罡
赵　捷　地方卫视如何突围晚间　打造深度新闻栏目品牌 ………（157）

网络文学

常　秀
陈　丹　中国网络文学企业创新机制研究 ……………………………（169）

王金珠
王京山　网络文学是数字传播时代社会思潮的反映 ………………（179）

郭　嘉　网络文学出版的产业政策管理研究 ……………………………（185）

营销传播

艾德沃德斯·马尔萨乌斯　　从CM到CRM再到CN²：一个营销传播转型
唐·舒尔茨　　　　　　　　的研究议程 ……………………………（195）

陈培爱
闫　琰　90后大学生群体的消费行为探析 ………………………（210）

姚　曦
秦雪冰　数字化背景下校园消费主义文化特征与校园营销 …………（220）

沈　虹
王　琳　移动互联网信息搜索行为研究
　　　　——以旅游类 App 为例 ……………………………………（234）

韩志强
聂鑫焱　微语90后
　　　　——微博热点话题中90后用户的话语分析与形象构建 ………（254）

刘立伟
刘立丰　以古为镜
　　　　——浅谈传统广告文化中的"诚信" ……………………（261）

杨雪萍　互联网环境下二线城市大学生传统广播接触现状研究 ……（266）

业界物语

方立军　品牌娱乐营销的全新法则 …………………………………（283）

吴明峰　文化产业
　　　　——回归文化和产业 …………………………………………（290）

李雪梅　秃鹰来了，股市新闻报道规范刻不容缓！
　　　　——以台湾联合报沦为秃鹰犯罪工具为鉴 …………………（294）

徐海龙　纸质图书不会消失
　　　　——访北京贝贝特出版顾问有限公司编辑总监陈凌云 ………（298）

包若冰　结合展项资源　创新科技馆教育活动模式 ………………（305）

高校专业教育

高传智　人才培养创新实验区模式下的教学体系建设探索
　　　　——以中国劳动关系学院文化传播专业群为例 ………………（315）

创意孵化器

王　淼　产业化文学网站运营模式对比研究
　　　　——兼谈我国文学网站的现存问题及未来发展 ……………（325）

郭双双　2003年以来国内外媒介素养教育研究的现状与趋势 ……… （335）

李嗣荣　探析媒介公共知识分子与当代社会之关系 ……………… （342）

赵诗雯　北京名人故居与城市文化品牌建设发展初探 …………… （351）

张宇忻　"798"的我见我思 …………………………………… （361）

朱文琪　从受众阅读需求看网络文学盗版问题的解决之道 ……… （370）

编后语 ………………………………………………………… （377）

《燕京创意文化产业学刊》约稿启事 ………………………… （378）

前　言

　　自 2010 年《燕京创意文化产业学刊》首卷创生，到本卷学刊孕育出版，不知不觉已过去四年。与首卷学刊对比，本卷学刊在内容上有显著变化。固然，本卷学刊的宗旨仍一如既往地关注我国的文化体制改革以及文化产业的发展变化，特别聚焦于首都的文化创意产业，但是，在主题方面，新媒体的议题明显增加，关于网络、媒介、数字化、品牌、文化资源等方面的思考占了绝大部分。这似乎也在说明，近年来，人们已不再满足于对文化问题的宏观的本体性的探索，而更加关注文化发展与变革中的新领域、新问题和细部表现。

　　2013 年 10 月，台湾元智大学人文社会学院院长、文创产业学者洪泉湖教授应邀到首都师范大学访问，在与他的交谈中得知，台湾的文创产业动力的源泉似乎更加依赖于民间的智慧劳动，虽然格局规模不及大陆，但论细微处见人文关怀与情趣，好似更胜一筹。在这里，我不打算讨论两岸文创产业的差别，我只是想说，大陆在经历了文化产业的高调宣传与概念炒作之后，势必对文化产业发展中的效率、效益、公平、创意、科技、创新以及人文关怀等实实在在的问题更加关注，并进一步推动文化产业的精细化、高效化、合理化、创意化的发展。

　　我们知道，衡量一个国家、地区文化产业发展状况与水平的首要依据是看它提供的文化产品与服务的有效性。如果文化产业提供的文化产品与服务，数量不足、品类欠缺、质量低劣，且不能抵达需求者、转化为文化的营养与满足，那么，这样的文化产业，其状况与水平就不能给予高的评价，因为它缺少了有效性。当然，我们不能抽象地谈论有效性，有效性总是因时因地因人而异，它的内容总是具体的、变化的；它的性质与程度也处在变化之中。但是，这并不意味着文化产品与服务的有效性不可衡量，因为这种有效性表现为客观存在的文化需求及其满足的动态过程，这个过程总是体现出一定的规模、数量、程度的差别，这就为我们了解文化产品与服务的有效性提供了依据。

改革开放以来，我国的文化产业快速发展，对文化需求满足的有效性的认识，经历了一个由浅入深的过程。在文化产业倡兴阶段，对文化产品与服务的有效性的认知尚不自觉，人们更多的是从政府、国家层面来关注文化产业的发展，国家的文化发展诉求集中体现为各地各级政府主导的大规模的文化建设。尽管我们在较短时间内生产了大量的文化产品、建造了大量的文化实体设施，但是，它的有效性却明显不足。比如流行文化生产，在一定时期里，我们的需求不得不由国外的流行文化产品来满足，这一状况客观上抑制了我国的流行文化生产。在文化产业进入繁荣发展阶段，对有效性问题的认识得到深化。具体体现在政府转变了对发展问题的认识，由单一寻求GDP增长，转而寻求全面的可持续增长。

2013年11月召开的中国共产党十八届三中全会可以视为一个新的开端，全会通过的《中共中央关于全面深化改革若干重大问题的决定》，虽然没有像以往那样浓墨重彩地提及"文化产业"，但却从四个方面——"完善文化管理体制""建立健全现代文化市场体系""构建现代公共文化服务体系""提高文化开放水平"，具体阐述了全面深化文化体制机制改革的内容。其中，对于文化产业的发展来说，最为关键的一条是对市场的描述："完善文化市场准入和退出机制，鼓励各类市场主体公平竞争、优胜劣汰，促进文化资源在全国范围内流动。"换言之，市场的地位与作用被突出强调，这表明党和政府意识到，如果没有完善的市场体系、机制、规则，即使赋予市场主体以权力，也只能是一句空话，所以，市场本身的建设就显得至关重要。正如全会公报指出的那样，"建设统一开放、竞争有序的市场体系，是使市场在资源配置中起决定性作用的基础。必须加快形成企业自主经营、公平竞争，消费者自由选择、自主消费，商品和要素自由流动、平等交换的现代市场体系，着力清除市场壁垒，提高资源配置效率和公平性。"只有如此，才能使"发展成果更多更公平惠及全体人民"。

怎样使三十多年来改革发展的文化成果、文化权益更多更公平地惠及全体人民呢？显然，这是一个如何达成文化产品与服务有效性的问题。只有让人民公平享有文化产品与服务，"惠及全体人民"才不是一句空话。与改革开放之前全体人民低水平共享文化产品与服务相比，今天对文化产品与服务的全民享有，是一个非常复杂的问题。社会主义的文化事业与文化产业，就其性质与使命而言，就是要使文化产品与服务惠及全体人民，保障并增进人民的文化权利，使人民的文化需求得到满足。这一目的一方面要通过日益增加和改善的公共文化产品与服务来实现，另一方面则要由文化产业和文化市场来实现。换言之，公共文化产品和服务的普遍有效性要由政府主导、组织并提供给全体人民，而非公共的商业化的文化产品和服务的普遍有效性则要由完善的市场提供给全体人民。显然，"公平惠及"不是绝对平均主义，普遍有效性也非取消个性化需求与差异化满足。在社会主义初级阶段市场经济条件下，人们的丰富多彩的文化需求不可能仅靠有限的公共文化产品与服务就能够得到满足，更多的更精致的个性化的文化需求只有通过市场才能得到满足。

长期以来，我们忽视或不信任市场的作用，导致文化市场发育不良、市场规则扭曲变形，消解了文化产品与服务的有效性。文化生产与文化消费中长期存在的双轨制和城乡差别，使超越市场经济规则的权力运作阻碍了文化市场建设。现在，经历三十多年改革开放的积累，我们有理由也有条件进一步完善市场体制，使改革站上新的台阶。

中国文化产业近些年来的某些无序发展，实际根源在于没有尊重市场规律，市场发育不良或扭曲变形，一些地方的文化GDP冲动和狭隘政绩观，造成了文化产业的片面化和畸形化发展。我们认为，要使我国由文化大国变成文化强国、实现振兴中华的伟大中国梦，必须一切从实际出发，建立并不断完善社会主义市场体系，充分发挥市场在调节文化生产和文化消费过程中的作用，使文化资源合理有序流动。只有这样，我们才能使文化产品与服务的有效性真正达成。而达成这种有效性的文化生产与文化服务，应该在细节方面体现出人文关怀和人文情趣。目前，我们距离这一目标还比较远，但是，我们相信，日臻完善和健康的市场机制体制及其意识形态能够帮助我们做到这一点。

卷 首 特 稿

文创商品品牌知识指针之建构

郑自隆

摘要："文创"就是"文化"商品化、"商品"文化化，所有生活方式、产业经营加入"文化"、"创意"元素，都可以成为"文创产业"。文创商品与文创产业长久经营一定要有"品牌"观念，要建构文创商品品牌，应考虑如下之八项指标：是否告知商品基本信息与"故事"、传达基本认知；是否以特殊象征物（symbol）作为商品特征；是否与竞争者明确区隔；是否强调商品对消费者带来之显著性利益；是否塑造对商品的尊敬；品牌历史是否悠久、广告声量是否足够；传播讯息是否长期维持一致性；是否建构对商品独特的认知。文创商品品牌管理，必须掌握三个原则：创意化、年轻化、在地化；由于是"符号消费"，因此经营方向与品牌管理，长期而言，应将"品牌"塑造为"名牌"。

关键词：文创 文化创意产业 文创商品 品牌管理 品牌知识指针

一 文创商品与产业文创化

一般人提到"文创"，都会想到有趣新奇的文具、杯子、公仔，部分知识分子、社会精英提到"文创"，会想到动漫、电玩、电影，甚至电视偶像剧，"文创"真的只是文具、杯子、公仔，或是动漫、电玩、电影、偶像剧吗？

将"文创"窄化为"文创产业＝内容产业"或是"文创产业＝设计产业"，认为"文创"商品为精英把玩欣赏，是"阳春白雪"，是品味生活，与普罗大众无涉，这是狭隘的观念。或许我们可以换个新思维来思考文化创意产业，既然讨论文化、创意，那什么是文化？什么是创意？

简单地说，文化是族群生活方式的呈现，是集体记忆与历史轨迹；而创意是提升价值的创新思维或做法。因此所有的生活方式、产业经营只要能连接"文化"、"创意"这两个元素是不是都可以成为"文创产业"；我们是不是可以更宽广的"产业文创化"新思维取代狭隘的"文创产业"老观念？回归"产业文创化"才能扩大思考野，将文创融为庶民生活的一部分。

何谓"文创"？很多人无法用一句话来说明什么是"文创"，事实上"文创"的概念很简单，就是——"文化"商品化、"商品"文化化。因此所有生活方式、产业经营，均能加入"文化"、"创意"元素，都可以成为"文创产业"。

（一）"文化"商品化

所谓商品化系将概念具体化，予以创意加值，变成可销售、可传播的商品。因此"文化"商品化即将有文化意涵的"商品"，如城市、节庆、博物馆，以及在地文化、"内容商品"的营销文创化，在地文化营销文创化，如台湾妈祖文化季、庙会（家将、三太子）、盐水蜂炮、迪化街年货市集、台北灯节、日本京都高台寺"夜樱茶会"、可睡斋"写经"都是；而"内容商品"文创化指的是影音娱乐营销文创化、媒体营销文创化、图书营销文创化。"文化"商品化，即将上述"商品"赋予商品化的过程，变成可销售、有产值的"商品"，当然在商品化的过程，创意是必要的条件。

（二）"商品"文化化

"商品"文化化则将一般的商品，加入文化的元素，以提升其商品价值，在文创化过程中，创意加值当然也是不可或缺。

一些并不显眼的商品，如观光活动、商圈、工厂、餐饮，乃至"设计商

表1　　　　　　　　　　　　　产业文创化内涵

"文化"商品化	"商品"文化化
节庆营销文创化	观光活动营销文创化
城市营销文创化	商圈营销文创化
博物馆营销文创化	工厂营销文创
在地文化营销文创化	餐饮营销文创化
"内容商品"营销文创化	商品营销文创化
	"设计商品"营销文创化

品"都可以加入文化与创意元素，以提升其商品价值，当然在文化化的过程，也必须加入创意元素；而传统"文创产业"概念的"设计商品"也必须创意化、文化化。

二 品牌

任何企业要长久经营一定要有"品牌"观念，产业文创化当然也是，Hermes 的包包与 Armani 的衣服可以高价卖出，靠的是品牌，台北市努力办牛肉面节、凤梨酥节，就是要经由特色来建立品牌。

现代的营销思想，品牌系为了标记与识别的需求，从消费者角度，品牌是为了协助消费者视觉的辨识，从生产者角度，品牌系用以区隔竞争者，从社会的角度，品牌用以监督企业的社会责任与企业公民角色。

"品牌"可以是名称（name）、标志（sign）、符号（symbol）、口号（如提到"科技始终来自于人性"就会想到 Nokia），或是上述元素的组合。品牌的功能不只在于区隔竞争者与突显自己，其最终目的系提升消费者认知与促进购买。不只商品或服务需要品牌，政治人物、演艺人员、运动选手、甚至地区、城市，都可以透过标记、符号、口号来塑造品牌，以争取好感或支持。

以产品实体角度，根据美国营销学会（American Marketing Association）定义品牌为："品牌是一个名称、名词（term）、标记、符号、设计（design）或以上各项的总合，以试图辨认竞争者之间的产品或服务，进而与竞争者商品具有差异化。"定义突显品牌外部的符号表征，是用以辨识与竞争者区隔的工具，亦隐含了品牌对商品所带来之附加价值－与竞争者商品的差异化。亦即品牌的概念不止是商品本身，更超越商品，如消费者印象、品牌与消费者的关系等。因此，品牌经由差异化，所拥有的附加价值也形成了品牌权益（brand equity）的基础。

三 品牌知识建构

文创商品要建立品牌，进行品牌管理，进而累积品牌权益、形成品牌忠诚，必须建构品牌知识，品牌建构的基础在于品牌知识结构（brand knowledge structure），而品牌知识即由品牌知觉（brand awareness）与品

印象（brand image）构成。[1]（Keller, 1998）

（一）品牌知觉

品牌知觉，简单地说就是建立品牌认知，这也是品牌营销中最具主要的传播任务。品牌知觉是由"广告"与"使用经验"构成，消费者透过直接的商品使用经验，与间接的广告、促销、赞助、事件传播等活动，认知品牌名称、符号、口号或商品包装、功能。

而"广告"与"使用经验"，会影响"品牌知觉"，最后影响品牌忠诚度或购买行为，换言之"广告"与"使用经验"是自变项，"品牌知觉"是中介变项，而品牌忠诚度与购买行为是应变项。

自变项　　　　　　　中介变项　　　　　　　应变项

图1　"广告、使用经验"、"品牌知觉"、"品牌忠诚度、购买行为"之关系

品牌知觉也就是帮助消费者建立参考架构（reference frame）。对文创商品品牌而言，广告必须告知消费者该商品基本数据（如特色、"故事"、文化意义与功能），以及该商品在整体文化网络中的地位，让消费者能够将该商品与其他所认知的商品或文化情境相比较。

品牌知觉的目的，最后在于形成消费者的回忆（recall）与确认（recognition），确认是消费者能描述品牌特征，回忆则是从众多品牌记忆中，被消费者检索出来，当然最终目的在于建立品牌忠诚与购买。

（二）品牌印象

品牌印象来自联想（association），因此品牌印象来自与联想有关的四个子题[2]（Keller, 1998）：

---

① Keller, K.L. *Strategic Brand Management*, Upper Saddle River, NJ: Prentice Hall,1998.

② 同上。

1. 品牌联想类型

品牌联想类型又分为三个要素：

① 特征（attributes）：有特征常是消费者对品牌的直觉联想，亦即品牌对消费者最深刻的印象描述，它可与商品有关（如原物料、口味、包装、功能），也可能与商品无直接关系（如使用情境、价格、使用感觉）。

② 利益（benefits）：所有商品必须提供消费者利益方能获得青睐，利益来自三种形态—首先是功能性利益（functional benefits），因商品本身具备的功能而获得满足，如饮料之于解渴、汽车之于代步。其次，符号性利益（symbolic benefits），满足来自因使用商品而获致的符号性满足，而非商品本身，如口渴，喝水是功能性满足，喝可乐是消费美国文化的符号性满足，喝低酒精进口饮料是享受精英消费的符号性满足。第三，经验性利益（experiential benefits），因愉悦使用经验而获致的满足。

③ 态度：态度是消费者对品牌的整体性评估，消费者常依上述的特征或利益而形成态度，对特征或利益的认知有来自亲身的使用经验，但大部分来自媒介的影响（新闻报导或广告），以之形成肯定、正向态度，或批评、负向的态度。

2. 品牌联想强度

品牌联想强度来自使用经验的频率，以及所暴露的传播工具的量与质。每次使用经验以及暴露的传播媒介，均会增强品牌联想强度。品牌联想强度主要来自广告量与广告媒体选择与排期等媒体策略因素，与广告讯息因素，换言之，广告量越多，或是广告令人印象深刻，品牌联想强度会越强。

3. 品牌联想偏好

品牌联想偏好（favorability）系指消费者经评估过，所产生的品牌偏好。通常消费者会以商品是否满足需求作为主要的评估依据，此外广告所传播的信息是否满足需求，或传播是否持续以累积一致性的品牌印象，也会影响消费者的品牌联想偏好。

4. 品牌联想独特性

品牌联想独特性（uniqueness），系建立有别于竞争品牌的独特认知，简单地说就是品牌个性（brand personality）–在众多品牌的联想中所突显该品牌的独特点。

品牌个性必须长期经营，而且经由广告集中诉求，方能形成"个性"，强化品牌个性的广告诉求可以透过代言人、用户形象、广告讯息元素（如音乐、色彩、布局layout、影片、节奏等）、或商品来源地、赞助艺文体育活动等次级联想（secondary　association）来呈现，但最重要的是广告个性必须长期维持一致性，长期累积品牌个性方能形成品牌资产。

品牌联想独特性同时也响应了R. Reeves的"独特性销售主张"说（USP: Unique Selling Proposition）与Ries and Trout的定位说（positioning）。

Rosser Reeves的"独特销售主张"认为进行USP可以透过有形的利益，也就是商品所具备的明显特点（feature，如台湾啤酒的"青"）或透过无形资产的利益，也就是经由广告赋予的特征（attribute，如广告所赋予斯迪麦的风格）来形成。而建构USP必须有三个要件——首先，必须强调特定的商品利益，其次，广告所主张的特色必须是竞争者无法模仿，最后，讯息必须明确，可以在广告中"讲清楚说明白"清晰呈现。[①]

文创化等同创立新商品，甚至工厂文创化就是另一新行业，除硬件规划外，重要的是分析DSP（D：自我特长、S：市场与消费者区隔、P：特色定位），以确定品牌价值与经营方向。

D：Difference

指的是自我特长，也就是厂商、品牌、商品等之特色，尤其应思考与竞争者的差异性，此外亦应与文创化元素链接。以"工厂文创化"为例，尚应考虑如下的条件：

- 区位学元素：地理、交通、停车、邻近地区景观（是否邻近风景区、观光区）等因素。
- 厂区环境：工厂文创化要考虑厂房建筑物堪用状况、噪音、垃圾与废水处理等因素。若是尚在生产之工厂，更要考虑工安条件，以及不能因开放而影响原有之作业与生产。
- 与小区关系：思考文创化后对小区的影响，正面抑或负面，若是负面影响，如何改善。
- 商品特色：应陈列展示之商品，与客源是否契合、是否具吸引力？
- 员工心态：员工是否支持改变？能力是否足以负担？
- 建筑特色：店面建筑物是否具吸引力？有无历史与人文特色？
- 资源（投入经费）：预计投入更新之费用。

---

① Reeves, R. *Reality in Advertising*, New York: Knopf,1963.

S：Segmentation

系指市场与消费者区隔，思考转型后可以吸引那些人，文创化若只吸引所处乡镇，一定经营不下去，最后终成"蚊子馆"导致关门。同样以"工厂文创化"为例，应考虑：

- 范围：思考商圈有多大？以文创化工厂而言重复参观频率不会高，所以要以"全国"为腹地作为规划思考。

- 消费者人口学因素：应考虑消费者年龄、教育程度与社经地位等因素，事先应有明确的消费者轮廓，再根据TA（target audience，目标对象）的需求去规划。

- 消费形态：思考消费者的兴趣与消费形态，是餐饮、商品、游憩、参观古迹，抑或参观制程？

- 停留时间：期待消费者停留时间。

P：Position　特色定位

根据"自我特长"与"市场、消费者区隔"形成"定位"，所谓定位，简单地说就是厂商希望消费者如何看这个文创化的商品、小区、工厂或城市；不同的经营形态与品味格调，决定定位，定位应清晰，最好"一句话"就能说出定位。

"定位"也是用于突显品牌联想独特性的方法，定位的目的在于表达消费者脑海中可以呈现出有别于竞争者的清晰品牌印象，也就是说"定位不是针对商品，而是对消费者心灵的作为"。[1] 所以定位的重点在于消费者作密集而一致的讯息传播，定位方法可以有如下的思考：

1. 第一定位：世界第一高峰是喜马拉雅山，台湾第一高峰是玉山，第一位飞越大西洋的驾驶是林白，可乐第一品牌是可口可乐，"第一"的印象深植于消费者的脑海，我国政府以往国际形象广告也常用脚踏车、网球拍、晶圆的产量来强调"第一"。

2. 对比定位：将自我品牌与竞争品牌比较，经由对比以突显自我。如早期有饮料强调是"非可乐"、租车公司 Avis 的"老二"定位，都是与竞争者对抗所形成的对比定位。

3. 特色定位：可以透过商品利益、使用方法、使用时机、价格、用户、

---

① Aaker, D. A. "The Value of Brand Equity". *Journal of Business Strategy*, 1992. 13(4), p.27~32.

甚或文化符号（如Marlboro香烟的牛仔）来呈现品牌的独特定位。台湾曾以蝴蝶（1993）、云门舞集（1992）、朱铭雕刻（1992）、绿色硅岛（2000）作为地区形象广告主题，对国际传播都属特色定位。（Ries and Trout,1979）

四 品牌知识指针之建构

从上述的品牌理论讨论，可发展为对讯息的评估准则，以检验文创商品的营销、广告讯息是否能达到建构品牌知识的目的（见表2）：

1. 是否告知商品基本信息与"故事"，传达基本认知？

此题系评估品牌知觉，广告中除告知商品基本信息外，"故事"的呈现更是文创商品所应传达的讯息，例如销售创作"琉璃"，告知消费者"琉璃与水晶、玻璃的异同"是基本信息，但告知"投入琉璃创作所遭遇的困难与喜悦等点点滴滴"则是"故事"，在本质上，文创商品的价值绝对不是作品的原物料成本，而是其所附加的"故事"，消费者要购买的也不是它的原物料，而是它背后的"故事"。

2. 是否以特殊象征物（symbol）作为商品特征？

此题系评估联想类型（一）"特征"，除非商品够强，商品本身就是象征、就是Symbol，否则可以透过某一象征物作为商品代表，而且此一象征物必须是长期使用，方能印象深刻，成为特征。一般商品的象征物常是吉祥物（icon或character，香港话称为"公仔"），而文创商品可以以创作者自己作为象征物。

3. 是否与竞争者明确区隔？

文化商品与其他商品一样，必须在营销讯息与活动设计和竞争者形成明确区隔。如台湾各县市或乡镇常举办地区性活动，这些活动必须有明显区隔，方能形成特色，当台北花博热烈结束后，其他县市再接着举办花展已不具吸引力；而琉璃的两大品牌"琉璃工坊"与"琉园"，由于彼此间商品区隔性不强，也常造成消费者混淆。

4. 是否强调商品对消费者带来之显著性利益？

此项目系评估品牌联想类型（二）之"利益"。广告必须让关联人觉得获得利益与报偿（reward），方能打动阅听人。文创商品广告与营销讯息亦是，必须让消费者因购买而获得利益与满足—社会地位提升、呈现阶级品味等。

消费的满足通常来自三个阶层，首先工具性需求（utilitarian needs）的满足，即功能性的满足，如饮料之于解渴、泡面之于疗饥；其次是社会性需求（social needs）的满足，即以消费来突显社会阶级或团体认同；第三心理性需求（psychological needs）的满足，即经由消费来满足自我尊重（self-esteem）；消费文创商品的满足，不会来自工具性或功能性的满足，而是应该满足消费者的社会性需求与心理性需求。

5. 是否塑造对商品的尊敬？

此项目亦用予评估品牌联想类型（三）之"态度"，由于消费者的满足来自社会性与心理性需求，因此当商品无法获得尊敬时，商品价值与价格会迅速陨落，不能累积形成品牌资产。

6. 品牌历史是否悠久？广告声量是否足够？

关系品牌联想强度的因素是"时间"与"金钱"，欧洲瓷磁器三大品牌Meissen、Wedgewood、Copenhagen都有数百年历史，历史悠久的品牌自然会累积历史厚度，对新品牌的文创商品，则必须靠高度的媒体曝光（广告、置入、活动、新闻报导）来创造品牌联想。

7. 传播讯息是否长期维持一致性？

此项目系评估品牌联想偏好，品牌联想偏好除了商品本身是否满足需求、讯息内容是否恰当外，讯息维持长期一致的印象也极为重要。

8. 是否建构对商品独特的认知？

此项目系评估品牌联想的独特性，营销讯息必须塑造商品鲜明或独特的认知，这种认知可以是商品的USP，也可以是企业所欲塑造的商品定位。

表2　　　　　　　　文创商品品牌知识建构基础与讯息评估指针

品牌知识建构基础		传播讯息评估指针
品牌知觉		1.是否告知商品基本信息与"故事"，传达基本认知？
品牌印象	品牌联想（一）特征	2.是否以特殊象征物（symbol）作为商品特征？ 3.是否与竞争品牌明确区隔？
	品牌联想（二）利益	4.是否强调商品对消费者带来之显著性利益？
	品牌联想（三）态度	5.是否塑造对商品的尊敬？
	品牌联想强度	6.历史是否悠久？广告声量是否足够？
	品牌联想偏好	7.传播讯息是否长期维持一致性？
	品牌联想独特性	8.是否建构对商品独特的认知？

五　结论：从"品牌"到"名牌"

　　就品牌管理而言，文创产业和一般产业并无特别差别，但必须掌握三个原则：创意化、年轻化、在地化；"创意化"简单说必须让消费者眼睛一亮，印象深刻，也就是说有Impact（冲击力）的效果，《惊艳中国》是北京一个文创商品的品牌，品牌名称就很大器而且令人有深刻印象；"年轻化"就是不老气、不老梗、有活力，呈现品牌生命力；"在地化"就是具备当地的元素，文创商品与历史、文化、社会息息相关，没有在地化的基础，而侈谈国际化是不切实际的。

　　文创商品事实上也就是"符号消费"，因此经营方向与品牌管理，长期而言，应将"品牌"塑造为"名牌"。

　　"名牌"产生的背景是社会的集体主义，消费者经由对国际符号或参考符号（reference symbol）的憧憬，而有了盲动效应——非理性的崇拜、追逐与购买，少男少女盲目追星、OL努力存钱买名牌包、"名媛贵妇"全身行头上百万，都是"名牌效应"；而文创商品名牌化的意义，倒不要促成"盲动"，而应该是提升消费者对商品的偏好，进而带动销售、创造利润。

　　所谓"名牌"，其特征是稀少、昂贵、讲究质量与历史，并提供完美售后服务，以非常少数人方能拥有做号召，常用"限量"的营销手法，满足消费者追随偶像与参考团体的心理。"名牌"通常有如下特征：

　　稀少：以非常少数人方能拥有做号召，塑造消费者对参考团体（reference group）的向往，因此"限量"是常用的营销手法；

　　昂贵：因为只有金字塔顶端的人方能拥有，所以价钱不能也不必便宜，便宜就成不了"名牌"；

　　品质：因为稀少与昂贵，所以质量必须十分考究，所有细节都不能忽略，处处斟酌；

　　历史：有了"历史"才有"故事"，有了"故事"才能塑造尊贵感，方能满足消费者"虚拟贵族"的感觉；

　　完美售后服务：因为昂贵并强调质量，所以必须搭配完美的售后服务，以消除购买者的"认知不和谐"（cognitive dissonance）。

　　文创商品如何名牌化？可以从4P因素思考，4P是Jerome McCarthy教授在30余年前创造的概念，所谓4P是企业主所能掌控影响销售的因素 – 商品因素（product）："质量"是绝对必须是第一考虑，有一流质量方能成为"名牌"，至于要不要以"手工"、"限量"来强调"稀有"，视商品而定；

定价因素（pricing）：虽然文创商品通常需求弹性低、替代性低，不是生活必要品，因此降低价格未必能更扩大销售，不过过高的定价绝对会吓跑消费者；

通路因素（place）：求精不求广，选择适合通路比选择"很多"通路重要；

推广因素（promotion）："名牌"不是只靠广告打出来的，公关与活动（event）更适合包装名牌，其最好的方法就是"讲故事"。

文创商品名牌化并不是将商品变成昂贵奢侈品，价值与价格不符，而是"精致化"、"强调历史"、"人文关怀"，因此"名牌"是遥远而漫长的路，需要时间的焠炼，是长期目标，急不得，所以成为"名牌"之前，要紧的是先要成为"品牌"，有"品牌"产业文创化才能走得远走得久。

（郑自隆：台湾政治大学传播学院教授，博士）

文化开发

在活态展示中保护　于良性循环中传承

——传承人"家庭博物馆"对于"非物质文化遗产"保护的价值及其设计策略①

李　艳

摘要：非物质文化遗产保护是一个世界性的课题，我国的非物质文化遗产丰富，但是，整体来看，保护的效果并不理想，在保护的思路、方法、路径方面还需要进行不断地探索。特别是针对一些濒临失传的非物质文化遗产，如何有效地实施抢救性保护，并唤起更多的人对非物质文化遗产的关注，使文化遗产焕发出新的活力与魅力，是当前迫切需要思考的问题。本文以传统技艺类的非物质文化遗产为例，探讨通过以传承人开办面对公众开放的"家庭博物馆"的方式，在活态展示中实现对文化遗产的保护的可能性及其路径，旨在把"家庭博物馆"建成为文化教育、技艺传习的平台，使非物质文化遗产的保护与传承形成良性循环。

关键词：非物质文化遗产　传承人　家庭博物馆　设计策略

在非物质文化遗产面临损坏、消失的背景下，为了推动非物质文化遗产的保护、延续和再创造，联合国教科文组织于2003年10月17日通过了《保护非物质文化遗产公约》。2004年8月28日，全国人大常委会发布了批准我国加入《保护非物质文化遗产公约》的决定；2005年3月，国务院办公厅下发了《关于加强我国非物质文化遗产保护工作的意见》，对国家级非物质文化遗产代表作申报评定暂行办法进行了规定，并明确了相应的工作管理机构；2006年5月，国务院批准和公布了第一批国家级非物质文化遗产名录，

①　本文为北京市哲学社科规划项目、北京市教委社科重点项目《北京特色文化资源整合与传播研究》（项目号SZ201310028013）的阶段成果。

共计518项；2006年10月，文化部下发了《国家级非物质文化遗产保护与管理暂行办法》；2011年2月25日，《中华人民共和国非物质文化遗产法》由十一届全国人大常委会批准通过，并于当年的6月1日正式实施。从2003年至今的十年间，我国在非物质文化遗产保护方面的规定、立法从无到有，不断完善，显示出了一个具有悠久历史和丰富遗产的国家在文化保护方面应有的姿态。但不容忽视的是，从世界范围来看，非物质文化遗产的保护依然是一个新的、需要不断探索的课题，对于正行驶在经济发展快车道的中国而言，非物质文化遗产保护更是要面临许多挑战。

　　非物质文化遗产的保护、传承以及再创造，都属于传承人、习得者以及欣赏者的智力劳动和精神感受的范畴，因此，应更多地遵循文化发展与传播的自然规律，探讨有利于其生命周期延续和重新焕发生机的保护与传承方法。本文将选择非物质文化遗产中的"传统技艺"这一类，来分析传承人开办"家庭博物馆"并面向公众开放，对于该项文化遗产保护与传承的功效，并结合具体案例来分析其在展示空间设计方面的策略。

一　非物质文化遗产的界定、分类及其当前保护与传承的方式

　　《保护非物质文化遗产公约》将"非物质文化遗产"界定为"被各社区、群体（有时是个人）视为其文化遗产组成部分的各种社会实践、观念表述、表现形式、知识、技能以及相关的工具、实物、手工艺品和文化场所。"根据这一定义，该《公约》将"非物质文化遗产"分为五类："1、口头传统和表现形式，包括作为非物质文化遗产媒介的语言；2、表演艺术；3、社会实践、仪式、节庆活动；4、有关自然界和宇宙的知识和实践；5、传统手工艺。"

　　《中华人民共和国非物质文化遗产法》对"非物质文化遗产"做了如下界定和分类："非物质文化遗产，是指各族人民世代相传并视为其文化遗产组成部分的各种传统文化表现形式，以及与传统文化表现形式相关的实物和场所。包括：1、传统口头文学以及作为其载体的语言；2、传统美术、书法、音乐、舞蹈、戏剧、曲艺和杂技；3、传统技艺、医药和历法；4、传统礼仪、节庆等民俗；5、传统体育和游艺；6、其他非物质文化遗产。"

从定义来看，我国《非物质文化遗产法》较之国际《公约》相对要笼统一些，作为补充，在对分类的描述方面，前者比后者要相对具体一些，比如，对应《公约》的"表演艺术"一项，《非物质文化遗产法》将其明确为"传统美术、书法、音乐、舞蹈、戏剧、曲艺和杂技"，此外，在其他类别中，还具体列出了"医药和历法"、"传统体育和游艺"等项目。从法律实施的角度来看，分类描述的具体、清晰，有利于非物质文化遗产的申报和保护。

截止 2012 年底，国务院共公布三批国家级非物质文化遗产名录和两批扩展名录，合计共 1530 项；公布国家级非物质文化遗产项目代表性传承人四批，共计 1986 人[①]。与此同时，各省、市也相继认定了省级、市级非物质文化遗产项目及代表性传承人。作为政府主导的保护举措，认定非物质文化遗产项目及其传承人作为保护的重要步骤之一，为此后的保护工作奠定了基础，例如，为传承人提供相应的资助、支持传承人开展传习活动等。

目前，非物质文化遗产保护和传承的主要方式可分为展示和传习两大类。非物质文化遗产的展示，主要是在专门的展馆、展厅中以文字、图片、视频或实物的方式进行静态展示；传习，主要是在展馆、学校或是传承人的家中等场所通过讲座、交流、教学等方式对非物质文化遗产的讲解和技艺传授。"据不完全统计，目前，全国各省（区、市）已建立国有或民营等各种形式的非物质文化遗产馆 424 个，民俗博物馆 179 个，传习所 1216 个。"[②]

根据我们 2012 年暑期对北京市西城区非物质文化遗产保护与传承状况的调研，单纯的静态展示在传播效果上并不理想。以西城区非物质文化遗产展示中心为例，该中心 2009 年 6 月 12 日正式对外开放，是北京市首家，也是目前唯一一家"非物质文化遗产保护项目"专业展览馆，一层的展厅展示北京的国家级非物质文化遗产项目，二层展示西城区的非物质文化遗产项目，这两个展出区域在设计和布置上与常规的静态展览大同小异，参观者走马观花的浏览，难以认识到这些非物质文化遗产的精妙之处，更遑论对其产生浓厚的兴趣了。

正是为了改变这种单一、单向的传播方式，该中心又辟出专门区域，在一层设置民间工艺展示区，参观者可以看到手绘京剧脸谱、皮影制作等民间

---

① 数据根据国务院正式公布的三批非物质文化遗产名录累计整理，http://www.ihchina.cn/inc/faguiwenjian.jsp。

② 刘魁立：《我国非物质文化遗产保护的若干问题》，人民网，http://npc.people.com.cn/GB/15097/12808199.html。

手工艺人的现场进行制作和展示；二层设置有传承人工作室，由非物质文化遗产的传承人在此进行制作、展示，参观者可以与传承人直接互动交流，了解手工艺品的制作流程和技巧，也可以在传承人的指导下，尝试现场制作。

除了在静态展示中融入动态的元素、为参观者与传承人之间提供一个面对面交流的平台之外，西城区什刹海街道办事处2012年暑假举办的面向辖区内小学生的"非遗"夏令营也是在传承方式创新方面的一次有益尝试。这次活动的意义，一是在于"'非遗'传承，从娃娃抓起"，二是主要面向在什刹海就读的外来务工人员子女，以"我的童年在北京"为主题，向孩子们展示皮影、毛猴儿、风筝、面人、脸谱这些非物质文化遗产，并请毛猴儿、皮影等项目的传承人现场讲解制作方法，指导孩子们动手参与完成一件作品。同时，也通过孩子进一步影响家长，激发他们的兴趣，使越来越多的人参与到非物质文化遗产保护的行列中。

可见，一些文化主管部门已经开始尝试在非物质文化遗产的保护与传承中创新思路与方法，使公众可以近距离接触这些传统手工技艺、感受其蕴含的文化魅力。但是，在展览场馆中为传承人开设工作室、组织小学生"非遗"夏令营，等做法毕竟尚未普及，更多的非物质文化遗产仍然是以展板、屏幕的方式与参观者见面，这种单调且没有"温度"的方式局限着非物质文化遗产生命力的呈现。而且，即使前面所列举的传承人在展馆开设工作室、组织"非遗"夏令营等方式，在实现对非物质文化遗产的生活化、常态化呈现与传播方面也存在着一定的缺憾。

在非物质文化遗产的保护与传播过程中，传承人无疑是重要的主体，如何充分发挥传承人的作用，将保护与传播融为一体，在保护中进行渗透式传播、在传播中实现自觉性保护，是我们需要进一步探讨的问题。

二 传承人的"家庭博物馆"：特殊的空间选择及其符号意义的建构

我们可以借用维特根斯坦"理解一种语言，就是理解一种生活方式"[①]的观点，将其延伸表述为"理解一种文化，就是理解一种生活方式"。那么，

---

① [奥]维特根斯坦：李步楼《哲学研究》，商务印书馆，2005年版，第341页。

想要了解一种非物质文化遗产的理想方式，就要进入到其形成与发展的天然环境当中，在传承人真实的生活状态中去感受他的艺术创作、去体会这一文化遗产的独特魅力。

从这个角度来看，非物质文化遗产项目传承人以其现实生活环境为基础来开设"家庭博物馆"，集艺术作品展示、技艺传习、互动交流、参与体验等功能为一体，具有其他空间所不具备的文化符号意义和传播优势。

仍旧以北京西城区什刹海为例，什刹海区域是北京旧城中30片历史文化保护区中面积最大的一片，也是传统风貌保留最为完整、历史文化资源最为丰富的区域。什刹海核心保护区由成片保护最为完整的四合院构成，在动与静的结合中展现着老北京人的生活环境与生活方式。正是在这里的胡同和四合院中孕育出了鬃人、毛猴、皮影、风筝、泥塑等民间手工技艺，这些艺术的产生与发展都与胡同居民的精神生活需求息息相关。

其中，始创于清朝末年的"鬃人"是受皮影戏和京剧的影响而产生的。鬃人人物造型高约9~16厘米，头部和底座采用胶泥脱胎，用秫秸秆做身架，外绷彩纸（或色绸）外衣，内絮少许棉花。依据故事勾画脸谱，描绘服饰，底座粘一圈约2-3厘米长的猪鬃。按照京戏中生、旦、净、末、丑，由数个鬃人组成一组戏剧人物，将其放置于铜盘中，轻轻敲打铜盘的边，靠猪鬃的弹力，盘中的鬃人便会舞动起来，配上京剧的唱腔，如同真人在舞台上演出一样，老北京人也称其为"铜盘人"或"盘中好戏"。这一艺术形式巧妙地将京剧文化与物理学原理相结合，是为数不多的可以进行动态表现的民间手工艺品。①

"鬃人"于2007年被评为北京市级非物质文化遗产，被称为"鬃人白"的白大成是目前"鬃人"艺术的唯一传承人。2004年12月，白大成位于什刹海街道东官方胡同1号的家和"面人"艺人张宝琳家、剪纸艺人刘韧家一起被西城区文委命名为"家庭艺术馆"。在白大成家一层的展室，参观者可以看到涉及200多个京剧人物的300多件鬃人，此外，还有其收藏的微雕、皮影等其他种类的民间艺术品。当参观者对鬃人艺术表现出浓厚兴趣时，主人会打开话匣子，耐心讲解、现场表演，还会和参观者探讨怎样更好地保护非物质文化遗产。

在这个过程中，传承人、居所、展品等构成了一个特殊的"场域"，与

① 参见百度百科，http://baike.baidu.com/view/1943794.htm。

常规的博物馆或是展厅相比，传承人的家庭博物馆的特性在于其由承载一定历史的生活空间和传承人真实的生活状态所传递出的丰富感性信息。

正如文化哲学家卡西尔所言，作为一种符号的艺术"既不是对物理世界的模仿，也不只是强烈感情的流溢。它是对实在的再解释，不过不是靠概念而是靠直观，不是以思想为媒介，而是以感性形式为媒介。"①如果说，在常规展馆中，参观者可以接收到的信息是平面的、被动的、单向的，那么，在传承人家中，所获得的信息可以是立体的、主动的、双向的。胡同本身就是一个沉淀了厚重历史的博物馆，走进胡同中的院落，对于参观者来说，仿佛进入了一个特定的可以与历史对话的情境。

同时，传承人在自己熟悉的生活环境中，所呈现出的是真实的生活状态，参观者在与传承人的交谈中以及对其创作的观摩中，可以完整地感受到传承人对于其所传承的文化遗产的理解。

根据布尔迪厄的观点，"文化资本的传承和积累是长时间的过程，其结果是形成某种生活方式"②，虽然布尔迪厄的这一观点是针对某一社会阶层来说的，但无疑对于具体的个体而言亦是如此，同时，在文化传承与积累的过程中，一些文化符号被"铭刻到持久的、一般化的与个人身体的关系中，铭刻到掌握一个人的身体、显示给他人、移动它和为其制造空间的方式中，由此赋予身体一种社会性外观。身体习性是经验和表达一个人的社会价值感的切身而实际的方式。"③其日常的生活空间中，传承人相对会呈现一个放松的状态，其对自身"社会性外观"和"身体习性"的装饰成分相对较少，其愈是展现出真实的生活方式、创作状态，对参观者获取感性信息的价值就愈大。

因此，"家庭博物馆"的意义在于充分认识其在空间上和主体状态上所蕴含的特殊文化符号价值，这些在特殊空间、特殊状态下所传递出的符号信息，具有不可替代性，不可复制性，每一个参观者、每一次参观过程，都可能会产生不同的体验，这取决于参观者与传承人之间的流动的人际交流状态。静态的空间环境和动态的人际交流，共同建构了参观者全感官参与的个性化文化体验。

---

① [德]恩斯特·卡西尔：《人论》，甘阳译，上海译文出版社，1985年版，第186~187页。

② 张意：《文化与符号权利——布尔迪厄的文化社会学导论》，中国社会科学出版社，2005年版，第142页。

③ 张意：《文化与符号权利——布尔迪厄的文化社会学导论》，中国社会科学出版社，2005年版，第143页。

三 "家庭博物馆"的设计策略及其在城市文化 "符号圈"中的位置

　　追求真实的状态并非要排斥有效的设计，合理的设计有助于在不影响主人家正常生活秩序的同时，为参观者提供近距离接触非物质文化遗产、与传承人面对面深入交流的机会；有助于在有限的空间中，最大限度地展示不同时期、不同类型的艺术品，并能够划分静态展示观摩区、动态创作体验区，动与静相得益彰、互不影响。

　　"鬃人白"白大成位于什刹海东官房胡同1号的家有5间平房，其中的两间作为展厅，面积约为40平方米。展示可以分为三个主题："鬃人"系类作品、戏曲艺术藏品、民间手工艺品。展品合计在1500件以上，由于展品太多，一部分不得不集中放在柜子里，加之被称为"盘中戏"的鬃人在静态展示的同时，更重要的是进行动态表演，才能让参观者领略这一手工艺术的神奇之处，所以，在展厅中还需要辟出一定的表演空间。

图1　鬃人艺术的传承人白大成在表演"盘中戏"①

　　非物质文化遗产项目传承人的"家庭博物馆"在空间设计上，一是要与整体宅院的结构、所处胡同的历史等相结合；二是要突出所传承的非物质文

---

　　① 图片来自2012年6月11日《北京日报》《会跑圆场的鬃人》，http://bjrb.bjd.com.cn/html/2012-06/11/content_97321.htm。

化遗产项目的主题，在"专"的基础上做到"博"；三是充分利用现有空间，合理划分不同区域，通过巧妙的布局，在小空间里营造大意境，使参观者可以在历史时空与现实时空中自如"切换"，获得独特的感官和精神体验。

同时，要将散落在城市中的"家庭博物馆"分区域串联成线，并绘制出"城市家庭博物馆地图"。例如，北京市西城区从2004年首批"家庭艺术馆"挂牌至今已经先后成立了超过40家"家庭艺术馆"，可以从中选出在展品主题、数量以及展出面积、接待能力等方面达到公开展出条件的家庭，作为非物质文化遗产"家庭博物馆"来进行设计。在一个相对集中的区域里，若干个家庭博物馆自然地分布着，连同其处于其中的胡同一起，形成一个庞大的、开放的生态博物馆。借鉴国外一些景区的经验，可以印制区域"家庭博物馆"手绘地图，参观者可以在任一"家庭博物馆"中免费自取，同时，区域内的便利店、书报亭等处，也都可以放置类似的"文化地图"免费向游览者提供。

最后，要将"家庭博物馆"放到整个城市的范畴内来予以关照，"家庭博物馆"既要保持其个性、展示其特性，同时，也要能够与区域、城市的文化气质、风格相得益彰，从宏观上看，可以给人以整体的、自然的美感。从个体到整体，"符号形成文本，文本形成文化，文化形成符号圈"[1]。"符号圈"的概念，是洛特曼受维尔纳茨基"生物圈"概念启发而提出的。洛特曼在其1984年发表的《论符号圈》一文中对"符号圈"概念进行了解释："在现实运作中，清晰的、功能单一的系统不能孤立地存在。它们只有进入到某种符号的连续中才能起作用。这个符号的连续体中充满各种类型的、处于不同组织水平上的符号构成物。这样的连续体，我们按类似于维尔纳茨基的"生物圈"概念，称之为"符号圈"。[2]符号圈中的每个符号、每个文本都是独立的个体，对于自身而言，其是整体；但其同时又作为部分存在于符号圈的整体之中，进行着传承、保护、产生信息的循环。城市，作为人的聚集场所，如同个体的人一样，在其成长的过程中，逐渐形成了自身的气质，这种气质糅合了不同的性格元素，相应呈现出不同的面向。以北京为例，在其实现国际文化中心目标的过程中，传统历史文化、当代创意文化以及自然

① 康澄：《文化符号学的空间阐释——尤里·洛特曼的符号圈理论研究》，《外国文学评论》，2006年第2期。
② 同上。

生态文化等将共同构成北京城市文化的"符号圈"，每一类文化符号都将从其他文化中获取营养，来强化自身传承、保护以及产生新的信息的能量。

高尔基认为一个民间艺人相当于一座小型博物馆，一个民间艺人的离世，无疑意味着一座小型博物馆的毁灭。及时地抢救性保护非物质文化遗产，寻找更好地方式，吸引更多的人来关注这些传统艺术，使传承人的技艺可以"香火不灭"，也就意味着我们文化的博物馆可以在有形与无形的空间中"枝繁叶茂"地存在下去。

（李艳:首都师范大学文学院文化产业系副教授，博士，硕士生导师）

"京味诗性"与大众审美文化①

秦　勇

　　摘要：北京的象征性地位，长久以来影响着在这个城市生活的民众的思维习惯与文化活动，促成了"京味诗性"的生成。北京精神正是京味诗性的独特体现，是富有京味诗性的大众审美文化发展的结果。大众审美文化一方面处于与精英审美文化、主流（官方）审美文化的矛盾对峙之中，另一方面大众审美文化自身也有不稳定性。但"京味诗性"的统摄与融合，使北京大众审美文化表现出超出国内一般城市的整体性特征。北京大众审美文化因"京味诗性"而具有"大气"的特征与风格，因"大气"而具有包容性，因"包容性"而使北京大众审美文化具有了蒸蒸日上的繁荣景象。

　　关键词：京味诗性　大众审美文化　北京精神　大气　包容

　　北京大众审美文化具有一定的独特性，这种独特性就在于其具有独有的诗性。这种诗性不同于一般意义上的相对于物性的诗性，而是富有京味的诗性。②北京精神正是京味诗性的独特体现，这种体现既是源于富有京味诗性的大众审美文化发展的结果，也是富有京味诗性的大众审美文化发展的动力。

---

　　①　本文为首都师范大学文化研究院重大研究项目《"北京精神"的文化内涵与践行路径研究》（项目号ICS-2012-A-01）之阶段性成果。

　　②　所谓"诗性"指的是人对事物情感、情绪、态度的体验，置于审美之中，则要求这种情感、情绪、态度具有非功利化、非欲望化的诉求。所谓"物性"则是指人对自身建构的物质属性的把握，如对自己作为自然生命的本能内容、基本需要以及超出基本需要之上的需要满足状况的把握，置于消费之中，则要求这种物性把握有更多的理性的功利化诉求。参见包晓光：《物性之维：人文精神视域下的中国当代文艺》，文物出版社，2012年版。

一 现代化发展中的"京味诗性"

历经元明清乃至新中国成立以来，北京一直都是全国的政治、经济与文化中心。北京的社会发展所包含的象征意义远远大于其作为一座独立的城市所能产生的意义，它的一举一动都影响着全国的政治、经济与文化的未来发展方向。正因为北京如此的地位，长久以来便会影响着在这个城市生活的民众的思维习惯与文化活动，融合在文化之中，成为无形而又无所不在的"京味"的核心组成部分。这种"京味"融合审美文化的"诗性"后，使北京审美文化的诗性发生了些微的变化，或者说成为渗透了具有某些意识形态"物性"后的"诗性"，也即"京味诗性"。这种"京味诗性"对北京审美文化圈中的影响极大，或者说只有能表现出"京味诗性"的审美文化才能在京城文化圈中成为中心。

这种"京味诗性"会体现在社会生活中的方方面面。在文学上，"京味诗性"体现在北京地方文学对老北京与现代北京的历史、城市、风情、语言、变革等内容的表现；在艺术上，"京味诗性"体现在沟通国际艺术前沿方向的创新性，无论是北京本地创作的艺术作品还是绘制行画作品，都会在艺术或文化产业的市场引领航向；在建筑上，"京味诗性"体现出作为国际性大都会的大气磅礴，有北方最高的楼群，有国际大师级的艺术风格建筑；在社会风情上，"京味诗性"体现出作为北京市民那一点点的地域优越感，生活中向国际化标准看齐，言谈中以国内外大事为主题，如此等等。但哪种"京味诗性"都不足以概括出"京味诗性"的全部内涵，因为这种"京味诗性"仍在社会发展中不断被赋予新的意义，既要体现北京现有的地位、价值与意识形态的特性，又要表现出北京对未来发展方向的憧憬，要在原有基础上创造出更与时俱进的社会精神内容。

明代以来，北京作为国家都城有着稳定全国文化建构的重要意义。历代帝王庙、孔庙，作为国家统治的至高象征，一直供奉着三皇五帝、孔孟先贤，历代君主无不标榜"以德治天下"，推崇稳定社会的"厚德"之风。"地势坤君子以厚德载物"，经由北京发扬至天下一种承载万物、包容万物的"厚德京味"。"辛亥革命"之后，历史翻开新的篇章，在西方列强瓜分中国的大形势下，"五四"作为总爆发点，北京领全国文化风气之先，高举爱国主义旗帜，肩负起救亡图存的启蒙义务，为以后无产阶级思想在中国植根创造了契机。这一时期，"爱国"已经超越了封建遗老遗少所推崇的"八旗京味"，成为富有热血的青年奔赴北京的重要吸引力，赋予了"京味"新的内涵。新中国建立以来，北京又成为新的无产阶级文化的创造之地，肩负了从无到有，从经济到文化，全面创新与引航全国发展的重要任务。这一时期的北京，意味着"新"思想、"新"政策、"新"蓝图的发源地。这一时期的"京味诗性"也自然以创新为突出表现。经历了"文化大革命"，以"造反与颠覆"为特色的具有"狂欢"意味的"京味诗性"后，北京重新回归到稳定建构自己"京味"的时期。"改革开放"中，面临重建经济文化基础及与世界重新接轨的重任，北京成为标志性的枢纽，主导全国对世界经济文化的接受、吸收与转化，以"厚德"姿态，"包容"国内外各种文化成为一种主要的"京味"特征。尽管在这一过程中出现了各种各样的问题，如邓小平所说，打开窗可能引进新鲜空气，也可能放进苍蝇与蚊子。但经过"92南巡"之后，中国北京坚定地确立包容"异质"的经济、文化的总趋势特征。这一时期，北京成为世界文化交汇的枢纽，国内对任何想跻身世界前沿的有为青年，北京都是其理想一展拳脚之地。经过近30年经济文化的发展，"2008奥运会"上，中国北京扮演了一个引领世界发展趋势的大都会形象。"人文北京"、"科技北京"、"绿色北京"的三大理念，以全面"创新"的姿态，彰显了北京代表中国的强劲实力，也彰显了引航世界发展的大国雄心。"2008奥运会"之后，北京迅速沉淀了"奥运"带来的理念创新意识，提出了基于北京的历史、当下发展与"奥运"蓝图的新的北京精神，即"爱国"、"创新"、"包容"与"厚德"。这"四位一体"的顶层建设，既标榜了北京的传统，又赋予了未来发展的方向，凸显了北京的特色，为"京味诗性"赋予新的内涵。

北京的发展目标是跻身世界中心的国际性大都会。北京人口已经达到2000余万人，而且还在以每年几十万外来人口的数量激增。在北京有上百个国家的外国人寄居，有56个民族的人民聚居，有30多个省区的人口汇集，由外来人口的交融造就了北京现有的多元文化因素，古典的、现代的、民族的、世界的、京韵的、地方的……无不掺杂的外来血统，融汇出独特的凝结韵味。从餐饮到服饰、从居住到出行、从语言到文化，都在无时无刻丰富着北京的特色。这其中，有些特色仍在融合之中，而有些特色已经变成了北京的标志。如源于南京的"金陵烤鸭"由于进入北京，现在成为享誉世界的

"北京烤鸭"。又如"京剧",源自南方演出的三庆、四喜、春台、和春四大徽班进京,但现在却成为了北京的文化标志。这一切都说明,北京最重要的"京味"内涵是包容。要"包容"这些外来人口的旗帜就是"爱国",只有热爱这片土地,才能真心融入这片土地。"创新"则是跻身世界城市前列的巨大动力与目标,而"厚德"则是源于北京历史文化,所希冀展现的一种国际形象与话语姿态。"爱国"、"创新"、"包容"与"厚德",融汇在历史传承下来的"京味"特点之中,构成了当下"京味诗性"的核心成分。

二　　大众审美文化的纷纭复杂

200多年前,席勒在《美育书简》中曾谈及审美文化问题,他认为:"审美文化使既不受自然法则约束、又不受理性法则约束、而受人的任性支配的一切东西,都赋予美的法则,并且在它给外在生命的形式中就已经展现出内在生命。"①席勒所指的审美文化是帮助人形成完整人性的文化内容,但对具体内容并没有详细阐释。叶郎在《现代美学体系》一书中将审美文化归纳为三个基本构成因素,即人类审美互动的物化产品、观念体系和行为方式。②当然,还有许多学者都对席勒提及的审美文化进行了各式的归纳与分类,当代学者也对审美文化的具体内涵的界定各持己意,有的将审美文化视为文化中具有审美意义的部分,有的将审美文化视为后现代文化,有的将审美文化视为大众文化,有的将审美文化视为文化发展的高级阶段。③审美文化的表现形式纷纭复杂,对其提出观点的学者见解也难辨是非。本文不赞同审美文化即是大众文化或大众审美文化的观点,也不认为审美文化就是后现代文化或文化发展的高级阶段,比较认同审美文化是文化中具有审美意义的部分,更倾向于认同审美文化是一种比较宽泛的具有美学特征的文化统称。既然审美文化是人类互动的产物,本文秉持从审美文化创造主体的角度进行分析,认为从事审美文化活动群体的不同,会呈现出不同层次的审美文化,即按照当下通常对社会群体的精英、官方与大众的划分,将审美文化分为精

① [德]席勒:《美育书简》第二十三封信,参见《席勒散文选》,张玉能译,百花文艺出版社,2005年版,第248~249页。
② 叶朗:《现代美学体系》,北京大学出版社,1999年版,第224页。
③ 崔晓娜:《1990年代审美文化研究述评》,《中共长春市委党校学报》,2008年第4期。

英审美文化、主流（官方）审美文化与大众审美文化。①

精英审美文化②是一个社会中占有文化资本居多的少数群体所保有的有关审美的前卫文化。这种文化并不一定为官方或大众认可，却又被官方或大众认为比较"前卫"，一般群体难以企及。事实上，精英审美文化也是在不断变动之中，其审美趣味不断为与官方或大众保持"区隔"，而发生嬗变。另一方面，不同时期，社会认同的主导精英阶层也会发生变化。以中国为例，在80年代以前，在社会政治生活中处于领先地位的知识分子，即所谓的政治精英处于社会精英阶层的主导，在80年代"文学艺术热"时期，先锋派的文化精英处于社会精英阶层的主导，1990年代以来，"经济热"时代来临，在经济实践或经济研究领域处于前列的知识分子成为社会主导精英。精英阶层所秉持的审美文化具有前卫性、高雅性，与大众审美文化的普及性、通俗性往往相对立。主流（官方）审美文化，是一个社会的政府机构主导的对社会意识形态有重要引导性的审美文化。例如在封建社会，自汉武帝以来就把儒家文化的审美趣味置于社会审美文化的主流地位，新中国建立以来，我们的政府主导以"工农兵"为服务方向的无产阶级审美文化建设，而80年代以来，中国政府主导的是具有中国特色的社会主义审美文化建设。在普及性的要求上，主流（官方）审美文化有和大众审美文化重合之处，但整体上，又有区别。主流（官方）审美文化注重审美趣味的严肃性与崇高性，而大众审美文化往往侧重于审美文化的娱乐性与颠覆性。

当下我们所说"大众审美文化"并非一般而言的民间文化或通俗文化，就如张法所言："大众审美文化不同于以往的民间文化与通俗文化在于它是现代社会消费大众的文化"③。

只有社会经济发展到一定时期，大众文化消费成为拉动社会经济发展的重要动力之时，大众文化审美文化才会被人们清晰地意识到，并被作为与精英审美文化、官方主流审美文化相对称的一种文化资源。"二战"以后，西方发达国家经由战后的经济繁荣，普遍进入到一个以"文化消费"为主的"泛文化"与"泛产业"的时代，即一方面各种产业开始具有"文化化"的特点，而文化开始具有明显的"物性之维"开始产业化。在这样的大形势

---

① 这种"三分法"并不精确，但却是一种比较通行的划分法。
② 西方社会评论家列维斯认为，精英文化以受教育程度或文化素质较高的少数知识分子或文化人为受众，旨在表达他们的审美趣味、价值判断和社会责任的文化。
③ 张法：《大众审美文化的界定》，《中国人民大学学报》，1994年第3期。

下，大众文化崛起。这种给文化工业催生的"大众"，在霍克海默、阿多诺眼中，一直是被动、消极的"乌合之众"（"the masses"），而在费斯克眼中，则是主动、积极的"大众"（"the people"），"跨越了所有的社会范畴"，"形形色色的个人在不同的时间内，可以属于不同的大众层理，并时常在各层理间频繁流动"。①费斯克赋予"大众"一种独立的权力意味，因为在费斯克眼中"大众文化"就不仅仅是工业文化的结果，而是"大众"这一群体争取权力的媒介。在这一意义上，"大众审美文化"是一种可以和精英审美文化、官方主流审美文化相分庭抗礼的社会文化。

　　整体上，随着社会大众群体变动与扩大化，大众审美文化会不断获得新的意义与内涵。例如80年代，大众主要指广大城乡平民，大众审美文化宣扬的是"共同富裕"（如电影《月亮湾的笑声》所表达的主题）、"真诚"（如电视剧《渴望》所表达的主题）等内容，而在1990年以来，大众开始扩容到包括相对富裕起来的阶层，如外企白领、央企职工等，包括从事个体或私营公司富裕起来的所谓"大款"等，因而当代的大众审美文化中凸显金钱欲望等"物性维度"的"审美"现象增多。另一方面，在大众群体内部，随着个体的流动，又分成诸多亚层次，例如陆学艺主持的"当代中国社会结构变迁研究"课题组将社会分成10个阶层，②零点调查公司基于数据将社会分成12个阶层③。这些群体层次的划分虽然包容了部分精英阶层，但主体仍是对大众的划分，不同阶层由于生活的具体环境、生活习惯、收入水准等区别，其圈子所形成的大众审美文化都会有诸种差别，从而形成多元大众审美文化。从另一个角度对大众群体进行区分，有许多特殊的社会群体，例如同性恋群体、嬉皮士群体等。这些群体所形成的审美文化具有亚文化、反文化的特点，也是大众审美文化的一部分，但却直接地与官方主流审美文化构成冲突，成为引发大众审美文化与主流官方审美文化不可调和的重要元素。

———————————

　　① ［美］费斯克：《理解大众文化》，王晓珏等译，中央编译出版社2001版，第29页。
　　② 十个社会阶层为：国家与社会管理者阶层（在整个社会阶层结构中约为2.1%）、经理人员阶层（1.5%）、私营企业主阶层（0.6%）、专业技术人员阶层（5.1%）、办事人员阶层（4.8%）、个体工商户阶层（4.2%）、商业服务业员工阶层（12%）、产业工人阶层（22.6%）、农业劳动者阶层（44%）、城乡无业失业半失业者阶层（3.1%）。
　　③ 这十二个分层为：党政机关、事业单位管理人员（0.6%）、私营企业主（1.4%）、企业管理人员（0.6%）、专业技术人员（5.2%）、高级行政人员（2.8%）、初级教育文化工作者（2.5%）、办事人员（4.9%）、工商服务人员（10.4%）、个体户（14.3%）、工人（14.7%）、农业劳动者（31.8%）、无业、失业人员（10.7%）。

总体上，大众审美文化一方面处于与精英审美文化、主流（官方）审美文化的矛盾对峙之中，另一方面，大众审美文化内部的亚层次林立分峙，也造成了大众审美文化自身的不稳定。但"京味诗性"的统摄与融合，使北京大众审美文化表现出超出国内一般城市的整体性特征。

三　富有京味诗性的大众多元审美文化

北京在全国特有的经济文化与历史地位下所养成的"京味诗性"，使对峙状态中的大众审美文化、精英审美文化与官方主流审美文化整合起来，统一的基础就是"京味"的"诗性"演绎。拥护社会主义祖国的"爱国"与树立正统统治地位的"厚德"，无疑是官方审美文化所要表现的最重要的"诗性"主题；富有前卫性的"创新"，无疑是精英文化所努力追求的目标；而无所不包、兼收并蓄，只要通俗易懂即可为大众审美文化所吸收的"包容"性，无疑是大众审美文化拥有大多数受众的重要原因，也是大众文化最重要的吸引力之一。"爱国、厚德、创新、包容"这四位一体的精神是"京味诗性"由历史和现实而养成的"京味"精神的新内涵。官方主体可以保证社会的稳定性、精英存在可以保证社会的进取性，大众群体则是社会繁荣发展的基础，相应地，精英审美文化会提升大众审美文化的品位，克服大众审美文化的低俗性，官方主流文化会保障大众文化的稳定，克服大众审美文化的过度颠覆性，大众审美文化则保证了审美文化的丰富性，避免了过度精英或官方的狭隘性。三种主体、三种文化，彼此对峙又彼此需要，而能统摄其集中一体的灵魂就是"京味诗性"。在"京味诗性"诗性的统摄下，大众审美文化、精英审美文化与官方主流审美文化可以"三位一体"地构筑成社会主义审美文化体系之中。

社会大众的层次越多元化，"京味诗性"构建稳定的大众审美文化地位的作用越重要。越是随着社会发展，社会大众中各个层次间流动与变动也就越为频繁。有部分大众会随着教育、收入等因素的变化，成为社会大众的上层，有部分相反会流转到社会大众下层，也会出现大众群体的平层流动，有部分大众会更注重对精英层的审美文化模仿，有部分大众会创造出自己的审美文化，有部分大众会有意识地凸显自己社会底层的反主流审美文化特点。在复杂的社会变动中，大众审美文化在"通俗性"、"普及性"的基础上，又会体现出"流行性"、"颠覆性"等特点，在"趋同化"、"模仿化"、

"生活化"的基础上，大众审美文化也会表现出"另类性"、"快餐性"、"消费性"的特点，如此等等。例如大众审美文化中的"小资"审美文化，就是一部分富裕起来的青年群体希望凸显自身精英化趋向的审美文化诉求，但这种审美文化取向往往注重形式上的模仿，而缺乏深刻的创新意识与文化深度。又例如在大众审美文化中各种颠覆性的亚文化，如"嬉皮文化"，深刻地指向对主流审美文化与精英审美文化的颠覆与反抗，同时这种文化又有一定"流行性"魅力，如做旧的牛仔装，等等，构成一种独特而持久的"时尚"。而"嬉皮"审美文化与"小资"审美文化之间又在普及性基础上构成了一定的矛盾冲突性。在大众审美文化中，由于社会群体的复杂与变化，所产生的各种文化矛盾也纷纭复杂。"京味诗性"在包容诸多大众审美文化的同时，又依靠独有的"京味"赋予了大众审美文化一定方向性的一体性特色，这种"京味"特色，将融入北京的大众审美文化凝练出一些共同的特色与风格，形成相对的稳定性。

在当下，在"京味诗性"统摄作用下，首都大众审美文化体现出不同于国内其他城市的特点与风格，这一特征与风格总体上来说就是"大气"。这一"大气"不仅体现在北京是全国数一数二的城市规模，2000多万的众多人口，主城区遍及的林立楼群，普遍几十米宽阔的高速道路等等这些硬件上的"京都气象"，更体现在相比其他城市的人文优势、科技优势。北京的这种人文积淀，在非物质文化层面上，既有国学的传承，西方文化的东渐，更有马克思主义理论的继承，而且"中学"、"西学"、"马学"的资源与水准都在全国居于最高；[①]在物质文化层面上，北京诸多物质性文化遗产的开发与保护得最好，不仅在于其数量多、质量好，而且在于其借由北京在全国政治经济文化中心的地位，完善地被当代化，融入到当代文化之中。[②]北京的科技优势更是不言自明，拥有全国最主要与数量最多的科研机构，城市建设与文

---

① 北京集中了中国最高的人文科学研究机构如中国社会科学院、中国艺术研究院、中央编译局等，集中了全国一流高校资源的1/3，集中了全国绝大部分的国家级文化出版机构等。
② 北京有数量繁多的中国之最的物质文化遗产，如北京有世界最长的防御城墙——万里长城，现存规模最大、保存最完整的宫殿建筑群——故宫，最大的城市中心广场——天安门广场，最大的祭天建筑群——天坛，造景丰富、建筑集中、保存最完整的皇家园林——颐和园，保存完整、埋葬皇帝最多的墓葬群——十三陵，北京现存牌楼最多的街道——四座国子监街，北京现存最完整的王府——恭王府，等等，而且，这些历史留存的物质性文化遗产不仅被作为历史文化旅游资源，而且融入北京人的日常文化生活之中，成为北京人日常生活的一部分。

化建设中处处体现出科技的优势与实力。①具有这些优势的北京体现出超出国内其他城市的自信与包容。北京是中国民族构成最全的城市，56个民族都有人在北京工作和居住。北京也是全国各省市居民聚居最多的城市之一，全国各省市的优势文化与独特文化都在日渐融合到北京文化之中。北京的大众审美文化体现出的"大气"特点，正是源于这种优势，不仅整体层次偏高，而且大众审美文化的内容超出一般城市的丰富性。

北京大众审美文化因"京味诗性"而具有"大气"的特征与风格，因"大气"而具有包容性，因"包容性"而使北京大众审美文化具有了百家争鸣、百花齐放的蒸蒸日上的繁荣景象。也正是在向上发展过程中，北京精神的"爱国"、"厚德"、"创新"、"包容"获得坚实的基础与巨大的推动力。

（秦勇：首都师范大学文学院副教授，博士，硕士生导师）

---

① 例如在2007年《泰晤士报》评出了世界上正在建设的十大建筑奇观，其中中国北京建筑就占据了三项：北京奥运会国家体育中心、北京首都国际机场3号航站楼、中国中央电视台新楼；2005年底的美国《商业周刊》评选出了中国十大新建筑奇迹，其中北京建筑占据了六项：北京奥运主会场（鸟巢）、北京首都国际机场、国家大剧院、新中央电视台大楼、当代MOMA社区、长城脚下的公社楼群。北京的这些建筑无不融合了当代最先进的科技与理念。

中国与日韩平面设计产业发展现状比较研究①
——再探中国平面设计产业竞争力提升路径

石晨旭　祝帅

摘要：本文通过对比研究中国与日韩平面设计产业，发现中国平面设计产业市场结构复杂，相关行政、行业系统尚未建立，民族文化、教育等发展要素也尚未发力。因此本文提出中国平面设计产业的发展需要：第一，官产学的密切结合；第二，充分运用中国元素，抓住对外传播机遇，打造双轨制模式；第三，重视资本、技术、知识等要素的积累。

关键词：平面设计产业　日本　韩国　结构　制度　要素

　　自从20世纪90年代中国平面设计服务企业（设计公司）有了一定规模的发展以来，中国的平面设计产业经过了短期的高峰，目前似有走入低谷的趋势。从2006年前后开始，"平面设计终结论"在业界内外此起彼伏。②我们认为，这不是一种产业发展过程中的正常现象。究其原因，固然有传播环境的变化，特别是新媒体的兴起及其在营销传播中的大规模应用对于传统意义上基于平面媒介和视觉传达的冲击这一外在的因素，但另一方面，行业内部以及设计理论学界对于产业研究缺乏关注和相关应用性理论引导也是一个不可忽视的导火索。

　　在文化创意产业整体发展的背景下，中国平面设计也正在经历从"行业"向"产业"的过渡。因此，当前中国设计学界的设计理论和设计研究，

---

① 本文为文化部艺术科学研究项目"中外平面设计产业竞争力比较研究"（11DH25）的部分成果、2013年度山东省艺术科学重点课题"中外设计艺术产业竞争力比较研究"（2013375）之阶段性成果。
② 陈绍华、朱海辰、祝帅等：《危机之中的平面设计》，《美术观察》，2011年第12期。

也应该及时把视角从上世纪80年代以来的"史论"转向"产业"。但在目前国内设计学界的应用研究中，学者仍局限在"设计管理"这样微观的层面，缺乏更宏观经济学视角的关照。在这种现状下，借鉴经济学界的成果和理论框架，来前瞻型的发现和研究本产业所面临的一些问题，对于行业的有序、合理的发展具有积极的现实意义。中国平面设计产业研究是平面设计行业作为一个主体受到重视与发展的需要。只有整个行业时刻保持自己的主体性意识，并且将行业本身作为一个主体去进行关注和研究，才能够使平面设计产业作为一个要素参与到经济活动中去，才能够使其他行业重视平面设计产业的重要作用，并且认可平面设计产业的价值，形成良好的理论研究与社会实践的互动。中国设计理论研究在设计本体研究、设计作品形式与创意研究以及设计史、设计文化研究等方面取得了许多重要的学术成果，但是设计产业研究却迟迟没有大规模地开展，这与当前设计界急需从设计师个体创意才能走向合力建设，把设计产业打造成文化创意产业中的一支重要力量的时代呼求相比显得尤其滞后。

　　本文是平面设计产业竞争力系列研究的组成部分，我们在《平面设计产业竞争力研究的学科内涵与理论框架》以产业经济学的角度，结合波特钻石模型等理论探讨中国平面设计产业竞争力的理论范畴与研究方法[1]；在《基于钻石模型的平面设计产业竞争力研究——以中国与欧美国家产业现状的比较为例》一文中将中国平面设计产业的发展与欧美平面设计产业的发展进行了比较研究。[2]在此基础上，本文将展开与日韩平面设计产业竞争力建设的比较研究。

　　相关领域的资料回顾显示，本课题在国内外学术界已经有一定的研究基础。《影子推手：日本设计发展的政府推动及其产业振兴政策》[3]中论述了日本政府早期的产业振兴政策对于推动设计产业发展的重要作用。此外，《日本设计的发展之路》[4]、《日本现代设计的发展及其特征》[5]、《浅析日

　　① 石晨旭、祝帅：《平面设计产业竞争力研究的学科内涵与理论框架》，《艺术设计研究》，2011年第4期。

　　② 祝帅、石晨旭：《基于钻石模型的平面设计产业竞争力研究》，《创意与设计》，2012年第3期。

　　③ 许平：《影子推手:日本设计发展的政府推动及其产业振兴政策》，《南京艺术学院学报》，2009年第5期。

　　④ 桐山登士树、关康子、西山浩平：《日本设计的发展之路》，《苏州工艺美术职业技术学院学报》，2011年第1期。

　　⑤ 朱和平、朱小尧：《日本现代设计的发展及特征》，《河南科技大学学报》2007年第2期。

本平面设计特质》①、《中国设计产业竞争力研究》②等几篇文章从历史的角度对日本设计行业的发展过程进行了宏观层面的论述，将日本设计发展早期的经验进行了概括。其他大量研究的关注点则在于对日本设计风格、设计文化、设计作品、设计师的分析。这些研究已经涉及日本设计发展历史及现状相关方面。

韩国平面设计相关文献也积累了一定数量的研究成果。《当代韩国设计的崛起》③、《设计–韩国崛起的秘诀》④、《充满生机的韩国设计》⑤、《重庆发展文化创意产业如何借鉴韩国成功经验》⑥等文章对韩国设计产业的发展经验进行了分析和总结。陈刚等著《对中国广告代理制目前存在问题及其原因的思考》⑦重点研究了日本和韩国基于本国历史和国情的广告产业发展的特殊性。此外笔者发现对于韩国知识产权保护法对于设计产业成长的作用有多篇文章进行了论述，如《发展中国家的专利战略》⑧、《我国创新主体在日本、韩国的专利申请与保护》⑨、《韩国知识产权局简介》⑩等。《从韩国网页设计看网页艺术设计的视觉呈现》⑪、《浅谈中、韩网页界面版式的呈现》⑫关注了韩国网页设计等新媒体设计方面的良好进展。平面设计与新媒体技术的结合是一个必然的趋势。总结相关文献所提供的线索我们可以看出，在韩国平面设计和广告产业发展的历程中，制度性要素起到了重要的作用。

以上这些文献为本研究提供了可以展开研究的基本保障。第一，为本研究对日韩设计史进行回顾提供了素材，这些资料为本文从历史的角度看问题

① 赵霞：《浅析日本现代设计特质》，《黄河之声》，2010年第3期。
② 海军：《中国设计产业竞争力研究》，《设计艺术》2007年第2期。
③ 刘杨：《当代韩国设计的崛起》，《艺海》，2010年第2期。
④ 冼燃：《设计——韩国崛起的秘诀》，《新经济》，2009年第7期。
⑤ 何景浩：《充满生机的韩国设计》，《科技咨询导报》，2007年第21期。
⑥ 钟德友：《重庆发展文化创意产业如何借鉴韩国成功经验》，《中国经贸导刊》，2010年第14期。
⑦ 陈刚、单丽晶、阮珂、周冰、王力：《对中国广告代理制目前存在问题及其原因的思考》，《广告大观（理论版）》，2006年第1期。
⑧ 殷钟鹤、吴贵生：《发展中国家的专利战略》，《科研管理》，2003年第4期。
⑨ 张鹏、庞谦：《我国创新主体在日本、韩国的专利申请与保护》，《电子知识产权》，2010年第7期。
⑩ 何艳霞：《韩国知识产权局简介》，《中国发明与专利》，2008年第2期。
⑪ 郭安：《从韩国网页设计看网页艺术设计的视觉呈现》，武汉理工大学硕士论文，2008年。
⑫ 刘佳、姜在新：《浅谈中、韩网页界面版式的呈现》，《大众文艺》，2011年第21期。

提供了一定的基础；第二，这些文献提及了日韩政府在该国设计产业发展当中所采取的多种措施，为本文从制度性要素观察日韩平面设计产业发展提供了依据；第三，大量较为微观的文献为本文提供了日韩设计作品、设计师、设计产业发展基本数据等较为丰富的细节资料，使本研究所得出的结论建立在较为具体翔实的事实基础之上。

　　但是这些现有的研究仍存在一些问题。首先，也是最大的问题，平面设计产业发展研究目前在国内外仍然处于萌芽阶段，研究的自主性、自觉性不高。文献当中虽然已有少数关于设计产业发展的论述，但没有被当成一个独立的主体。平面设计与其他设计门类的区别明显，是相对纯粹的设计工作，物质载体不多，因而不易吸引社会关注。而中国目前的现实情况就是平面设计产业的发展问题相对严重。将之纳入设计产业大旗之下的做法不利于平面设计产业这一特殊产业的发展。因而本文将着重去粗取精研究日韩平面设计产业的发展状况和措施，探索中国平面设计产业发展的对策。其次，相关文献缺乏从经济学的角度对平面设计产业进行全面分析，在研究方法论方面比较集中在一般性的感想、论述层面，比较少见自觉运用经济学原理、模型和方法的分析与实证研究。特别是针对日韩设计行业的大量研究集中在设计风格层面，少部分从宏观角度进行产业发展的研究。仅有少数研究涉及了政策、法律等个别方面。因此在本文中，我们将借鉴发展经济学框架从相对宏观的角度来全面的观察日韩平面设计产业的发展。本文的研究方法将借鉴宏观经济学和广告学等相关领域已有的分析路径。在经济学中，结构主义分析、新制度主义分析和新古典主义的增长要素分析是解决发展中国家经济问题的重要分析工具。[1]道格拉斯·诺斯在《经济史上的结构和变革》、《制度、制度变迁与经济绩效》两本著作中重点论述了制度变迁与经济绩效之间的重要关系。诺斯的理论为我们提供了研究平面设计产业的宏观视角和理论框架。发展经济学为我们提供了理论支撑，使本研究在分析我国平面设计产业发展过程中能够正确把握发展中国家经济崛起特殊阶段的大背景。

　　平面设计产业与广告产业有千丝万缕的交叉关系，因此本研究将在前期研究的基础上借鉴陈刚的"结构–制度–要素"分析框架来进行中国与日韩平

---

① 陈刚、孙美玲：《结构、制度、要素对中国广告产业发展的解析》，《广告大观(理论版)》，2011年第4期。

面设计产业发展现状的比较研究。陈刚在《结构、制度、要素——对中国广告产业发展的解析》一文中借鉴发展经济学中的"结构–制度–要素"的分析框架探求中国特殊环境下广告产业发展的空间。发展经济学作为研究发展中国家实现工业化和现代化，实现经济起飞和经济发展的学科，从"结构–制度–要素"等层面进行，指出发展中国家目前面对的主要问题仍然是结构的不均衡和结构的调整转换，在这个过程中，各个行为主体尤其是政府的行为方式，对于经济发展的作用非常重要。本研究希望能够从发展经济学的角度，对照日本、韩国产业发展的经验，对我国平面设计产业竞争力的提升带来新的思考。

一 平面设计产业结构转变对产业核心竞争力的影响

经济学认为所谓"结构"指的是一个社会的特点，而这些特点基本上决定了经济绩效。他们包括一个社会的政治和经济的制度、技术、人口统计学和意识形态等。根据相关研究，在发展经济学文献中，伯克最先提出了"社会二元结构"理论。刘易斯认为在发展中国家一般存在两种性质不同的结构或部门：传统部门和现代部门，并认为传统部门为传统部门提供了劳动力，现代部门为传统部门补助基础设施、促进传统部门的观念和制度的现代化。费景汉和拉尼斯对刘易斯的模型进行了补充，将二元结构归结为传统农业与现代工业并存，认为经济发展可以分为三个阶段：农业社会、二元经济、成熟经济。麦因特进一步提出"组织二元结构论"，认为二元性有四种类型：产品市场二元性、资本市场二元性、劳动市场二元性、政府行政和行政机构的二元性。经济发展与结构转换是两个关系极为密切的话题。经济结构转换是经济发展不可分割的组成部分。以钱纳里和库兹涅茨为代表的结构主义者甚至认为经济发展主要依赖于结构转换，结构转换越快，经济发展水平越高。"由传统农业社会到二元结构，再到工业化社会是许多发展中国家经济发展的必由之路。"[①]结合这一影响重大的社会背景，从平面设计产业发展的危机和瓶颈看，无论是日韩还是中国平面设计产业必须面临结构转型。

---

① 马春文等：《发展经济学》，高等教育出版社，2010年版，第162页。

（一）日韩平面设计产业结构背景——日韩国土面积小、人口少、经济结构单纯

从20世纪后期起，日本与韩国平面设计的发展都走在了中国的前面。在日本和韩国，平面设计行业的发展曾经得到许多其他行业的带动和发展。对于一个依附性较强的专业细分行业来说，社会产业结构背景是重要影响因素。平面设计产业不是一个独立的产业，依附性比较强，既属于服务业又具有文化创意产业的性质。因此平面设计产业的发展要有合理的产业结构背景来支撑。日本在二战之后经历迅速崛起的发展阶段，韩国则位列60年代后迅速发展的"亚洲四小龙"之一。与中国相比，日本、韩国的国家面积小、经济结构相对比较简单，有利于他们迅速地调整恢复经济，建立良好的经济产业结构。

日本的现代设计比欧美发达国家起步要晚的多。明治维新初期（1868年后），日本的建筑、手工艺和美术等领域仍然固守着传统模式。产业结构背景深刻影响平面设计这类服务性行业的出现和发展。日本明治维新以后，欧洲先后发生了工艺美术运动和新艺术运动，在其大程度上推动了作为新兴行业的现代平面设计的发展。虽然这些外部因素对日本设计界产生了一些影响，并且日本也开始了工业化进程，但是由于该时期日本过分的军事扩张行动影响了产业结构的合理发展，产生了以军工为重的产业畸形化结构。这种产业背景下，社会不但不会重视设计行业的发展，其他行业也无法有序发展。第二次世界大战之后，尤其是1953年朝鲜战争结束之后，在美国的巨额资助和雄厚的科技力量的支持之下，作为战败国的日本经济快速发展。战后日本经济复苏对建筑和工业发展的需求促发了设计产业的增长。以功能主义为中心的设计理念，与反对权贵的社会变革相结合。这时才有了设计行业发展的良好空间，因此日本设计行业从此时开始异军突起。日本设计发展初期，经历了迷茫的模仿期。日本的设计行业受美国式的商业主义设计和德国式的理性主义设计的严重影响。1945后的美国殖民统治，将美国设计的先进理念传达到日本。20世纪50年代后半页日本才开始走出自己的设计风格。他们从北欧斯堪的纳维亚设计中汲取了包括设计理念、表现技法和用材在内的众多养分，又结合了本民族的文化艺术，最终形成了别具特色的双轨并行的设计体制，设计界后来将之总结为"日本风格"。60年代日本经济高速发展，其设计也以主人翁的姿态出现在国际设计界，80年代经济实现飞跃之

后，美国企业形象设计等也在日本流行起来，日本也成为世界上最重要的设计强国之一。日本的现代设计在战后的短短三十年内实现了欧美七十年的发展。韩国与日本有着极其相似的历史，经历了与日本近似的发展路径之后，韩国从战后百废待举的状态迅速发展成为亚洲四小龙之一。韩国GDP从上个世纪60年代人均不足一百美元发展到2007年顶峰期的世界排名第11位，快速地实现了由制造国家向创新国家的转型。韩国经济的发展具有非常鲜明的个性，那就是跳过低端复制的制造业，重视科技创新和文化创意产业的发展。① 这一跳跃式的发展，为平面设计产业的发展提供了适宜的经济环境。

上下游产业的发展为平面设计产业的发展打下了良好的根基。韩国和日本的印刷业、出版业都在自由出版的政策下发展势头旺盛。在这个过程中，日韩的设计媒体也有较好的发展。70年代前后《设计批评》《广告语特集》《太阳》《都市住宅》《银花》等多种多样的杂志开始创刊发行。设计类杂志开始步入一个繁荣的阶段。1952年，日本历史上第一家广告公司阳光广告（LIGHT　PUBLICITY）成立。1959年，伴随日本经济的迅猛发展，日本的广告公司已达到数千家的规模。② 70年代，各大企业开始成立自己的广告公司，广告行业中的文案、设计、摄影、插画等门类充分发展，逐渐繁荣。这些行业的发展使商业美术的各个分类得到全面的开展，具有充分发挥的空间。

表1　　日本广告业不同业务种类销售额、从业机构数目及固定职工人数（单位：百万日元）③

年份	年度总销售额	四大传统媒体广告	报纸广告	杂志广告	户外广告	交通广告	折叠式直邮广告	因特网广告	其他	广告公司数	员工人数（人）
1988年	3,603,287	2,083,648	698,411	187,986	82,669	87,258	207,015	…	643,938	840	37,628
1989年	4,095,603	2,342,078	795,206	217,411	101,354	100,597	239,186	…	698,747	869	39,505
1990年	4,615,062	2,587,770	859,263	243,108	108,052	117,330	282,785	…	838,169	875	41,003
1991年	4,664,651	2,624,887	835,834	249,712	115,901	127,726	286,254	…	855,854	859	41,907
1992年	4,362,990	2,465,727	737,874	236,217	125,985	124,178	283,661	…	762,744	830	40,427

① 钟德友：《重庆发展文化创意产业如何借鉴韩国成功经验》，《中国经贸导刊》，2010年第14期。

② 桐山登士树、关康子、西山浩平：《日本设计的发展之路》，《苏州工艺美术职业技术学院学报》，2011年第1期。

③ 本文根据相关资料整理，日本广告业业务种类、营业额、公司数量、从业者数量统计表，资料来源于日本国立国会图书馆网站 http://www.ndl.go.jp。

续表

年份	年度总销售额	四大传统媒体广告	报纸广告	杂志广告	户外广告	交通广告	折叠式直邮广告	因特网广告	其他	广告公司数	员工人数(人)
1993年	4,023,649	2,320,117	676,453	217,965	112,474	109,460	281,907	…	652,089	760	38,738
1994年	4,163,571	2,316,733	681,432	205,200	107,737	167,648	352,899	…	650,729	788	38,894
1995年	4,415,317	2,454,978	714,404	220,159	113,946	170,260	384,239	…	719,954	751	36,633
1996年	4,735,530	2,638,455	758,644	241,797	120,510	174,346	406,730	…	805,179	745	36,448
1997年	5,038,569	2,792,706	776,146	264,500	117,698	181,891	429,121	…	853,105	750	36,265
1998年	4,772,067	2,654,926	722,690	255,687	105,348	178,400	414,522	…	795,850	740	35,341
1999年	4,670,404	2,586,429	701,723	249,178	105,906	168,103	420,667	…	822,390	712	33,193
2000年	5,412,879	2,935,098	816,452	268,275	110,124	203,731	519,041	…	1,017,910	730	33,975
2001年	5,426,610	2,878,016	788,015	258,823	105,066	212,012	533,143	…	1,030,501	735	35,689
2002年	5,208,155	2,658,113	681,685	247,580	97,857	197,969	519,368	…	989,127	737	36,412
2003年	5,273,707	2,655,686	674,728	247,849	75,858	199,505	532,715	…	1,018,899	738	34,887
2004年	5,468,409	2,696,051	669,348	245,131	84,487	200,459	562,701	…	1,075,150	725	34,316
2005年	5,682,042	2,649,764	649,032	235,910	86,226	206,853	595,413	…	1,231,431	759	36,485
2006年	5,805,516	2,581,954	624,430	225,135	80,196	227,690	661,379	120,047	1,277,811	808	39,201
2007年	5,867,051	2,525,053	593,620	213,187	80,995	232,790	642,457	147,068	1,319,791	821	41,251
2008年	5,521,777	2,347,147	513,437	189,583	69,752	222,964	607,840	164,949	1,231,832	803	44,292
2009年	4,707,666	1,987,763	406,386	133,107	59,352	180,831	529,951	198,018	985,155	770	43,880
2010年	4,736,573	1,978,610	388,150	116,675	57,244	171,609	548,153	221,986	986,538	744	41,665
2011年	5,163,371	1,988,654	383,126	115,003	63,892	181,427	669,914	380,657	1,087,046	975	48,124
2012年	5,423,587	2,053,460	395,573	115,333	64,015	197,200	690,922	402,499	1,217,217	966	48,344

　　日本的这些平面设计行业组织为初期平面设计的发展起了重要的推动作用。1951年日本宣传美术协会(Japan Advertising Artist Club,以下简称"日宣美")成立。日本50年代,平面设计和广告宣传部都称为商业美术。1952年,ADC东京艺术指导俱乐部成立。1953年,被称为日本现代设计之父的龟仓雄策在东京近代美术馆举办了个展,在日本首次指出GRAPHIC DESIGN平面设计一词,并且广泛使用。1959年,日本设计中心成立。日宣美50年代成立之后持续举办《日宣美展》十九届。此类展览最大的贡献就是鼓励、挖掘了日本早期的一大批青年设计师如田中一光、永井一正、福田繁雄、杉浦康平、浅叶克己、藤井三雄、横尾忠则、松永真、石冈英子、小岛良平等。早期的平面设计师因此也得到社会的认可和关注,并且在参加各

种展览和比赛当中快速提升了设计水平。1978年成立的日本平面设计协会(JAGDA)到现在一直组织有效地开展各种活动，该协会组织完备，人才辈出，并且形成了自己完备的章程。

第4条 事业
为了实现JAGDA的经营目标，本协会将进行以下事业：
（1）举办和参加平面设计领域的展览、讲座；
（2）发行平面设计相关图书及其他出版物；
（3）促进和建立平面设计产业的创作保护对策；
（4）与各国平面设计团体的国际交流；
（5）平面设计师的培养与表彰；
（6）进行平面设计产业相关调查和研究；
（7）平面设计相关机构的合作与交流；
（8）其他要实现本协会目的所需从事的事业
上述事业将在日本和海外开展。

图1 日本平面设计协会(JAGDA)章程中对于协会工作内容的介绍[①]

（二）中国平面设计产业结构现状——地大物博、二元经济结构发展难

根据著名经济史学家安格斯·麦迪森的研究，中国在1820年占全球GDP的三分之一。但是18世纪工业革命之后，中国一落千丈，在全球GDP当中的份额缩减到了5%。但是1979年改革开放之后，中国经济重新崛起。"2010年人均GDP为4428美元，取代日本成为世界第二大经济体，同时取代德国成为世界最大的商品出口国。"[②]

而回顾我国平面设计产业发展相对于我国改革开放的成就而言则显得相对滞后。其一，平面设计产业业态仍然显示出高度弱小高度分散的特征。我国在上个世纪末迅速实现了城市化和工业化的发展，但是浮躁的社会环境却无法造就精英的平面设计产业。各产业发展对平面设计产业的市场需求是存在的。但是问题在于平面设计行业长久以来一直作为广告业等产业的附属服务存在，没有独立的发展空间。至今代表中国平面设计创意最高水平的深圳

---

① 资料来源：JAGDA官方网站www.jagda.org。
② 林毅夫：《解读中国经济》，北京大学出版社，2012年版，第2页。

设计师多为单打独斗的私企，员工最多者不外二十几人。而日本广告公司则相对业态稳定，具备一定的规模。根据1988年到2012年有关日本广告公司数量和广告从业者数量的统计数据估算，平均每个广告公司的从业者数量一直稳定在50人左右。中国广告产业三十年来发展迅速，但是也面临一些重要的产业生存发展的危机。"一方面，中国广告市场完全开放，跨国广告集团加速在华的强势扩张，越来越集中、庞大、势头强劲；另一方面，本土广告公司高度弱小、高度分散。"[①]在这种情况下，本土的平面设计公司、广告公司的生存空间受到挤压，难以发展壮大。其二，中国平面设计产业在前一个阶段并没有作为一个产业主体来发展。虽然截止到十八大，我国社会对文化创意产业的重视已经提升到了一个新的高度。部分政府也纷纷出台相应的扶持计划。落英缤纷的文化创意产业却在各大城市独自亮相、各自为战。如北京、上海、深圳等都成功申请成为联合国教科文组织创意城市网络中的"设计之都"，各自都展开了很多活动，但缺乏全国统一的行动和目标。

　　为什么改革开放三十多年的大发展过程中，中国的平面设计产业没有取得相应的发展成绩？中国社会发展阶段和中国特色社会主义市场经济的环境具有迥异于日韩的特殊性。改革开放后中国的市场呈现城乡二元结构发展，同时国家面积大经济发展程度不同结构复杂，因此中国平面设计产业的发展无法做到整齐划一或者一蹴而就。根据刘易斯、费景汉和拉尼斯关于二元结构的研究分析我国国情，实际上我国存在多重二元结构："一部分比较发达的现代工业与传统农业并存；一部分现代化城市与广阔的农村并存，一部分现代工业与大量落后的手工劳动和半机械化的企业并存；一部分经济发达地区与广大不发达地区和贫困地区并存。"[②]因此我国的现状是存在巨大的区域发展差距、城乡发展差距等复杂状况，并非日韩相对简单并且一体化的经济结构。从世界经济论坛每年统计的全球竞争力报告来看，日本和韩国都已经发展到了以创新为主要驱动（Innovation driven）的经济发展阶段，而我国仍然处于效率驱动（Efficiency Driven）的经济发展阶段。因而我国从整个大环境的发展来看还需要一个过渡时期。而在这一时期研发和设计等相关产业亟须发展。

---

①　廖秉宜：《自主与创新：中国广告产业发展研究》，人民出版社2009年版，第44页。
②　陈刚、孙美玲：《结构、制度、要素对中国广告产业发展的解析》，《广告大观（理论版）》，2011年第8期。

表2   国家经济发展阶段分布图[3]

阶段1： 要素驱动 （38个经济体）	阶段1到阶段2的 过渡： （17个经济体）	阶段2： 效率驱动 （33个经济体）	阶段2到阶段3过 渡： （21个经济体）	阶段3： 创新驱动 （35个经济体）
孟加拉国	阿尔及利亚	阿尔巴尼亚	阿根廷	澳大利亚
贝宁	阿塞拜疆	美国	巴林	奥地利
布基纳法索	玻利维亚	波斯尼亚和黑塞哥维	巴巴多斯	比利时
布隆迪	博茨瓦纳	保加利亚	巴西	加拿大
柬埔寨	文莱莱达鲁萨兰国	佛得角	智利	塞浦路斯
喀麦隆	埃及	中国	克罗地亚	捷克共和国
乍得	加蓬	哥伦比亚	爱沙尼亚	丹麦
科特迪瓦	洪都拉斯	哥斯达黎加 z	匈牙利	芬兰
埃塞俄比亚	伊朗	多米尼加	哈萨克斯坦	法国
冈比亚	科威特	厄瓜多尔	拉脱维亚	德国
加纳	利比亚	萨尔瓦多	黎巴嫩	希腊
几内亚	蒙古	格鲁吉亚	立陶宛	香港
海地	菲律宾	危地马拉	马来西亚	冰岛
印度	卡塔尔	圭亚那	墨西哥	爱尔兰
肯尼亚	沙特阿拉伯	印尼	阿曼	以色列
吉尔吉斯共和国	斯里兰卡	牙买加	波兰	意大利
莱索托	委内瑞拉	约旦	俄罗斯联邦	日本
利比里亚		马其顿	塞舌尔	韩国
马达加斯加		毛里求斯	特立尼达和多巴哥	卢森堡
马拉维		黑山	土耳其	马耳他
马里		摩洛哥	乌拉圭	荷兰
毛里塔尼亚		纳米比亚		新西兰
摩尔多瓦		巴拿马		挪威
莫桑比克		巴拉圭		葡萄牙
尼泊尔		秘鲁		波多黎各
尼加拉瓜		罗马尼亚		新加坡
尼日利亚		塞尔维亚		斯洛伐克共和国
巴基斯坦		南非		斯洛文尼亚
卢旺达		苏里南		西班牙
塞内加尔		斯威士兰		瑞典
塞拉利昂		泰国		瑞士

----

①   Klaus Schwab, The global competitiveness index2012–2013, World Economic Forum, 2013.

表2

阶段1: 要素驱动 (38个经济体)	阶段1到阶段2的 过渡: (17个经济体)	阶段2: 效率驱动 (33个经济体)	阶段2到阶段3过 渡: (21个经济体)	阶段3: 创新驱动 (35个经济体)
塔吉克斯坦		东帝汶		中国台湾
坦桑尼亚		乌克兰		阿联酋
乌干达				英国
越南				美国
也门				
赞比亚				
津巴布韦				

在相对简单和规模较小的市场背景下，日本和韩国任何一个行业组织都可以轻易地辐射到全国。而中国地区发展不平衡、行业组织不完善的现状，让中国本就分散的平面设计更加难以实现高端平台的打造，难以使从业者、管理者统一起来、共商行业发展大计。

二 平面设计制度调整对平面设计产业核心竞争力的干预

根据新经济学的研究成果，制度在经济运行当中起着非常重要的支撑作用。新经济学的奠基者道格拉斯·诺斯在《制度、制度变迁与经济绩效》对制度的概念进行了阐释。"制度是一个社会的博弈规则，或者更规范一点说，它们是一些人为设计的、型塑人们互动关系的约束"。诺斯认为"制度变迁决定了人类历史中的社会演化方式，因而是理解历史变迁的关键"。制度（institutions）基本上由三个部分构成："正式的规则、非正式的约束（行为规范、惯例和自我限定的行事准则）以及它们的实施特征（enforcement characteristics）。"诺斯还认为"一般而言，政治规则决定经济规则，换句话说产权以及由此产生的个人契约一般是由政治决策过程所界定并实施的。"①本文认为对于平面设计产业来说制度性要素

---

① [美]道格拉斯·诺斯、杭行：《制度、制度变迁与经济绩效》，格致出版社，2008年版，第6页。

包含相关的国家法律、政府政策、行业规则等内容。只有当平面设计产业的环境和行业自身的博弈规则具有合理性、可操作性，并且能够充分支持行业发展，发挥后发优势，才能为中国的平面设计产业迎来一个新的发展机遇。因而，制度性要素可谓平面设计产业竞争力打造过程中最为直观也最为关键的一环。

（一）日韩平面设计产业制度现状——背靠大树好乘凉

根据诺斯对于经济制度与绩效的研究，平面设计产业发展要重视一个根源性的问题，即制度要素对产业发展的重要影响。日本政府在这方面也经历了一番社会变迁中的探索。日本经济研究专家指出，在日本经济法思想方面，二战以前以德国思想体系为主要参照，以建立统治经济法为主要特征；但二战之后则吸收了美国式的自由化市场理论，以主张维持市场竞争秩序法为主要特征。日本出现了一种理论和现实的正常差距，学术界认为学习美国的自由市场竞争是认识深化的进步，而实际社会发展状况则是在"统治经济"和"自由经济"之间融合。这也成为日本经济秩序管理的主流。①在这种国家政策背景下，日本的设计产业也走了一条计划发展和自由发展相结合的道路。日本政府采用《产业振兴法》来推进各个产业的发展，这是一种产业层面的思维，并且代表着日本政府一开始便将设计产业作为一个产业来发展的思路。"日本政府主要通过通产省（贸易工业部）与大藏省（财务部）联合促进设计行业的发展，为企业提供情报、提供咨询、提出建议，用国家政策和法律协助设计水平的提高，达到促进贸易的目的，对于日本出口的产品设计，立法保护其专利，监督防止日本设计在海外被仿造，保护日本工业和设计。"②为了促进世界贸易，日本政府也大力倡导国际主义、非本土化的平面设计，争取能够与国外增进了解。日本政府积极举办相关国外设计展览，如1947年美国文化生活展，1948年美国大学设计展、外国生活资料展；1949年产业意匠展；1951年设计与技术展等。

---

① 许平：《影子推手：日本设计发展的政府推动及其产业振兴政策》，《南京艺术学院学报·美术与设计版》，2009年第3期。
② 赵霞：《浅析日本现代设计特质》，《黄河之声》，2010年第3期。

表3   日韩平面设计发展阶段特征①

日韩平面设计发展阶段	特　点	表　现
萌芽期	在以工业设计为主导的设计行业覆盖下产生、应用	平面设计这个词汇很少被提及
发展期	渐渐分离	出现平面设计的优秀作品，VI的广泛应用
发达期	成为独立的行业	标志是专业平面设计工作室的诞生

　　在日本相对封闭、相对单一的经济背景下，媒体、企业与广告公司经过市场调节形成了具有日本特色的市场关系。根据张金海、廖秉宜的研究，日本的广告公司大多是企业或者媒体持股，如日本最大的广告公司电通的股东以通讯社、银行为主。日本的广告公司可以胜任同时代理同一行业的不同品牌，这一活跃的行业规则也促进了日本广告公司的规模化、集团化。

　　韩国的广告公司的特色是实力强大的财团在其背后作为依托。如第一企划依托三星集团，金刚企划依托现代集团，LGAD依托LG集团。这样的发展模式为广告公司这类服务型行业提供了相对稳定的客户资源，从而使广告公司能够在不断发展壮大的过程中积累自己的专业服务能力，更加有利于广告行业的发展。

　　此外日本和韩国这种发展模式使欧美外来资本的活动空间相对狭小，在一定程度上保护了民族广告产业的发展，提升了本土广告公司的市场竞争力，使其有实力和机会去进一步开拓国际市场。

表4   日韩经济发展与设计产业发展概况②

国　家	经济发展时期	设计产业的发展时期	政　策
日　本	二战以后，开展工业化进程，60年代日本经济高速发展，80年代经济飞跃	起步晚，20世纪50年代后半页开始起步，形成"日本风格"设计，60年代广告公司的数目达到数千家，80年代之后日本成为世界设计强国	产业振兴法

---

①　本表根据相关资料整理。

②　本表根据相关资料整理。

续表

国　家	经济发展时期	设计产业的发展时期	政　策
韩　国	60年代，人均GDP不足1美元，2007年顶峰期世界GDP第11位	跨越式发展 80年代韩国正规化设计开始；90年代设计成果巩固和审视阶段；20世纪末达到鼎盛时期	1997年韩国政府通过了设计振兴法案。韩国议会投资8300多万美元成立韩国设计中心。全国经济人联合会设立产业设计特别委员会。2003年，"设计韩国"活动举行。韩国政府将每年的十二月定位"设计月"。

日韩政府部门的高度重视和大力支持为现代平面设计产业的快速发展起到了非常重要的作用。日本和韩国在上个世纪下半页从国家政府层面对设计产业开始给予政策引导和支持，分别在60年代和80年代提出"设计立国"，并且出台相关政策、颁布相关保护法律。这些国家层面的措施不仅提高了整个社会对于设计产业的认知度，并且在实际上对设计产业的发展起到了促进、支持作用。政府与民间齐心协力共发展设计事业。设计立国的思想使设计旗下的好多门类，比如工业设计、平面设计、室内设计、建筑设计等门类都有了均衡的发展。

韩国政府从上个世纪70年代开始致力于创新文化产业发展体制，振兴国家设计产业体系，建设了以韩国设计振兴院为主，以地区设计中心为辅的设计发展网络。政府相关部门制定《文化产业促进法》、变革管理机构、设立产业振兴院。1999年第一届产业设计振兴大会，发表设计产业前瞻报告，宣告韩国5年内建设成为设计大国，构筑集约化生产经营机制。①

韩国的设计振兴院成立于1970年，最初名称为设计包装中心。韩国设计振兴院关注的门类全面，包括产品设计、平面设计、室内设计、多媒体设计。韩国设计振兴院是韩国创意产业政策的重要组成部分。②作为主管韩国设计行业的政府主管部门，设计振兴院主要采取了以下几个方面的措施：第

---

① 钟德友：《重庆发展文化创意产业如何借鉴韩国成功经验》，《中国经贸导刊》，2010年第14期。

② 谭端：《韩国设计凭什么崛起?》，《互联网周刊》，2006年第7期。

一，完善国家设计基础设施。建立设计产业数据库，打造信息交流平台；第二，开展设计职业教育。针对在职设计师和职场新人，设置具有针对性的课程，开展规模教育；第三，持续举办推广活动，提高韩国社会对设计的总体认识，为设计产业的发展打造良好的社会环境；第四，积极参与海外设计交流活动，提高韩国设计的国际声誉等。因而在设计振兴院的专业运作之下，韩国设计形成了官产学充分有机互动的发展体系。在多方的关注和促进之下，2010年7月联合国教科文组织授予韩国首都首尔"设计之都"的称号，以表彰其在多元设计政策与方略方面坚持不懈的追求与行之有效的努力。[①]

平面设计产业的发展离不开国家法律法规层面的支持，尤其是与文化创意产业息息相关的专利法。韩国的知识产权管理体系为提高韩国的创新能力和知识经济发展水平起到重要作用。1946年韩国工商部成立了专利属。1977年专利属更名为韩国专利管理局。1988年更名为韩国工业产权局。2000年更名为韩国知识产权局（KIPO）。2006年韩国知识产权局改制成为首个韩国中央级国家机关中自负盈亏的企业型机构。KIPO在自动化和行政管理方面不断改革，2006年年底将专利审查周期缩短至10个月以内，达到世界最快水平。韩国知识产权管理能力和国际声誉迅速提升，为韩国发展成为知识产权强国起到了主导作用。[②]

表5　　　　　　　　韩国2006~2009财年相关知识产权申请受理量[③]

项目 ＼ 财年	2006	2007	2008	2009
发明专利	166189	172469	170632	163523
实用新型	32908	21084	17405	17114
外观设计	51039 (52879)	54362 (55662)	56750 (58912)	57903 (59537)
商标	122384 (164432)	132288 (180257)	127910 (178211)	126420 (162682)
总计	372520 (416408)	380203 (429472)	372697 (425160)	364990 (402886)

注：表中括号中的数据包括多项申请。

---

① 刘谦功：《魅力四射的设计之都首尔》，《装饰》，2011年第12期。
② 何艳霞：《韩国知识产权局简介》，《中国发明与专利》，2008年第2期。
③ 何艳霞：《韩国改进专利审查工作》，《中国发明与专利》，2010年第11期。

战后日本所建立的设计行业工作体制相对完备并且充满活力，十分有利于设计生产化转化。第一，日本大企业的终身雇佣制使设计师能够免除后顾之忧，全身心地投入在设计工作上。第二，日本设计师具有强烈的集体主义精神。日本设计师的团结协作方式，有助于设计技术的发展和设计部门的发展壮大。第三，依托日本大企业的设计部门发展方式灵活。根据相关研究，一方面，这些设计部门依托大企业，客户来源有保障；另一方面，他们可以独立发展为拥有独立经营权的设计公司，与原来的企业保持相对松散的所属关系。这样的模式既有利于设计公司的市场化优胜劣汰，也有利于设计独立化、专业化发展。

此外，日本和韩国的自由出版政策，也在很大程度上促进了作为下游产业的平面设计产业的发展。

（二）没有靠山成长难

对比日韩平面设计产业发展史，中国的平面设计产业尚未建立自己合理的社会、行业发展机制。

首先，从国家和政府的方面来看，没有形成系统的平面设计监管、服务系统。中国平面设计产业缺乏政府主管部门，各地对平面设计的监管职权也不明确。如上海市有"设计之都推广办公室"，北京市有"工业设计促进会"，深圳市有"设计之都推广办"和"平面设计师协会"。设计产业监管和行业组织的建设仍处于一种自发、随意的发展阶段，彼此间组织关系仍然不明确，全国性统一行业发展规划缺席。各地对于平面设计产业发展的扶植政策雷声大、雨点小，小型公司生存困难，在税收、工商部门对于平面设计企业缺乏实质性政策倾斜，制度落实不到位。例如，近年来全国上下许多城市都建设了颇具规模的文化创意产业园区，投资巨大。但是其中真正能够对平面设计产业起到扶持效果的措施较少。各创意产业园更倾向于具有一定规模的生产、服务公司，后期房租等收费也会提高，不利于平面设计这样小规模企业生存。

其次，从社会环境来看，由于我国尚处于社会主义初级发展阶段，知识经济虽然已经快速发展起来，但对于平面设计产业这类纯粹文化创意类产业的社会认知度还比较低。平面设计为重要服务部分的中国广告公司主要群体在强势的广告主和媒体的挤压下，弱小分散、夹缝生存。更有甚者，"零代理"等不良现象的产生出卖设计的价值，不利于行业社会价值认知度的提升。整个社会缺乏对设计价值的认可，对设计师的尊重和对设计重要经济地位的重视。这是政府、行业、教育等多个方面都需要加以重视的问题。目前我国已有联合国教科文组织授予的"设计之都"三个——深圳、上海、北京。这一事实说明我国在文化传承、创新发展方面还是进步非常巨大的，下一步要着重考虑的则是制定实实在在的、具体规范的设计产业政策和方略。

三　平面设计产业要素增长对产业核心竞争力的促进

根据相关经济学研究，知识、资本、技术、人才等要素是一国经济发展的重要动力。而对于平面设计产业来说则要体现一个民族的独特文化内核；进行系统专业的教育；提高平面设计服务能力，打造精品；抓住促进行业发展的国际国内机遇等等。这些都是平面设计产业发展过程中的关键要素。

（一）日韩：积累的良好增长要素

在日本和韩国的平面设计产业发展过程中，有若干增长要素起了非常重要的推动作用。

第一，教育永远是行业发展的原动力。日韩平面设计与广告的教育事业为平面设计产业的发展奠定了重要基础。日本早期注重平面设计教育上面的"走出去，引进来"，积极派遣留学生出国学习先进知识，同时力邀欧美设计人才到日本进行平面设计的启蒙教育。如日本早期的知名设计师五十岚威畅，1970年时已获得美国加利福尼亚大学的设计学博士头衔。50年代日本关于设计的信息咨询很少，设计师要自己去挖掘和消化挖掘。与行业需求相呼应，日本在50年代开始出现艺术设计专业方面的知名学府。1951年创意艺术教育学院，1954年桑泽设计研究所，1955年视觉教育中心，1966年东京造型大学、爱知县艺术大学分别成立。此外，东京艺术大学、千业大学、武藏野美术大学等学校的艺术设计教育也进入了一个蓬勃发展期。　这是日本设计教育的重要里程碑。20世纪60年代后期，日本基本上形成了完善的设计艺术教育体系，为设计行业的可持续发展提供了充足的动力。[1]1955年成立的《室内设计》、《木工界》等专业设计类杂志将海外的设计资讯及

---

[1]　朱和平、朱小尧：《日本现代设计的发展及特征》，《河南科技大学学报》，2007年第2期。

时、准确地传播到了日本。[①]20世纪80年代以来韩国政府也非常重视设计教育，从德国和日本引进教育人才并派遣留相关人员出国接受训练和考察。继日本之后，韩国成为亚洲最早推进设计进程的国家之一。[②]韩国拥有设计师的比例是17%，每年有36000名设计专业的学生进入各种设计机构服务。[③]

第二，平面设计行业的精品打造，形成了品牌号召力，并且提高了平面设计行业的社会认知度和关注度，如日本的无印良品、韩国的安尚秀。龟仓雄策、田中一光等知名设计师的出现也在设计师范围内起到了标杆的作用，并且吸引了社会对设计师行业的关注。

第三，借助大的赛事活动促进平面设计行业的服务和发展。1960年世界设计会议在东京举办。此类活动为设计社会影响力的提升，获取世界最新设计资讯，与国外设计同行交流提供了机会。日韩都善于抓住机会调动设计行业的潜力，比如1964年东京奥运会，1970年大阪世博会。这些赛事活动中的标志设计、海报设计、奖状、获奖证书、官方文件、纪念品、体育图标等为当时以龟仓雄策为代表的设计师们提供了丰富的工作空间，并且吸引了国际范围内对日本设计的关注。1960世界设计会议在东京举办，给日本设计界提供了与世界设计交流、获得信息资讯的好机会。国际设计双年展，大阪设计节等这些活动的流动举行为日本设计提供了重要的交流和展示舞台。韩国也一样抓住了1988年汉城奥运会的机遇，充分通过现代设计的手段展示了韩国文化和生活。

第四，对民族文化元素进行充分运用，并且注重对外传播。日本在学习欧美的同时非常注重保持自己的民族特色。日本早在唐朝就从中国学习各种文化包括对文字的引用，并且注重消化吸收和对外传播，许多源于中国的东方文化元素反而是经由日本设计广泛传播到西方国家的。具有代表性的日本设计师田中一光认为"设计师要领悟学习传统文化的重要"，"必须改变崇尚西方的观念"。韩国也同样开辟了别具特色的韩式设计风格。韩国设计师安尚秀针对韩国的重要民族文化元素——文字，深耕细作，对韩文字体设计进行了推广。与此同时，日本和韩国都已经充分开展了文化输出策略，日本漫画、韩剧等的流行为日韩产品走向世界起到了非常巨大的推动作用。在这

---

① 桐山登士树、关康子、西山浩平：《日本设计的发展之路》，《苏州工艺美术职业技术学院学报》，2011年第1期。

② 冼燃：《设计–韩国崛起的秘诀》，《新经济》，2009年第7期。

③ 谭坤：《从韩流热看韩国的现代设计》，《艺术与设计》，2007年第7期。

个过程中，平面设计所起到的文化传播的作用也非常重要。

（二）中国：速成社会下的繁华和遗忘

首先，中国设计产业发展在内涵方面，相比较日韩有所欠缺。与日本、韩国相比，中国的民族文化是最为历史悠久和丰富的，为平面设计的发展提供了丰富的素材。中国文化是多民族文化，应该有更多的设计元素运用、表达。但是中国平面设计在过去的几十年发展过程中并没有充分地运用中国元素。这无疑是一个非常巨大的浪费。在快速发展的社会环境下，中国现代设计充分体现出了整个社会的浮躁之气，如遍地都是的毫无审美追求但言奢华享乐的房地产广告。同时，中国设计师还应该增强想象力，加强创新，以更加个性化的设计形式传达中国文化。近期中国广告业资本要素介入对平面设计产业的发展有重要启发。中国经济正处在一个具有后发优势的大发展大繁荣时期，新技术、资本要素可以瞬间促进广告业发展。平面设计产业也应该抓住新的技术、资本机遇。但同时也不能忽视。平面设计产业作为一种文化的哲学表达方式，必须具备一定的设计文化底蕴，而这种文化的培育是不能瞬间完成的。

第二，官产学没有形成良好的互动协同发展体系。我国的平面设计教育也已经颇具规模。教育部2009年数据统计显示全国已有382所正规高校开设艺术设计专业，占全国高校数量的一半以上。过去十五年间，中国开设艺术设计类专业的高校数量猛增，大有后来居上的趋势。但是教育内容、方式，尤其是对设计文化的教育，难以一蹴而就。设计师若没有文化知识方面的积累，又怎能创造展现中华民族文化的设计呢？平面设计产业要发展还要形成产业、学界、政府三方的有机合作。

第三，中国平面设计产业缺乏对外传播意识。充分开展对外传播、占据话语权是中国平面设计产业核心竞争力提升的必要途径，但设计师过分重视个人的国际影响，而没有突出中国平面设计的品牌。中国尚没有"奥美"、"电通"这样具备国际水准的平面设计服务类公司，更没有"无印良品"这样通过平面设计为产品或服务加值的成功经营案例。因而我国的平面设计产业还需加强对民族元素的挖掘运用，塑造中国元素的设计风格，打造自己的设计品牌。

四 结论

在与日本、韩国平面设计产业发展历史和现状的粗略比较中，我们不断意识到日本、韩国平面设计产业发展的先进性及其对于中国平面设计产业发展的启示，但同时也意识到平面设计在全球范围内都已经开始从昔日的"朝阳产业"蜕变为"夕阳产业"，无论是中国还是日本、韩国，其平面设计产业必须经历转型才能够有出路和发展。因此，对于日本、韩国这些近邻的平面设计产业而言，其中的优点和本土性方面有值得我们借鉴之处，但同时也不能拷贝、照搬其产业发展模式。我们必须意识到中国平面设计产业发展的潜力和我们的特殊国情，与日、韩等国相比较，应该承认中国平面设计既有机遇，也有挑战，但对于前景，我们充满信心。

（一）机遇

首先，文化强国建设的背景中，文化创意产业的发展受到各级政府的空前重视，平面设计发展面临着非常好的机遇。尤其是中国人口众多，消费潜力巨大，已经成为国际设计界竞相逐利的"新兴市场"。当然相对而言，平面设计的产品体量比较小，不像建筑那样容易引起关注；同时，附加值高于产值，人们相对容易忽视一枚小小的标志设计、海报设计背后的知识价值和投入。因此，"文化创意产业"应该对于平面设计有所特别的政策倾斜。

其次，"平面设计"并不是一个僵化的词汇，它的外延随着不同时代不同的传播需求不断拓展，从印刷主导到依存于新媒体互动平台，平面设计不断派生出新兴的门类。所谓的"平面设计终结论"指的是传统上被称为"视觉传达"的旧式平面设计，而新式平面设计应该转型到视觉、听觉等综合感官传达的新平台。在新媒体时代中，传统平面设计即便消亡，但转型之后的平面设计仍然有无限的发展潜力。

再次，在各种设计门类中，平面设计所体现出的创造性最为突出，已经公认成为中国各个设计领域中最先达到国际水准的门类之一，近年来屡获国际奖项，受到全世界的瞩目。中国平面设计在创意生产力方面已经达到国际先进水准，但在产业发展方面还显得滞后。也就是说，我们的平面设计是不完整的，只有创意设计，没有产业规模。只有单打独斗，没有进入国家产业政策规划。

最后，中国是设计教育大国，平面设计教育在21世纪以来的蓬勃开展，积累了大量具备专业水准和学术眼光的未来设计人才。以人口基数论，在未来中国平面设计的从业者规模相当可观。但中国的平面设计教育侧重于创意制作能力的培养，培养了大量的设计师，却并未真正培养平面设计政策制定者、平面设计产业管理者，学生对于平面设计产业的理解和反思极其欠缺，这种格局亟待调整。

（二）挑战

首先，与日韩相比，中国平面设计产业缺乏自觉的发展规划，有"行业"而无"产业"，有"自发"而无"自觉"，这在极大程度上制约了产业的规模。"二元结构"下发展平面设计产业既要重视区域发展差异又要有国家层面要广泛重视，尤其是政策引导和教育，唯有国家的力量才能将落后的平面设计产业提升到中国巨大经济体所需要的水平。

其次，平面设计产业链没有形成，只有业内学术层面的交流沟通，而没有产业层面的制度联合。事实上，平面设计是一门依附性极强的产业，与印刷业、出版业、传媒业关系密切。可考虑由具备一定资本的大型印刷企业或媒介挑头，联合一些具备实力的平面设计公司或工作室成立设计服务集团，强强联手，集团化作业。此外，传媒制度的改革将利于平面设计产业的发展，但目前相关政策制定和管理部门尚缺乏在两者之间建立有效的连接。

再次，与少数取得国际水准、国际眼光的优秀设计师相比，全国平面设计师群体中也夹杂着大量缺乏专业水准与职业道德的害群之马，抄袭、山寨成风，庸俗创意大有市场，"零代理"、"免设计费"等现象破坏行业规则，伤害了平面设计师的利益。只顾眼前利益，缺乏精品意识。而文化创意产业发展的特点就是厚积薄发、挖掘民族元素，打造行业精品，重视对外传播。

最后，缺乏行业主管部门。对此，全国各级政府应该尽快明确平面设计产业的发展规划，在国家层面，可由国务院调研后指定某一部委进行平面设计监管，或多个部委联合监管，或成立独立的平面设计监管部委。在地方层面，也应该做出相应的调整，北京、上海、深圳等"设计之都"应该做出试点或示范。同时，尽快成立中国平面设计师协会，开展全国性的大规模行业普查，定期提供中国平面设计产业统计数字，便于相关政策的制定和学术界开展应用性对策研究。

综上所述，本文通过对日韩平面设计产业发展历史和现状的对比，发现了中国平面设计产业在产业结构、制度背景、发展要素三个方面都具有自身的特殊性，这种特殊性决定了我国平面设计产业的发展更加艰难、复杂。因此，中国平面设计产业的发展更加需要做到：第一，官产学三个方面的密切结合推动产业发展。这一方面日本和韩国与欧美具有差异性，欧美国家还是依赖市场的促进，而日韩政府力量对行业进行了更大程度上的引导的支持。而这正是作为后发展国家需要采取的策略。如专利法的健全、出版政策的市场化，这些都是创造后发优势所需要的保障。第二，中国平面设计要走出自己的双轨制风格，加强文化内涵，充分运用中国元素，既要打造中国特色的平面设计服务体系又要充分与国际接轨抓住对外传播的机遇。第三，重视科技、知识、资本等要素的重要力量，加强设计师的中国传统文化教育，在科技方面积极运用新兴技术，搭上新媒体技术的转型快车，适时引入资本通向规模化转型。当然，囿于资料不甚全面，特别是中国平面设计发展缺乏官方权威的统计数字，相关论述及结论难免有疏漏，尚有待后续研究的进一步补充。

（石晨旭:青岛科技大学传播与动漫学院讲师
祝帅:中国艺术研究院副研究员，博士）

增长乏力 转型在即

——浅析日本漫画出版业的若干问题

时 晨

摘要：今日的日本漫画出版业面临着"30年未有之大变局"。出版社在激烈的红海竞争中，极度细化市场，反而遗忘了漫画的最核心价值。同时，为保证利润，出版社过度开发人气作家的市场价值，忽略了对后备人才的培育。更让人忧虑的是，面对着席卷世界的电子出版浪潮，出版社盲目排斥电子化，墨守成规。这一切都表明，日本的漫画出版业已到了不得不转型的时期。

关键词：漫画 市场 模式

日本的漫画出版，对于我国乃至世界出版业来说，都是一个历久弥新的论题。日本出版商凭借着精准策划、精良制作的漫画，不仅在日本国内市场赚得盆满钵满，更在世界范围内攻城略地，广受好评。漫画出版发行也是文化产业中的重要组成部分，我国于2012年出台的《"十二五"时期国家动漫产业发展规划》中将动漫定位成文化产业的重要增长点，计划在未来5年时间之内打造原创动漫精品，并加强动漫生产机构的持续盈利能力。①由此可见，研究日本的漫画出版对于中国来说，更有着特别的意义。

古人云，读史可以"知兴替、明得失"。就我国动漫产业的发展而言，其他国家或成功或失败的发展道路又何尝不是一面面镜子？我国动漫产业正处方兴未艾之时，正可以利用"后发优势"，在充分研究其他国家的成功经验和失败教训之上实现跨越式发展。笔者检索了动漫产业的相关资料，其中

---

① 程丽仙：《让动漫成为文化产业的重要增长点——解读〈"十二五"时期国家动漫产业发展规划〉》，《中国文化报》，2012年8月1日。

关于日本动漫的研究可谓汗牛充栋。研究者多将日本若干动漫作品作为分析对象，从中抽取出对中国动漫发展有所借鉴之处。这样的研究固有其价值，但也存在着一些问题。一则引用的数据资料抑或是案例都较为陈旧，与日新月异的日本动漫市场隔膜颇深；二来也忽略了动漫产品具有鲜明的文化快消品的特征，其前期内容开发、中期生产制作、后期营销推广等都受到特定市场的形塑。特定动漫作品之成功并非仅来自于内容的精彩程度，而是作家、出版社（制作方）、受众、媒体等共同塑造之结果。更引人忧思的是，沉迷于对他国动漫产业浮光掠影式的介绍，仅限于"知其然"却不愿深入"所以然"的研究也并非少数。

诚然，日本动漫产业是个宏大的研究课题，笔者无意亦无力在有限的篇幅之内对其做出全景鸟瞰式的解读，仅选取日本动漫产业中最为强势的漫画出版作为切入点，来回顾近年日本漫画的出版发行，以求最接近现实地勾画出日本漫画出版业所面对的问题与挑战。

2013年1月底，日本漫画杂志《漫画Sunday》（漫画サンデー）发布了即将停刊的消息。随后，在2月19日发行告别刊之后，《漫画Sunday》一刊正式成为历史。《漫画Sunday》创刊于1959年，距今已有50余年历史。它是日本第一本面向成年人的漫画杂志，也曾经推出过极有人气的作品，但仍遭遇了销量下滑的危机，在2012年连续两次转型未果之后，终至沉疴不起。

《漫画Sunday》的悲怆谢幕引发了日本漫画出版界的强烈震荡，甚至有知名漫评人称之为"一个时代崩坏的象征"。[①]曾经在20世纪80年代创造过辉煌业绩的日本漫画出版业，在90年代中期后便陷入了增长乏力的泥潭。《漫画Sunday》的停刊进一步昭示了从20世纪50年代开始形成并固定下来的漫画出版发行模式可能不再适用，结构性调整势在必行。

一 红海战争：出版社竞争日益加剧

随着日本少子化状况的加剧，以及电子游戏等新兴娱乐产业的发展，日本的漫画市场一直处于缓慢萎缩中。2011年的漫画杂志、单行本销售总额合计为3903亿日元，比2010年减少了4.6%[②]。2012年的漫画出版颓势未减，

---

① 篠田博之，マンガ市場の激変[J].創，2013(5·6):32-36。
② 出版科学研究所，コミック市場最前線[R].出版月報，2012(2)。

销售总额与2011年相比又减少了3.5%，止步于3766亿日元[①]。日本漫画出版销售总额经过连续两年下降，已经回到了20年前的水平。

　　漫画市场的萎缩直接促成了漫画出版社之间竞争的白热化。美国学者温德尔·史密斯（Wendell R.Smith）于20世纪50年代中期提出市场细分（Market Segmentation）的概念。所谓市场细分，就是营销者依据消费者心理或消费行为的差异，将产品的市场划分为不同消费者群体构成的小市场的营销手法[②]。日本漫画市场中的杂志分类本已是市场细分后的产物：出版社按照读者性别与年龄因素，将漫画杂志分为儿童志、少年志、少女志、青年志、成年志等。对于大型出版社来说，如漫画出版的三大巨头集英社、小学馆和讲谈社，它们旗下的漫画杂志种类本已色色具备。但是，漫画市场的不景气促使出版社对市场进行再度细分。

　　为了抢占小学低年级学生的市场，集英社于2012年12月推出漫画月刊《最强Jump》（最强ジャンプ）。《最强Jump》不仅有超过700页的厚度，更随刊附有集英社王牌漫画作品《海贼王》（one piece）的特典，显示出集英社的志在必得。原本在面向小学低年级学生的漫画杂志中，小学馆出品的《Korokoro》（コロコロ）是毫无疑问的销售霸主，《最强Jump》的突然杀入，引发了新一轮争夺战。其实，集英社旗下的《少年Jump》（週刊少年ジャンプ）一直独占少年漫画杂志鳌头，即使是《Korokoro》的读者，在年龄稍大之后也会自动转投集英社。但是集英社不甘等待，"只争朝夕"地推出《最强Jump》，显示出出版社对读者群体争夺的白热化。

　　除此之外，本已有青年漫画杂志《Young Jump》（ヤングジャンプ）的集英社，又将原先面向公司职员的《Business Jump》（ビジネスジャンプ）和《Super Jump》（スーパージャンプ）两刊合并为主攻35~45岁男性读者市场，主打现实类题材的《Grand Jump》（グランドジャンプ）。除了按读者年龄进行进一步市场细分，集英社还推出了以科幻和仙游题材为主打的《Ultra Jump》（ウルトラジャンプ），以及试图打破读者性别界限，面向25~35岁男女读者的《Jump改》（ジャンプ改）。这一系列举措显示出集英社虽为漫画出版业中的执牛耳者，但在面对漫画市场整体颓势之时的深深危机感。但是，如果将日本的国内市场比作一块蛋糕，无论出版社如何腾挪变

①　出版科学研究所.コミック市場2012[R].出版月報，2013(2)。
②　[美]菲利普·科特勒：《市场营销》，俞利军译，华夏出版社，2003年版，第177页。

化，使尽浑身解数，上佳的结果也仅是切得蛋糕中较大一块。与其争切蛋糕，为何不将蛋糕做大？可是，集英社、小学馆、讲谈社等出版社在日本国内市场竞争已然白热化，但在开拓国外市场上仍持谨慎态度。其中情由固有不同国家的政策壁垒，日本出版商在国际视野上的缺失也是原因之一。

二　回天乏术：漫画杂志销量持续下滑

日本漫画出版业于上世纪90年代中期盛极转衰，各漫画杂志销量锐减，赤字成为普遍现象。为了扭转败局，出版社将在漫画杂志上连载的人气漫画集结成集，发行单行本以填补亏空。本是出于"救火"需要的举措，却产生了出乎意料的效果：各出版社凭借单行本的出版发行，不但弥补了亏空，还获得丰厚的利润。同时，人气漫画单行本的发售，重新引发了读者追看最新连载的兴趣，反过来又促进了漫画杂志的销售。于是，漫画杂志+单行本的组合营销成为常规做法，通过杂志和单行本的发售，出版社在同一内容上赚取两次利润，出版业界将这种做法称为"二度美味"（二度おいしい）。

对于漫画出版社来说，纸本漫画（漫画杂志与单行本）是其主要的利润来源。所以，出版社十分欢迎制作公司对其漫画杂志上的人气漫画进行再次的内容开发。因为不管是将其制作成CD Drama（广播剧），或者将其做成TV动画，抑或拍摄真人电影，只要进行再次开发，就会促进单行本以及该漫画杂志的销量。但"开发—促销"这一规律近年来开始失灵。2012年春天，角川集团（角川グループ）的漫画杂志《Comic Movie》上连载的漫画《罗马浴室》（テルマエ·ロマエ）被拍摄为真人电影，并取得了票房飘红的好成绩。借真人电影的春风，《罗马浴室》单行本销量又创新高，但《Comic Movie》的销量并未实现增长。人气漫画都不能刺激销售，漫画杂志的销量增长乏力让出版社头疼不已。更让人忧虑的是，漫画杂志的销量下跌并不仅仅意味着出版社利润的减少，更是漫画出版业衰落的标志之一。评论家中野晴行曾指出，漫画杂志承担着推出新作品，促进漫画界新陈代谢的作用。正是得益于漫画杂志的不断推陈出新，更多的漫画作家新人、作品才能进入读者视野。而在漫画杂志上获得好评的作品又可以进行进一步地开发，打造更成熟漫画产业链。[①] 所以，相对于单行本而言，漫画杂志扮演了行业

① 中野晴行.マンガ産業論[M].東京都:筑摩書房，2004:121。

风向标的角色。漫画杂志提供新话题，鼓动新潮流，引发新兴趣，并形成良好的吐故纳新循环，漫画市场这样才得以能保持活力，而漫画杂志销量的逐月走低，显示出日本漫画市场健康状况堪忧。

三　远离轻松：漫画作品的精细化与繁复化

如果现代出版业肇始于"人类与书本的邂逅"，那么人与漫画的邂逅一定有着轻松愉快的基调，一如日本漫画市场繁盛时的《多拉A梦》（ドラえもん）、《樱桃小丸子》（ちびまる子ちゃん）所带给读者的欢乐阅读体验。

但是，随着漫画出版业的利润来源越来越依赖于漫画单行本，漫画作家的构思和创作也在有意无意之间受到了影响。为了能将连载作品集结成单行本以赚取高额版税，漫画作家在创作前和创作中在主题的选择、故事情节的安排、出场人物的设定、故事线索的铺陈上都发生了转向。比方说，与10年前的漫画作品相比较，近年的漫画在主题选择上更加多样化，原本小众的主题层出不穷；在人物设定上，出场人物的数量增多，除主人公之外，配角也有自己的故事线索；在画风上也更加繁复化与精密化，即使是非专业的作者，也展现出相当熟稔的画工。

但是，小众主题，众多人物与繁复画风是否真的满足了漫画读者的需要？漫画作品与其他作品相比较而言，突出的独特卖点（Unique Selling Proposition）正是轻松的表现手法与愉悦的阅读感受。简言之，轻松愉快方为漫画安身立命之根本。有例为证，在漫画杂志销量下跌的同时，轻小说（ラノベ）却前所未有地实现了持续性畅销，这一正一负的结果可能正归因于漫画的复杂化与精细化。当记者对读者选择轻小说的原因进行调查时，读者给出的理由让人大跌眼镜。许多受访者表示，"现在的漫画太难了，有点看不懂。"就此，知名漫画评论家南先生笑言："复杂的、信息量大的漫画作品越来越多，这样的漫画不是让人在临睡之前休闲阅读的，而让人不得不端坐在书桌前，下定了决心才能翻开它。"①按照供求的规律，复杂漫画作品的增多，轻松作品成为漫画市场的稀缺品。可能正是出于读者的反弹，森繁拓真的《邻居关先生》（となりの関くん）、佐野菜见的《是坂本先生吗？》

---

① 　いしかわじゅん.マンガ界いま何が起きつつあるのか[J].創，2013(4):48–57.

（坂本ですが？）这类既没有复杂情节，也没有性格多变主人公的作品一举击败了情节复杂的作品成为了畅销漫画。但是，占据了市场主流的仍然是复杂漫画，原来的漫画读者欲求轻松漫画作品而不得，无奈之下只有转投轻小说品类。由此可见，出版社固守过于单一的盈利模式，不但影响了内容生产，最终仍然会造成利润的下跌。出版商们固然可以凭借垄断地位掌控漫画品种，但无法阻挡读者转投其他品类的脚步。原本占据了日本出版市场三分之一江山的漫画出版出人意外地败于轻小说之手，令人倍感啼笑皆非。

四 电子化不利：元年后的连年销量下滑

日本漫画出版市场是典型的垄断市场，集英社、讲谈社、小学馆等三家出版社占据了60%的市场份额，这三家出版社对业界有着举足轻重的影响。20世纪的90年代中期开始，日本的漫画出版业由顶峰下落，一路走低。大型出版社凭借多年积累的消费惯性尚可维持，但中小型漫画杂志因长期赤字导致休刊、停刊的状况不胜枚举。原本的漫画营销模式开始运转不灵，而出版社增大新刊的市场投放，加大营销力度，也仅仅是表面的修修补补。不光是漫画杂志出现问题，连出版社的生命线——单行本也面临着危机。单行本和漫画杂志的双重落败，意味着从20世纪50年代定型的日本漫画出版模式急需调整，近年来电子化浪潮的滚滚而来更增加了模式转换的紧迫性。

日本漫画出版的电子化转型可谓是一波三折。已成为历史的2010年曾被称为日本出版业的"电子书籍元年"，其实，"电子书籍元年"这一提法已在日本出版业出现多次。早在上世纪的90年代，在互联网浪潮席卷之下，受世界范围的知识开放运动影响，日本的出版商第一次提出了建立电子书籍联盟（e-book consortium），这也是首次元年的出处。第二次元年的提法也是西风东渐的结果。在世纪之交的2000年，微软总裁比尔·盖茨喊出了"书籍即将消失"的豪言壮语，再次在日本出版界激起了"电子化"的忧思。第三次元年是2006年，这次元年的动因来自于日本本土。索尼公司于2006年正式发布了电子书产品Sony Reader PRS-500，PRS-500运用了电子墨水技术，使得屏幕上的文字看起来与印刷品几近相同，当时日本印刷界普遍认为PRS-500的发明扫平了电子书籍的市场之路，但仍然事与愿违。而第四次元年出现在2010年，iPad、Kindle在美国销售得风生水起，进入日本市场也只是时间问题，硬件设备的推陈出新再次引发了日本出版界的"电子化"恐慌，这也正是第四次元年的由来。对元年的命名，代表了一种辞旧迎新的希望与期待。而迄今为止，日本出版界的"电子书籍元年"已反复出现四次，这也表现出日本出版业界在面对席卷世界的电子出版浪潮时的应对失措。2010年本被称为"日本电子出版元年"，但2010年后电子出版物的市场销售总额却逐年下降。根据日本调查机构ImpressR&D·Internetmedia（インプレスR&D·インターネットメディア）综合研究所的《2012年电子漫画营销调查报告》（電子コミックビジネス調査報告書2012），2012年日本的电子图书市场总额为629亿日元，相较2011年的650亿日元减少了3.2%。其中电子漫画市场规模约为514亿日元，相较2011年的524亿日元也下降了约10亿日元。[①]

固守漫画杂志+单行本的盈利模式，抗拒甚至排斥电子出版最终会错过转型的好机会。电子出版并不仅仅是原有内容的电子化，它意味着，也召唤着一种全新的出版理念与模式。日本传统的出版模式曾创下过无数辉煌，但传统模式所具有的强大惯性也延缓了新模式的形成。传统模式不断崩坏，而适应电子出版的新模式尚未形成。在这样的混沌局面中，亚马逊（Amazon）等电商又强势加入了战局，使得日本的漫画出版市场愈加扑朔迷离。

五　故步自封：过分依赖人气漫画导致新人新作难产

少年漫画杂志是漫画出版中最为强势的类别。日本的三大少年漫画杂志，也就是集英社的《少年Jump》、讲谈社的《少年Magazine》和小学馆的《少年Sunday》各拥有283万册、135万册、70万册的傲人销量。但是，除了《少年Jump》，后两者的销量一直处于微减之中。[②]

拥有《海贼王》连载的《少年Jump》销量非但占据压倒性的优势，而且每期的销售量基本保持安定。但是对于集英社而言，危机也像阴影一样挥之不去。集英社的销售额极端依靠热门漫画的连载，这种依赖已然到了《海贼王》在1年内出几次单行本对出版社销售额的影响不容忽视的程度。在2012年底上映的动画电影《ONE PIECE FILM Z》获得了60亿票房的好收

---

① インターネットメディア総合研究所.电子コミックビジネス調査報告书2012[R].東京都：株式会社インプレスコミュニケーションズ，2012.

② 篠田博之.ジャンプブーンドで集英社の新たな攻勢[J].創,2012(2):58-63.

入①，也直接促成了2013年3月4日发售的《海贼王》第69卷第1次印刷数就达到了400万册的好成绩。集英社在收割利润的同时，也陷入了过度依靠《海贼王》的危险境地。一旦连载结束，《少年Jump》必定面临着大幅度的销量下跌。

其实，这种情况不光发生在集英社，历数销量前20名的漫画杂志，其中的连载作品无一不是已然长期连载，无论是主人公还是故事情节读者都已耳熟能详的程度。连载人气漫画可以确保漫画杂志在激烈的市场竞争中立于不败之地，却也会带来后劲不足的担忧。漫画杂志的功能之一便是新作品推介与新作家的育成，人气连载长期"霸占"杂志版面，名作家在赚得盆满钵满的同时，新人作家却面临着生存的困境。

对于漫画出版业来说，"培育"和"消费"是不可或缺的有机组成部分。不为新人漫画作家提供机会，仅着力于开发人气漫画作家的市场价值，长远来看会让漫画出版的创新力窒息。近年来，日本漫画作家间的两极分化日益严重，除了一流的名作家，一般作家的收入不断减少，连维持原有的创作体制（也就是工作室制度）都很困难。原先仅仅出现于少女漫画领域的创作模式，也就是漫画作家在雇佣助手时不支付工资，而与助手共同拥有作品版权的模式，现已蔓延到了少年、青年漫画的创作中。

同时，出版社不愿冒险，可能会失去更大的市场。小学馆在2012年9月将自己的少女漫画月刊《FLOWERS》（月刊フラワーズ）中新人作家的处女作集结成单行本发行，首次印刷了15000本，至今已经第八次印刷，销售总额达到了380000部。②小学馆的做法本属无心插柳：当时的小学馆经历了连续赤字，那时就是否冒险刊登初入漫画界的新人作品，编辑之间进行了激烈的讨论，最后决意冒险一搏，却取得了意料之外的好成绩。

今日的日本漫画出版业存在着种种问题与隐忧，对于各出版社来说，可谓是"30年未有之大变局"。沿袭着20世纪80年代所形成的出版发行模式，按部就班的出版社们发现危机近在眼前。漫画杂志销量剧减势头不止，出版社不断增加新刊，极度细化市场，已经穷尽了原有市场的所有潜力。而对于漫画主题的过度求新，反而遗忘了漫画的最核心价值——"轻松阅读"。漫

---

① 増田弘道.アニメビジネスの明日はどっち？2012年アニメ産業速報[EB/OL]．
　　http://bizmakoto.jp/makoto/articles/1303/26/news023.html,2013-04-03。
② bakakyoudai.twitterで絶賛の嵐．新人作家の作品「式の前日」がスゴイ[EB/OL]．
　　http://matome.naver.jp/odai/2134897095754418101,2013-05-25。

画作品日渐沉重的同时，轻小说乘虚而入，更加挤压了已然萎缩的漫画市场。而出版社在激烈的红海竞争中，不惜饮鸩止渴，几近杀鸡取卵地过度开发人气作家的市场价值，忽略了对漫画作家后备人才的培育。更让人忧虑的是，在电子化浪潮之下的漫画出版社依然没有对应之策，甚至排斥电子化，固守成规。这一切都表明，日本的漫画出版业已经到了不得不转型的时刻，而转型是否能够实现"软着陆"，让我们拭目以待。对中国动漫产业而言，日本动漫出版业提供了一面镜子。日本漫画出版业所面临的种种问题与困境也不仅局限于日本，同样也可能出现在中国，而中国特殊的文化体制与土壤也进一步深化了漫画出版的复杂与多变程度。中国的出版人、动漫人若能吸取日本漫画出版转型的教训，使得中国动漫发展之路少些颠簸，多些平稳，实善莫大焉。

（时晨：安徽财经大学文学与艺术传媒学院讲师，博士）

区域聚焦

民族村寨文化创意产业发展模式研究
——以西双版纳勐罕镇傣族园为例

胡洪斌　　邹沁园

摘要：民族文化资源主要集聚于民族村寨之中，民族村寨最为直观地反映出民族文化的特点。本文以勐罕镇傣族园为例，系统分析如何利用民族村寨发展文化创意产业，归纳总结出民族村寨文化创意产业发展的具体模式和相应存在问题，以期对民族村寨文化创意产业的可持续发展提供有效的理论和实践借鉴。

关键词：民族村寨　文化创意产业　傣族园　模式　问题

一　市场经济下民族村寨文化的发展之路

加拿大文化学者保罗·谢弗在《经济革命还是文化复兴》中指出人类已经处在一个刻不容缓的历史转折点，必须朝着一个新的时代迈进，这就是文化时代。全球著名的未来学家阿尔温·托夫勒也曾预言资本的时代已过去，创意时代正在来临。因此，文化创意成为了新时代发展的最有力"代名词"。近些年来，文化创意产业在中国的发展突飞猛进，成为了国民经济发展中最为突出的产业亮点之一。好风凭借力，国家文化创意产业发展热潮的背景下，广大民族地区也正结合自身丰富的民族文化资源优势，积极探寻市场经济下民族文化的传承和创新之路。

需要指出的是，独具特色的民族文化资源往往主要集聚于传统的民族村寨之中，"村寨是民族文化赖以传承的生活空间,村寨文化则是民族文化的基本单元"。肖青、李宇峰在《民族村寨文化的理论架构》一文中，认为"民族村寨文化是民族文化的基本单元和具体表现。在我国传统乡土社会中,一个具有完整人文世界的民族村寨聚落往往容纳了该民族在文化方面的多种典型特质"[1]。

伴随着市场经济的开发，"那些在村寨内部支撑了维护社会秩序，体现价值规范以及表述生活意义的各种文化事项和文化活动，逐步地从只是具有展示人类文化多样性意义方面，开始向文化资本转变。"[2]于是，在民族村寨内部依托当地民族文化资源来进行文化产品的创意设计、生产经营，提供相应文化服务的民族村寨文化创意产业应运而生。作为文化创意产业的一种特殊形态，民族村寨文化创意产业这一概念的提出有其特殊的背景。因此，对其思考和认识，我们需要和传统意义上的文化创意产业区别开来。

现代经济制度归根到底在于资源配置和企业制度，因此在民族村寨文化的资本化市场创新过程中，寻求合理的资源配置方法和企业组织形式是其可持续发展的关键所在。产业指的是具有同类资源属性的经济集合或系统，而产业化的过程需要有完善的保障体系、系统的产业配置以及适当的经济规模，民族村寨文化创意的开发过程也不例外。民族村寨文化创意产业的发展，直接改变的是当地村寨的经济社会结构，使得原先单一的以传统农业种植为主导的产业结构或多或少地发生裂化，而进一步随之而来的又是千百年来形成的乡风民俗、宗教信仰、人生价值观等系列文化结构的重组和嬗变。本文将从这些方面入手，延展开对于民族村寨文化创意产业的讨论。

有着傣乡传奇历史和浓郁民族文化特色的勐罕镇（橄榄坝），位于云南西双版纳州景洪市东南部，而傣族园就是由勐罕镇当地的曼将、曼春满、曼乍、曼听、曼嘎五个自然村寨，共计339户、1627个村民所构成的。五个村寨的村民结合传统的傣族民族文化，以其世代居所（干栏式竹楼建筑群落）以及衣食住行、言谈举止、悠久的南传上部座佛教等在地特色文化景观构成傣族园主背景。依托民族村寨为载体发展文化创意产业的傣族园，以其独特的模式成了民族村寨文化创意产业开发的典范。2004年傣族园被国家旅游局授予"生态文明示范村"荣誉称号；2007年被云南省委宣传部、省文明办授予"和谐文化村"；2008年6月被云南省文产办评为了"云南省首批优秀企业"，同时公司总经理范文武先生被评为"优秀文化企业家"。因此，本文

---

① 肖青、李宇峰：《民族村寨文化的理论架构》，《云南师范大学学报（哲学社会科学版）》，2008年第1期。

② 覃雪梅：《民族文化资本化与民族村寨社会转型——以云南为例》，《思想战线》，2010年第3期。

最终选取傣族园为例，在实地调查访谈的基础上，总结概括出民族村寨文化创意产业发展的模式和相应问题，以期对当下民族村寨文化创意产业的可持续发展提供有效的理论和实践借鉴。

二　勐罕镇傣族园文化创意产业发展模式分析

（一）政府、企业、社区群众的"合围"运作

谈到傣族园，首先想到的就是其"公司加农户"的经营模式，然而长期的研究过程中，往往忽视了政府在其中的重要作用，民族村寨文化创意产业的发展过程体现的应该是政府引导、企业运作、社区群众参与的合围互动运作模式，在傣族园的开发过程中三股力量始终贯穿其中。

以1999年昆明世博会为契机，1997年西双版纳州委、州政府按照云南省委、省政府建设"民族文化大省"战略目标的部署，大力招商引资，举办边交会，放宽投融资政策，吸引州外及全国各地企业到西双版纳投资发展。在此背景下，来自广东东莞的信益集团于1998年11月投资施工建设傣族园，1999年10月1日正式开园营业。傣族园初期由信益集团独资运作，到了1999年3月5日，橄榄坝农场经云南农垦集团批准，投资1000万参与合股建设傣族园。2000年底，信益集团因资金问题开始提出退出股份经营权，2001年3月其下350万股份全部被农场收购，农场成为了傣族园唯一的控股方。后期傣族园在政府的引导下，改为股份制公司，昆明宜良南洋建筑公司、景洪市城市投资开发有限公司（简称城投公司）与农场三方共同控股投资建设傣族园。2011年10月26日，城投公司以51%的股份控股傣族园，成为傣族园最大的股东，伴随傣族园十多年发展的橄榄坝农场逐渐退出舞台。①

民族村寨文化创意产业发展需要政府、企业、社区群众的三方共同参与，这是由于民族村寨文化创意产业的开发过程中，存在着两大利益主体，即强势的"资本主体"（企业经营商或开发公司）与弱势的"资产主体"（当地社区群众），二者之间必须要介入政府的监督与协调。以傣族园为例，资本主体的长期不断变更是不由资产主体所控制的，这时候就必须引入第三方——政府。从另一角度来讲，国内文化创意产业的早期发展首先就是由政

---

① 根据傣族园管理干部对傣族园的发展介绍，作者后期整理而成。

府所引导的，这在云南省民族文化创意产业的发展过程中也有所体现。政府宣传组织协调、企业整合开发运营、社区群众参与传承创新，这是民族村寨文化创意产业开发的基本前提和重要保障。

（二）旅游搭台

目前对于民族村寨的开发研究多集中在旅游业领域，在民族村寨的市场经济运营过程中，文化常常被看做旅游资源的一部分而服务于旅游业。造成这一问题的主要原因在于中国旅游业的引入较早，而文化创意产业在国内的引入以及发展晚于旅游业。但这也从另一方面体现出了文化创意产业和旅游业之间的紧密联系。

在我国，文化创意产业和旅游业仍然是相对独立的两大产业，特别是在体制管理上表现出了各自的独立性。可事实上，两大产业间的互动发展甚至融合一体化的趋势已越来越明显，研究文化创意产业已无法绕开旅游业，而发展较早的旅游业在产业创新升级的过程中也亟待文化创意产业的助力。特别是在民族地区，发展文化创意产业过程中，"旅游搭台"的重要性不言而喻，可以这么说，任何一项民族村寨文化创意产业的开展前提都是要有旅游活动的发生，吸引了旅游者前来参与，比如民族村寨演艺、民族村寨节庆、民族村寨工艺品销售等，这在傣族园的经营过程中也充分得到体现。从文化的角度出发，我们也不难看出，民族村寨文化创意产业开发是以文化为核心，以创意为动力，以旅游业为重要载体平台的业态形式。"民族村寨是少数民族地区农村的基本社区，也是传承少数民族文化的基本空间载体。民族村寨之所以成为旅游资源，正是因为将民族文化融入其原生的自然和社会环境中，通过发展旅游可以真实自然地展示民族村寨的文化资源和民族特质，从而维护和创造出新型的文化生活方式。没有民族文化内涵的民族村寨不可能成为旅游资源，民族文化是民族村寨旅游发展的核心竞争力所在。"[①]

从一定程度上说，旅游业是民族村寨文化创意产业的一种重要产业形态，民族村寨的开发应由早期单一的旅游阶段过渡到当下的文化创意产业综合阶段，因为后者不管是在概念还是业态范围上都囊括了前者。更为主要的是，民族村寨开发过程中，诸多的社会经济问题（特别是旅游业开发所带来的一系列难题）都需要回归到文化这一范畴内来解决。以文化创意产业为重

---

① 杨建春、吴建国：《民族村寨旅游管理制度研究》，《商业研究》，2012年第8期。

点，再结合文化事业的引导，民族村寨的市场经济开发将更为科学、稳定和可持续，这在后面部分还将做具体讨论。

（三）保护就是发展

民族村寨文化原生性的特点使其在开发过程中显得十分脆弱，同时，地域广阔、交通不便、人口相对稀少、布局分散等外部环境制约，也使得民族村寨文化创意产业呈现出了小规模、小范围的发展态势。但这并不是说明民族村寨文化资源只能够一成不变地"小心供奉"，多年来发展实践的事实告诉我们，要正确处理好保护与开发这对基本矛盾，就要坚持"保护就是发展"的核心理念。

干栏式竹楼建筑群落是傣族园最为重要的文化景观之一，具有较高的艺术欣赏价值和文化研究价值，是傣家人积淀已久的精神、文化财富。然而，随着村寨居民经济收入的增加，对现代建筑及装饰的需求也日趋凸显，傣族园内逐渐出现了异化建筑。为此，傣族园公司出资保护傣家干栏式建筑，并随着公司经济和物质条件的不断改善而做出相应的调整扶持。据傣族园管理人员介绍，为防止异化建筑的出现，早在2000年公司就制定了干栏式建筑保护的奖励措施，从2004年起，傣族园给予景区翻新、建盖干栏式建筑的村民每户4000元的补助，2009年又将其增加到每户15000元，2011年公司和村民们还达成了景区门票分成协议。按照协议规定，景区村民每年可分得景区门票款（税后）的15%，同时，公司还承诺四年内，对景区342户村民每户给予15000元的干栏式建筑保护补偿（含未新建村民户和原补偿不到15000元户）。因此可以看出，民族村寨文化创意产业的开发，企业每走一步，都是在致力于保护和弘扬民族文化，保护其赖以生存的文化生态环境，真正做到保护就是发展。①

（四）七大门类构建民族村寨文化创意产业核心竞争力

民族村寨文化创意产业包括了哪些门类，其布局与结构又如何？在发展民族村寨文化创意产业的过程中，这是最为现实而且亟待解决的重要问题。结合傣族园多年的发展实际，笔者认为民族村寨文化创意产业主要包括了以下七大门类：民族工艺品产业、民族影视、民族演艺、农家乐休闲、民族特

---

① 据李盛宣《举起傣族园民族文化大旗——傣族园弘扬民族文化纪实》整理，2012年。

色餐饮、民族节庆、民族非物质文化遗产等。在民族村寨文化创意产业发展的过程中，它们共同组成了民族村寨文化创意产业的核心部分。

案例一：民族演艺精品——"勐巴拉娜西"

西双版纳知名文化品牌"勐巴拉娜西"的最初开发者正是傣族园，早在1999年初，傣族园公司就投资1000余万元，在傣族园景区内修建了当时云南省规模最大，且能够容纳2000多游客的勐巴拉娜西歌舞剧场，并组建了40余人的勐巴拉娜西艺术团，高新聘请专家指导，利用重点景区游客集散优势，以民族村寨为平台，发展民族歌舞演艺产业，把在地民族文化资源打造成为在场民族文化精品。目前，民族演艺已成为了民族文化创意产业的一大亮点，如何在众多的同类产品中脱颖而出，保持长久的舞台吸引力，成为了包括傣族园在内的许多景区演艺开发商首要解决的难题。笔者了解到，2012年3月傣族园已开始筹划扩建、提升勐巴拉娜西歌舞剧场，聘请著名舞蹈家杨丽萍作为公司的艺术顾问，并将其舞蹈《雀之灵》搬到此剧场，以名人之声提升舞蹈质量，将傣族文化艺术做精、做细、做强。

案例二：民族美食融入农家休闲体验——"傣家乐"

以体验和休闲为主的"农家乐"，是民族村寨文化创意产业的重要组成部分，这种经营方式开辟了一条脱贫致富的新路，提高村民收入的同时也有利于民族文化的保护和传承。在傣族园，经营"傣家乐"已成为了当地傣族村民发家致富的重要渠道，做一天傣家人，过一天傣家乐也成了游客到傣族园的消费首选。以家庭为单位经营农家乐，还能够在原有的传统橡胶种植业基础上，增加新的就业机会。据笔者实地走访了解到，傣族园内经营傣家乐的家庭每户年收入能达到一二十万元，加上种植橡胶的收入，有的家庭一年能有两百万元左右的经济收入。游客到傣家乐最想体验和品尝到的就是正宗的傣味，酸、苦、辣、生为主要特点的傣族民族特色饮食对于游客有着极大吸引力。2012年国内热播纪录片《舌尖上的中国》带动了当下人们对于"味蕾经济"的思考，饮食文化也是民族文化中的重要组成部分，特别是民族地区由于独特的地理位置和气候条件造就了丰富多样的饮食材源，如何使其得到有效开发，傣族园的模式给我们带来了极大启发。

案例三：民族特色节庆活动——天天泼水节

西双版纳最为著名的节庆品牌就是傣族泼水节，傣族园十三年来紧抓泼水节这块文化品牌，成功打造了"百名小卜哨——天天欢度泼水节"等系列民族节庆文化体验活动。一年四季，排除恶劣天气外，傣族园景区每天下午都准时为游客提供两场由当地村民组织的泼水节文化体验活动，让每一位到傣族园的旅游者深刻体验傣族人民的节庆文化内涵。傣族园范文武总经理还向笔者透露，傣族园下一步将把傣族泼水节的节庆文化深刻、系统地进一步展示出来，将以傣族园为核心打造橄榄坝大傣乡风情游，与曼迈桑康风景区遥相呼应，联袂开发划龙船、放高升、泼水等系列活动，形成完整的"泼水节·印象"民族文化节庆品牌。

案例四：民族非物质文化遗产的展演性动态开发

结合现代科技设备，在保护的基础上有条件地动态开发非遗资源，充分体现非物质文化遗产文化价值的同时更能够进一步发挥其独特的经济作用。目前傣族园共有七项国家级非物质文化遗产项目（如表一）。为突出傣族文化特色，打造傣族园独具内涵的活态文化博物馆，实现文化与旅游互动发展、良性循环的格局，2009年3月傣族园在景区的曼将寨建成了"国家级非物质文化遗产展示区"，通过老咪涛（大妈）制作傣锦、老波涛（大爷）刻贝叶经、猫哆哩与骚哆哩（男女青年）章哈、象脚鼓舞表演等活动，让游客感受傣族非物质文化遗产的魅力。同年5月18~22日，傣族园还举办了首届"国家级非物质文化遗产"培训及比赛活动，受到了社会各界人士的关注与支持。2010年6月12日全国第五个非遗日，傣族园被云南省文化厅授予了"云南省非物质文化遗产传承基地"荣誉称号。2012年6月，傣族园与西双版纳民族文化传播有限公司签订《关于共建"印迹西双版纳——傣族园国家级非物质文化遗产展示示范中心"的合作》，将在傣族园泼水广场6号傣楼经营西双版纳非物质文化遗产展品。

表1　　　　　　　　　　傣族园七项国家级非物质文化遗产项目①

项　目	内　容
泼水节	傣语"桑堪比迈"，由民间传说而来，是国务院2006年5月公布的第一批国家级非物质文化遗产，每逢傣历新年节(一般在公历4月13日至16日)都要泼水，以示洗旧迎新和祝福。
贝叶经	傣语"坦览"，是国务院2008年6月公布的第二批国家级非物质文化遗产，在中国文字史上，有自己文字的少数民族并不多，傣族就是其中一个拥有自己文字的民族，而且是我国唯一一个把文字刻写在树叶上的民族。

---

① 表格资料来源：根据傣族园提供资料整理而成。

续表

项　目	内　容
傣　锦	傣语"洛竜龙徕"，是国务院2008年6月公布的第二批国家级非物质文化遗产，唐代傣族先民就能用攀枝花纺纱织布，傣族女孩长到十一二岁时，就开始学习织布绣花，不能织布绣花的女子是不为男子所喜欢的。她们织出来的图案可分为三类：一是几何图形，　二是花草树木图案，三是象征吉祥的飞禽走兽图案。
章　哈	译成汉语就是歌手的意思，是国务院2006年5月公布的第一批国家级非物质文化遗产，是傣族传统的曲艺形式，傣族许多著名的历史、传说就是通过章哈演唱的形式代代相传。
象脚鼓舞	傣语"凡光"，是国务院2008年6月公布的第二批国家级非物质文化遗产，是傣族舞蹈中流传最广、最有特色的一种群众性男子舞蹈。象脚鼓要用甑子木掏空，蒙上黄牛皮并用牛筋绷紧，外表涂油漆或其他颜料，再绘彩纹，因形似大象脚而称为象脚鼓，而傣族男子挎着形似象脚的鼓起舞，故名象脚鼓舞。
召树屯的爱情故事	召树屯与喃木诺娜的爱情故事是国务院2008年6月公布的第二批国家非物质文化遗产。与孔雀有关，从此傣族人民把孔雀视为吉祥幸福的象征。
慢轮制陶术	国务院2006年5月公布的第一批国家级非物质文化遗产，其制陶术是由妇女世代相承的，其中最为突出的技艺为慢轮手工制作，器物表面均用有纹的木拍拍打出印纹，这与南方新石器遗址出土的印纹陶器相一致。

案例五：民族影视基地开发

曾荣获"飞天奖"、"五个一"工程奖等多项荣誉的电视剧《孽债》就是在橄榄坝拍摄的，而傣族园的投资方橄榄坝农场也正是《孽债》里面的内地支边青年在西双版纳工作和生活一辈子的地方，可以这么说，傣族园村寨作为影视拍摄基地最早出现在荧屏上也就是通过这部电视剧。从2004年开始，傣族园先后在中央电视台《请您欣赏》栏目播出了400分钟的宣传片，同时先后在云南卫视一套、三套、六套常年广告宣传。通过对傣族园总经理范文武的访谈，笔者也了解到傣族园公司下一步希望拍摄一部关于傣族园的电视剧，发挥本土资源优势，以傣族园影视基地为依托来建设特色文化展示平台，吸引影视摄制组来傣族园拍摄影视剧，借助影视剧的播映来展示特色文化。

案例六："一村一品"创新民族手工艺产业

笔者认为，傣族园民族文化创意产业发展中，民族手工艺产品开发做得较弱，制陶、织锦、木编等传统民间手工艺产品未能得到有力开发。在实地走访过程中，很多当地傣族村民也向笔者抱怨不知如何发展手工艺品。在这方面，笔者认为傣族园可以借鉴泰国"一村一品"的模式，每一个村选择一个主打手工艺产品，通过社区、市场（企业）、国家（政府）的组合，建立起内外部相结合的产品供应链。如泰国清迈府的Baan Tawai村，以木雕为主要手艺，是泰国远近闻名的木雕村；博桑（Bo Sang）伞村以制作和出售传统油伞而出名；本佳容（Benjarong）村，以陶器出名。傣族园内的曼将、曼春满、曼乍、曼听、曼嘎各自选择一项特色手工艺品，在外观设计、文化定位、包装与服务、营销手段等方面进行文化创意，公司在技术、资金、市场方面给予一定指导和扶持，这样就能够在短期内树立起具有市场影响力的民族手工艺品牌。

三　民族村寨文化创意产业发展模式总结

通过第二部分的分析，笔者将民族村寨文化创意产业发展模式概况总结为"一核心，一前提，三主体，七门类"（如图1）。

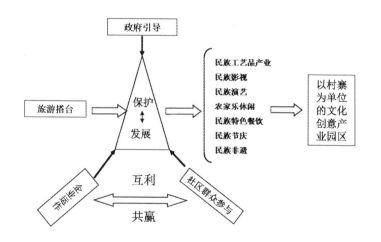

图1　民族村寨文化创意产业发展模式图

"一核心"指的是"保护与发展"，它贯穿在民族村寨文化创意产业发展的每一个阶段过程中，是永恒的理念。"一前提"指的是"旅游搭台"，民族村寨文化创意产业的起步以及后续发展均需要依托旅游业的带动。"三主体"指的是政府、企业以及社区群众，企业与社区群众是其中最重要的两极。"七门类"指的就是前面提到的民族演艺、民族节庆等七个重点产业组成部分。笔者认为民族村寨文化创意产业发展，最终形成的将是以村寨为单位的民族村寨文化创意产业园区，这也是资源、市场与民族特色文化有效集聚整合后的体现，民族村寨文化创意产业园区，包含了生产、发行与消费等"产供销一体化"的文化产业链。根据张凌云《文化产业园区有关理论重述》一文中提到关于文化产业园区的几个重要特征，可以看到以民族村寨文化创意产业园区，是依托民族文化资源禀赋深厚的地方（民族村寨），引入现代市场经济理念，开发与民族文化相关的系列在场文化产品。它反映的是特殊地域的文化、社会与经济需求，同样也满足了当地居民以及外来旅游者特定的文化需求。"园区内打破了生活、生产、娱乐的严格界限，实现了生产管理活动艺术化，生活消费娱乐艺术化，是文化、经济和生活甚至社会效益四者高度融合统一的有机体，是引入生物自动更新机制的后工业园区的最高级形式。"①

四　民族村寨文化创意产业发展过程中应注意的两个问题

（一）利益冲突：民族村寨文化创意产业发展过程中最难协调的问题

如前面部分所提到的，民族村寨文化创意产业发展过程中，一直存在着两大利益主体，二者之间相互博弈并且表现出了主客体相互"牵连"的特点。资本主体与资产主体的共同参与是民族村寨文化创意产业顺利发展的关键环节，但问题恰恰出在这里，而这也正好是民族村寨文化创意产业发展过程中各种利益冲突的根源。②以傣族园为例，作为开发者的傣族园公司，不可避免地与各级政府部门、橄榄坝农场、傣族园社区群众等相关者发生着各种各样的利益联系，而想要处理好相互之间的多种利益关系并不是轻而易举的，当每次利益冲突发生时，作为开发商的傣族园公司总是第一时间被推到"风口浪尖"上。换句话说，强势的"资本主体"总是处于各方利益争夺的中心位置。

---

① 张凌云：《文化产业园区有关理论问题重述》，《东岳论丛》，2011年第8期。

② 赵世林：《云南少数民族的文化产业与文化传承机制研究》，民族出版社，2010年第1版，第170~172页。作者在书中将"资本主体"与"资产主体"的利益分配问题归结为两个方面：一是产业"资本主体"与"资产主体"的错位；二是强势"资本主体"与弱势"资产主体"的利益博弈。

各民族都有着自己不同的文化价值观，在处理矛盾的过程中必须以此为出发点，文化多样性的内涵不仅在于承认不同文化之间的差异，更应该在于承认不同文化所具有的价值及其相互之间可共生、可共容的特性。不可否认，企业必须协调好与社区群众之间的关系，把村民利益放在重要的位置，但村民也不能够把自己视为唯一的利益所得者，长期以来强调社区群众的重要性而忽视了企业的重要性，这种观念是错误的。经济-文化一体化发展背景下的利益冲突常常体现在"资产主体"利益者在民族村寨文化创意产业开发过程中凭借自己的资源优势不断对"资本主体"示威和施压，不断诉求各种利益所得，强势的一方反而显得弱势。

（二）事业与产业并行：民族村寨文化发展的"两翼"

由于依托民族村寨发展起来的文化创意产业是一种比较特殊的文化创意产业形态，所以民族村寨文化的事业属性与产业属性是同时并存的，民族村寨文化也是在这"两翼"的并存中向前发展的，而民族村寨文化资源的独特性也使得事业与产业并行成为了民族村寨文化创意产业发展的最终目标。

让我们再次回到傣族园，千百年来，由于社会发育程度较低，当地傣族村民的文化精神生活也比较单纯，但伴随着傣族园开发以后，村民的生活水平提高了，生计方式改变了，饮食、服饰、建筑等文化得到了空前的张扬，与此同时，邻里关系、宗教信仰、人生价值观也受到了前所未有的挑战。在对傣族园的调查过程中，当地64岁的傣族文化名人艾诺不止一次向笔者哀叹当下傣族的民族文化越来越少了，傣族人的素质也在不断下降。外来文化的强势冲击对傣族脆弱、朴拙的民族文化造成了极大影响，风气败坏、道德沦丧、信任缺少，以至于前述各种利益冲突的发生也大都归因于此。

民族村寨文化创意产业的发展，使得民族地区人民重新认识到了本民族的文化价值，但遗憾的是，这种价值更多的是经济表层的，最终并未真正形成本民族的文化自觉和自信。因为他们在看到自己文化带来经济价值的同时却没有意识到文化更深层次的内涵，没有形成本民族的文化认同，仅仅把民族文化作为经济资源来开发，产生经济价值，让自己有所经济收益，这是远远不够的。而这时就需要公共文化事业来发挥重要作用。民族文化创意产业的发展更多的还得依靠群众整体性的文化自觉来完成，"民族文化产业与别的产业形态极不相同之处就是作为主体的民族族群参与活动所引发的经济现象，体现了'人本位'的特征，反映出民族'身份认同与经济利益和仪式行为之间的密切关系'"①。公益性的文化事业，具有了认识、教育、伦理道德、审美等特性和功能，能够使民族文化发展得更加和谐，更符合科学发展的宗旨。因此，在民族村寨文化创意产业发展热的背景下，我们更亟待民族村寨文化事业繁荣的"冷思考"。

笔者认为要想解决好利益冲突这一难题，要协调好事业与产业二者之间的关系，不妨借鉴一下台湾文创产业的成功发展案例——"社区营造"。台湾"社区营造"工程是台湾本土"在地文化"面临强势"外来文化"冲击的背景下，充分融合日本"造町运动"、英国"社区建筑"、美国"社区设计"等多种理念，以社区共同体的存在和意识作为基本前提和目标，凝聚社区文化特色和居民共识，整合多方力量，共同发展文化创意产业，这就和本文提到的民族村寨文化创意产业有了异曲同工之妙。但在民族村寨文化创意产业发展过程中，我们的社区管理比起台湾"社区营造"中的以"自治"为中心的社区参与有本质性的差异，这一点需要区别开来。笔者认为下一步的民族村寨文化创意产业开发重点应该放在"社区"上来，只有把社区问题解决好，做好社区这一"文章"，利益冲突才能够得到缓和，事业建设与产业发展也才能够齐头并进。

（胡洪斌：云南大学文化产业研究院副教授，博士，硕士生导师

邹沁园：云南大学文化产业研究院硕士研究生）

---

① 林艺：《关于"西部民族文化产业"的几个理论问题》，《中国文化产业评论》，第14卷，2011年版。

特色文化产业聚集区的构建模式与选择路径①

——基于大理-丽江区域的案例研究

李　佳

摘要：大理-丽江的文化资源丰厚，产业发展亮点纷呈，文化产业聚集的格局也初具规模，具备了发展特色文化产业聚集区的基础。当前宜以民族民间手工艺品产业和民俗文化产业等作为培育特色文化产业聚集区的突破口，以特色文化资源为驱动，通过建设特色产业集群、发展创意中小城市等路径，立足区域特点，遵循文化产业的普遍发展规律，实现特色文化产业的聚集，开创资源优势向产业优势转化的特色之路，同时通过特色文化产业的聚集来探索解决民族地区城镇化进程、文化的保护传承、改善民生等一系列重要社会问题。

关键词：特色　产业聚集区　路径

文化产业的发展，不仅改变了区域发展模式，而且从社会进步、文化体验和公共政策等方面重构了区域发展路径。以资源特色为基础，以文化创意为核心，力求培育出有特色的文化产业聚集区，不仅可以推动文化产业的发展，还有利于解决城镇化发展、社会治理、公共服务等一系列重大社会问题，尤其是对于一些西部民族地区，探索以文化发展推动社会进步的道路确有其重要的意义。

一　发展特色文化产业聚集区的基础

大理-丽江位于滇西，在长期的发展过程中由于地理上的隔绝，与外界

① 本文为云南大学民族文化产业研究创新团队阶段性成果；本文为云南大学人文社会科学青年研究基金课题《乡村社会转型及文化再生产研究》阶段性成果。

经济交换较少，其文化也是自成体系，形成了具有特质性的文化资源。大理、丽江虽然分属不同的行政区划，但在地域上却连为一体，更为重要的是，从文化产业发展的角度看，大理-丽江形成了具有黏结性的区位，这种黏结性来自于区域内沉淀的产业特定性要素，即制度要素、基础设施、自然资源和该地区的知识与技能等。随着经济全球化的发展，维持地方化能力上的基础设施和自然资源的作用正在逐步削弱，而制度要素和区域内的专有知识与能力，由于其不易模仿和低流动的特点具有较强的地域根植性[①]。因此，作为一个文化区域，大理-丽江具备了发展特色产业聚集的条件。从实际发展来看，大理-丽江是文化资源开发和文化产业成长性较好的区域，产业发展覆盖面广，群众参与度高，具有资源优势和良好的发展态势，为培育特色文化产业聚集区奠定了发展基础。

(一)文化资源禀赋丰厚，产业发展初具规模

大理-丽江具有良好的区位优势，积淀了深厚的历史文化资源、得天独厚的自然资源、风情浓郁的民族文化资源，形成了发展文化产业的资源优势。丰厚的文化资源为大理、丽江获得了一系列世界性的文化声誉，如丽江先后获得了世界文化遗产大研古城、世界记忆名录东巴文化古籍、三江并流世界遗产名录等联合国颁发的世界文化遗产桂冠。大理、丽江拥有丰厚的资源禀赋，在从资源到现代产业的转换过程中，文化产业发展初具规模。2011年，大理白族自治州文化产业增加值达13.418亿元，占GDP的6.2%，超过全省平均水平；丽江市实现文化产业增加值21亿元，比上年增长24.2%，文化产业增加值在GDP中所占的比例提高到11.8%，居全省首位，比全国的2.75%、全省的6.1%分别高9.05和5.7个百分点，无疑成为了当地重要的支柱产业和经济增长点。

（二）文化产业发展亮点纷呈，资源整合态势出现

在文化产业发展过程中，大理-丽江亮点不断呈现，出现了以《蝴蝶之梦》《印象丽江》等为代表的演艺产业；以狮河木雕、周城扎染等为代表的手工艺品产业；以剑川沙溪寺登街、大理古城、大研古镇、束河古镇等为代

---

① 庄晋财：《企业集群的地域根植性的理论演进及其政策含义》，《财经问题研究》，2003年第10期。

表的文化旅游产业群落；以丽江雪山音乐节、大理三月节、白族火把节、剑川石宝山歌会、大理国际影会等为代表的节庆活动。

从区域文化产业发展的角度看，依托大理–丽江文化古城形成的两大市场及黄金旅游线路，有效整合了散布在区域内的点状资源，为进一步的整体规划和全面布局打下了良好基础。

（三）文化产业聚集格局出现，发展合力初步形成

各具特色的文化产业集群是云南民族文化在全国树立品牌、创造效益的重要途径，近年来，按照发挥优势、注重特色的思路，大理–丽江区域大力推进特色产业发展，出现了一系列具有地域特色的文化产业集群，如鹤庆新华村、大理周城扎染、剑川狮河木雕等一批专业化的民族工艺品生产加工基地，形成了一批民族民间工艺品自主品牌，还出现了大研古镇、束河古镇等一系列民俗文化体验基地，特色文化产业集聚格局已初步形成。文化产业聚集式的发展得到了多方力量的支持，目前，民族民间工艺品产业被列入云南省重点扶持的十大文化产业项目，2009年12月，国家级民族文化产业示范园区基地也落地丽江。大理、丽江拥有丰富的民族民间工艺品和民俗文化资源，加之来自体制、政策等多方面的支持，初步形成了发展合力。

（四）文化创意中小城市初显，发展潜力巨大

在文化创意产业发展的潮流中，大理、丽江以其得天独厚的生态环境、传统民居、传统音乐、传统手工艺文化等资源禀赋，营造了独特的文化创意氛围，吸引了大批国内外文化创意者聚集，开创了文化创意产业发展的新模式。2008年，"中国创意（中小）城市评选中，大理、巍山等13个城市获得年度大奖。丽江案例进入2010年《中国创意产业发展报告》，被誉为"创意产业的国际性展台。"创意产业在中小城市的发展具有广阔的前景，拥有丰富的民族文化传统，承载民族文化、掌握区域传统工艺技术的创意阶层，具备了创意产业发展的垄断性优势，因此，在未来资源环境约束日渐增强的形势下，创意城市的发展必将成为趋势。大理、丽江拥有独具特色的文化产品生产技艺、宽松的创意环境、鲜明的人文特征和频繁的文化交流等优势，在文化创意产业方面可谓发展潜力巨大。

二　特色文化产业聚集的发展模式与路径选择

以大理–丽江为代表的滇西北地区，民族文化资源相对富集，在旅游产业的带动下，以市场发展为基础，以民俗文化、休闲度假、文化旅游、民族工艺品业、文化创意产业为主要内容，逐渐形成了特色文化产业聚集发展的道路。通过对大理–丽江模式的分析，总结具有普适性的发展思路，探索具有云南特色、区域特点的文化产业发展方向，为文化产业跨越式发展提供可借鉴的模式。

（一）以特色文化资源驱动，发展优势产业

地域性文化根植于特定的地理环境及历史发展，大理–丽江作为一个文化区域，资源具有特质性，已具备了"地区象征"。而"地区象征"是指一个地区存在的特殊传统、习俗或者技能的特殊潜质，它能对产品注入一种不能被其他地区所完全模仿的"气氛和气质"[①]大理–丽江区域是南方丝绸之路和茶马古道上的重镇，滇西北重要的商贸中心和物资集散地，历史文化底蕴丰富，民族民间文化丰富多彩。古村镇保护相对完好，民间工艺品业发达，分别形成两大旅游景区，带动形成了两大市场，在两大市场之间形成了若干手工艺品生产基地、大量手工艺品店铺和一系列风情浓郁的民俗文化村落。在经济发展中，区域特色逐步显现，有深厚文化底蕴和特色文化资源但经济相对落后的地区，通过发展独具特色的区域文化产业，缩小地区差距，促进经济结构调整和布局优化，已经成为超越传统产业的重要战略选择，为区域特色文化产业的聚集发展提供广阔的前景。

充分利用资源优势，选择区域具有比较优势的产品进行生产，可实现跨越式发展和差异化竞争。借助大理和丽江两大潜力巨大的市场，选择民俗文化产业、手工艺品产业与文化体验相结合，进行创意生产，形成由民俗文化体验村镇和手工艺品生产村镇构成的文化产业园区，其中包括资源、生产、市场等若干要素，从而带动传统经济的转型，发展现代服务业。

[①]　王发明：《创意产业集群化：基于地域根植性的理论演进及其政策含义》，《经济学家》，2010年第5期。

（二）建设特色文化产业集群，构建区域文化产业发展新格局

民族文化产业发展的经济基础薄弱，规模较小，集群化的方式发展是明智之举。大理、丽江在历史发展过程中，根植于悠久传统的民族手工艺品与地域特色浓郁的民俗文化村镇，在文化上血脉相承，在空间分布上彼此错落。同时还形成了一大批工艺师阶层，他们传承了精湛的传统技艺，其中有联合国科教文卫组织任命的大师，也有国家级、省级的非物质文化遗产传承人，如鹤庆新华村寸发标因制作的银器，其构思独特、工艺精良，被联合国教科文组织授予"民间工艺美术大师"称号。在重商传统和现代市场经济的历练中，许多工艺师有较为敏锐的眼光和商业意识。这些人才不仅提升了工艺品创意设计、制作加工水平，还吸引和带动了更多的从业人员，推动了当地民族民间工艺品生产和市场发展。一大批现代艺术家和创意人才常年居住并关注着大理、丽江的文化发展，在大理才村码头等地已形成了现代创意人才的集聚地，为古老民族民间工艺和现代艺术的发展搭建了桥梁，本土工艺师和外来艺术家及创意人群形成了区域性发展文化产业的重要人力资源。

依据资源禀赋，积极传承本地文化文脉，可以形成根植于区域内人文、资源的特色文化空间和产业聚集区，建构文化产业发展的新格局。依赖民俗文化村镇、传统手工艺品生产和优秀的人力资源，塑造特色文化空间，发展特色文化产业聚集区。在发展特色文化产业聚集区过程中，不改变原有聚落方式的前提下，以资源富集的区域和周边的民俗文化村镇、旅游景区、手工艺品生产村落为依托，形成民族文化体验、民族演艺、民族餐饮、民族手工艺为主体的创意产业空间，发展特色文化产业生产基地。以历史文化名城、世界自然遗产和文化遗产为中心，整合周边星罗棋布的数十个点状资源，以本地和外来的创意人才为核心，形成以大理古城和丽江古城两大文化空间，带动以酒吧、演艺为主的现代文化产业创意街区和以地域性乡村文化为主的文化产业发展，打造具有国际影响力的文化品牌。

根据大理、丽江资源的集中程度和空间分布状况，可以形成以下产业聚集区：以丽江大研古镇、束河古镇、大理沙溪寺登街为中心的民族风情、茶马古道民俗文化体验区；以大理双廊为中心的环洱海民俗文化体验集聚区；以大理喜洲为中心的民俗建筑文化体验区；以大理鹤庆新华村为中心的金银铜手工艺品生产集聚区；以大理梅园为中心的石雕产业集聚区；以大理周城、巍山为中心的扎染产业集聚区；以剑川狮河为核心的木雕产业集聚区等。以上将形成产

业优势明显、行业人才集聚、特色鲜明、经济效益显著的特色产业群。

（三）建设创意中小城市，破解西部民族地区城镇化进程难题

创意产业已经成为经济增长的重要引擎，而文化创意则是推进城市经济增长、提高产业附加值和竞争力的重要途径。全球范围内创意产业的发展，为资源丰厚但经济发展程度较低的地区提供了发展范例，利用区域性的历史、文化、社会及人力等各种资源，发展具有独特个性的创意产业成为经济发展的重要手段。根据大理、丽江的产业传统和文化遗产，宜加快资源与产业的融合与集聚，形成创意、资金、人才和技术的组合，依托此组合则能大力发展创意经济。

与大城市相比，中小城市无论区位、资源、平台都缺乏优势，但在文化创意产业风生水起的当下，一批具有深厚文化内涵、形象丰富、个性鲜明的中小城市具备了发展创意产业的核心要素，它们的发展实践超越了单纯经济指标的比拼，进入到梳理地域文脉、发展创意经济的较高层次的竞争之上。大理-丽江发展创意产业的优势在于：一是浓厚的地域特征和鲜明的品牌风格；二是深厚的历史文脉和文化内涵。大理-丽江区域在历史中是处于滇西北的茶马古道上，形成了人流、物流的集散地，同时成为文化交流中心，兼具开放与包容、吸纳与消化等其他文化特征。同时，大理-丽江少数民族众多，在文化上形成了有别于中原主流文化的特质，自古有耕读传家和重商传统，孕育了厚重的农耕文化、商业文化和手工艺传统，形成了一个个别具特色的手工艺品村镇和民俗文化特色村镇。

根据大理-丽江的发展形态，以特色创意中小城镇建设为核心，可破解西部民族地区城镇化进程的难题，并探索城镇化进程的新路径和新模式，从而避免常规城镇化进程带来的负面影响。大理-丽江以星罗棋布的民俗文化村和手工艺品村为载体，以强势发展的旅游市场为平台，构建不同于东部经济发达地区的区域文化产业模式，形成手工艺品生产基地和民俗文化体验基地，将传统的农耕文明与现代服务业结合，从而实现与外部市场的对接。新的发展模式将避开资金、技术等要素稀缺的经济发展劣势，扎根乡土却又以非农经济为主的要素组合来构筑产业基础，以资源禀赋的优势集聚要素，实现经济转型。[①]新的模式是以文化而非资本和技术为引领，在经济发展过程

---

① 李佳：《乡村文化产业：分析框架、功能定位与发展态势》，《农业经济》，2011年第7期。

中，不阻断原有的文化血脉并转化为经济发展的引擎，有效地解决了城镇化进程中传统农耕文明与现代发展的关系。同时，农村人口离土不离乡，通过在农村发展现代服务业，既是可持续的生产生活方式，又能有效地帮助农民消除贫困、实现经济转型，在改善其经济条件的同时，对文化的传承与保护有着积极的意义。

目前，中小城市以创意产业推动城市复兴和再生的模式，使城市的发展根植于地域性特色，通过激发民众自身的创造力，解放文化生产力，塑造城市形象，实现可持续发展的战略转型，在中国城镇化进程中，这种独特的模式必将产生深刻的影响。

（四）以文化产业转变经济发展方式，惠及民生

文化产业的意义不完全在于它对GDP的贡献，更在于它是否能够起到保障和改善民生的效用。文化产业的发展，一是要做到发展成果与民共享、惠及民生，二是考虑覆盖面和群众参与度，具体体现为对就业率增加的贡献，就业是保障收入的基础，也是保障民生的关键。文化产业与民生协调发展，事关人民群众的精神信仰、思想状况、文化权益和生活品质，可以促进民众追求幸福生活的自觉性，提高创造幸福的能力，是文化产业发展的根本动力，也是文化产业发展的重要条件。

利用民族文化产业的大众式生产经营方式与地方生产生活关系相对密切的特点，来推动个体、自由职业者和掌握传统技艺者等不同群体的就业，采用灵活多样的就业形式，降低进入门槛，充分发挥文化产业惠及民生的功能。通过拓宽社会就业渠道、活跃地方经济、优化经济结构和产业结构，为群众带来创造提高生活品质和创造财富的机会，促进城乡居民收入。据统计，至2010年，大理白族自治州文化经营户达2100多户，丽江市文化经营户也已发展至3100多户，其中仅丽江古城区就有2900多户文化产业经营户，占全市文化产业经营户的90%以上。可见文化经营户和从业者创造了巨大的文化产业产值，例如仅披肩行业就创造产值2亿多，而大理鹤庆新华村，以"一村一品"、"前店后厂"的方式发展银器手工产品，年均产值则高达4个多亿。

发挥文化产业在手工艺品生产、民俗文化村体验等传统产业转型的引领和提升作用，大力发展现代服务业。通过文化产业的发展来满足人民群众的精神文化需求、促进文化的繁荣发展，成为转变经济发展方式、推动科学发

展的重要力量。针对大理-丽江文化产业发展的现状，要依托文化资源比较优势，大力发展服务业，转变区域经济发展方式，大幅度提高文化产业的经济总量及其在国民经济中的比重，优化经济结构，推动经济发展方式转变。

（五）保护和传承民族文化，提升社区民众审美生活

文化产业的核心在于文化，而文化实质是一种生活方式，体现在日常生活中，源于社会发展的历程，比如建筑、服饰、社交形态都有可能构成某种文化的实质。大理-丽江的历史、人文、宗教、建筑及自然景观等要素构成了特别的生活方式，大理民居独具特色，白墙灰瓦，三房一照壁，四合五天井，家家门前流水，庭院栽花，风花雪月代表着富有诗意的自然景观及历史人文；丽江的茶马古道、雪山古城、星罗棋布的酒吧及风味浓郁的民居建筑，穿街过巷的溪流，形成了人与自然和谐发展的优美画卷。大理-丽江的这些要素与日常生活融为一体，以差异性和浓郁的地方文化特色丰富和提升了人们的审美品位和生活质量。根植于本地历史的习俗、语言、信仰及其丰富多彩的外化形式，构成了文化吸引力，建立起独特的普世价值和社会认知，构建了自身文化的活力和竞争力。与发达地区发展文化产业的模式相比较，大理-丽江的文化产业发展更多地依赖于差异性的文化特质，如厚重的历史感、文化品位、宗教氛围、民族风情等。保护滋养文化的原生环境，才能保留核心文化要素，有利于文化产业的持续发展。因此，提高文化自觉与文化自信，涵养群众生活美学，是文化产业得以持续性发展的重要保障，是保护民族文化生态的重要途径。

三 建设特色文化产业聚集区的保障

（一）转变观念，以高度的文化自觉推动文化跨越式发展

文化产业是当前最具发展潜力的新兴产业，对推动经济结构战略性调整、加快转变经济发展方式具有重要的作用。十七届六中全会提出，"必须坚持把社会效益放在首位、社会效益和经济效益相统一，推动文化产业跨越式发展，为推动科学发展提供重要支撑。"这既是我国文化产业发展的基本方针，也是文化产业又好又快发展的重要保证。民族地区必须抓住发展文化产业的重大机遇，挖掘文化资源优势，发挥市场在文化资源配置中的积极作用，推动文化产业跨越式发展。

在新的形势下，文化的地位、功能、作用和发展的环境、条件、基础等都发生了深刻变化，文化建设作为加快经济发展方式转变的重要途径，要加快自身发展方式的转变，为促进经济发展方式的转变发挥基础性、先导性作用。结合区域文化产业发展的实际情况和战略目标，要把区域潜在优势转化为现实优势，依托丰富的文化资源，在产业化上率先突破，培育文化创意的土壤，激发民众的文化热情和创意才能，形成充满活力、富于创造性、具有文化底蕴的区域，把文化资源变成经济发展优势和现实财富，促进本地区的跨越式发展。

（二）完善组织机制，构建高效有序的组织网络

要深刻认识文化产业发展的重大意义，把发展文化产业摆到更加突出的位置，加强对文化产业发展的指导协调。强化政府主导，完善组织机制，凝聚发展合力，形成高效有序的组织网络，确定区域文化产业发展战略、规划和政策，统筹协调，解决发展中的重大问题。

充分利用社会力量，扶持各种类别的民间机构，形成多方力量参与的大格局。社会力量的参与，可以使资源配置更加灵活，形式更加多样，使用效率更加高效。充分整合各类文化平台、文化载体和文化项目等资源，坚持"政府主导、市场运作、社会参与"的工作原则，通过招商推介、委托承办、合作开发等有效途径，调动社会各界参与文化建设的积极性。

（三）培育区域城乡文化消费市场，构建特色文化产业服务体系

增加文化消费总量，提高文化消费水平，是文化产业发展的内生动力，是推动文化产业发展必须紧紧抓住的关键环节和重要着力点。要根据文化消费需求，拓展大众文化消费市场，进一步释放大众消费力，深化和拓展文化在旅游业中的作用，充分发挥旅游对文化消费的促进作用，扩大文化消费；要从民俗体验和手工艺品的区域特色出发，开发特色文化消费，提供多样化消费方式；要适应新型文化发展方式，把民族文化产业与数字技术相结合，加快与信息产业的融合，不断创新和丰富文化生产的传播方式，培育新的文化消费增长点。

（四）加强区域创新体系建设，释放创新力量

区域创新体系是区域经济发展和竞争力形成的重要保障。加强区域创新

体系建设，要释放并集成区域创新力量，以培育和发展区域特色文化产业集群为核心，以体制改革和机制创新为动力，以开放配置创新资源、推动产业结构调整为主线，以创新主体、创新环境建设为重点，构建开放互动的创新体系。要积极进行文化基础设施建设，提升文化服务能力，夯实文化产业的发展基础。以人力资源为主，形成知识创新系统；以龙头企业和生产基地为主，形成技术创新系统；培育知识推广和中介机构，形成创新技术扩散系统。

（五）激发本土人才创造力，汇聚国内外创意精英

人才是区域文化产业跨越式发展的基础，根植于本地文化的人才是重要的资源，除此之外还要引进高素质文化创意人才、文化产业经营管理人才、复合型文化专业人才和国际性的文化人才。要尊重民族民间传统文化，充分调动和发挥民族民间传统文化人才的创造力，为民族民间传统文化人才营造良好的创作、生活环境，促进民族民间传统文化工作的进一步繁荣与发展。政府也应出台吸引外来人才的政策措施，建立汇聚产业精英人才的便捷机制，进一步汇聚全国乃至全世界范围内的艺术家和文化创意人才，创造文化创意人才地域集聚所需的自由氛围、宽容精神和开放度，为创意文化产业带来各种发展机会，形成国家最大的创意产业精英汇聚地。

大理、丽江地区应当提升当前成长性较好、发展潜力较大的民族民间手工艺品产业和民俗文化产业，作为培育特色文化产业聚集区的切入点和突破口。在下一步发展中，可通过进一步提高产业化程度，强化聚集效应，以点带面，逐步实现各个产业门类整体推进、联动发展，全面繁荣区域文化产业。大理-丽江的发展模式在云南有一定的普适性，例如红河州的紫陶产业、普洱-版纳的茶文化产业、保山-瑞丽的珠宝产业都在近年来得到了快速发展，同时民俗文化丰富多彩，旅游产业发展强劲。这些区域与大理、丽江在资源与产业发展程度等方面既有差异性，又有共同点，宜借鉴大理-丽江的发展经验，立足区域特点，遵循文化产业的普遍发展规律，实现特色文化产业的聚集，从而在全省范围内推动文化产业的跨越式发展，开创资源优势向产业优势转化的中国文化产业发展的特色之路。

（李佳：云南大学文化产业研究院副教授，博士，硕士生导师）

中国葡萄酒产业区域品牌现状与发展

程　暄

摘要： 随着中国经济的发展与世界贸易交流愈趋频繁，综观近年市场现象，葡萄酒的消费文化逐渐普及于社会大众，成为一股流行风潮。本研究关注中国葡萄酒产业中区域品牌的构建，分析过往产业发展的历史，从制度层面探究中国葡萄酒区域品牌的现状与未来发展的模式。中国作为一个快速崛起的新兴市场，其产业快速发展的过程中，制度的形成与发展对区域品牌建立至关重要。在《葡萄酒行业"十二五"发展规划》中，更明确指出中国葡萄酒的发展目标，在产量、质量与品牌等各面向均有清楚的规范与提升。如何在这一波发展中成功塑造区域性品牌，实现区域品牌战略，将中国葡萄酒产业带往有序的、可持续发展的方向成长，在反思现状后提出建议，期待消费者在对葡萄酒文化的更多理解后，买的是葡萄酒的"价值"而非"价格"。

关键词： 葡萄酒产业　产业制度　区域品牌

当葡萄酒与时尚、个性等元素连接在一起，当葡萄酒与文化联结在一起，同样是葡萄酒，在不同的国家、不同的地区，却有着不同的认知。葡萄酒产业的发展，在已趋成熟的国家，无论在品质、技术上，或是产业环境保护上，不断的精益求精，中国的葡萄酒产业，走在快速发展的道路上，面对国际市场的竞争，如何从已获得成功的国家地区和企业汲取经验，达成合理的产业升级，进而形塑自有的品牌，而这品牌，是被国际上葡萄酒行业和消费者认可，认可的原因，是因为品牌背后的支撑，有着强硬的实力，良好的品质、完善的制度与中国的特色，是眼下中国葡萄酒业内人士和消费者关心的议题。

　　葡萄酒作为一种消费，也是一种文化。在古老的欧洲，伴随着宗教的内涵，葡萄酒从贵族的城堡、教会的种植中已逐渐成为人们生活中普遍接受的饮品。经历过工业革命时代，二战后美国等新兴市场的崛起，无论旧世界的葡萄酒或是新世界的葡萄酒，纷纷在世界葡萄酒市场中崭露头角，无论是旧世界的小而美酒庄，或是以新技术大规模种植产出的新世界葡萄酒，均通过不同形式的传播推广，将品牌呈现在不同地区的消费者面前。随着中国改革开放的脚步，国内消费者开始接触不同国家的产品，葡萄酒开始成为一种进口的时髦商品。过去十多年间，葡萄酒进口数量呈倍数增长，依国家海关总署的数量报告显示，在2010年爆发性的同比增长62.8%之后，2011年中国进口葡萄酒的总量为390，996千升，同比增长28.2%，葡萄酒进口市场占了中国整体消费市场的四分之一，中国成为新旧世界葡萄酒竞逐的市场。

　　与此同时，本地的葡萄酒产业也逐渐兴起，长城、张裕、王朝等国内知名品牌，甚至做白酒的茅台企业，纷纷大量投入葡萄酒的生产销售，中国葡萄酒消费市场日趋扩大，根据Vinexpo的[①]统计，2011年中国已跃升世界上第五大葡萄酒消费国家，年消费约18.74亿瓶[②]葡萄酒，同时也是世界第六大葡萄酒生产国。如此可观的数字，使得各个葡萄酒生产外销国家，纷纷以合资、合作、代理进口等方式，想在中国如此庞大的消费市场中，抢得先机。

　　葡萄本身的品质，是决定一瓶葡萄酒优劣的先天条件，加上气候、土壤、湿度及葡萄园的管理与酿酒技术，成就了葡萄酒的表现。但为何拥有悠久历史的传统旧世界红酒，在已经工业化的今天，不少酒庄还在坚持人工管理，从葡萄种植、采摘、筛选所有过程中都采用最原始的方式，坚守传统酿造工艺，用最传统的方法酿造最美味的葡萄酒。而新世界红酒以机械化种植、科学管理为主，更注重技术的应用与革新，也同样可以酿造出与法国波尔多红酒匹配，并受广大消费者喜爱的红酒。坚持传统工艺与利用科学创新，理由都是为了维护品牌，也都各有特色，这给中国的葡萄酒企业提供了很好的经验。葡萄酒是一个重视产区的产品，在葡萄酒企业品牌构建的同时，产区的品牌塑造也同样不可或缺，中国当前的葡萄酒消费市场，对于葡萄酒文化和葡萄酒饮用的习惯尚待了解与形成，但在世界其他葡萄酒消费国

---

　　①　http://www.vinexpo.com

　　②　说明：国际上一般喜爱用9L（升）为统计单位，因一箱葡萄酒12瓶，每瓶750毫升(ml)计算，所以156.19 million 9-litre cases大约等于18.74亿瓶。

家，关注葡萄酒原产地的消费习惯和对产品品质的要求是主流，中国的葡萄
酒产业正努力朝向科学化发展，政府的制度需要进一步完善，有统一的行业
标准，逐渐建立有特色的区域品牌，与企业发展品牌及高端葡萄酒相辅相
成，从产业环境层面来看，如何制度出台与国际接轨的行业规范，确保中国
葡萄酒的品质，同时提升国家及个别产区的形象，是整个中国葡萄酒产业努
力的方向。在行业健康发展的情况下，企业便可思考如何打造个性化品牌，
注重品牌形象的塑造，强调差异性，构建成功的中国的葡萄酒品牌。

一　区域品牌定义与相关研究

（一）区域品牌定义

区域品牌（regional brand），一说区位品牌，是基于品牌的概念，发展
出的一个对某个地区或是地理位置的品牌名称，包含一个地区区域特征和整
体形象，是以区域为品牌的主体，依托区域的特色而形成的，足以代表一个
区域的品牌。区域品牌的形成有其特定的历史文化原因，或是地理优势或是
产业集群的背景。

一般认为，区域品牌的两大属性是"区域性"和"品牌效应"特性，字
面的解释便是"区域"和"品牌"二者的结合，区域是一个地理概念，指的
是一个地理范围；品牌则是一个载体，至于承载的物体为何，有不同的观
点。如把地理位置当做产品，研究自然、历史文化对旅游、投资的影响，或
把产业集群当做产品，胡正明等（2010）则认为区域品牌应包括三个要素：
区域、产品和品牌，其本质属性是"区域与产品的不可分离性"，区域是不
可迁移和复制的，产品是依附在一个固定区域，而区域品牌的核心竞争力就
是当地特色形成的产品特色。[①]

区域品牌形象各异，成熟的区域品牌拥有各自的"区域品牌形象标识系
统"。从狭义概念来说，区域品牌特指某个地区的特色"产业集群"，它象征
着该产业集群的历史与现状，是区域产业集群的代表；同时，区域品牌也是
一个识别系统，这个识别系统是由区域（地名）和产业（产品）名称为核心
构成的；通过法律的保障，表现为一个商标。作为产业集群的品牌，区域品

---

① 胡正明、蒋婷：《区域品牌的本质属性探析》，《农村经济》，2010年第5期。

牌在性质上同时具有产业集群和品牌的属性。其中，产业集群属性表明区域品牌包含的内容比较广泛，区域自然与人文特征、产业集群内部的企业和产业链等的结构、产业发展的政策环境等等都成为区域品牌的构成要素，都对区域品牌的建立和营销产生影响。而品牌属性则表明区域品牌具有品牌的一切属性，包括它的识别性、资产性、竞争性和目标客户与消费者特征等。区域品牌将一个区域和某类产品或产业联系在一起，形成具有一定区域特征的品牌，其中产业是在特定的地方经济社会发展中形成的，与区域中存在的独特资源、地理、经济、文化、生活习惯等密切相关，是区域独特的生产要素在产业发展中的综合体现，因为区域内的产品、服务和形象所具有的知名度已达到可以将特定产业和所在区域名称画上等号,因产业的突出性将该区域同其他区域区别开来,如西湖龙井、景德镇瓷器等。

区域品牌是一个区域所有的特质整体性的形象，包含了其中企业和集群的品牌、当地的文化和风土品牌，以中国如此大的领土、众多的人口来说，展现不同的区域天然特色、文化特色、不同的消费习惯，区域品牌自然也大不相同。区域品牌建设对产业集群的升级及区域经济发展都具有重要意义。集群内的企业， 尤其是中小企业，可以依靠区域市场和区域品牌的知名度去参与市场的竞争。产业集群中的竞争力优势，如资源优势、技术优势、人才优势、管理优势、营销优势，和因群聚效应形成的产业链发展，最终都能外化表现为区域品牌竞争力优势。

（二）国内区域品牌相关研究

随着国内经济的发展，无论是以旅游观光为主的地理标志的区域品牌，或是以产业集群为主的区域品牌，政府的政策支持和地方企业的积极，渐渐让一些区域品牌有了名声，这类的研究也越来越受到学界的关注。孙丽辉等[①]对国内关于区域品牌的研究做了综述，认为国内关于区域品牌的研究始于2002年，主要是随着浙江、广东、江苏等地产业集群的区域蓬勃发展，区域品牌相关理论开始受到重视；2005年后出现较大量的研究文章，研究内容范围逐渐拓展，研究方法以定性为主，定量的研究慢慢增加，并开始出现跨学科的研究趋势。

---

① 孙俪辉等，《国内区域品牌理论研究进展评述》，《经济纵横》，2008年第11期。

产业集群的因素是许多相关研究中的重点，强调产业集群与区域产业品牌之间的互动关系，产业集群的发展对区域品牌的形成有正面的影响[1]，区域内关联的企业透过分工协作形成的网络，克服个别企业面对市场交易的风险与不确定性。同时，竞争合作促进学习与创新，又推动了区域的发展，产业集群后，对外的行销力度加大，又可促进区域品牌的传播。

产业集群作为区域品牌形成的基础，强调区域内企业的合作，达成共赢的结果，面对的竞争是外部市场的竞争，集群内的企业是区域品牌作用下的最大受益者，一个良性而有序的产业集群，不仅是区域品牌形成的原动力，也是区域品牌传播的加速器和品牌的维护者。区域品牌对区域产业而言，是一项无形的资产，成功的区域品牌的影响力包括吸引更多企业聚集，更多资金涌入、更多的人力劳动力的加入，使得产业集群规模得以扩大，技术等条件容易提升；产业集群和区域品牌之间的关系密切，在以产业集群为基础的架构下，区域内的企业、政府和行业协会需要各自发挥本身的职责和功用，形成政府主导、行业协会居中作用、企业参与的相互关系的整体[2]。

除了产业集群这个因素，影响区域品牌形成的因素还包括原产地材料、土壤、气候、地理位置、文化历史等直接因素，以及产业技术、科学研究、投资资本、制度等间接因素。何丽君[3]利用定量研究检验出政治因素、环境依赖和历史传承对区域品牌的形成有直接的正向影响。政府的法律制度、经济政策及对该区域市场制度的完善，影响企业的生存和发展，政府为产业营造一个公平竞争和稳定的环境，有利于企业的发展和区域品牌的形成；而悠久的历史、文化内涵、声誉、古人智慧的结晶及流传的故事，这五个特质和对原产地环境依赖的适合产品，都让消费者对该区域品牌有了更积极的评价，影响区域品牌的形成。

众多研究都指出目前中国区域品牌建设中一个常见的问题，即把建立区域品牌作为政绩的指标，盲目的进行规划，使得许多区域的同质性较高，缺乏能表现一个区域的个性；而区域内行业、居民的核心目标不同，对区域品牌没有共识，增加区域品牌建设的难度。

---

[1] 何丽君，《区域品牌形成的驱动因素分析》，《福建论坛（社科教育版）》，2007年第12期。
[2] 熊爱华、汪波，《基于产业集群的区域品牌形成研究》，《山东大学学报（哲学社会科学版）》，2007年第2期。
[3] 何丽君，《区域品牌形成的驱动因素分析》，《福建论坛（社科教育版）》，2007年第12期。

（三）小结

区域品牌的形成和发展，牵涉到的领域除了品牌，还包括经济学、管理学、社会学、农业等，以及政府、组织等的介入，国内近年来对于地方经济的成长，地方不同产业的发展，无论是针对旅游观光的城市特色打造，如"好客山东"，或是针对重点产业打造的地方品牌，如"德州太阳城"，或是因传统历史文化形成的"苏州刺绣"，以及因产业群聚而形成的"景德镇陶瓷"、"平谷大桃"等，地方政府对这些区域品牌的推动不遗余力，希望透过宣传提高知名度，增加产区经济收入，收入增加便可稳定或增加当地就业，同时解决社会问题，还可获得更多科研的帮助，提升产品的品质，扩大产业规模，对地方企业来说，帮助企业成长，对地方政府来说，又达到增加税收的目的，是一个正向的循环。

一项实证研究证明集群品牌形象对消费者购买意向的影响，借由原产地（国）效应理论，透过实验法和统计分析，证明集群品牌确实可提高消费者对产品的感知和购买意向，因此，建议集群品牌定位应更具体化和专业化，同时强化既有印象，而区域集群内的龙头企业的知名度更可起到带头的作用①。

国内目前对区域品牌的发展渐渐重视，其中的问题也一一浮现，许多企业愿意建立自有品牌，却对其所在地的区域品牌建立没有意识，或认为区域品牌会与之竞争，不愿投入资源参与区域品牌的建设；区域品牌的产权、拥有者是另一个问题，如2003年金华火腿的案例，因品牌产权的主体不明确，拥有商标的企业和拥有地理标志的协会争执不休，使得行业内耗、产品品质不容易控制、市场价格也混乱，对整体产业发展造成了伤害；另外，对区域品牌的维护，企业往往因为区域品牌的共有性而失去主动性去维护和发展区域品牌，最后可能遭到滥用，伤害了产品和区域的形象；行业管理的问题也因为法规或是监管的不到位，使得市场对其来源、品质产生了疑虑，影响了整个区域的发展②。

国内众多关于区域品牌的研究中，"农业""农产品"的区域品牌建设

---

① 陈姝婷、孙俪辉，《区域发展与区域品牌：集群品牌形象对消费者购买意向影响的实证研究》，中国高等院校市场学研究会2011年年会，2011年7月1日。

② 桂波，《我国区域品牌发展中存在的问题》，《中国商贸》，2010年第20期。

占研究的一大部分，毕竟农业是中国的重要产业，与中国人的生活息息相关。胡正明等[①]针对农产品的区域品牌形成过程，探讨区域品牌本质属性的实现，认为农产品区域品牌有其独特的要素依赖，其基础是不可替代的自然资源，包括地理位置、地形地质、气候土壤等，这些自然资源的种类和数量关系着区域内的经济发展规模与效益；在政策和其他资源（人力、资本、技术等）的共同作用下，形成具有地方特色的农产品或深加工产品，配合政府的引导，依最适宜的自然生态发展合理的区域建设，促进农业产业化的发展。

本研究关注的葡萄酒产业，也是农业的一部分，葡萄酒产业在中国的发展，无论是制度监管的落实，或是产地（产区）品牌的建设，以及企业和消费者的认知，尚停留在初步发展的阶段，而葡萄酒恰恰是一个会因生产地不同，而有不同表现的产品，葡萄酒生产的第一步——葡萄的种植，就是一个由地区环境所决定的不可变的因素，在外在环境适合的情况下，葡萄酒相关企业才会聚集，对葡萄酒产业来说，区域品牌是在外部环境许可的条件下，构建在"产业集群"这个概念上而发展的，只有健全区域内企业的发展，利用区域内的自然优势，形塑有特色的区域品牌，赢得消费者认同，才能让区域品牌永续发展。

二　中国葡萄酒区域品牌发展现状

葡萄酒因为产区因素，在本质上与其他产品有着显著的差异，在品牌建立之后，个别葡萄酒企业如要进入国际市场，其产区（区域）品牌必须同行，因此，"Bordeaux 波尔多"葡萄酒和"纳帕河谷"（Napa Valley）都在2012 年在中国获得地理标志商标（Geographic Indication,GI）产品保护，希望对其原产地名称在中国获得商标法有效的保护，希望保护消费者权益，同时借此能将非法冒用的伪劣葡萄酒以法律方式处理。

（一）加入WTO后到2012年的《葡萄酒行业"十二五"发展规划》
中国的葡萄酒行业发展于90年代中后期逐渐成长，2001 年 12 月 11 日，

---

① 胡正明、蒋婷，《区域品牌的本质属性探析》，《农村经济》，2010 年第 5 期。

中国正式成为世贸组织成员，加入WTO后，市场的开放、关税的减让，进一步加速了葡萄酒产业面对国际市场的竞争，葡萄酒行业制度化和标准化更显重要。国家标准和各地方产区的行业关范陆续出台。

2012年，对中国葡萄酒产业发展是重要的一年，先是工业和信息化部公告了《葡萄酒行业准入条件》，其目的为"为规范葡萄酒行业发展，加强行业管理，防止盲目投资和低水平重复建设，引导企业合理布局，保障葡萄酒质量安全，促进葡萄酒行业健康有序发展"。新规定对葡萄酒企业自有原料比例的要求，对进口葡萄酒商造成了一定的冲击，也对企业进入门槛提出了要求，有助于较大型企业的发展。

同年，《葡萄酒行业"十二五"发展规划》（以下简称《规划》）发布，《规划》中认可了"十一五"期间葡萄酒产业的发展成就，几个特色产区初步形成，企业积极推进品牌建设（"十一五"期间，白洋河、五女山、莫高、蓬珠、云南红、御马、华东、新天、长白山、华夏五千年等葡萄酒品牌被评为中国驰名商标。）等，然《规划》也点出存在问题：1.产区发展缺乏统一科学规划；2.酿酒葡萄基地建设明显滞后；3.行业科技创新能力相对不足；4.葡萄酒产品质量良莠不齐；5.葡萄酒文化发展较为迟缓。因此，"十二五"的规划不仅将解决这些面临的挑战，还制定了目标。

《葡萄酒行业"十二五"发展规划》展现了政府对葡萄酒行业发展的决心，对行业的扶持力度加大，对于国产葡萄酒企业，尤其是龙头企业的未来发展来说，是很大的利多，但立意甚佳的政策，如何落实，发挥作用，则有待各单位的协作，与各地方政府、产区及企业的配合，才能达到目标。

（二）地方产区的发展

在国家的法规之下，近年来一些地方产区也开始重视地方的发展，一些地方的葡萄酒行业规范陆续公布，其中以山东、宁夏表现最为积极。

以烟台为例，2010年12月20日烟台市葡萄与葡萄酒局成立，为国家首个地级市葡萄与葡萄酒局，烟台市葡萄酒协会也接着成立，主要当地企业如张裕、中粮长城、中粮君顶、威龙等均参与其中。

在烟台之下，山东蓬莱产区表现更为积极，蓬莱产区葡萄与葡萄酒商会早在2001年4月便已成立，是由产区内的葡萄酒企业和葡萄种植户自发组成的民间联合组织，在葡萄酒局业务指导下开展工作，属于地方性、行业性、非营利性的机构。蓬莱市葡萄与葡萄酒局在2005年1月成立，积极推动蓬莱产区的葡萄酒文化，与国际间的交流，获得"中国葡萄酒名城"的封号，以发展国内最大的酒庄集群为目标，除了本地的企业发展，更希望引进国外投资，《蓬莱产区葡萄酒庄建设和管理办法（草稿）》的规范出台，目标便是实现产区可持续发展。加强文化支撑，借助旅游增强葡萄酒文化活力，以酒文化的繁荣提升产业发展软实力；加强产区品牌推介，以产区品牌扩张的力量，提升产业发展档次[①]。这些发展方向，充分显示地方政府和企业已经意识到，健全法规、推广区域品牌的重要性。

2012年底，山东省质量技术监督局的《庄园葡萄酒》、《葡萄酒庄园规范》通过审定并实施，这些地方标准刚刚于2013年1月1日生效，实施成效如何，有待观察。但可看出山东省对于葡萄酒产业推动的积极，将葡萄酒产业的管理完善，有利于提升葡萄酒品质的整体质量，塑造山东省葡萄酒庄园形象，带动山东半岛经济的健康发展。

同样在2012年底，"宁夏回族自治区贺兰山东麓葡萄酒产区保护条例"也公告实施，条例中对于贺兰山东麓葡萄酒产区的资源，保障产区酿酒葡萄、葡萄酒的质量和品牌信誉等，有详细的限制与规范，同时，还有关于取得产区专用标志和证明商标等的说明要求。

相较于山东和宁夏的积极，其他中国各地的产区，则沉默许多，以河北为例，2010年12月23日，中央电视台《焦点访谈》节目曝光了河北省昌黎县少数葡萄酒生产企业制假售假行为，造假的葡萄酒主要由水、酒精、香精和色素调配而成，葡萄原汁含量极低，接着北京工商局调查河北昌黎销售到北京的假葡萄酒，整个事件对葡萄酒产业，尤其河北省的企业影响很大。以沙城为例，虽然是中粮长城的重要产地之一，却不是长城品牌在营销宣传时的重点，即使怀来县已有多家葡萄酒企业，并早在2001年被河北省林业厅命名为"河北省优质葡萄生产基础地县"，被国家有关部门命名为"中国葡萄酒之乡"。怀涿两县政府也曾努力让"沙城产区"在2002年被国家认可，对"沙城产区"葡萄酒实施原产地域产品保护。但至今为止，沙城产区并未被消费者熟悉，即使沙城产区是业内学者专家认为是葡萄酒种植生产酿造的最优的地区之一，但没有地方政府的政策扶持，地方企业的团结合作，要突显出区域品牌并不容易。

---

① 资料来源：蓬莱产区葡萄与葡萄酒商会网站 http://www.plptj.com。

三　中国葡萄酒区域品牌未来发展建议

经过十年的爆发性成长，中国葡萄酒产业发展逐渐受到国际市场的高度重视，中国政府的相关政策也相继出台，各地方政府及产区也对本地的葡萄酒产业发展及其带动的相关企业发展、地区经济发展等，投入越来越多的关注。要发展区域品牌，在制度层面的基本条件还需要满足：

（一）生产条件、制造和销售的监管必须落实

众多的法规，从葡萄的种植、葡萄酒的酿造、包装、销售，需要能够具体实施，政策要有"可施行性"，才对产业发展也帮助，比如，农药的残留检测，酿造过程中是否添加不该添加的物质，包装标签是否合于规范等等，销售渠道是否正规，监管的力度相当重要。目前法规虽有，但监管查核力度还不够，同时对于违规企业的处理并不公开透明，使得企业容易有侥幸心理，也使得外界对产品品质有所疑虑，却得不到清楚答案。

（二）推动产区制度的建立

中国目前的葡萄酒市场，本地品牌如长城、张裕、王朝等龙头企业，在做产品宣传销售时，并不以产地为营销重点，而消费者在买国外的葡萄酒时，却知道法国有波尔多、布根地，美国会想到加州、纳帕山谷；葡萄酒属于有个性的产品，会因地而异，中国土地广阔，许多地方有种植葡萄的先天优势，却没有意识到自身的差异性，好好发挥属于本地特色的葡萄酒文化，造成这种现象的原因很多，缺乏强硬政府政策和企业本身对限定产区的逃避和追寻赚快钱，是主要原因。

世界上的葡萄酒是非常强调产区的，产区是一个地理概念，不同的地区，不同的风土气候，产出的葡萄酒也随之不同，因此，世界各国的葡萄酒产业发展，多数伴随着产区发展。中国的葡萄酒产区分布广，随着各地经济的大幅成长，各个产区的酿酒葡萄的种植面积、产量快速提升，这是建立产区制度重要的前提条件。其次，产区中的大小企业增加，产区管理的问题浮现；产业聚集所带来的经济效应，以及市场竞争的白热化，加上消费者对葡萄酒的认识逐渐增加，学会用产区的角度来判断产品的好坏，这种种现实的

因素，使得产区的建设有其必要性，产区发展不仅影响企业的发展，更是当地经济发展的重要支柱。

中国至今未有基于法律法规的统一产区正名，而没有法律保障的产区，对当地企业没有约束力，对消费者更没有说服力，产业很难健康的发展。其实，早在1999年，国家质量技术监督局便发布施行《原产地域产品保护规定》，此规定指出："原产地域产品，是指利用产自特定地域的原材料，按照传统工艺在特定地域内所生产的，质量、特色或者声誉在本质上取决于其原产地域地理特征并依照本规定经审核批准以原产地域进行命名的产品。"其后，在2005年7月15日国家质量技术监督局发布施《地理标志产品保护规定》并废止《原产地域产品保护规定》，此规定中定义："地理标志产品，是指产自特定地域，所具有的质量、声誉或其他特性本质上取决于该产地的自然因素和人文因素，经审核批准以地理名称进行命名的产品。"，截至2011年5月，中国已对1192个产品实施了地理标志保护[①]，包括北京市的平谷大桃、山西老陈醋、重庆市的涪陵榨菜，申请获得地理标志保护的产品涵盖鸡鸭鱼肉、食品、饮料等各式各样大大小小的产品，同时也开始与其它国家的相互承认保护，如苏格兰养殖三文鱼和美国加州的纳帕河谷葡萄酒。然此"地理标志产品保护"和真正的葡萄酒产区制度还是不同，葡萄酒产区制度是葡萄酒生产地，多家企业将共同使用一个产区名称，产区制度更强调关于产区中的基础建设和对企业制造产品的要求，在产区成熟发展后，对产区进行的"地理标志产品保护"才有意义，也更多的关于商业利益。

（三）产品分级的制度

国际上的葡萄酒生产国，多半拥有自己的一套葡萄酒分级标准，中国现行的法规，只有对产品的质量检查，合格或不合格，至于产品的好坏等级，没有分级的办法，所以消费者在购买产品时，并没有参考，导致市场上国产葡萄酒和进口葡萄酒的价格混乱；而如何订定出有公信力的分级标准，除了参考国际上的做法，更必须有让人信服的单位主导，无论是与行业内的协会合作，或是聘请葡萄酒专家，共同制定出一套中国葡萄酒的分级制度，方可让国内众多的葡萄酒企业，对自己生产的葡萄酒有较为清楚的产品位置认知，对追求品质的提升有参考，同时，对消费者负责。

---

① 资料来源：中新网 http://www.chinanews.com/cj/2011/06-17/3119866.shtml。

（四）配套的产区区域发展

产区的原则一旦确立，在法律法规的保障和约束下，产区企业的建立、产品的生产、销售，便可制度化。而由于每个产区的地理位置不同，自然环境不同，所能生产的葡萄酒和葡萄酒相关产品便会不同；企业和地方政府必须认识到本身的优缺点，改变跟风的习惯，从一开始的葡萄品种选择，就应该根据当地气候、土壤等特色，做出适当的选择，酿出有个性的葡萄酒，形成产区特色。产区形成后，周边配套的环境开发便相对重要。要保护产区不被过度的商业开发，鼓励葡萄酒企业发展时，不破坏生态。这些都需要政府法规的约束，而最重要的是产区的政府职能部门能发挥作用，协调企业和行业协会，做出长久共生的计划。

（五）管理监管单位的整合与合作

工信部、农业部、商务部、质监局、葡萄酒局、旅游局等，均为葡萄酒产业中直接有关的政府单位，这么多的单位，除了制定政策外，管理和实施，以及对不合时宜的法令的及时修正，对产业发展更为重要。同时，不同单位间的沟通，减少企业对行政作业的时间，对制度的落实有极大帮助。而中央单位的法规，和地方政府对法规的执行，必须同步且及时反映，不得使法规滞后于行业发展脚步，监管的执行分工必须明确，不互推责任，才能让法规落实，维护行业正常发展，同时，还能保障消费者权益。

四　结语

在基本的硬性条件基础完成后，开展葡萄酒文化的推广，更有意义，要教导消费者对葡萄酒的认识，对所选葡萄酒的判断，培养消费者对葡萄酒的爱好，及对葡萄酒本身和其来源产区的认识，循序渐进的推动葡萄酒在消费者心中的定位，从对品牌的认知到对产地的认可，是葡萄酒区域品牌构建的一环。

纵观世界上有名的葡萄酒生产国，多数人可以说出法国的波尔多、美国的纳帕河谷，更有许多葡萄酒爱好者可以认得以奔富（Penfolds）为代表的南澳产区，以干白葡萄酒出众的西班牙西北部的加利西亚（GALICIA）产区，和西班牙最有名的红葡萄酒产区里奥哈（LA RIOJA），而消费者对于中国的葡萄酒，来自哪个产区，有着什么特色，似乎还未有认知，只有国际上的业内专家大概知道山东有产"长城"、"张裕"葡萄酒，山西的"怡园"、宁夏有几个酒庄因为参与比赛而被知道，国内消费者则多半用品牌来选择购买葡萄酒，无论买的是"长城"还是"张裕"，认的是品牌，是"中国驰名商标"。这让葡萄酒在中国市场的发展缺少了特色，缺少了与它相关的文化，当消费者对产品没有了解的时候，产品的品质被忽略，对葡萄酒产业的持续发展造成阻碍。

中国的葡萄酒产业处于发展中的阶段，对比成熟的法国或美国的葡萄酒产业，中国的葡萄酒产业在法律法规、地方政策和行业协会发展上，明显不足；在此情况下，由政府引导带领整个产业发展，比任企业自由发展而出现混乱的市场，对国家形象和个别区域的区域品牌建立会有更好的效果。

在今日的中国，要构建葡萄酒的区域品牌，政府的主导是第一阶段的推手，唯有法律制度的健全完善之后，葡萄酒区域品牌才能建立并健康的发展。最基本的认识，便要了解葡萄酒生产不是一个速成行业，这也是为什么国外的酒庄常是家族传承好几代之后，逐渐成名的；中国处于发展初期，政府的相关制度，要在对产业的背景充分理解后，制定对葡萄酒产业长远发展的规范。

建立产区到构建区域品牌，已经是中国葡萄酒产业必须走的道路。在认识了解到产区对葡萄酒，尤其好的葡萄酒的重要性之后，中国葡萄酒企业想要摆脱低水平循环的运作，需要重新检视自身所处环境，对所生产的葡萄酒品质有承诺，对企业品牌和区域品牌的相关性有认知，在合理的制度法规下，系统性的发展区域品牌建设。

如今，许多产区都已经开始意识到这个问题的重要，同时，随着市场竞争加剧，消费者对葡萄酒的认识度提高，产区必然会是一个可以比较的对象。因此，对产区名称的保护和使用，与产区的管理，是中国目前各葡萄酒产区应当重视的课题。

从品种、品质到品牌，是一个葡萄酒区域品牌建立的过程，从选择适合当地风土的品种，酿造有特色、同时有品质的葡萄酒，才能与其他产区有差异化，有利于品牌的打造，企业品牌与区域品牌的相互作用，对产区的持续发展有帮助。与此同时，消费文化的带动，消费者对葡萄酒的品位与鉴赏，会使得不同区域品牌有着不同的消费群体，针对喜好这个产区葡萄酒的消费者，做定向的品牌营销，做出与其他产区的区隔，是建立葡萄酒区域品牌的必要过程。好比法国的薄酒莱产区，它的特色便是当年的新酒，但却不是每个喜爱喝葡萄酒的消费者都愿意购买，中国的产区需要理解这个基于产区特色而形成的区域品牌，培养自己的消费群体和消费品位，才能帮助产区形成有特色、有故事的区域品牌。

（程暄：威盛电子股份有限公司中国区企业品牌总监，博士）

媒 介 研 究

微电影及其产业前景①

阮南燕

摘要：由广告而引发的微电影热潮现下炙手可热。从电影产业的发展来看，微电影可以视为是传统电影产业面对新技术以及众多新媒体的挑战而做出的一次机制内调整，其内容形态、影像表征、传播方式以及产业的未来发展态势等诸多方面均呈现出与传统电影不一样的特性，尤其在电影的创意、剧本和产业链拓展环节优势明显。作为新媒体电影的新宠，微电影也将在新媒体电影形态格局中占据一席之地，助力电影产业的发展。

关键词：微电影 电影产业 产业链 新媒体

随着新媒体时代的来临，数字技术、网络技术和移动技术的突飞猛进，传统的电影艺术也开始悄然变化，出现了数字电影、新媒体电影、微电影等新的电影形式，尤其是微电影，更借微博、3G手机的热潮，成为各大网站炙手可热的影像新宠。2010年，凯迪拉克品牌联手中影集团，拍摄了由吴彦祖主演的广告大片《一触即发》，并首次将此片命名为"微电影"，至此，微电影成为传媒领域最热门词汇之一，2010年也被众多媒体称为"微电影元年"。虽然《一触即发》能否称其为首部微电影有待商榷，但这部广告大片确实起到了抛砖引玉的效果，不但引发了网络草根一族的微电影创作和传播热潮，也让专业的电影人开始关注微电影、认同微电影并创作微电影。一个

① 教育部课题"新媒体电影产业发展研究"中期成果（项目编号：13YJA760040），浙江省哲学社会科学重点研究基地课题"数字新媒体时代我国电影产业链研究"成果（项目编号：11JDCB02YB）。

明显的事实是，微电影正从广告新宠成为电影界的新宠，众多知名的导演和演员都纷纷试水微电影，微电影的成熟指日可待。

电影历来被视为科技与艺术相结合的产物，随着新媒体时代数字技术的全面到来，电影艺术将会呈现出别样的风采。从电影产业的发展来看，微电影可以视为是传统电影业面对新技术以及众多新媒体的挑战而做出的一次机制内调整，这种全新的电影艺术形式在电影的本质特性、传播方式、电影形态、电影存在方式以及产业的未来发展等诸多方面均呈现出与传统电影不一样的特性。

一　微缩的影像与微传播

（一）微电影概念界定

目前学界对微电影的概念界定还未达成一致，但通常涉及微电影的内容模式、制作模式、观看模式、传播媒介以及微电影的"电影"属性等方面。较为大众的概念界定为：运用各种新媒体平台播放，适合在移动状态和短时间休闲状态下观看，具有完整的策划和系统制作体系，具备传统电影的情节、结构、冲突、高潮等电影元素的"微时"（30秒–3000秒）放映、"微制作周期"（1~7天或数周）和"微投资规模"（几千至数千/万元）的视频短片。

自2010年微电影概念出现以来，其概念的内涵和外延均呈现出扩大的趋势。狭义的微电影指的是微电影广告，通常被电影人称为"植入了电影元素的广告片"，以凯迪拉克的《一触即发》与《66号公路》、佳能的《Leave me》、oppo手机的《Find me》、益达的《酸甜苦辣》系列以及七喜、宝马等包含故事情节的广告片为代表。这些广告片不同于一般口号式宣讲的广告，通常会以电影模式构建作品，注重故事的叙述、情节结构的起承转合与高潮的设置，相比产品的性能而言，更注重品牌精神和理念的宣传。例如《一触即发》这个广告片，与《偷天换日》里的MINI片段部分较为相似，如果去除最后10秒的广告用语时间，几乎可以视为是一个较为完美的微电影作品。目前微电影概念的使用基本上是广义的，主要包括三个组成部分：一是微电影广告。这部分作品仅占微电影的小部分。二是有植入广告的微电影。以《看球记》《这一刻，爱吧！》《爱疯时代》《时间门》等作品为代表。这类微电影类似《手机》《天下无贼》《爱情呼叫转移》《非诚勿扰》《杜拉拉升职记》等影片，在叙述完整的故事情节时植入广告，既不影响故事的合理进程，又能满足赞助商对产品宣传的要求。例如姜文的《看球记》，以父子俩从天津去北京看足球比赛为基本情节，在整个影片中佳能相机只集中展示了两次，出发前父子俩的拍照和影片高潮部分时儿子高举相机拍摄进球。相机是看球赛的必备品，因此佳能相机作为此片的道具一点不会让观众感觉突兀，两次拍照的场景与情节严丝合缝，尤其是导演对高潮部分的处理，既是情节的高潮，也是情感的高潮，更是产品宣传的高潮，完全实现了电影与广告的共赢。三是传统的电影短片。以肖央的《老男孩》、彭浩翔的《四夜奇谭》、皮三的《泡芙小姐的金鱼缸》、徐峥的《一部佳作的诞生》、陆川的《心·方向》以及各大视频网站和各类公司投拍的视频短片（多为草根导演和演员）《小心，我爱你》《爱未央》《相约山楂树》等为代表。这类微电影占据绝大比例，也是微电影的主体部分，越来越多的专业导演和演员均开始关注并投入到此类微电影的创作之中，如优酷的"11度青春系列"、搜狐的"7电影"等。

从微电影概念的发展趋势来看，微电影广告虽然是微电影发轫的始作俑者，但在微电影的作品构成中所占的比例越来越小，已经处于微电影范畴的边缘，随着愈来愈多的专业电影导演和演员加盟微电影行列，微电影将日益成熟，并成为一种独立的新媒体电影形式。

（二）微缩的影像世界

微电影之被称为"微电影"，首先是因为其符合电影艺术的各项特征，它的类型、叙事系统以及镜头、剪辑、后期制作等方面均遵循了电影的基本准则；其次，"微"字的冠名，既顺应了时代的特征，也因其与传统电影相比较的独特性恰恰承"微"而来。

热点主题。微电影因篇幅短小而很难像传统电影那样叙述宏大、复杂、多层次的主题，通常在主题设置上均集中于某个能够吸引观众眼球、引发网民讨论的热点事件，或者直逼观众灵魂、撩拨心灵深处的某根琴弦，做到以小见大，以一斑而窥全豹。例如《相约山楂树》，以张艺谋《山楂树之恋》为故事背景，借助网民的"山楂树情结"，以现实中一对80后青年男女的爱情与静秋和老三的山楂树之恋形成呼应，唤起了网民心中对美好纯真爱情的吁求。再如《老男孩》，同样勾起了网民对逝去的美好青春和梦想的追怀，因而网络点击率一路飙升，《老男孩》的主题曲红遍大江南北。

精致结构。微电影的情节结构通常为开放式结构，遵循"开端-发展-高潮-结局"的四段法，为了在有限的时间内尽快地展开情节，往往压缩故事的开端和结局，充分展示故事的进程和高潮部分。例如《看球记》，导演对于父亲为何要带儿子去天津看球赛没有过多赘述，直接展示父子俩一波三折的情节主体部分，父亲为示与儿子亲近特意更换了亲子装、未带球票被检票员呵斥、不得已重新找票贩购票，一系列的情节推进，迅速进入高潮部分。影片情节紧凑，节奏明快，结构精巧。

突显高潮。微电影的高潮部分是最吸引观众注意力、激发观众情感的部分，也是导演最匠心独运之处，通常会设置一个悬念并伴随一个巨大的突转。如《小心，我爱你》中的"抓贼"和女主角拿到手机后的责怪，《看球记》中父子忘带球票被票贩骗上高台而只能高举相机拍照，均震慑了观众的视听。尤其是《一触即发》，90秒的时长内，高潮部分占整个影片三分之二的时间段，紧张刺激地展现了吴彦祖高楼跳伞逃脱、漂移甩掉摩托车、搜寻隧道躲避炮弹攻击等高潮部分，以女主角Lisa和吴彦祖撕掉人皮面具为突转，达到高潮的顶点。

简约情境。微电影在情境设置上尽量简化人物的关系，使矛盾冲突在互为对立或对照的人物之间展开。如《看球记》，基本可以分为父子/看球阻力方两组，矛盾冲突也简化为看球/阻拦看球。《爱疯时代》出场的人物虽多，但基本可以分为进入iphone圈和未进入iphone圈的人，矛盾冲突则围绕iphone文化的怪圈展开。再如《老男孩》，出场的人物基本可以区分为：在现实中抑郁迷茫但依旧怀揣曾经的梦想之人；在现实中春风得意但对曾经的梦想早已麻木之人，双方形成的矛盾很自然地从表面的冲突提升到精神追求的层面。

（三）新媒体的微传播

微电影是传统电影适应新媒体环境、改变传统电影形态以满足新媒体传播的一种全新的电影艺术形式，其传播平台主要是新媒体，其传播特质也因"微"而成。

传播内容的"三微"。①微电影的三个本质特征是：微时放映、微制作周期和微投资规模。短小精悍、结构精巧、情节紧凑、高潮突出的微电影，放映时长只有30秒到3000秒，可以最大限度满足目前移动式、碎片化的观影

---

① 孟志军：《微电影的传播学解析》，《传播界》，2011年第8期。

审美需求。微制作周期可以让微电影迅速捕捉最热点问题，通过影像叙述，形成热点效应。微投资规模极大降低了传统电影的进入壁垒，普通民众、商家、机构均可根据自己的爱好和需求拍摄微电影。"三微"特性，是微电影广泛传播的首要原因。

传播主体与受众的全民性。Web 2.0时代的来临，彻底改变了网络的结构模式，每一个网络用户均实现了施/受的身份转换，拥有了主体和客体并存的网络身份。微电影的出现，同样改变了以往观众纯粹的"看客"身份，达成了制作者和观看者的合一。随着视频设备的多样化和大众化，草根阶层也可以拿起摄像机、DV机甚至手机，拍摄并上传属于自己的影片。微电影改变了传统电影一贯的精英制作模式，也改变了以往的观影模式，因此，微电影的传播主体和受众具有了空前的全民性，微电影成了全民皆可参与的网络狂欢。

传播媒介的多元性。传统电影遵循的是院线放映、电视网络播映、DVD出售的传播模式，微电影的传播方式则与新媒体的发展密切相关。观众不仅可以在各大视频网站和门户网站上观看微电影，也可以通过手机随时上网浏览微电影，还可以通过便携式PSP、车载移动电视等随时随地接收微电影信息。微电影的传播将随着数字化、多媒体、高科技水平的提升而呈现出更加多元化的特性。

传播方式的多向性和互动性。传统电影的传播方式都是由点到面，属于"演——看"的定点辐射的传播模式，微电影传播则可以在广告、音乐、游戏、网络、文学等不同领域展开，具有传播的多向性。[①] 微电影可以随时追踪热点事件，通过与观众的互动，在最短的时间内获得最大的传播效应；另外，观众可以在微电影制作的过程中参与其中，从剧本修改到影片制作，从主题设置到矛盾冲突的构建，左右微电影的最终形成。微电影的这种传播方式即是动态的互动传播模式。

二 微电影产业的潜力

（一）我国电影产业发展现状

2012年，我国全年生产故事影片745部（含电影频道出品的数字电影92部），动画影片33部，纪录影片15部，科教影片74部，特种电影26部，全

---

① 王长武：《微电影的传播特征与市场前景展望》，《中国电影市场》，2011年第9期。

年生产的各类电影总量达到893部。全年新增银幕3832块，平均每天全国新增银幕10.5块，且全部为数字影厅。截至2012年底，全国银幕数从2002年的1845块增加到现在的13118块，其中2K数字银幕超过1.2万块。2012年，国产影片票房170亿，超过日本成为全球第二大电影市场，仅次于美国。其中《泰囧》的票房更是达到12亿之多，创历史新高。[1]

由于银幕增加以及电视频道、视频网站、新媒体平台对内容需求的扩大，不仅故事片产量提升，而且分众电影、小众电影、微电影、网络电影等特殊影片的生产也更加活跃。然而，近年我国国产影片只有约三分之一进入院线，而票房超过1000万以上的不到50部。[2]可见，在我国电影产业的浮华背后，危机依旧严峻。从电影产业发展情况来看，问题主要如下：1. 票房独大，电影产业链拓展乏力。目前电影产业的主要利润来自院线放映，电影产业链以自我构建为主，具有高附加值的电影创意和后电影产品研发环节仍非常薄弱，导致电影产业票房独大的畸形繁荣。2. 制片业良莠杂陈，数量上供大于求，质量上精品难求。影片制作的整体水平不高，尤其是数字化、科技化、专业化水准很难与国际水准比肩，高质量的精品电影不多，国产3D刚刚起步，难与引进大片抗衡。类型以爱情片、动作片和喜剧片为主，文艺片、惊悚片、动画片仅占少数，影片类型总体显得单薄，远远不能满足广大的市场需求。3. 院线梯队保持稳定，但同质化严重，9千多院线银幕，真正能容纳的不过影片总量的1/3。从2011年院线方与制片发行方在票房分成上的冲突可见，在日益尖锐的市场竞争下，院线发展将在资金储备、机制建设、管理理念、经营策略等方面提出更高的要求。4. 电影资本市场仍未完善。2011年银行等金融机构加大了对电影企业的信贷支持力度，风险投资和私募资本也开始从资本层面介入电影产业发展，影视基金规模逐渐加大，电影企业也开始整合资源，进行市场重组。然而中国电影产业对资本的运用仍属起步阶段，规模有限，效果还未凸显。同时，大量闲散社会资金的涌入，由于制作水准参差不齐，缺乏准确的市场定位，难以助推中国电影高水平的快速发展。5. 电影发行档期更加密集，营销针对性更强，但片库经营羸弱，盈利模式单一。全球性的营销发行体系仍未建立，尤其是国际营销能力低，海外市场逐渐萎缩。2011年共有55部国产电影销往22个国家和地

---

① http://ent.sina.com.cn/m/c12013-01-10/14593831961.shtml。
② 尹鸿、程文：《中国电影产业发展报告》，崔保国：《2012年中国传媒产业发展报告》，社会科学文献出版社，2012年版。

区，海外票房和销售收入达20.46亿元，比2009年（27.7亿元）、2010年（35.17亿元）的海外票房和营销收入明显下降。① 6. 电影企业规模偏小，产业资源未能整合，缺乏专业化、集中化、规模化的领军式电影企业，跨媒介、跨国别的综合性媒介集团仍未形成。7. 国产电影的网络和新媒体市场不断开拓，但真正符合网络和新媒体传播特性的影片形式仍未成熟。

从上述分析来看，我国电影产业的最大瓶颈是票房独大、产业链拓展乏力，而微电影之于电影产业，最大的优势在于产业链的拓展力度上。可以说，微电影是数字新媒体时代我国电影发展的产业先锋。

（二）微电影的产业链分析

"产业链"或称"产业价值链"，迈克尔·波特首创的价值链分析工具，开创了产业链研究的先河。② 巴里·利特曼认为，电影属于一种大电影产业，电影产业链的核心特征是产业链的自我完善和产业链的联动，即向各关联产业的价值链延伸。③

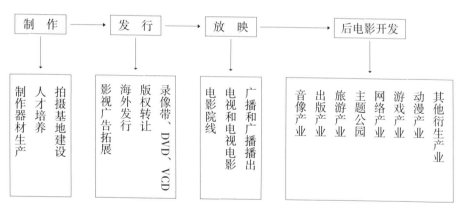

图1　电影产业链核心价值链图

如上图所示，电影产业链的延展路径通常立足观众的审美需求，选择具有创意的电影剧本制作品质精良的影片，运用各种营销手段最大限度地发行影片，通过院线放映取得盈利，同时利用电影后产品的开发，将产业链向电

---

① 尹鸿、程文：《中国电影产业发展报告》，崔保国：《2012年中国传媒产业发展报告》，社会科学文献出版社，2012年版。

② [美]迈克尔·波特、陈小悦：《竞争优势》，华夏出版社，2003年版，第23~24页。

③ [美]巴里·利特曼、尹鸿等：《大电影产业》，清华大学出版社，2005年版，第3~6页。

视、音像、出版、动漫、网游、玩具、旅游等相关产业拓展，获取高附加值，实现社会价值和经济价值的双赢。其产业链构建包含自我调节性构建和产业链延伸两部分，其中最核心的价值链环节就是制作、营销、发行、放映和后电影产品开发。

以最具全球掌控力的好莱坞电影产业为例，自20世纪90年代以来，好莱坞开始在全球范围内实施新的战略，使得整个世界电影产业的体系构成、运转模式以及扩张方式都发生了根本性的转变。1990年以前，好莱坞电影产业的构建主要集中在产业链的自我调节上，其收益主要来源于院线。1990年以后，美国电影产业链通过交叉生产和交叉营销以实现范围经济。随着全球媒体集团的形成，电影产业价值链向关联产业拓展，形成不同媒介之间、不同产业之间的融合，实施跨媒体经营，同时获得电影主业、传媒产业、娱乐时尚产业等多项收益。①其中，银幕层面价值占20%（有时甚至只占5%），传媒、娱乐层面价值占80%。②例如迪斯尼集团，其经营范围涉及电影、电视、主题公园、互联网、出版、体育、零售业、旅馆业、餐饮业、教育产业等诸多领域。从2011年度其各业务收入情况来看，总收益88.2亿美元，其中影视娱乐业占7%，媒体网络业占72%，主题公园业占12%，消费产品业占9%，不过，电影产业是其集团收益的母核，其产业的绝大部分收益来自电影产业的关联产业。③

较之电影产业，微电影的产业链同样包括自我调节性构建和产业链延伸两部分。

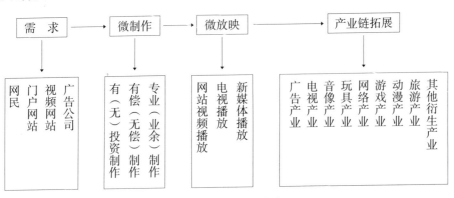

图2　微电影产业链构建图

---

① 何建平：《好莱坞电影机制研究》，上海三联书店，2006年版，第181页。

② 喻国明、张小争：《传媒竞争力——产业价值链案例与模式》，华夏出版社，2005年版，第6页。

③ http://thewaltdisney company.com/investors/financial-information/annuat-report。

微电影的产业链自我调节包括制作、新媒体放映等环节。由于目前新媒体放映基本处于免费状态，微电影无法从放映环节获得产业效益，这也导致了营销发行环节几乎处于零利润状态，因此，目前微电影的收益只能来源于制作环节。这也是微电影最早与广告结盟的主要原因之一。从微电影的产业链构建来看，微电影的发展空间依然在产业链延伸这一核心环节。就目前微电影的产业链拓展而言，微电影在广告产业、旅游产业、网络产业、游戏产业等方面均有所涉足，尤其以广告产业的产业链拓展最为成熟。

（三）微电影的产业潜力

从电影产业的发展来看，电影业已经由胶片时代跨越到数字时代，数字电影、新媒体电影和微电影的出现，2D与3D影片的共存，说明电影业面对数字新媒体时代的来临已经首先从电影形态上开始改观。微电影的火爆现象说明，微电影是应 Web　2.0 时代而生的新媒体宠儿，是 3G 时代的影像新贵，眼下它已经成为新媒体电影最强劲的领跑者。虽然微电影目前的盈利模式仅仅依靠与广告的联盟，但是，随着知识产权保护法的健全和网络收费制度的推进，符合网络作品传播特点的法律法规的建立和完善的网络版权保护制度的形成，以及网络实名制等系列举措的实施，[①]微电影在放映环节获得收益将不是神话。

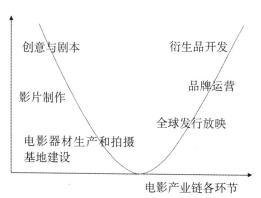

图3　电影产业链价值曲线图

从上图电影产业链价值曲线图来看，电影产业的"口红"效益一目了然。电影的题材选取、外景拍摄、影视城基地建设以及各种器材和衍生品的

---

① 陈共德：《我国新媒体电影发展路径分析》，《艺术评论》，2012年第3期。

生产均处产业链低端；电影的制作、发行、营销、放映等环节，处于产业链的中端；而电影的创意、电影剧本创作和衍生品开发环节则处于产业链高端，属于高附加值环节。

目前我国电影产业的薄弱环节便是处于产业链高端的环节，而微电影的产业潜力恰恰来自微电影的产业链高端。其一便是影片创意环节。剧本乃一剧之本，好的电影来自好的剧本创意。这个创意可能是一个故事、一本书、一部戏剧、一篇报道、甚至只是一个电影构思，但是，一旦这个创意被拍成电影，创意所带来的回报是无穷的。这就是电影产业的魅力。《星球大战》、《泰坦尼克号》、《哈利·波特》系列、《阿凡达》等电影，由创意而点石成金，获得巨大的产业效益，这样的例子不胜枚举。创意产业之父约翰·霍金斯认为："创意经济的最大影响力不仅仅见于传统的创意产业的内部，而且也表现于其技巧与商业模式用于其他生活领域创造价值的方式。"[①]好的电影创意，不仅可以狂揽全球高额票房，而且，能够为后电影产品开发提供取之不尽的源泉，最大限度地拓展电影产业链，在关联产业领域获得远远超出影片票房的巨大收益。好莱坞电影产业的成功秘诀之一就是具有丰富的剧本资源，而我国电影产业的软肋之一就是缺乏具有后期开发价值的创意电影剧本，尽管2011年我国过亿的国产片有20部之多，然而，却没有一部影片具有衍生品开发的可能性。例如《让子弹飞》，票房过七亿，《泰囧》票房过12亿，而衍生品的开发却微乎其微。微电影类似于未完成的电影作品的某个片段，具有创意的微电影则可以成为影片的情节核，通过情节的延展构架出一部引人入胜且具有开发价值的电影。例如《一触即发》，其谍战片的潜质不容置疑。目前呈井喷之势的微电影创作热潮在某种程度上点燃了全民参与电影创作的热情，也为电影创意人才的培养和储备提供了丰腴的土壤。尤其是微电影对各种类型片的尝试，在很大程度上弥补了目前我国影片类型单一的格局。对于电影产业而言，微电影剧本层出不穷的创意具有"星星之火可以燎原"的功效。如果在此基础上建立起长效的电影产业制片机制和保障机制，构建完善的电影产业制片业数据库，我国电影产业的发展将更加稳健。

微电影的第二个产业潜力在于关联产业链的拓展，即后电影产品开发环

---

① [英]约翰·霍金斯、洪庆福等：《创意经济：如何点石成金》，上海三联书店，2006年版，第9页。

节。从目前微电影的产业链拓展的成功模式来看，微电影已经与广告产业成功结盟，涌现出了像《一触即发》、《66号公路》、《Leave me》、《Find me》、益达的"酸甜苦辣"等深入人心的广告作品。虽然微电影广告因制作成本偏高而无法成为广告主流产品，但作为新媒体时代新的广告形式，微电影不但颠覆了传统的广告模式，而且必将在广告之中占据一席之地。值得一提的是微电影与广告结合的第二种模式，即品牌赞助的微电影作品，如《看球记》、《这一刻，爱吧》、《时间门》等。尤其是由"可爱多"赞助的《这一刻，爱吧》，艺术性非常高，围绕爱情的四个象限，展现了对待爱情的四种不同态度和境遇，探讨人世间真爱的存在，而"可爱多"冰淇淋仅仅只是影片中具有线索功能和传递情感的道具。这部微电影由四个片段组成，既可相互独立，又能连缀成篇，其灵活的篇章结构，正适应了新媒体时代视频传播的碎片化需求，也为微电影院线放映提供了某种可能性。无疑，系列短剧、微型连续剧、日播微剧等微电影模式，将有可能成为微电影未来发展的主流趋势之一。

如果说微电影向广告产业的拓展是最为成熟的产业链拓展形式，那么，微电影在其他产业领域的尝试也不容小觑。一是微电影与网络产业的结合。2011年6月9日，华影盛视推出中国影视原创开放平台——美我网，主打微电影，通过盛大文学向网络畅销作家以及有志微电影剧本文学创作者发出邀请，希望汇聚优秀的原创微电影剧本，以全开放、共同参与的方式积聚微电影的编剧、导演和演员等人才，让原创者参与和完成微电影的制作。二是微电影与旅游产业的结合。如《寻找山楂树》这部微电影，就是借助张艺谋的《山楂树之恋》的热映为宜昌这座城市量身打造的微电影宣传片，由此形成了巨大的"山楂树"效应，宜昌这座城市也迅速火爆起来，成为新的旅游热点城市。三是微电影与游戏产业的结合。如腾讯游戏以旗下火爆枪战游戏《穿越火线》为蓝本全新打造的互动微电影《集结密令》，主打"互动"牌，主人公的命运完全由玩家掌控，将主动权交到观众手中，让普通观众也过了一把导演瘾。四是微电影与音像产业的结合。微电影与音乐的结合形式不似以往的MTV，而更类似音乐电影的形式，以音乐铺陈故事、阐释主旨。如北京现代音乐学院爵士乐学院学生组建的4U（for you）乐队推出的《穷二代的PARTY》，可谓国内首支电子音乐微电影。①

---

① 王长武：《微电影的传播特征与市场前景展望》，《中国电影市场》，2011年第9期。

　　无疑，微电影独特的影像表征和传播特性，使其相较传统电影更具备与其他相关产业融合的优势。随着微电影的日益成熟，微电影的产业链拓展将更为稳健，微电影也将据此助力电影产业的发展，在电影新媒体形态格局中占据一席之地，成为电影产业发展的微动力。当然，如果微电影延续传统电影现有发展模式，其前景则不容乐观。

（阮南燕：浙江传媒学院副教授，南京大学国家文化产业研究中心博士后）

"媒体红利"产生的制度要素分析

尹铁钢

摘要： 本文对北京大学陈刚教授首先提出的"媒体红利"现象进行了解读，并特别关注了改革开放后对中国广告产业发展产生了重要影响的制度性要素。这些制度性要素包括以社会主义市场经济体制为核心的经济制度、以"双重属性"为特征的媒介制度和以"广告代理制"为标志的广告产业交易制度。上述制度性要素在不同的层面交织在一起，对广告产业中的广告主、广告媒介和广告公司的各自发展以及三者之间的动态关系产生了深远的影响，而"媒体红利"正是产生于这样一种制度环境当中。

关键词： 人口红利　媒体红利　广告代理制　媒介制度　交易成本

2010 年 8 月，北京大学陈刚教授在为央视市场研究公司（CTR）所做的有关中国媒介发展的演讲时，借用人口学的"人口红利"，首次提出了"媒体红利"的概念，他认为中国传统媒体在改革开放后 30 多年的发展过程中，作为广告传播最重要的载体，为中国企业乃至中国经济的发展贡献了"媒体红利"。此后，他本人忙于发展广告学理论的创立和搭建，关于这个概念的深度阐释没有继续。笔者感觉这个概念的提出很有意义，简单放弃甚为可惜，而且，如果能利用广告产业三个主体之间的"动态不均衡关系"框架来分析"媒体红利"，似乎能为广告产业理论的研究提供一个新的研究视域，于是笔者开始在新制度经济学和产业经济学研究的层次上认真思考这一概念诞生的历史背景和准确内涵。在这个过程中，笔者发现制度性要素在"媒体红利"的产生以及中国广告产业的快速发展中都发挥了重要的作用，本文即是对这一制度性要素的简要分析。

一 关于"媒体红利"的定义及产生背景

在人口总体变动发展过程中，会形成一个总人口"中间大，两头小"的结构，使得劳动力供给充足，而且社会负担相对较轻，年龄结构的这种变化将带来劳动力增加、储蓄和投资增长、人力投资增加和妇女就业机会增加等，从而对社会经济发展有利，人口学家称这段时期为"人口红利"（Demographic Dividend）（于学军，2003；蔡昉，2004）。按照人口学家的分析，中国改革开放时期实现的高速经济增长，同样有人口因素的作用，即"由于在改革期间，人口政策、经济增长和社会变迁共同推动了人口转变过程，人口结构呈现出劳动人口数量多、增速快和比重大的特点，形成了有利的人口结构以及潜在的人口红利。"[1]

就中国而言，改革开放后的经济迅速发展，主要得益于两个方面的效应，一是城乡二元结构的动态变化，市场化的改革特别是生产要素的市场发育带来了资源重新配置效应，农村实行家庭联产承包责任制后，农业中解放出来的劳动力大规模的向城镇非农产业转移，通过提高资源配置效率，为经济增长提供了一个源泉。第二，计划生育政策在短时期内使人口转变提早完成，使中国处于劳动年龄人口比例逐年上升的阶段，劳动力供给丰富，储蓄率持续上升，为经济增长提供了人口红利。凭借丰富的劳动力资源，中国企业得以克服资本报酬递减规律的作用，以低廉的劳动密集型产品在国际市场中获得竞争优势，实现了中国经济持续30多年的高速发展。

通过以上的简要分析可以看出，政府在改革开放过程中，一方面逐步放开了对经济生活和人口迁移的控制，而另一方面又对生育控制紧抓不放，这就构成了中国过去30多年人口结构变化的重要制度环境。

实际上，在中国广告产业的发展过程中，也存在一种制度与结构交织在一起的发展状况，这个制度就是中国的政治经济制度、媒介管理制度以及广告行业的监管制度，这个结构就是以广告主、广告媒介（主要是报纸、电视、广播、杂志四大媒介）和广告公司为主体的广告产业结构。在不同层面

---

[1] 蔡昉：《未来的人口红利》载曾毅、顾宝昌、郭志刚等《低生育水平下的中国人口与经济发展》，北京大学出版社，2010年版。

制度的共同影响和制约下，广告媒介整体上呈现了小规模发展、低水平增长和经营恶性竞争的状态，广告公司高度分散、高度弱小且在所谓的"媒体强势"格局中被媒体"绑架"并逐渐边缘化，而以汽车、食品、日用品、药品、房地产、化妆品、家用电器等为主导的广告主市场则基本上以强势姿态主导了整个广告产业的发展。这样一种结构也像人口结构一样，释放了发展的能量，它的对象就是最近30多年得益于利用大众媒体进行广告传播的广告企业，其规模就是因不规范价格竞争导致的媒体收入的总损失。

在此基础上，我们假定，正是在上述的发展过程中，不同规模、不同地域、处于不同发展阶段的企业（主要是面向消费市场的企业，也是贡献社会零售品总额的行业企业）突破了资本报酬递减规律的作用，长期持续用较低成本（或少支付成本）取得了丰富且低廉的广告媒体资源并获得放大的传播效果，借以完成自身的高速增长，本文将这种现象定义为"媒体红利"。

"媒体红利"的产生，主要是基于30多年改革开放逐步形成的各种制度性因素相互交织，并对广告产业中的广告主、广告媒介以及广告公司在市场结构、行为以及绩效上产生的影响，特别是对上述三者之间动态的、对比不均衡的博弈关系的影响与塑造。那么，所谓制度性要素是如何影响广告产业的三个主体的？这种影响又是如何导致了"媒体红利"的产生？

二 改革开放与中国经济体制转变

中国改革开放后取得的经济发展奇迹，很大程度上得益于中国在政治、经济等多个领域的正式制度的建立、发展与有效实施。周其仁在《中国做对了什么》一书的序言中指出："正是改革开放大幅度降低了中国经济制度的运行成本，降低了各类企业的组织成本，才激发了人们的劳动、技术改进与创新、管理以及创业的热忱，才激励人口众多的中国得以在全球舞台上发挥出自己的综合成本优势。"改革开放一方面是整个国家的发展战略，同时，也只有辅以一定数量的正式制度并保证其有效实施才可能将改革开放的能量予以最大限度的释放。

随着改革的逐步推进，建立社会主义市场经济体制成为中国经济体制改革的目标。国有经济和集体经济在法律上依然存在，但其市场份额、组织形式和运营方式都发生了根本性的改变，原先为社会主义制度所不容的非公经济，包括私人财产、个体户、私人企业与外资，则在国民经济诸多领域中争得了一席之地，到今天，已经占全部国民产出的一半以上以及全部就业的80%以上。更重要的是，不同所有制的资源可以合股组建新的企业，以适应环境的不确定变化和要求，这一切传统社会主义经济模式所不能允许的制度变化，构成了中国特色社会主义市场经济体制的基础。而30多年改革开放的全过程，其实就是在营造一个全国共同市场的过程，这一过程到现在仍未结束。中国的各种企业类型正是在市场经济体制逐步确立的过程当中找到了自己的发展道路。从市场上看，商品的供不应求到供过于求，正是市场经济规律发挥作用的反映，产品供过于求的状况，使得企业开始注重通过营销手段来扩大市场、提升销量并进行品牌建设，而这种动力，催生了企业与媒体、广告公司之间的紧密合作关系，这一过程，实际上也是当代中国广告产业从无到有的建立过程。

因此，改革开放和中国经济体制的演变，为企业成为市场主体提供了最根本的保障，也正是在企业的主导和推动下，广告产业相关环节和主体依次进入市场，利用市场规律推动自身的成长与发展。不过，相关的市场主体在多大程度上能够参与到这一伟大的变革当中，能发挥多大的作用，还要视其所处的制度环境而定。

正是在制度的不断创立与完善过程中，企业作为市场主体参与到市场竞争中，推动了整个广告产业的建立。企业通过广告投放等经济活动，克服了由于厂商与消费者之间的信息不对称造成的鸿沟，将产品及企业信息顺畅地发送到消费者眼前，也减少了消费者搜寻商品信息的成本，这些市场行为本身都得益于一定的制度保障才能顺利进行，制度降低交易成本的功能一目了然。制度还提供人们关于行动的信息并为个人选择提供激励系统。市场各项制度的相应确立，使得企业、广告公司和广告媒介都能明确自身的定为和市场使命，绩效考核制度和优胜劣汰机制保证只有优质的市场主体才能最终立足。制度还有利于减少外部性。关于这一功能，人们通常都是通过产权制度的建立来解释的。市场秩序混乱，实际上是一种负的外部性，只有明确产权，才能消除或减少这种外部性带来的危害。在明确产权的基础上，引入市场价格机制，就能有效地确认相互影响的程度及应承担的责任。

中国的企业越来越多地在家门口参与国际竞争，一方面受到国际企业的正面冲击，一方面也学习到了先进的管理及运作经验，在此过程中，如何通过广告等营销手段提高产品销售率，如何利用媒体进行有效的广告投放活动，增强品牌的知名度和美誉度，都是每天都要面对的问题，也是在激烈的市场竞争中所有的企业都最为看重的问题。而广告产业也正是在这种经济体制的转换和升级中找到了自身发展的立足点，我们探讨的"媒体红利"也正是在这样的转型环境中才可能发生。

三 中国媒介制度对媒介产业发展的影响

改革开放与社会主义市场经济体制的逐步落实和确立，为所有市场主体的运作和发展提供了一个最广阔的背景，但具体主体的市场行为，却受到来自不同层面的制度的影响与制约。而中国特有的媒介制度对以"双重属性"身份生存的媒介来讲，其影响可谓深远，这种影响，最终也传导给了整个广告产业并制约其发展。

（一）现行媒介制度的主要特点是"双重属性"

人们对于媒介的认识有个逐步加深的过程。20世纪80年代末至90年代初，信息和传播概念被引入中国。"人们逐渐认识到，传媒产品不应该只是宣传品，同时也应该是信息产品，具有一般产品的共同属性。传媒机构也不应该只是宣传机构，同时也应该同其他生产企业一样，具有经营、赢利的功能。"[①]基于诸多政策的出台，有国内学者提出了"双重属性说"，认为"新闻事业具有形而上的上层建筑属性和形而下的信息产业属性"，它"除了以信息的生产和流通为核心外，还可以经营信息的处理与传递和其他一些与信息相关的项目。"[②]

我国的现行媒介体制规定："在所有制形式上实行生产资料公有制；在领导体制上实行中国共产党的统一领导；在工作方针上，坚持为人民服务，为社会主义服务的方向；在结构体系上实行以党的机关报为主体的多种类、多层次、多功能的新闻传播体制；在工作路线上，实行全党办报、群众办报。"[③]通过对我国媒介管理体制的特点分析，实质上是对媒介政策的制定和运行系统的分析，这种管理体制的特点就是"指令性"和"直接性"，势必决定了党和政府的绝对主体地位和媒介政策的"限权"倾向，说到底就是一

---

① 郎劲松、邓文卿、侯月娟：《社会变迁与传媒体制重构——亚洲部分国家和地区传媒制度研究》，中国传媒大学出版社，2010年版，第180页。

② 李良荣、沈莉：《试论当前我国新闻事业的双重性》，《新闻大学》，1995年夏刊。

③ 冯建总主编：《中国新闻实用大词典》，新华出版社，1996年版，第3页。

种针对事业单位的管理体制，其基本特征之一就是"非经济化"和资源配置的"非社会化"。

（二）现行媒介制度对媒介产业发展的不利影响

1. 针对媒介产业的认识和观念仍旧落后，特别是产权改革无法推动，导致媒介还很难作为完全独立的产业类型参与市场竞争。事实上，中国媒介发展的政策创新与管理创新严重滞后于媒介产业的现实发展。在媒介管理的惯性思维上，中国媒介行业仍然没有在任何具体文件中被明确定位为一个产业（产业的概念我们之前已经述及），因此也缺少具体的产业发展政策及规划。这些都给媒介产业发展提供了一个既没有后背支撑也没有确定性可言的相对不可捉摸的环境，导致媒介很难作为真正的市场主体参与经济过程，这也是导致媒介虽自然垄断但却无法充分释放其能量的主要原因。

至于产权问题更是由来已久。在法律上，我国报纸、广播电视等媒体产权由国家代表全体人民所有，但媒体的实际创办者、投资者以及主管者都是党政部门及群众团体，媒体的主办者也大多是这些主管者的下属机构或实体。由于大部分媒介原由国家投资创办，长期按事业单位模式管理，国家对其不但没有资产增值要求，反而还有相当数量的补贴和政策优惠。在市场经济条件下，一些经济环境和经营情况较好的媒介资产增值很快，导致这部分增值资产的产权归属就变得模糊了。

诺思指出，"企业，是为了把握获利机会而存在的。而获利机会又是由一系列既有的约束界定的。当产权缺乏安全保障、法律实施不力、进入遭遇障碍、垄断限制存在时，以利润最大化为目标的企业必然倾向于做短期的且固定资本投入较少的投资。因而，企业规模通常较小。"[1]因此，除非关于媒介本身的改革停止，或者将媒介定位回归到建国初期，即完全的国家公器，完全由国家税收予以补贴，否则，产权制度改革是市场经济绕不过去的门槛，也是媒介作为市场主体运营以及进行资本经营绕不过去的门槛。

2. 管理模式落后，与市场化要求有很大差距，直接影响媒介产业的运行效率和市场绩效。我国对媒介在宏观上采取的是纵向领导与横向领导相结合、以横向领导为主的行政管理模式，即"条块分割，以块为主"。这种模

---

① [美]道格拉斯·C·诺思：《制度、制度变迁与经济绩效》，杭行译，格致出版社、上海三联书店、上海人民出版社，2008年版，第94页。

式以行政和行政区划划分媒体的势力范围，以行政管理作为媒介管理的主要方法。在这种模式下，媒介行业政事不分、政企不分，行政力量干预媒体经营的事件此起彼伏，使得政府的各行政部门掌握着本应属于企业的各项权利，也使媒介行业的总体布局呈现了条块分割的状态，无法实现产权的自然流转。在市场化管理层面，由于管理主体的模糊，市场准入的高门槛，法律监管体系的不健全使得不良竞争影响了整个产业链条的合理布局，不能带动整个产业的社会化和高效率发展。

3. 管理政策以及制度创新的供给不足，严重滞后于产业本身的发展。改革开放以来，我国虽然颁布了多项有关新闻传播的行政管理法规，媒介法治化也取得了较大的进步，但这些行政管理法规主要是为了配合行政事务管理而发布的，不能算作真正意义上的法律。目前，我国对大众媒介的管理，依据的主要还是《广播电视管理条例》、《出版管理条例》、《电影管理条例》等几个行政性法规，这些法规受当时历史条件、意识形态、社会发展背景等多方面的限制，已经不能完全适应当前媒介改革和发展的要求，更多的是依赖阶段性的政策来对传媒业进行调整。另外，我国对传媒主体的禁止性规范和义务性规范比较完备，而授权性和维权性规范比较薄弱。

4. 现行媒介制度留下的最大一个包袱就是产业布局的严重失衡，这也造成了中国媒介产业集中度较低、竞争能力低下的结构特征。我们引用一点数据进行一个简单的对比。2010年，成千上万家中国传媒企业的总产值为5808亿元，[①]按照每年20%（2010年比2009年的增长率为17%）的高速增长率计算，2012年这个数字约为8364亿元，约合1345亿美元。表1为2012年财富美国500强排行榜企业名单中排在200位以内的媒介集团以及一家互联网公司——谷歌，其中，仅华特迪士尼、新闻集团、时代华纳及美国直播电视集团四家收入总计就已达1305亿美元，接近预估的我国2012年全年传媒产业的总额（1345亿美元），由此可以看出中国与美国媒介产业产值的差距大得惊人。另外，再看谷歌，这是一家全球知名的互联网公司，成立于1998年9月7日，但其2012年收入已达379亿美元（见表1），约合2360亿元人民币。相比较而言，成立于1958年的中央电视台是我国最大的传统媒体，经过50多年的发展，其2012年全年总收入也才达到433亿元。可见，无论从发展速度还是发展规模上看，新媒体已经远远超过了传统媒体。传统媒体以

---

① 崔保国主编：《2011年：中国传媒产业发展报告》，社会科学文献出版社，2011年版。

这样的规模和速度发展，其竞争力不可能有大的提高，要想达到质的飞跃，就必须从结构上进行大幅度的改革，以市场为导向的集团化改革势在必行。

（三）中国媒介制度是"媒体红利"存在的核心制度基础

表1　　　　2012年财富美国500强排行榜部分媒介集团名单① （单位：百万美元）

排名	公司名称	总收入	利润
66	华特迪士尼公司(Walt　Disney)	40,893.00	4,807
73	谷歌(Google)	37,905.00	9,737
91	新闻集团(News　Corp.)	33,405.00	2,739
103	时代华纳(Time　Warner)	28,974.00	2,886
105	美国直播电视集团(DirecTV)	27,226.00	2,609
177	维亚康姆公司(Viacom)	14,963.00	2,136
188	哥伦比亚广播公司(CBS)	14,245.00	1,305

媒介结构布局是媒介产业发展的关键因素，结构布局的不合理已经成为中国媒介产业发展的瓶颈，媒介布局与行政区域的过度结合，还造成了区域垄断和部门壁垒，媒介发展因壁垒的存在而呈现出结构性矛盾，前几年的集团化浪潮最终也停滞在区域壁垒前，这种结构性矛盾最终体现在媒介市场呈现为一种过剩经济形态：媒体数量过度庞大，竞争过度，同质化竞争严重，规模效益很低，此时媒介之间的竞争体现为虚假竞争，媒介市场既缺乏弱势媒介退出机制，又无法解决强势媒介的外部增长问题。最终，这个问题变成了一个恶性循环，一个由于媒介制度导致的结构布局不合理问题，进而引发的媒介行为混乱及媒介绩效低下的恶性循环。

正是在前述媒介制度的统一管理下，中国的媒介产业从市场结构、市场行为和市场绩效分析呈现出如下一种现状：

第一，在市场结构总体上表现为产业集中度不高、不均衡，媒介产品差别低、产业进入与退出壁垒高，地方保护主义盛行，能够促进信息流流通和资源有效配置的全国市场尚未形成。

第二，媒介的市场行为表现在，价格行为上呈自然垄断与市场竞争并存的格局，在一定范围内恶性价格竞争时常出现；在非价格行为上日益重视技

---

① 表格整理自2012年财富美国500强排行榜企业名单，具体见财富中文网：http://www.fortunechina.com/fortune500/c/2012-05/07/content_98690.htm。其中谷歌并不属于传统意义上的媒介集团，本文在此一并列出其营业额方便后面引用。

术进步和经营管理方式变革。

第三，媒介产业市场绩效上，各种媒介存在一定的差异，体现在资源配置效率在国家经济整体发展中均能够维持在比较稳定的水平，但总体水平不高；由于产品差异化程度不高和市场竞争加剧导致的销售利润水平下降的问题仍普遍存在。

这样一种现状，使得看似中国媒介存在不同程度的垄断，但其实这种垄断只可能使一部分媒介受益，以国家财力和目前整体市场的容量，根本不需要这么庞大的媒介资源进入媒介市场，由于国家补贴"断奶"，绝大部分媒介需要自谋生路，在整体水平不高、产品差异化很难进行的情况下，更由于私下乱建和缺乏退出机制，使得无序低效竞争的局面难以避免。也正是基于这样一种状况，绝大部分媒介在市场竞争中表现为被动降价或主动压低价格，以勉强获得生存的机会，而中国企业利用自身出资的优势在媒体之间的恶性竞争中谋得了一定的利益，助推了企业自身的成长，这种由此带来的媒体的负外部性变成部分企业的收益，即为"媒体红利"。

四　中国广告管理制度与广告产业发展

广告代理制是针对广告行业的最基础的制度约束机制和交易保障机制。它的引入、发展和对广告产业相关各方的管理与约束，也形塑了中国广告产业各主体获取知识与技能的方向和内部结构的适应性效率。当然，在当代中国广告业恢复发展的30多年过程中，对其产生影响的制度、政策等不止广告代理制一个，下面将对这些制度因素以及这些因素带给广告产业的影响予以综合分析，进而窥探这种影响与"媒体红利"之间的关系。

（一）约束性制度与激励性制度供给不均衡。中国广告产业制度安排的历史轨迹与中国媒介改革30多年主要选择的自下而上的"诱致性制度变迁"①不同，广告产业主要采取的是一种自上而下的强制性制度变迁。如果

---

① 林毅夫定义了诱致性制度变迁与强制性制度变迁。他认为，诱致性制度变迁指的是现行制度安排的变更或替代，或者是新制度安排的创造，它由一个人或一群人在响应获利机会时自发倡导、组织和实行。强制性制度变迁则是由政府命令、法律引入和实行的。制度变迁是一种公共物品，搭便车的问题是在所难免的。如果新制度安排仅仅靠诱致性创新，一个社会中的制度安排就会满足不了需求，因此需要国家干预以弥补制度安排供给的不足。这就是所谓的强制性制度变迁。——该段文字转引自科斯等：《财产权利与制度变迁：产权学派与新制度学派译文集》，上海三联书店，1991年版，第338页。

从约束和激励角度来分析这30多年的制度安排，笔者认为，相对而言，存在约束性制度过多而激励性制度过少的不均衡供给问题。

2008年国际金融危机爆发之前的中国广告产业，在其30年的发展中，约束性制度一直贯穿始终并处于主导地位。如1982年颁布的《广告管理暂行条例》，这是政府颁布的第一个关于广告行业的行政性法规文件，文件中明确规定，"私人不得经营广告"、"广告收费按统一标准执行"。从1984年开始，一系列针对广告刊登内容的规定陆续出台，如《关于烟酒广告和代理广告业务收取手续费的通知》、《关于加强对各种奖券广告管理的通知》、《关于报纸、书刊、电台、电视台经营刊播广告有关问题的通知》等等。1987年《广告管理条例》正式颁布，随后《广告管理条例实施细则》出台，进一步指导管理条例的可操作性，虽然该制度确定了市场化制度取向，但仍然主要是对具体广告经营行为进行约束，在随后配套发布的《广告审查标准》以及一系列的广告管理办法中也说明了这一点，并且广告管理办法根据不断变化的社会管理需要一直在不断完善，逐渐形成了一个完整的行政管理制度体系。《广告法》是我国第一部广告行业的法律制度，1993年《中华人民共和国反不正当竞争法》和1994年《中华人民共和国消费者权益保护法》的相继颁布实施，与《广告法》相辅相成，共同构建起中国广告产业法律制度管理体系。由此可见，我国目前已形成的广告产业宏观制度框架主要体现的就是约束性制度特征。

而从激励性角度讲，1983年10月，工商总局与财政部联合发出了《关于企业广告费用开支问题的若干规定》，确认了广告费用可以列入成本从销售费用开支，从此工商企业的广告费用的开支被纳入正常渠道，算是为企业进行广告活动铺平了财务管理上的道路。1987年颁布的《广告管理条例》，明确允许个体工商户经营广告，且放松广告收费的价格管制，算是鼓励更多经济主体参与广告产业建设的举动。1993年《关于加快广告业发展的规划纲要》出台，这算是中国广告产业历史上第一个真正的激励性政策制度。此后直到2008年，《关于促进广告业发展的指导意见》出台，才又出现了第二个以激励为主的制度安排。该《指导意见》将广告产业明确定位为："三密集"的现代服务业，是创意经济中的重要产业。

所以，总体看，中国广告产业的制度建设呈现出激励性制度供给缺失的特点，约束性制度与激励性制度安排失衡成为制度发展中的主要问题。这种制度安排失衡直接导致的是产业发展中主体结构的不平衡，主要体现在媒介和广告公司的发展失衡问题。参照世界各国各地区广告市场的发展经验，中国广告市场发展是由"强媒介，弱公司"起步，但经历30多年的发展，中国广告产业主体结构未见明显改观，还在影响着中国广告产业的未来发展。2008年之后，从2009年《文化产业振兴规划》，到2010年国家"十二五"规划首次提出"促进广告业健康发展"，再到2011年上半年广告产业被正式列为国家鼓励类发展产业，以及同时制定的"十二五"现代服务业发展规划，这一系列激励性政策制度的密集出台可以说是广告产业发展过程中制度安排取向将发生重大转变的一个信号，即广告产业制度取向由约束性制度为主导向激励性制度为主导的转变。当然，这种转向也有一个背景，那就是最近几年广告产业发展增速明显放缓，且存在诸多的结构性问题，如果得不到很好的解决，将会把问题逐步渗透到与广告产业相关的其他产业中去。

（二）广告产业保护性制度的严重缺失。从1993年引入欧美模式的广告代理制就可以看出，我国广告产业选择了一种自由开放的市场模式。在这之前的1986年，国内第一家合资广告公司建立，实际上还早于整个产业的市场化选择。1992年确立了建设社会主义市场经济体制的目标直到2001年中国正式加入WTO，中国广告产业进一步走向全面开放。但1992年，中国广告产业全部营业额才68亿元人民币左右，十足的弱小。当欧美广告业由规模化发展进入全球化扩张的时候，中国广告市场才刚刚恢复。远远后发、过于幼小的中国广告产业从起步开始就面向市场。"而在制度安排上，从一开始关注的重点是国内广告市场发展规范的问题，未考虑到在对外开放的现实情境下广告产业必将面对激烈的国际竞争"。[①]2001年中国正式加入WTO后，承诺2005年全面开放中国广告市场，同时，国家根据经济全球化新形势和国民经济发展的内在需要，为进一步发展开放型经济、全面提高对外开放水平，实施"走出去"战略，强调企业发展不仅要"引进来"，而且要走出国门，积极主动的参与到国际市场竞争中去。在这样的大宏观经济环境下，对于缺乏政策制度扶持，更无任何政策保护的后发的中国广告产业，市场竞争更加严峻。

对比近邻日本和韩国，在其广告产业发展前期，政府通过政策多重扶持与保护，大力推进本土广告产业发展。日本广告业历经数十年的发展，到

---

① 张金海，林翔：《中国广告产业发展现实情境的制度检视》，《广告大观（理论版）》，2011年第4期。

1950年发布的《外资法》，仍对外资进入日本广告市场做出许多限制，当日本在20世纪70年代全面开放广告市场时，日本的本土广告产业已相当成熟和强大。韩国的广告产业同样是在政府的扶持和保护下得以迅速成长的，当其本土广告产业充分得到成长和巩固之后，1989年韩国才出现第一家外资广告公司，20世纪90年代韩国才正式开放本土市场。欧美广告产业的市场机制是先进的，但是，中国广告产业处于后发劣势，短短30多年的发展时间，甚至还没来得及根据自身特点进行创新发展模式的探索，就被推到全球竞争的层面，其面临的挑战与危机可想而知。

（三）制度供给的政府主导与市场主导、国家主导失衡。纵观30多年的广告产业制度供给，基本上是以政府的行政管理为主导，而这30多年，本应该是广告产业按照市场规律逐步发展的过程，这个过程虽然需要政府的监管，但应该建立起一种符合市场规律的由产业主体自发形成的产业制度环境，或者说以产业主体为主，推动政府立法监管的一种制度变迁模式。目前，中国广告产业已经建立起"与中国国情相适应的政府主导型广告监管体制"，即"政府监管，部门配合，行业自律，社会监督"的广告管理模式，[①]维护和规范了公平竞争的广告市场秩序，营造了和谐诚信、有利发展的广告市场环境，极大促进了广告产业的发展，但广告产业目前面临的结构性失衡（产业内部各主体发展进度失衡、外资广告公司与本土广告公司的实力对比失衡、广告公司收入结构失衡、制度供给与广告产业发展要求失衡等）等问题，以目前的广告管理制度和管理手段很难解决。制度安排缺陷，严重影响着中国广告产业未来的发展。

新制度经济学家戴维斯和诺思认为，制度创新的过程是制度失衡与制度均衡的交替变化过程。在制度均衡状态下，对现存制度的改革，不会给改革者带来更大的利益，因此，这时不会出现制度创新的动机和力量。但如果外界条件发生变化，或市场规模扩大，或生产技术发展，或一定利益集团对自己的收入预期有所改变等，出现了获取新的潜在利益的机会，可能再次出现新的制度创新，然后又达到制度均衡。在新制度学派看来，制度不断完善的过程，就是这样一种周而复始的从制度的非均衡的动态变化与发展过程。因此，广告产业的制度供给也应该是一个动态过程，面对剧烈变化的市场环境和媒体环境，制度供给应该继续强化，特别是激励性的制度供给以及有关广

---

① 《中国广告年鉴（2009卷）》，新华出版社，2009年版。

告产业的国家定位和产业定位（而不是政府定位），应该有一个非常明晰的制度安排，在这样一个大的方向下，广告产业内各主体才能有一个相对稳定的制度环境从而更好地发展。

五　结论

上面从制度层面探讨了国家的经济制度、媒介制度与广告管理制度对广告产业各主体及整体的影响，这种影响内嵌于各个主体在改革开放后发展的各个历史阶段，并且相互交织，共同形成了广告产业发展的外部制度环境，这个环境一方面促进了产业的爆发式增长，一方面遗留了很多制度性和结构性的问题。

其影响机制可以简单概括为：中国政治经济制度特别是社会主义市场经济体制的确立，使得中国企业（包括媒体广告主和广告公司）得以成为市场主体参与市场竞争；中国的媒介制度也认可了媒介的半事业、半企业的"双重属性"，使得媒介可以作为广告信息传播的载体参与市场竞争，但其市场化程度仍旧不够，所以对媒介产业结构和广告产业结构都产生了直接和间接的影响；广告监管制度一方面推动了中国广告产业在改革开放后的迅速发展，但由于制度缺位或错位导致广告产业的发展遇到了很大瓶颈。上述各个层面制度的相互交织造就了中国广告产业和媒介产业的现实状态，这也是"媒体红利"存在的宏观制度背景。

虽然市场经济向前推进的整体步伐越来越快，中国与世界接轨的程度越来越深，但我们的广告公司过于弱小，媒介暂时还不能称为完全的市场主体，企业扩大市场的传播需求进一步增强，这些问题彼此联系相互影响，不可能通过一种简单的方式就得以快速解决，而必须从宏观上、制度上保证政府、企业甚至个人保持创新的动力和合作的意愿，并努力使得制度需求与制度供给保持一定的动态平衡。而且在广告产业各主体没有形成动态平衡之前，不均衡状态使得企业仍旧有一定机会享受因为前述原因而产生的"媒体红利"，而这种现象对广告产业自身、对媒介发展都没多大好处。当四大媒体发展到不以广告收入作为主要收入的阶段，"媒体红利"也就相应消失了，在那个时候，媒体具备了以自身内容作为产品直接与读者、听众、观众或者说消费者进行交易，正如图书、电影等。那么，物有所值的媒介内容成为竞争的主要领域，收入补偿也主要以收视（听）费和订阅费用为主，广告主要想利用媒介进行广告信息传播，就必须付出市场竞争环境中的正常成本或因竞争带来的超常成本。

同时还需要补充说明的是，我们也不能掉入制度决定论的泥淖当中。制度必须与其他因素结合起来才能发挥更大的作用，比如存在国家或地区的天然禀赋差异的问题，还比如不同制度之间的相互牵扯或矛盾等问题；而且制度因素对经济发展的促进作用也有一个生命周期问题，当新的制度建立或替代了传统的不利经济发展的制度的时候，制度对经济发展的促进是比较明显的，但后来会呈稳定甚至下降的趋势，因此没有永远适应经济发展的永恒制度。

（尹铁钢：CCTV 未来广告有限公司副总经理，博士）

"数据化"——考察新闻业转型的一个新视角①

李杰琼

摘要：本文梳理了"大数据"概念悄然流行的时代背景，以及"大数据时代"中的媒体环境特征，尤其是"大数据"技术与内容的数字化、媒体的社会化（社交化）、终端的移动化、存储成本的大幅下降等因素的相关关系。在此基础上，提出"数据化"将取代"数字化"成为考察新闻业转型方向与途径的新视角，并指出受众粘度、新闻生产、产业调整构成了该视角的三个重要维度。

关键词：数据化　大数据　数字化　社交化　移动化

2012年2月，美国《纽约时报》网站上刊登了一篇题为《大数据时代降临》的文章，文章指出，"大数据"正在对每个领域都造成影响。比如，商业、经济及其他领域的决策行为将日益基于数据和分析做出，而非基于经验和直觉；"大数据"的预见能力在公共卫生、经济发展和经济预测等领域中也已崭露头角。

对"大数据"的分析与利用在零售、广告、营销等行业具有的潜在商业价值，是这个概念在一夜之间风行全球的重要推动力之一。大数据与信息产业密不可分的关系，使得这个概念亦可成为传播学界考察新闻业转型与未来盈利模式的视角。

---

①　本文为北京工商大学2013年青年教师科研启动基金项目《西方财经媒体"数据化"转型研究》阶段性成果，项目号QNJJ20123-05。

一　"大数据"研究的悄然升温

从2012年起，伴随着《纽约时报》宣布"大数据时代已经降临"，全世界都为"大数据"这个概念沸腾起来。目前中国图书市场仅有的数本以"大数据"为题的图书均集中在2012年下半年和2013年上半年出版，就是对这一热潮的有力脚注。

目前与"大数据"相关的专著（含中文译著）数量十分有限，作者大多致力阐述大数据的概念、特点并预测其影响。这其中知名度较高的是维克托·迈尔-舍恩伯格和肯尼思·库克耶合著的《大数据时代：生活、工作与思维的大变革》（浙江人民出版社，2013年）、郭晓科著《大数据》（清华大学出版社，2013年）、徐子沛著《大数据：正在到来的数据革命》（广西师范大学出版社，2012年）、郑毅著《证析：大数据与基于证据的决策》（华夏出版社，2012年）等。

与"大数据"相关的研究在中国学界尚处于起步阶段。在中国知网（cnki）输入关键词"大数据"，在"新闻与传媒"的学科分类下，可搜索到8篇学术论文（详情参见表1）。结合新闻传播学领域的上述研究动态，不难

表1　　　中国知网"新闻与传媒"学科与"大数据"相关的论文搜索结果①

篇　名	作　者	刊　名	年/期
新媒介应用:让用户愉悦地搜索信息	习少颖	新闻前哨	2012/12
大数据驱动下的《北青新讲坛》的运营与共享模式	邢　镔	中国报业	2012/24
"大数据"时代：新闻业面临的新震荡	彭　兰	编辑之友	2013/01
大数据时代传媒经济研究框架及工具的演化——2012年我国传媒经济研究文献综述	喻国明 何　睿	国际新闻界	2013/01
微电影、大数据、三网融合:中国传媒业跨入新传播时代的门槛——社会视角下的2012中国传媒业关键词	喻国明 宋美杰	编辑之友	2013/02
大数据对媒体经营管理的影响及应对分析	曾凡斌	出版发行研究	2013/02
大数据时代的机遇与挑战——第二届"新媒体与社会发展"全球论坛暨中英"新媒体与社会发展"双边对话综述	王　平 何筱媛	新闻记者	2013/03
我国报业发展走向：区域性、大数据、融合性	黄楚新	新闻与写作	2013/05

①　搜索时间为2013年6月27日，搜索结果参见中国知网网页，http://epub.cnki.net/kns/brief/result.aspx?dbPrefix=CJFQ，据笔者所知，《新闻记者》2013年6月刊登了一系列与"大数据"相关的论文，并为体现在上述搜索结果中。

发现"大数据"虽已进入中国学者的视线，但作为一个方兴未艾的概念，与此相关的研究还是一个充满潜力、尚待开发的新兴领域。

二 "大数据时代"的意义

"大数据"概念在物理学、生物学、环境生态学等领域以及军事、金融、通讯等行业存在已有时日，但真正引起各方的广泛关注，则是和近年来互联网和信息行业的发展紧密相关。

所谓"大数据"，在互联网行业指的是这样一种现象：互联网公司在日常运营中生成、累积的用户网络行为数据。这些数据的规模是如此庞大，以至于不能用G或T来衡量，大数据的起始计量单位至少是P（1000个T）、E（100万个T）或Z（10亿个T）。这只是从数据规模的角度认识狭义的"大数据"；事实上，"大数据"并不只限于数量大。

诚如牛津大学教授维克托·迈尔–舍恩伯格在《大数据时代：生活、工作与思维的大变革》一书中所观察到的，不可抗拒的"大数据"趋势的深层原因，在于海量数据的存在以及越来越多的事物是以数据形式存在的。[①]显然，后者对于我们理解"大数据时代"更具启发意义。

梳理维克托·迈尔–舍恩伯格的论述，会发现互联网时代信息内容的数字化（digitalization）是数据化（datafication）的前提。然而在大数据时代，数据化的不仅仅是文字内容，还有社会关系、消费行为等原本"不可视"的抽象事物。传统出版业的数字化转型促成了文字信息的数据化，移动互联网技术、智能手机和社会化媒体（social media，有学者译为社交媒体）的合力促成了沟通（社会行为与社会关系）的数据化。由于存储成本的大幅度下降，我们能够以较低的成本积累（而且是被动积累）了如此海量的数据，却难以运用传统的数据处理方法利用这些数据。另外，在云计算出现之前，传统计算机不具备处理如此大量且不规则的"非结构数据"的能力。

在上述种种因素（即海量数据的存在+必需的信息处理和存储设备+新的数据分析工具）的合力之下，"大数据"作为一种数据管理的新理念受到了人们的关注。"大数据时代"与信息的数字化、媒体的社交化、终端的移动

---

① [英]维克托·迈尔–舍恩伯格、肯尼思·库克耶：《大数据时代：生活、工作与思维的大变革》，盛杨燕、周涛译，浙江人民出版社，2013年版，第94页。

化三者之间的内在联系，也为我们解释了从时间顺序上，为什么"大数据"到近期才进入新闻传播学研究者的视线。

三　从"数字化"到"数据化"

从信息技术的角度来看，"大数据时代"开始将关注点由"技术"转向"信息"；从管理学的角度来看，正如哈佛商学院客座教授托马斯·达文波特所认识到的，"大数据"不只是单纯的数据分析，更重要的意义在于对数据的管理；从产业发展的角度来看，在"大数据时代"，数据被视为一个新的生产要素，对数据的拥有和对其潜在商业价值的开发，将成为未来企业竞争力，甚至国家竞争力的一个重要组成部分。①

根据新华网2013年5月的报道，，英国对大数据技术试用与投资，不仅局限于研究机构与商业企业，也辐射到政府层面。虽然英国经济不景气，财政被迫收紧，但英国商业、创新和技能部依然宣布，将注资6亿英镑（1英镑约合1.52美元）发展八类高新技术，大数据独揽其中的1.89亿英镑。②

"大数据"技术也引起了我国政策制定者的关注。2013年1月16日，"战略性新兴产业培育与发展"高层论坛在北京召开。该论坛由中国工程院、清华大学、国家开发银行主办，得到国家发展和改革委员会支持。中国工程院院长周济将论坛定位为贯彻落实"十八大"精神、推动战略性新兴产业发展、搭建学术沟通交流平台。在该论坛上，中国工程科技发展战略研究院"新一代信息技术产业发展"课题组引用国际数据公司（IDC）和高德纳咨询公司（Gartner）的预测数据指出，尽管目前中国大数据增量还不够大，而且存在数据质量存在着标准化、准确性和完整性低等问题，但前景广阔，具预测我国的大数据总量在2020年将达到8.4ZB（1ZB为十万亿亿字节），占全球数据量的21%，价值空间超过1万亿美元，需要4000名数据科教人才。③

---

① 《大数据为何这么热——专访哈佛商学院客座教授托马斯·达文波特》，《哈佛商业评论》，2012年12期。

② 《英国"尝鲜"大数据时代》，新华网，2013年5月20日，http://news.xinhuanet.com/edu/2013-05/20/c_115834381.htm?prolongation=1。

③ 《我国大数据源建设还需加强》，光明网，2013年1月17日，http://tech.gmw.cn/2013-01/17/content_6404605.htm。

从上述两个事例不难管窥，尽管目前围绕"大数据"的讨论大多停留在理念探讨或趋势预测层面，而且作为支撑"大数据"由概念转为现实的关键——数据分析工具的现况也尚不理想，但是基于信息增长、媒体变革、产业发展的现实，特别是利用这些海量数据的强烈的利益驱动力，"大数据时代"不是一个乌托邦，而是有着现实基础的大趋势。

"大数据"所带来的生活、工作、思维方面的变革势必波及与信息产业有着紧密联系的媒体，这种影响将渗透在职业、行业、产业等多个层面。对于从事资讯传播的新闻媒体而言，是否对"大数据时代"的来临以及在新时代的必然转型已经有所认知，甚至有所准备，很大程度上必将成为其未来发展、竞争道路上难以摆脱的"达摩克利斯之剑"。具体而言，传统新闻媒体在呼应时代需要完成"数字化"转型之后，是否能够及早着手准备，顺应趋势发展为"数据化"（datafication）转型做好准备，打造未来的产业核心竞争力？对此问题的追问与探索，既是本论文的问题意识与研究意义所在，也是"数据化"成为考察新闻业转型新视角的重要原因。

四 "数据化"转型：一个考察框架

如前所述，"大数据时代"之所以成为一个可以预见的趋势，其深层的现实基础在于，近年来内容的数字化、媒体的社会化（社交化）、终端的移动化，加上存储成本的大幅下降，使得我们在这个时代以低廉的成本被动积累了海量数据。此前已被学界关注的诸多问题，在"大数据"概念的基础上，展现出了更清晰的相关关系。在"大数据"的概念中，已被广泛讨论的"数字化"、"社交化"、"移动化"等问题得到了统合；在"数据化"的框架中，受众粘度、新闻生产、产业调整将成为考察新闻业转型的三个维度。首先，"大数据时代"人们的媒介使用习惯以及媒介需求将朝着"数字化""社交化""移动化"进一步发展。

根据中国互联网络信息中心（CNNIC）2012年12月发布的《2012年中国网民社交网络应用研究报告》可知，移动社交网站用户中 20~29岁占比超过四成，达到43.1%，明显高于整体社交网站用户中该群体的比例（34.1%）。[①]此外，移动社交网站用户中，大学本科及以上学历人群的占比接

---

① 中国互联网络信息中心：《2012年中国网民社交网络应用研究报告》，2012年12月，第12页。

近两成，为18.7%，明显高于整体社交网站中该人群比例（12.6%），其次为大专学历。可见，当前阶段20~29岁人群以及高学历人群对智能移动设备的使用较为普遍。

另外根据益普索集团媒介研究机构（Ipsos MediaCT）2012年5月发布的针对中国智能手机消费者的调查可知，25~34岁的消费者占比最高；大学本科以上学历的消费者占比最高；收入在1万元以上的消费者占比最高。

结合上述调查结果，从人口学特征来看，智能手机的消费者和使用移动社交应用的消费者与新闻媒体的目标受众有着很大重合。如何借助大数据的预测能力优化内容，提供更具个性化的信息服务，吸引这批具有购买力的年轻受众，是传统新闻媒体在"数据化"转型中亟须寻找解决方案的问题。因此，受众粘度构成了从"数据化"视角考察新闻业转型的第一个维度。

其次，"大数据时代"会催生新的新闻报道形态（如趋势预测性新闻和数据驱动型深度报道）和新的新闻报道技术（如基于信息可视化技术的信息图表的大量运用）。

2012年年底由哥伦比亚大学陶氏数字新闻研究中心发布了一份长达126页的报告，名为《后工业时代的新闻业》（Post-Industrial Journalism: Adapting to the Present），主要讨论了"新媒体时代需要怎样的新闻业"。该报告由三位学者，克里斯·安德森(C.W.Anderson)、埃米莉·贝尔（Emily Bell）和克莱·舍基（Clay Shirky）共同执笔，在大量访谈的基础上完成。报告指出，随着信息收集、解读和传播方式的持续革新，十年以前无法想象的信息传播方式今天已经可以实现，如通过数据自动化生成新闻，通过"众包"方式来获取数据并持续更新报道，通过现有数据的进一步挖掘来发现新的信息。①

我国学者彭兰在《"大数据"时代：新闻业面临的新震荡》一文中，也表达了相似的观点。该文的核心观点是，大数据技术在一定程度上将对现有的新闻生产的模式与机制产生影响，促使新闻业务将实现一些方向性调整，如趋势预测性新闻和数据驱动型深度报道分量的增加，数据呈现、分析与解读能力的提高，新闻生产中跨界合作的增强等等。②

---

① Anderson,C.W.,Bell,E.,&Shirky,C.（2012）.Post-Industrial Journalism（pp.1-126）. Tow Center for Digital Journalism, Columbia Journalism School.

② 彭兰：《"大数据"时代：新闻业面临的新震荡》，《编辑之友》，2013年第1期。

可见，中外研究者均已意识到，在大数据及相关技术的影响下，过去只有受过专业训练的人才能承担的新闻报道工作，开始部分地转移到了计算机身上。计算机和新技术在新闻生产领域的渗入，使得新闻从业者有机会从事更有创意的、具备高附加价值的工作，与此同时也改变了这个行业对"专业"的定义。

在"大数据时代"新闻媒体对新闻从业者在新闻生产中的角色有怎样的定位和调整，对专业人才有着怎样的定义和需求，这既是新闻实务界要面对的问题，也是新闻教育界要面对的问题。在这个意义上，新闻生产构成了从"数据化"视角考察新闻业转型的第二个维度。

第三，"大数据时代"为经济媒体提供了改变盈利模式，实现产业转型的机会。

英国著名财经媒体《金融时报》完成数字化转型后，如今通过计量付费专区收集并分析的数据在新闻生产、用户服务、市场营销和广告模式等多方面增强了竞争力。这是西方新闻媒体"数据化"转型实践的明证。

"大数据时代"意味着不同行业、不同领域之间的数据交换和相互利用变得频繁。作为内容生产者和专业资讯提供者，新闻媒体如何调整传统的报道方式，并且搭建有利于数据采集的系统与平台，从"栖息于互联网"实现"融入互联网"，从基于"内容"的"报网互动"转向借助于"数据"预测的信息产业发展，充分挖掘数据的特有价值，将成为传统新闻媒体"数据化"转型的关键。这就要求传统新闻业在转向数字化、社交媒体化、终端移动化的过程中，能否在顶层设计中体现对"数据"以及与数据收集和分析的重视。因此，产业调整也是从"数据化"视角考察新闻业专业的一个重要维度。

综上所述，"数据化"之所以可以成为考察新闻业转型的新视角，是基于如下的研究思路，即以"大数据"为核心概念，兼顾内容的数字化、媒体的社交化、终端的移动化，从受众粘度、新闻生产、产业调整三个方面综合地考察我国新闻媒体对"数据化"转型的认知程度、态度倾向、现有基础和可能进展。从而在中西对比的参照系中，为新媒体技术环境下的政策制定、产业发展提供可供参考的依据。

如前所述，"大数据"是一个方兴未艾的概念，与此相关的讨论在一段时间内难以达成共识，而支撑大数据分析的工具仍在进一步研发之中。在一个充满潜力、尚待开发的新兴领域内进行前沿的探索工作，必然伴随着一定的风险。将"数据化"作为考察新闻业转型的新视角，也是在此前提之下的一个尝试，期望能够抛砖引玉，为学界与业界的思考提供些许线索。

（李杰琼：北京工商大学艺术与传媒学院新闻系讲师，博士）

数字技术介入下的电视艺术
"时空"流转

潘婷婷

摘要： 对电视艺术的探讨，乃至对电视艺术美学的探讨，都是基于对时间艺术和空间艺术，以及时空塑造的艺术真实的探讨。在本章中，将分别论述电视技术介入下的"时间"、"空间"，以及在由二者构成的"真实"。我们把电视艺术前提下关于时空的论述划分为现实时空、电视时空和受众的心理时空三个部分。

关键词： 时间　空间　真实感

电视艺术所创造的时空在某种意义上来说是一个"真实时空"，这个时空是基于客观存在的时空基础上的"二度空间"，在审美主体眼中，这个"二度时空"经过审美体验的把握，在观众脑海中又形成了私人化的"三度时空"。这三个时空的概念在本质上完全不同，现实存在的时空是物理概念下的时空，而艺术家使用摄像机和编辑机所创造的"二度时空"是他所缔造的假定"真实"的时空，而对于审美主体来说，这个时空的"真实性"则来源于电视艺术作品所带来的真实感和个人的审美心理和审美习惯。

"接受美学认为，在艺术传播中，传者和受者的传播活动是建立在多重假定性的前提下进行的。所谓假定性前提，是指双方达成一定的默契，只有达成了默契，双方就各自获得自身的特权，而且必须在三个层面——感知层面、叙事层面和审美层面都达成了默契，才能实现假定性前提。……观众在这种'真实感'面前往往忽略了形成真实感的手段和方法，也即默许了制作者抛弃纪实手法、采用技术手段对接受者进行'麻醉'的合法性。"[1]

---

[1]　张成华、赵国庆：《电视：艺术与技术》，复旦大学出版社，第59~60页。

电视技术下的电视艺术在本质上就是对"现实时空"的艺术化再现，并且借由这个再现而最终导致的"真实"概念的偏转。相比较之下，传统艺术形态可以划分为时间的艺术和空间的艺术。而电视艺术由于其在时间和空间上的创造力，而被称为"时空艺术"。这里的时间和空间由电视技术的光波记录特性和声波记录特性而产生，而"艺术"则由声波和光波的"可塑造性"而产生。因此，电视艺术的形态直接与技术条件的发展互为因果。

在这里要提出，电视技术的发展与电视艺术的发展绝非同步前进，二者有着复杂的博弈关系。在这个关系系统中，技术对艺术的偏移所导致的最直接后果，就是破坏了创作者和观众之间的约定俗成的假定性"真实"，而这个真实正是由"时空感"所带来。

一个细腻精致的特技会带给观众耳目一新的审美感受，而一个蹩脚的特技效果则会让观众不知所云，甚至从正在营造中的"真实感"的电视时空中"间离"出来，回到现实时空。而一旦这种情形发生，审美过程就会被中断，电视艺术的完型过程就难以实现。所以，本论文的写作有一个即定性的大前提：技术绝非万能。即使电视技术作为电视艺术的基础和前提条件，甚至左右着电视艺术的前途，以至于拥有独立的审美元素，但都不意味着技术决定论，不论技术还是艺术，其最终目的都服务于"审美"，其目的都是人类的终极精神追求。

在论述电视艺术的时空之前，有必要借鉴电影的心理学研究理论，莫里斯·梅洛－庞蒂将电影作为一种视听格式塔看待，他眼中的电影虽然是一种综合性的视听艺术，但却不是"视觉艺术＋听觉艺术＝视听艺术"的模型，而是"图像和声音的集合'在此产生了一个崭新的和无法还原为诸元素的整体'。"①

与电影相同，电视艺术同样是一门综合性的视听艺术，因此我不赞成将电视艺术做割裂式的框架分析，因此在论述过程中虽然将时间、空间、真实单独列出，但实际上三者之间的互为因果并不因为这种论述方式而割裂。

一 "时间"的穿越——幻觉的力量

"时间标志的是物质运动的延续性、间隔性和顺序性，标志的是物质在

---

① 张颖：《一种视听格式塔：论梅洛－庞蒂的电影美学》，载人大复印资料《影视艺术》2010年第9期，第86页。

并存和非并存状态下所特有的非稳定性联系和特有的相互作用关系。"①

对于"电视时间"的概念，《广播电视辞典》有一个清晰的界定，即"由各种类型节目播出所创造的作用于观众感官和心理的独特时间形态。电视的时间概念是和电视的空间概念紧密相连的，它和电视空间一起创造出一种非现实的幻觉，它打破了现实时间固有的连续性，是一种复杂、立体的形态。现实的真实时间在这里或缩短、或省略、或延长、或凝固，过去、现在和未来可以通过顺序、倒序、交错等方式自由地组合在一起，从而呈现出一种主观形态。电视时间是由现实时间、屏幕时间、观众感受的时间共同构成的，它具有假定性、主观性，是艺术化了的时间形态，但它同时又具有毋庸置疑的可信性。他是电视艺术的基本表现手段。"②

所以，在电视艺术的创作者看来，"时间"是一个假定性的概念，确切地说，电视艺术中的"时间"有两个界定，第一个界定是与现实时间流逝同步的"共时性"时间；另一个界定是经由技术手段所创造的假定性"时间感"。

"共时性"时间以如下几种方式存在：第一，同步直播的电视艺术节目形态，比如在春节联欢晚会中，又比如在现场直播的艺术表演中等等；第二，以巴赞"长镜头"理论为圭臬的纪实性电视艺术作品中，比如20世纪90年代中国纪录片在推崇纪实、推崇跟拍、客观纪录现实的时期，曾经出现大量优秀的现实题材纪录片，比如《平衡》、《英与白》等等，这些作品不仅尽量如实纪录既定时间段内发生的真实事件，让观众有亲身经历般的真实共时感，而且在时间的"跳点处"甚至以字幕的方式标明时间流逝的长度，将"共时性"推到另一个极致；第三，其他电视艺术作品的"纪实"手段和单个镜头流逝时间中。在表现一次开机和关机之间的时间内发生的事件，在最终呈现在观众面前时，虽然已经是过去发生的事情，但是由于单一镜头的时间长度与这个镜头内纪录的事件发生长度是等同的，因此对于观众来说，仍然是一种"共时"发生的审美体验。

而假定性"时间感"则是电视艺术创作的重要手段，它广泛存在电视艺术的各种样态中，也就是说，与"共时性"时间相比，假定性时间感才是电视艺术的根本属性，这种共时性也是电视艺术的美学特征。这种时间感的塑

---

① 金天逸：《电影艺术的科学》，中国电影出版社，1997年版，第349页。
② 赵玉明、王福顺：《广播电视辞典》，北京广播学院出版社，1999年版，第139页。

造在电视艺术的拍摄阶段呈现在对一组镜头的设计中，在剪辑阶段呈现在剪辑率中，在受众接受阶段呈现在观众对节奏的心理感觉中。

现实的时间是不可逆的，记录在磁带上的时间是基于现实时间下的以单镜头长度为单位的时间概念，而进入后期机房的时间则是一种艺术表现元素，它在延续性、间隔性和顺序性上都可以逆转和放大缩小。而进入接受阶段的时间已经是经过技术剪辑后的"时间感"，这种时间感因为其诉诸接受者的心理感受，因而与最初的现实时间已经完全不同。

在电视艺术中，对"时间感"起作用的因素异常庞杂，同一部艺术作品，因为观众在观赏时所处的时间、地点不同，可能会得出完全不同的时间感。很多曾经认为"刚刚好"的艺术作品，在今天看来已经显得拖沓。因此，我们经常发现80年代拍摄的电视剧，比如《红楼梦》等尽管在思想性和艺术性上具有很扎实的历史地位，但是从时间感上却显得冗长。这是因为，电视技术的进步正在改变观众的"时间感"，以及形成时间感的心理过程。

第一层面：剪辑造成的"时间感"

剪辑造成的"时间感"更确切地说是用叙事方式营造的时间感，它是电视剧普遍使用的营造时间感的方式。从宏观上看，一部几十集的电视剧可以表现一个人的一生，郑晓龙是使用叙事方式的高手，他的《一年又一年》《金婚》都是采用编年体的方式讲故事，用时间背景引入故事线索，再用故事发展推动时间发展。尤其是《一年又一年》，是以北京普通老百姓的生活为故事主体，按照一年一集的方式叙述，在当时，这种新颖的叙述方式引起了学界和业界的讨论，并成为一种电视剧现象。

从微观上看，即使在一部电视剧的一个过渡桥段中，为了表现时间的流逝和季节的更替，往往在正常的叙事逻辑中加入泛黄的落叶表示秋天到来，或者加入亮起的街灯表示夜晚的来临，这种借由剪辑进行转场的方式将观众带入既定的时间状态中，从而帮助剧情更顺利地向下推进。

剪辑造成的时间感从中观上看，就是动作段落的成组剪辑，一个出拳的动作，在实际生活中可能只有一秒不到的时间，但是为了展示动作的优美和震撼，导演可以在前期以不同角度不同景别来反复拍摄同一个动作，并且在后期将这些动作有机地剪辑在一起，使得观众能够以全知的视角，足够的时间去仔细品味动作的美感，这就是由剪辑造成的时间延宕。

剪辑所造成的时间感是蒙太奇的艺术表达方式，它给观众所带来的是

"一日千年"的审美体验，尽管创作者也许花费了与真实时间相等甚至更多的时间去完成这部电视艺术作品，但是对于审美主体来说，他可以在既定的时间内对高度压缩或者高度延宕了时间的电视艺术作品进行审美，这种审美震惊在传统艺术门类中是难以做出如此直观的体验的。

第二层面：特技造成的"时间感"

特技造成的时间感则是随着电子技术的演进而逐渐衍生出来的，其中快动作和慢动作是最具代表性的两种。在电影中，胶片通过摄影机的速率低于放映机的速率时，银幕上被摄体的动作就会快于实际动作的发生时间，在电影中被称为降格拍摄，又称为低速摄影。在电视摄影机中，帧率是固定的25帧，因此难以在前期实现快动作的拍摄，但是在后期可以用机器编辑加速方式实现，从而实现夸张和滑稽的戏剧效果；而电影中的升格拍摄在技术操作上则与降格摄影相反，目的是在时间感上放大动作的过程，同样的电视后期也能够通过慢放的方式实现，以达到神秘、怪诞的艺术感觉和审美体验。

尽管电子技术的后期设备可以实现快放或者慢放，但是这却是通过后期技术手段进行时间压缩实现的，在真实感和画面质量上都有不尽如人意之处。随着技术的发展，电子快门的改进和逐格拍摄器的出现，使得电视摄影设备也能够实现高速摄影和低速摄影两种别有审美韵味的拍摄方式。于是，我们经常可以在电视上看到这样两种镜头：在几秒钟的时间里，朝阳变成夕阳，甚至四季可以更替。比如在纪录片《故宫》中，我们经常可以看到在一个镜头中，光影掠过地面，划过大殿，造成时间流逝的沉重感和沧桑感，这就是降格拍摄，也就是俗称逐格摄影所带来的特殊艺术效果；另一种镜头则相反，我们在电视广告作品中经常发现这样的镜头：四溅的水花以明显慢于人们理解的正常速度落地，或者在鸟类捕食如离弦之箭的速度被分解成若干步骤，并由慢速镜头记录下来，人们得以体验这种精致的美感，人们第一次发现这种曾经被忽视的、甚至无法见到的、但却真实存在着的细腻之美，和"超真实"之美，这都是技术进步带来的特殊效果。

第三层面：技术虚拟的"时间感"

在动画技术尚未成熟之间，它是作为实拍镜头的补充而存在，自身并没有独立的艺术特征和审美品格。但是数字技术使人们可以在电脑上创造现实中不存在或者无法拍摄到的景象，这使得借助技术虚拟"时间感"成为可能。

仍然以纪录片为例，《月球探秘》是一部讲述月球诞生过程的纪录片，在这部片中，大量使用动画展示几十亿年前的宇宙，展示月球漫长的生成过程，和它绕地球运行的过程及月相变化。这一组全部由特技制作的镜头让观众在很短的时间内就体验到月球几十亿年的漫长演变，这种高度浓缩的时间感对于创作者来说，如果不借助技术，单靠人工力量是不可能实现的，于是技术给予观众直观的艺术感受和给予她们对"一日千年"的审美对象足够的审美想象空间。然而，在电视艺术早期，在没有如此精致的动画技术介入时，这样的直观感受则难以实现。

从大方向上看，如果暂且抛开其他影响因素不谈，受众在"时间感"上的要求越来越紧凑，从单位收视时间中获取的信息量成为评判一部艺术作品的标准之一，"速食快餐"是这个时代对电视艺术的一种无奈的要求。这里的"速度"即是受众对"时间感"的要求。所以，我们看到缓慢的镜头正在被快速的剪辑率所取代。而另一方面，对单位镜头信息中细节含量的追求，也催生了能使时间"延长"的技术诞生，于是我们才能看到动作片中对发生在一秒钟内的动作呈现给观众的是几倍于现实时间的"电视时间"，这就是技术带来的时间幻觉之美。

二　"空间"的虚无——错觉的力量

"空间标志的是物质的广延性和伸张性，标志着物质系统中各个要素在并存状态下所特有的联系和相对稳定的相互作用关系。"[①]

对于"电视空间"的概念，《广播电视辞典》则是如此界定的："在二维空间中创造出的立体三维空间，它是与电视时间一起，在电视节目播出过程中创造出的作用于观众感观和心理的非现实空间形态。它以物质空间为依托，同时又摆脱了物质空间的物质性，它运用镜头的造型功能和镜头之间蒙太奇组接功能创造出一种美学空间和幻觉空间。它是由局部表现整体的空间形式，从特写镜头到远景镜头，虽然每一个镜头展示的空间是有限的，但整体上它是无限的。它通过机位的变化，打破了人眼正常视域的限制。"[②]

为了进一步分析电视空间的具体特征，在该定义中还将电视空间划分为再现空间和构成空间两部分："再现空间是指摄像机在运动过程中展现出空

---

① 金天逸：《电影艺术的科学》，中国电影出版社，1997年版，第349页。
② 赵玉明、王福顺：《广播电视辞典》，北京广播学院出版社，1999年版，第139页。

间的完整统一性，从而在最大限度内消除屏幕形象与现实之间的隔阂，使观众在连续的时间流动中，感受到现实空间的再现；构成空间是把一系列记录着真实空间影像的片断，经过选择，重新组合后构成的非现实空间，它不是真实空间在屏幕上的直接反映，而是利用人的视觉和心理，使现实空间扩展、延伸，表现出自由的空间形态，它是创造出的空间。"①这个定义是1999年给出的，这时候电脑特效和动画技术尚在稳步推进阶段，因此对于电视空间的定义仍然建立在现实影像基础上，不论是真实记录还是影像片断的拼接再创造都没有脱离摄像机所能够记录的真实画面。

　　从前文电视时间的概念和上文中电视空间的概念可以看出，时间表达的是电视艺术的线性特征，而空间表达的则是电视艺术的平面特征。从基本的物理角度来说，电视艺术的空间概念首先是一个虚幻的二维平面，每秒25帧的画格中，每一格都不是实实在在的立体空间，而是诉诸人类视觉的"空间感"。因此，电视艺术的空间就是空间感，或者说是由一组记录在磁带上的电子磁迹拼接并作用于人大脑的空间认知系统而形成的"错觉艺术"，因此对电视艺术的审美从这个角度来说就是一种错觉之美。

　　如果从技术角度判断，现实空间在电视艺术中并不存在，因为现实空间是一个多维度空间，而电视艺术是由连续的画格堆砌，并利用人的视觉暂留现象所营造的二维空间。反过来说，电视艺术的前提之一即是由技术所营造的假定性空间感，我们把这种空间感在电视技术的轴线上做出如下划分：

　　第一层面：基于拍摄和剪辑的"空间感"

　　电视机是一个拥有固定宽高比的物理设备，而电视摄像机的取景器也是固定画框的，因此，在这个由固定画框组成的二维空间中营造立体的空间感，就需要使用"Z轴"来复制和再现深度的错觉。"Z轴"形容了一个远离正面平面的点——在这里，指一个物体看起来与摄像机之间的距离有多远。"②对于"Z轴"的空间造型作用，赫伯特·泽特尔认为："由错觉形成的第三维度——深度——证明是电影尤其是电视中最灵活的屏幕维度。屏幕宽度（X轴）和高度（Y轴）具有绝对的空间限制，但Z轴（深度）几乎是无限的。"③因此在实际拍摄中，利用光线、被摄体的安排，以及摄影机的调整

---

① 赵玉明、王福顺：《广播电视辞典》，北京广播学院出版社，1999年版，第139~140页。

② [美]赫伯特·泽特尔：《图像　声音　运动——实用媒体美学》，赵淼淼译，北京广播学院出版社，2003年，第142页。

③ 同上。

对景深的利用是造成空间感最有效的技巧。

在标清时代及以前，我们熟悉的构图方式是 4∶3，即 4 个单位的宽和 3 个单位的高，但是，在高清时代，摄像机和电视机却抛弃之前的 4∶3 构图，而使用 16∶9 的构图比例。这是因为我们生活在一个横向平面的世界，人眼的横向视野比纵向视野更宽阔，而 16∶9 的构图方式更接近于人眼观察事物的方式，它提供了比 4∶3 更宽的视觉空间，也就是说，16∶9 的构图比例提供了横向空间上更多的信息摄入量，增加的信息给观众会带来更多的审美愉悦。

不论是"Z 轴"还是"构图比例"，都是探讨技术手段尤其是摄影技术在封闭的再现空间中的表现力，而构成空间事实上可以认为是蒙太奇剪辑造成的错觉空间，这一方面依靠多机拍摄或者单机多次拍摄实现，另一方面必须按照人们理解空间的心理顺序将实际上是零散的、看似毫无逻辑的镜头按照受众的审美习惯和审美心理方式剪辑在一起，以形成完整的空间形态；除此以外，电视艺术中还经常可以看到将不同空间拍摄的镜头以一定的逻辑顺序剪辑在一起，以生成新的空间感的技巧。比如：镜头一是主人公 A 从画左向画右走，镜头二是主人公 B 从画右向画左走，镜头三是美国白宫。这三个镜头拍摄于三个不同的空间，但是将三个镜头连接在一起，观众通过心理完型就自然认为两位主人公都处在第三个空间即美国白宫外，并且向白宫方向走来。

电视不仅存在再现空间和构成空间，还存在一个开放空间，这个空间由现场连线、网络连线等实时对话组成，这个开放空间不仅存在于电视作为传播媒体功能的节目（如新闻类节目）中，并且在电视文艺节目中也越来越多地使用，以增强电视观众的现场感和真实感等审美感受。

第二层面：基于数字技术的"空间感"

这是一个完全虚拟的空间，数字技术既可以塑造一个以现实空间为基础的另一角度的空间（比如微观空间、宏观空间），也可以塑造一个与现实空间除了符号以外并无直接关联的虚拟空间，这个空间更强调对人的直观感受的刺激，而至于虚拟空间是否在现实世界中具有可行性则不在考虑范围之内。

在数字技术在电视制作流程中普及后，我们发现虚拟演播室开始广泛使用，抠像、后期合成成为制作常态，而在许多表现宏大场面的电视艺术作品中，这些宏大场面往往借助少量演员表演再以合成方式完成，这是现实空间和虚拟空间合成的第三空间。比如：在纪录片《故宫》当中，在讲述浩浩荡荡的车队如何将沉重的石料和粗壮的立柱从深山中运输到京城这一段落时，为了表现运输队伍的庞大和运输路途的艰难，创作者将空间设定为冰天雪地的深冬深山中，而成千上万人组成的车队拍摄起来显然不现实，于是创作者在摄影棚中使用几十人组成的小车队拍摄，再用数字技术进行拼贴处理，于是，一支绵延不绝的运输队在冰天雪地中艰难行进的画面便出现在观众眼前。

图1 《故宫》特效镜头截帧

数字技术还可以创造性地表示出现实世界虽然存在、但摄像机却无法表现的空间。比如，核聚变的过程是原子核聚合生成更重的原子核的过程，这个以原子单位的空间虽然在现实世界中确实存在，但确是摄像机难以真实记录的，在数字技术时代，这一问题就可以由电脑制作生成，这个人们只知道其存在，却看不见的空间，借助技术手段就可以细致地呈现在人们眼前，带给人们既陌生又熟悉的独特审美体验。

第三层面：未来基于三维技术的"空间感"

2011年被称为3D元年，一方面是由于年初一部《阿凡达》改变了电影3D的形态并重新书写了电影技术历史；另一方面则是当3D电影被人们津津乐道的时候，电视行业的3D技术也正在蓄势待发，各个电视厂商已经生产出可以投入实际应用的3D电视。当高清数字技术逐渐成为目前电视制作和播出的主流时，先锋创作者已经开始探索3D电视的可行性。可以预计的是，在很短的时间里，3D电视在家庭中就会出现甚至迅速普及。一个抛弃了"二维"概念的、存在于审美主体感官中的"三维"空间，将改写电视艺术的历史。

虽然目前的3D电视仍然要借助眼镜，但先锋的厂家已经研发出可以用肉眼观看的3D电视，而在电视艺术的创作者中，3D的试验也开始了。早在2001年第一个大型高清纪录片《故宫》的摄制组，时隔10年，又成为第一个尝试使用3D技术拍摄电视纪录片的剧组，目前3D电视纪录片《故宫2》正在拍摄中，它的出现是有寓言性质的：寓意着电视高清时代在尚未完全普及的阶段，已经有先行者开始探索更高端的技术实现形式，人类感官式的审美体验成为视频技术人员追求的终极目标，换句话说，在审美主体对电视艺术进行审美时，对"悦耳悦目"这一审美层次的需求将越来越凸显，而从发展态势来看，技术的发展速度已经令人们有些措手不及。

三　"真实"概念的偏转

不论是电影艺术还是电视艺术，我们都可以将之归总为视觉文化之一种亚类别，在周宪看来，视觉文化的演变逻辑有一个关节点，就是视觉符号与现实世界的关系问题，他认为，在当下，视觉符号正在越来越远离现实世界，视觉符号自身正在逐渐成为一个自在自为的独立世界，图像的再现和表征功能日渐衰落，取而代之的是：虚拟性变得越来越重要，并开始具有决定性作用。

现实时间和现实空间在电视艺术中作为能指的符号存在，电视艺术的创作者将这些素材符号借由技术手段进行摄取、拼贴、变型，使之成为电视艺术节目形态，在这个过程中，电视的时空被塑造出来，这是一个基于逻辑的时空，而非事实时空，这个时空诉诸观众的是真实感而非真实，这种真实感是艺术得以存在的前提，在某种程度上也是电视艺术的审美标准之一。这是因为"艺术的真实性从根本上讲是一种建立在虚构前提之上的真实，是一种根植于现实本质之上的审美化的真实。"[1]从心理学角度看，电视时空是以在观众心中形成真实的投射反应为目标，因此，抛弃物理真实而追求心理真实，是可以接受的艺术创作方式。对于观众来说，经得起日常审美经验考察的"真实感"才是真实的，一个逻辑上成立的时空，并不一定是事实上成立的时空。事实上，"根据审美的想象性所创造的情境真实，是构成影像艺术真实体系中的重要一环。"[2]

---

① 贾磊磊：《影像的传播》，广西师范大学出版社，2005年版，第65页。
② 贾磊磊：《影像的传播》，广西师范大学出版社，2005年版，第67页。

在电视艺术中，"真实"直接诉诸视觉和听觉器官而成为一种心理感觉，因此，电视的"真实感"与其他艺术形态在早期的"再现"是两个完全不同的概念。以绘画为例，雏形状态的绘画艺术以"像"为审美评判标准，而被模仿者和模仿者之间的关系是清晰的，这也是"摹仿说"的由来，这种由摹仿而来的"真实感"是基于理性分析的真实，即接受者事先得知艺术品和被模仿者之间的关联。

但是在电视艺术中，艺术与现实之间的直接关联被技术切断了，模仿者与被模仿者之间的界限是模糊的、含混的。电视艺术直接诉诸感官，而借助技术手段绕过了理性，用"感官刺激"取代"理性分析"，这直接导致了电视艺术的"真实"首先是基于感官的真实，之后是基于观众已形成的现有视听逻辑的真实，再之后才是理性的真实。也就是说，电视艺术给予观众的"真实"可以表述为"真实感"，它是一种不同于真实的，并且作用于感官的审美体验。

当是高科技介入下的电视艺术，"真实感"的概念发生进一步的偏转。这种偏转的"真实感"从概念上讲，既不是"再现"的真实，甚至在某种程度上也不完全是"表现"的真实，我们可以说，这种"真实感"有了一定程度的"自在自为"性，技术给创作者留下了一个创造"真实的谎言"的空间，在这里，创作者可以假定时间、假定空间，创造时空，从而创造直达观众心理感知的艺术真实。

彭吉象将这种高科技介入影视艺术而产生的"真实感"定义为"逼真性"，在他看来，影视艺术从科技发展中每获取一个新兴的技术手段，往往首先作为"逼真性"反映现实的手段使用，而后再逐步发展成艺术家表现主体意识的技术手段，从这一发展规律来看，高科技将"真实"的概念偏转为"逼真"也就顺理成章——电视艺术的技术原本目的就是最大限度地接近人的感官效果——"艺术的真实"则属于第二性的问题。但是"逼真"的目的在于无限度贴近人的心理感受，但从创作角度讲这是在无限度远离客观世界的过程，创作者和接受者之间的艺术传播方式就像《阿凡达》所寓言的那样：将辫梢与坐骑对接，通过意念来进行。接受者感受到的是只存在于创作者脑海中的"逼真"的艺术世界。

数字技术是否推翻了"真实"的艺术基座？同样的问题早在九十年代后期就已在电影理论界开始探讨，质疑的声音主要集中在数字技术是否推翻了巴赞客观再现现实的电影理论。这一探讨过程中所迸发出的理论火花对电视艺术的真实性特征偏转原因、方向同样具有解释性。在众多观点中，主推派认为"数字技术创造任何影像都是可能的，包括流动的意识、抽象的概念、梦境等等。影像与客观实物之间的联系也不像巴赞所言的那样密不可分了，电影制作者和观众不必去寻找影像的对应物，影像甚至都不需要实物真实的实体存在，影像本身也不能保证视觉真实。"①而主和派认为，假如从影像生成技术的角度考虑，数字技术出现后巴赞理论的却站不住脚，但是，巴赞的纪实美学核心乃是"真实观"而非"达到真实的具体手段"，所以"无论是传统摄影还是数字虚拟都是用最不真实的手段再现真实。如果我们从真实出发，即可发现二者是能够融会在一起的。即便是虚拟影像也是立足于真实的，无论是科幻片还是灾难片，那些虚拟现实无不与我们所处的真实空间密切联系，这些表现过去或者未来的影片只是我们生活的空间在各种向度上的延续而已。只有让观众感到这些是可能出现的，感到这些是真实的，观众才能够接受。"②

所以，不论是真实也好，真实感也好，或者是逼真也罢，从影视技术的目的和影视艺术的本体来看，一切技术的终极愿望都是实现创作者的艺术理想，数字技术的出现颠覆的乃是旧有的、建立在胶片和磁带基础上的美学观念和艺术理念，而数字技术开辟的乃是建立在电脑、数据基础上的艺术观念和美学新天地。

（潘婷婷：北京科学教育电影制片厂导演，博士）

---

① 冯健：《数字技术对巴赞电影美学的质疑和修正》，载人大复印资料《影视艺术》2009年第3期，第22页。

② 冯健：《数字技术对巴赞电影美学的质疑和修正》，载人大复印资料《影视艺术》2009年第3期，第24页。

地方卫视如何突围晚间
打造深度新闻栏目品牌

——以深圳卫视《军情直播间》栏目发展为例

黄　罡　　赵　捷

摘要： 在当下媒体竞争日趋白热化的今天，城市台的生存与发展受到了极大的挑战，如何才能在各大城市台中脱颖而出成为了各家苦恼之事。本文通过分析深圳卫视《军情直播间》节目从开播以来的运营方式、创新效果及收视率等各方面，以新闻节目品牌化战略的意义来着重探讨如何建设新闻节目品牌，并提出未来节目品牌发展中还应考虑到的问题。

关键词： 军事新闻节目　节目品牌　《军情直播间》

在媒体竞争白热化的今天，新闻节目品牌的建设竞争也愈加激烈。当前，广大受众对包括新闻节目在内的其他类型节目的品质要求越来越高，各大电视台均面临着更为严峻的压力与挑战，尤其是地方电视台必须积极应对、转变思路，逐渐形成并强化品牌意识，充分打造具有独特性、内涵性的电视节目品牌，力争在竞争中收获更大的生存发展空间。

一　新闻节目品牌的重要性

如今在市场经济中，品牌早已不仅是一个标志了，它更代表着自身产品的理念。正如沃尔特·兰道所说的那样："品牌便意味着承诺。通过认识和鉴别一个产品或一种服务，本身便代表着对这种产品或服务的品质和满意度。"①而大卫·艾格也曾说过："与品牌名称和标志联系到一起的一套资产

---

① [美]克尔·埃默里、埃德温·埃默里：《美国新闻史——大众传播媒介解释史》（第8版），展江，殷文主译，新华出版社，2001年版。

或负债，它们可以给产品或服务的价值提供增加也可能导致减少。"①因此，我们有理由相信"品牌"这两个字的价值已然上升到了人文理念的高度。

（一）军事新闻节目品牌的特点

军事节目作为电视节目中一个独特的类型，其自身具有这一些有别于其他节目的特点。

1. 符号化

要想建设节目品牌，首先需要赋予电视节目一个特色化的名称和符号，其目的是让受众识别本新闻节目，并能明显与类似的竞争对手区别开来。如《军情直播间》这档节目就在其名称中体现了节目内容与宗旨，不仅清晰明了，还能使受众欣然接受，更是与其他新闻节目在特色化的符号上有着明显的区别。

2. 政治性

军事从属于政治，军事新闻的导向作用首要方面是政治导向。军事新闻宣传既然服务于国家的政治领导，就要有极强的舆论导向意识，这种导向性的宣传在一定程度上可能会对军事新闻的题材选择有所约束，但并不意味着会削弱军事新闻的表现性，反而会增强军事新闻的权威性，对提高军事新闻的竞争力起到积极作用。

3. 真实感

真实性是军事新闻与生俱来的特征。军事新闻可以看做是公开的军事情报，因此只能在真实军事情报的范围内选择可以公开发表的内容，而不可能进行胡编乱造。当然，有时军事新闻要交代事实发生的时间、地点、环境、条件等因素，要涉及具体的人、人物语言、人物动作等等，其中有些内容就不可能出现在军事情报中，这就需要新闻工作者另行采集。但无论是运用现有情报资料也好，还是在情报资料的基础上另行采编也好，不可盲目编造这一点都是不可违背的，反而是会更注意、更斟酌其信息的准确无误。总之就是要注意全面、客观、公正的报道，而不做表面文章。

4. 主持人

一档优秀的电视节目与其主持人是分不开的，如果主持人是自变量，那么节目效果就是因变量，优秀的主持人是电视节目品牌的标签，更是受众识

---

① [美]戴维·阿克：《建立强势品牌》，李兆丰译，机械工业出版社，2012年版。

别节目的一大标志。节目主持人对于节目的意向表达起着关键性的作用，而军事新闻节目对于主持人自身的军事素养有着较高的要求，他的一言一行关乎着节目的效果。因此，建设节目品牌时便不能忽视主持人的品牌力量。

（二）建设新闻节目品牌的重要性

1. 节目品牌真实传达制作方理念。例如从 2013 年元旦开始，深圳卫视的屏幕上播出了一则温馨感人的栏目宣传片，七八个孩子童言无忌地说出了自己对于家国梦的纯真理解，"一家一国一梦想"，这就成为了深圳卫视《军情直播间》最后定格的宣传语，这也是开播一年半以来，这个栏目始终坚持追求的传播理念。

2. 节目品牌具有一定的市场价值。例如本文所要探讨的军事新闻节目，它不仅是立足于国家发展的大形势，单纯满足受众对我国军事活动信息的需求，还满足了受众放眼国际、打通中外信息的需求。

3. 节目品牌蕴藏着社会文化内涵。要想打造一个新闻节目的品牌，便需要我们从军事内容的个性中挖掘其蕴藏的社会文化共性，"军民"一体的文化内涵反而能更好地传递出时代的改变，从而使得节目能够与时俱进、突出重围。

二　军事新闻节目的创新视角

（一）节目理念

随着经济的发展和大众媒介的传递，观众的求知需求也在不断的上升，其价值索取大幅增长。因此，在新闻节目的创办过程中，要时刻注意更新节目的理念，用新的品牌价值去引导、满足受众更高层次的需求。像深圳卫视的《军情直播间》具有毗邻港澳台的特性，所以它不仅播报传统的大陆新闻和国际新闻，还有港澳台的专题新闻，旨在更全面的报道军事类新闻。因此，及时、准确、客观地树立节目理念更有助于节目创新的操作。

（二）题材选取

军事新闻的报道题材一般大多来源于军队或国际方面的军事，国内的军事新闻素材大多围绕着军队的工作、训练、生活等话题，如国家科技强军活动、抢险救灾、维护社会秩序的稳定等；国际的军事新闻素材主要以各国之间的军事演练、争端等为主。虽"军"味十足，但缺少与非军事因素的融合。如今军事新闻与社会新闻的日益融合是时下的发展趋势，我们在选取军事新闻素材时，不仅要看到它军事方面的个性，还应挖掘其与民生相关的共性。将既与军事有密切关系、又涉及地方事件的社会新闻相结合，才能使得军事新闻的影响力更深，影响面更广。

（三）叙事风格

在诸多影响电视节目个性化的因素中，不可忽视的便是节目叙事表达的风格，而军事节目要时刻保持自身的严肃性和政治性，但如果仅体现严肃正统，难免会让受众觉得难以靠近。因此如果能够以平民化的视角和语言来看待、分析军事新闻事件的话，也未尝不是一种创新。

最主要的叙事风格平民化体现在节目主持人的视角上，和其他的媒介人物不同，他的叙事风格是节目的主体和灵魂。而军事新闻节目的主持风格既有别于新闻联播，又不同于单纯的民生类新闻，如果主持人能够在报道和解说军事新闻时，将一些复杂的军事术语用简单朴实的语言解说出来，那么观众在收看节目时自然能轻松地明白那些晦涩难懂的军事术语了。叙事风格的创新能够使得受众从人物的举止谈吐中看到军事节目不常有的亲和力，从而达到吸引受众的目的。

（四）品牌营销

与现有的军事新闻节目相比较后，如何才能脱颖而出，并能让受众长期留守节目，是军事节目品牌营销的最终目的。而军事新闻的品牌营销应区别于普通的新闻节目，因为其政治性较强、娱乐性较弱，所以营销的重点应从内容的宣传开始，然后配合以专家学者们的座谈，最后则是在互联网也要开辟营销的板块，这样才能拉近与受众的距离，从互动中拉动受众，从而稳定受众。

三　深圳卫视《军情直播间》的实践性探索

《军情直播间》是深圳卫视打造的全国省级卫视第一档深度军事新闻类节目，从2011年6月2日起每周四晚21:20播出，2012年起调整至每周二晚

21:20播出，每期节目时长约为50分钟。

2012年是《军情直播间》栏目迅速发展的一年，节目收视率不仅节节攀升，就连单期收视率最高值也多次突破1%。在2012年上半年收视排名跃居全国卫视平均前五名，并于九月起多次进入同时段平均排名第一名，成为了同类节目中最具成长性的节目。2012年3月，在国家广电总局主办的第五届《综艺》年度节目暨电视人评选中，《军情直播间》荣获"上星频道30佳"的称号；2012年8月，在中国电视艺术家协会电视节目制作委员会主办的"第二届名优电视栏目推选表彰"中，《军情直播间》获评"2012新闻类十佳电视栏目"；2012年11月荣获中国TV地标卫星电视栏目十强。

（一）以硬新闻开辟电视节目新空间

近年来，中国内地的电视节目呈现出白热化的竞争之势，各类选秀节目、相亲节目、穿越电视剧充斥着荧屏，虽然娱乐功能是传播的四大功能之一，但是，随着社会的进步，电视媒体的不断革新和进步，娱乐的功能一再地被泛化，我国电视节目的泛娱乐化也日趋严重。正如尼尔·波兹曼在《娱乐至死》一书中写道的一样，"电视正把我们的文化转变成娱乐业的广阔舞台"，在各大卫视节目纷纷打综艺娱乐，煽情刺激牌的时候，一直以严肃为主要特性的硬新闻节目似乎已经被边缘化了。然而，深圳卫视近年却在新闻节目的突破上探索出了一条道路，从2009年开始，深圳卫视《直播港澳台》栏目开辟《看天下》板块，开拓国际时事报道空间，2010年下半年，《直播港澳台》栏目团队敏锐感觉到随着中国国力增强，中国在国际舞台上的分量越来越重，中国周边的安全压力也越来越大，国人对于中国国防，安全以及周边局势也越来越关心。于是，《直播港澳台》专门抽调了3人左右的特别小组在周末开辟军事类特别版块展开新节目类型的探索，2010年12月24日，第一段接近二十分钟的军事深度版块播出，节目内容是解读当时的军事热点朝鲜半岛局势。为了呈现全新的电视新闻节目样态，栏目组在节目中第一次启用了由自己的包装团队特意打造的虚拟演播室，这可以说是中国大陆卫视新闻节目一次全新的尝试，全三维的立体演播室效果震撼，连见多识广的港台评论员也惊叹不已。从当天的收视曲线看，二十分钟的节目收视率一路上扬，保持了良好的收视态势，硬新闻也有硬收视，硬新闻也有良好的传播效果，这对于创作团队来说是巨大的鼓舞。从第一次试播之后，栏目组每周都会在《直播港澳台》进行一次试验，从歼20的神秘曝光到利比亚的战火再到美国的空天战机,不断捕捉着最新最酷的军事热点,马鼎盛、李炜、尹卓、陈虎、兰宁利、亓乐异,来自港澳台,两岸三地的军事专家频频也接受邀请,在节目中亮相,做出精彩评论,每一次测试都是一次挑战,每一次挑战也都给予栏目组更多的信心与勇气。经过半年的试验和调整,2011年6月2日,一档全新的电视栏目《军情直播间》终于诞生了,"汇集全球军情动态,深度解析最新局势,解码前沿军事科技",成为节目的宣传口号。

(二)以及时深度打造栏目影响力

作为一档电视新闻节目,时效性是栏目努力追求的目标,虽然是周播节目,栏目组依然紧跟最新的局势变化确定选题。2012年12月30日,缅北发生战事,波及中缅边境安全,引起广泛关注,栏目组迅速调整之前的选题方向,并连夜派出记者奔赴云南采访报道,由于时间紧,任务重,外派记者在采访过程中遇到种种困难和考验,但是栏目组前后方密切配合,协同作战,并最终以较高质量制作出特别节目《缅北战事升级 考验中缅关系》,该期节目取得了1.0395%的高收视率以及同时段全国第一的排名。

除了时效性,深度也是《军情直播间》的一大特色,2012年9月,中日钓鱼岛冲突不断升级,日本右倾政客发布各种激烈言论,甚至有日媒散布中日必有一战的言论,中国观众也希望及时深入了解相关信息,尤其是中日军事实力以及两国关系博弈的真实情况,《军情直播间》从2012年9月4日开始连续推出《如何破解日本"尖阁"警备体制?》、《警惕日本自卫队变国防军》、《日本海上阅兵 东亚海权谁主沉浮?》等多期节目,从多角度,多层次地分析了中日钓鱼岛争端的由来以及变化发展过程,尤其是 10月16日播出的《日本海上阅兵 东亚海权谁主沉浮?》这期节目,栏目组的驻日特约军事观察员登上了日本军舰,近距离地观察日本海上阅兵式,发回了现场独家报道,使中国观众看到了真实的日本海上自卫队,这是一次难得的尝试,使得国际新闻具备了真实的质感,这几期节目都取得了收视第一的成绩,极大地提升了栏目影响力。

(三)以理性多维树立栏目公信力

《军情直播间》经过近半年的摸索后形成了相对固定的节目结构形式和表现形式,主要是通过深度的新闻专题片加卫星连线专家的形式,围绕近期的一个热点话题展开分析、解读。其中，新闻专题主要通过最新资讯的整合以及新闻背景的挖掘提供深度报道，而卫星连线则是通过专家的评论提供专业权威的分析。由于深圳卫视毗邻港澳台，栏目组邀请到北京、上海、深圳、台北、新加坡、日本、北美等各地军事观察员，在节目中进行观点碰撞，带来最前沿的军情防务观察。不仅有深度，更有全球视野，形成多元视角、理性与包容的"深派风格"。

2012年9月25日，中国首艘航母交付海军，这是全球瞩目的军事新闻，当天正是《军情直播间》播出的日子，由于之前已经有精心准备和安排，栏目组及时推出了相关节目，当天包括中央电视台等多家媒体都是长时间大篇幅报道这一新闻，如何在众多节目中脱颖而出，树立《军情直播间》独特的影响力与公信力是节目策划时重点要考虑的问题，其中专家的选择就是一次精心的新闻策划，栏目组连线了一位大陆专家和一位台湾专家，对于中国首艘航母入列的意义以及航母训练涉及的技术、武器装备的配置等进行了全方位的分析，尤其是台湾军事专家全新的角度和观点使得整期节目有了电视传播的独特穿透性和信服力，从节目最后1.0123的收视率以及全国同时段第一的排名就可以看出，观众对于中国首艘航母的深层战略意义从本期节目中应该得到了更清晰和完整的认知和了解。

（四）以持续创新增强栏目传播力

创新是电视节目保持传播力最重要的手段，《军情直播间》栏目从开创之初就确立了持续创新的栏目发展之道

1. 引进虚拟演播室，开电视新闻节目大量使用虚拟三维技术的先河。以往的电视新闻节目，包括深度报道类节目由于追求短平快以及受到技术限制，难以在节目中大量运用虚拟三维技术，而《军情直播间》在开播首期就启用了全三维的虚拟演播室，由于实时渲染技术的进步，虚拟演播室中可以展示大量三维模型，这对于展示各种武器装备与地图提供了极大的便利，节目主持人还可在现场与这些模型互动，逼真酷炫的三维模型大大增强了节目的可看性。

2. 改变语态，以深入浅出的电视语言播报、分析评论老百姓关心的军事防务类新闻事件。中国有大量的军事爱好者，加上近年中国国防军事实力的不断增强，周边安全局势的复杂多变，越来越多中国老百姓开始国防安全领域的新闻。然而，作为最具传播力的电视媒体近年却鲜有极具影响力的军

事类新闻节目，这其实与电视语态有很大关系。中央电视台副台长、原新闻中心主任孙玉胜在其著作《十年》中首先就写道，"电视，从改变语态开始"。《军情直播间》栏目在开播之初就确立了贴近大众，深入浅出的电视表达，其中的背景短片要求突出故事、细节，而卫星连线也要求专家以通俗的语言分析复杂的安全局势，讲解艰深的武器技术，这使得节目具有极强的粘性，达到良好的传播效果。比如2013年3月5日这期节目，正值中国首艘航母辽宁舰首次靠泊军港，世界目光再次聚焦中国航母的时刻，如何分析讲解这一事件的重要意义，如何探秘航母的构造和航母上的生活成为了这一期节目需要解决的问题，然而由于种种客观条件的限制，也不可能派记者去现场取得第一手资料，于是栏目组创新思路，邀请到首位在美军航母服役的华人水兵来到演播室，通过他讲述亲身经历的航母生活，以真实丰富的故事和细节让中国老百姓对航母这一国之重器有了更深入的了解，以创新的方式达到了普及军事常识，提高国防意识的良好传播效果。

3. 结合新媒体，举办宣传活动，推进栏目影响力的广泛纵深传播。目前，网络新媒体的发展日新月异，作为传统媒体的电视如何增强传播力和影响力也是每一个电视人需要面对的课题。《军情直播间》栏目在开播初期就不断创新传播方式，开通认证微博，及时在网上发布节目预告，增强与网民的互动。同时，《军情直播间》栏目还非常注重举办相关活动。2011年年底，《军情直播间》刚刚开播半年，正处于起步阶段，急需扩大栏目影响力，栏目组决定举办一场大型活动，邀请港澳台三地的军事专家、学者来到深圳，与军迷互动，探讨国际局势。栏目组精心策划，周密组织，创造性地在深圳最具特色的明斯克航母公园甲板上完成了这次名为"南国论剑"的军事沙龙活动，该活动得到与会的十余位顶级军事专家、学者以及广大军迷的好评。

四　结语

从2011年6月2日开播到2013年3月5日，《军情直播间》栏目一共播出了整整一百期节目，这一百期节目凝结着全体栏目组成员的智慧与汗水，怀着对电视新闻事业的热爱与追求，附录中收视率的攀升已然是对栏目组成员辛苦与努力的最大肯定。如同《军情直播间》这档节目一样，只要在建设新闻节目品牌的过程中做到用心、细心、创新，一定能打造出最具传播力、公信力和影响力的电视新闻节目品牌。

当然，《军情直播间》栏目目前的发展在内容上仍有较大的改良空间，此外网络媒体的带来的挑战与机遇也不可忽视。笔者研究认为，《军情直播间》栏目未来的发展应该注意以下几个方面：

首先，主抓质量优先　。拒绝粗制滥造是品牌建设的关键，品牌本身就意味着质量要过硬。对于电视节目这样的媒体产品而言，高质量的标准是内涵丰富、制作精良、形式独特、个性突出，因此与其粗制滥造、盲目模仿倒还不如不播。

第二，继续拓展节目内容。"内容为王"已经成为传媒行业发展中的一种共识。当下的观众往往是根据自己喜爱的节目内容去选择频道，很少会因为忠实于某一频道而选择看某一节目。因此，城市台在打造电视品牌节目时，更要注重对电视节目内容的考量，从节目构思、节目构成、节目形式等方面入手，切实提高节目内容的内涵和吸引力，打造出高质量的电视品牌节目。

《军情直播间》不仅立足于本土军事新闻，更是拓展到了国际军事活动的报道，因此今后更是应该以向整个华人圈呈现与国人自身利益密切相关的军事信息为宗旨，来让观众通过节目全方位地了解一些与自身休戚相关的军事信息，当然这也能为军事爱好者提供更翔实、更丰富的军事新闻。

第三，增加独家性新闻。目前《军情直播间》播放的内容大多是基于官方已经正式报道过的，因此其独家性的新闻、分析还不够多，而国际新闻也不够独辟蹊径。未来可以专门成立一个团队来负责独家性新闻的挖掘，当然因为军事新闻的特殊性，在采编、播放等过程中一定要注意保密。

第四，发挥互联网互动优势。当下最不能忽视的就是网络媒体的影响力。一方面，我们可以在保留传统节目板块的基础上，增加与观众的互动板块，例如每期节目制造"微博话题"板块，让观众即时参与，可以发表观点，也可以向专家学者提出问题等等。另一方面，应继续扩大我们线上平台——新浪官方微博的知名度，可以定期制造微话题，也可以开辟观众互动有奖问答等环节；还能通过线上来形成一个反馈机制，方便观众提出意见或建议，既增加了节目的亲和力，还能使观众不会流失。只有切实地借助网媒的力量来推动电视节目的影响力，这样将能做到事半功倍。

附：《军情直播间》栏目2012全国卫视同时段收视及排名

月份	月平均收视率　%	月平均排名
1	0.588	4
2	0.469	8
3	0.423	6
4	0.511	6
5	0.585	5
6	0.701	5
7	0.687	4
8	0.746	3
9	0.984	1
10	0.855	3
11	0.881	3
12	0.920	3

《军情直播间》2012年度十大播出选题：

一	1月3日	警惕日本军工复活	收视0.6993	排名4
二	3月13日	藏南！藏南！	收视0.4014	排名7
三	3月20日	韩媒热炒中韩苏岩礁之争！	收视0.5122	排名5
四	5月8日	中菲黄岩岛持续对峙四星期	收视0.5696	排名6
五	7月3日	中国建交不丹　印度为何惊慌？	收视0.7176	排名4
六	7月24日	特派记者直击2012环太军演	收视0.7129	排名5
七	9月4日	如何破解日本"尖阁"警备体制？	收视0.9157	排名1
八	9月18日	警惕日本自卫队变国防军	收视1.0727	排名1
九	9月25日	中国首艘航母交付海军	收视1.0123	排名1
十	10月16日	日本海上阅兵东亚海权谁主沉浮	收视1.0352	排名1

（黄罡：深圳卫视《军情直播间》执行制片人

赵捷：首都师范大学文学院媒介经济学专业研究生）

网 络 文 学

中国网络文学企业创新机制研究①

常　秀　　陈　丹

摘要： 在网络文学飞速发展的二十年中，随着产品开发链条的不断延伸和产业化的日益深入，网络文学的价值受到越来越多人的关注和认可。创新是社会经济发展的基本动力，网络文学企业的创新关系到网络文学的持续繁荣与发展。本文以企业创新机制为切入点对中国网络文学企业进行相关研究和分析，力图为网络文学企业创新机制的不断调整和优化提供借鉴和启示。

关键词： 网络文学　企业创新机制　互联网

创新是现代社会经济发展的基本动力，企业创新是一项有组织的活动。企业要开展持续的创新，关键就在于建立一个科学有效的创新机制，使企业产生内在的创新动力。中国网络文学企业的飞速发展正是基于一个有效的创新机制，同时要想进一步促进网络文学企业的繁荣发展就有必要对这种创新机制进行深入的研究和分析以促进其能够随着网络文学内外部环境的不断变化而适时得到优化，从而为网络文学企业的发展带来源源不断的动力和生机。

一　网络文学发展现状及企业创新机制

（一）网络文学的发展现状

所谓网络文学是指网络使用者以互联网为技术手段和平台，以文字符号

---

①　本文系新闻出版总署"中国网络文学出版研究"重点课题（课题合同编号：D-13-1）成果之一；北京市哲社规划项目"北京数字出版产业创新体系及其发展研究"（项目号：11JGB061）研究成果之一。

为媒介，在网络空间创造并共享的，按照情感和想象的逻辑，建造的人的数字化的审美世界，作为这样的世界，它是人的生存和生活方式。本文将依据以上定义选取部分原创网络文学作为研究对象和范围，中国网络文学企业以网络文学网站为平台发布网络文学作品并创造价值，主要的企业有盛大文学和中文在线，同时也是本文的研究重点。

据中国互联网络信息中心（CNNIC）发布的《第31次中国互联网络发展状况统计报告》显示，截至2012年12月底，我国网络文学用户数为2.33亿，网民使用率为41.4%，年增长率为15.2%。同时文学作品和签约作家的数量也达到了一定规模。以盛大文学为例，盛大文学文学作品的生产，主要来源于盛大旗下的七个文学网站。据盛大文学2012年第一季度所公布的数据显示，盛大拥有160万名作者，600万部原创作品，在日均更新字数8000万的基础上，更多的文学作品正跟随着高产的作家快速产生着。总之，无论是网络文学的用户规模还是文学作品都以一种高增长速度持续向前发展。

（二）企业创新机制的内涵

《现代汉语词典》对机制一词的解释是：泛指一个系统的组织或部分之间相互作用的过程和方式。"机制"一词，原意是指机器、机械、机构的构造和工作原理。该词用于经济学中，大约是20世纪50年代初，也是启发于生物学和医学。大机器运转或生物有机体的生命运动，主要是依据各种组织和器官的有机结合，才能维护机器或生物有机体的运动和发展。同样，社会经济形态作为社会有机体，必须依靠自身经济机制的功能，才能维持和制约整个经济过程的运行和发展，否则将出现各种病态或者停滞不前。

企业创新机制作为企业不断追求创新的内在机能和相应的运转方式，不是一个静态的概念，而是一个运动着的系统。企业创新机制相对于企业总体功能而言，是一个由动力机制、运行机制和发展机制三个子系统交互作用而形成的一个有机系统，这三者构成企业创新机制的三大要素。

（三）网络文学企业的创新发展

网络文学经过二十几年的发展，其成就有目共睹。在网络文学企业繁荣发展的背后必然存在着合理有效的企业创新机制。相比较其他企业而言，网络文学企业有着自己的创新特点。同时网络文学企业创新机制也在一定程度上弥补了其他企业创新机制中出现种种问题，譬如企业创新人才短缺、相关政策落实不到位、风险投资渠道不畅、科研机构和企业相脱节等。网络文学企业的创新机制中都用不同的制度在不同程度上解决了以上问题，这种积极有效的企业创新机制值得其他企业学习借鉴，这也正是我们研究的意义和价值。

二 网络文学企业创新机制的构成和分析

企业创新机制包括动力机制、运行机制和发展机制三大部分，动力机制是企业创新的核心，运行机制是企业创新的外在表现形式，发展机制是企业创新的关键。网络文学企业的创新机制也正是这三个子系统有互作用形成的。

（一）以市场为导向的创新动力机制

企业创新的动力机制是指企业创新的动力来源和作用方式，是企业为实现某一目标而进行创新活动的内部驱使力，它为推动企业创新的高效运行提供内在支撑。我国网络文学企业的创新动力机制充分以市场为导向适时调整发展思路和结构，建立有效的作者激励制度应对市场竞争，同时进行企业创新文化建设——创造新的运营理念。

1. 从线上付费向无线业务转移

《第30次中国互联网络发展状况统计报告》显示，在2012年上半年，通过手机接入互联网的网民数量达到3.88亿，相比之下台式电脑为3.80亿，手机成为了我国网民的第一大上网终端。当前，智能手机功能越来越强大，移动上网应用出现创新热潮，手机价格不断走低，对于庞大的流动人口和农村人口来说，使用手机接入互联网是更为廉价和便捷的方式。这些因素都降低了移动智能终端的使用门槛，从而促成了普通手机用户向手机上网用户的转化。

面对这样的形式，多家网络文学网站也纷纷开始重视其无线阅读部分。国内最大的原创文学门户网站起点中文网推出了一款支持多种手机平台的成熟阅读工具——"起点读书"手机阅读软件。该软件支持主流Android，ios，Win7系统，可在智能手机以及平板电脑上使用，同时也支持本地导入电子书及txt，umd，epub，chm等多种格式的小说阅读，用户可以通过本软件随时享用起点中文网的海量小说资源。

同时据盛大文学于2012年2月25日向美国证券交易委员会SEC提交的F-1修订文件披露,其营收主要来自线上付费、无线业务、授权许可收入和第三方游戏等其他收入,其中用户线上付费(主要是网上付费阅读)收入在2009、2010和2011三年所占营收比例逐年降低,分别为40.3%、26.4%和26.1%。无线业务(手机付费阅读,云中书城等)增长迅猛,占总收入的比例分别为4.3%、15.4%和24.8%。在成为中国移动、中国联通、中国电信三大运营商的手机阅读内容提供商之后,盛大文学的无线收入在2010年已占据总营收的15.4%,2011年,这一数字上升至24.8%。在无线业务中,盛大文学可以借助三大运营商的强大渠道优势做销售,然后直接从运营商那边分成,流量、支付方式,现已成为中国三大运营商阅读基地的最大内容供应商,并且从中获得可观的收入。

网络文学企业充分利用了市场的导向,从原来的付费阅读转向了无线业务,以适应移动互联或者移动阅读的趋势,同时也为网络文学的发展注入了源源不断的动力。

2. 应对竞争的作家激励制度

为了在激烈的市场竞争中保持优势,保护自己的优质的作者资源,网络文学企业创新的激励机制主要体现在作家福利制度的建立上。以起点中文网为例,其拥有自己独创的一套较完善的作家福利计划,包括雏鹰展翅计划、完本奖励计划、月票奖励计划、分类月票奖励计划、全勤奖计划、开拓保障计划、买断计划、文以载道计划、道具分享计划、渠道拓展福利计划、自主定价计划(试行)。

丰盛的稿酬、网络作家福利计划及保障体系,无论对维持已加入的优秀作者还是吸引更多的新作者加入都起着至关重要的作用。丰厚的收益固然能吸引众多作者加盟起点,但对普通作者来说,吸引他们来到起点中文网创作的原因之一是2006年推出的最低保障制度。最低保障制度属起点福利体系中的基础部分,该制度由雏鹰展翅、文以载道、开拓保障三大计划组成,给网络作家提供坚实的后备支撑。雏鹰展翅计划,即为签约作家只要能按规定完成创作(每月一万至数万字不等),就可以获得每年不少于一万元的最低保障。对于具有文学性而不具备商业性的作品,起点中文网还推出"文以载道"计划,扶持文学作品,即使作品不进行在线销售,作者仍可获得稿酬,享受纯粹的创作乐趣。起点作者"开拓保障"计划,为作者的支付人身保险,全方位关爱原创作者。这种制度和体系在保证作者数量的同时也在一定程度上保证了作品的质量。

同时2008年，以"启航·文学新梦想"为主题的起点作家峰会召开，期间进行的民间文学奥斯卡——百万年薪作家颁奖典礼，一批优秀突出的作者，得到了百万年薪的嘉奖。这是继起点推出全面而完善的福利保障体系之后，又一项为作者谋利的重要计划，作者创作激情得以点燃，更全身心地投入到创作中。正是这样健全的作家激励制度的存在，网络文学企业才能建立自己作家宝库，创作出了大量的优质作品。

这样的作家福利制度推行之后，使得无论是白金作家还是普通作家的创造热情和激情都得到最大程度的发挥，激励其全身心地投入到文学作品的创作中，这样就出现了源源不断的网络文学作品，同时也为网络文学企业带来了无限的发展动力和前景，创造了巨大的商业利润。

3. 推陈出新的运营理念

企业创新文化不仅体现在企业文化之中，同时还体现在以市场为导向的运营理念的创新上，正如盛大文学在整合开发新的产业链的基础上提出的全新的运营理念。

盛大文学近年来一直致力于将松散的网络文学打造为集出版、影视、游戏等多环节多渠道的文学产业链，这种创新性产业链条的搭建为其带来丰厚收益的同时也创造了网络文学的空前繁荣。正是在这种新产业链的形成中，盛大文学提出了"全版权运营"的理念，所谓"全版权"是指一个产品的所有版权，包括网上的电子版权，线下的出版权，手机上的电子版权，影视和游戏改编权，以及一系列衍生产品的版权等。这种理念的提出打破了传统单一的运营模式，开启了运营理念改革的新时代，众多网络文学企业都纷纷开始努力延伸自己的产业链，创造新的企业运营理念，于是全媒体出版，全媒体版权运营等全新的运营理念应运而生。

这种积极创新的理念和行为使得盛大文学成为中国最大的社区驱动型网络文学平台，并获得了"2012年中国文化创意产业十大领军企业"的荣誉。这种积极的创新文化和态度使其占据了行业领头羊的位置，带领着网络文学行业的不断向前发展。

（二）以持续发展为目的的创新运行机制

企业创新的运行机制是指企业创新组织的内部结构以及它们之间相互联系、相互配合、协调运转的工作方式。网络文学企业创新运行机制主要体现在组织的内部结构，组织的运行方式和组织的运行管理方式上。

1. 兼并联合的组织结构

良好的组织结构和组织制度能够更好地凝聚各方面资源，优化资源配置，促进组织结构的长远发展。盛大文学在组织结构上主要通过兼并联合的方式发展壮大，2004年10月，盛大收购起点中文网，进入网络文学领域，2008年7月盛大文学成立，成为盛大集团旗下文学业务板块的运营和管理实体。2009年6月，盛大文学创立天津聚石文华图书销售有限公司，进入线下出版和发行领域。当月，盛大文学收购天津华文天下图书有限公司；2010年3月，又收购了北京中智博文图书发行有限公司，盛大旗下图书策划出版公司数量达到3家，并已经成为国内最大的民营出版公司。经过一系列的并购和重组，盛大文学的业务板块已经近乎整合了整个产业链条，从上游内容的生产与加工，再到多种版权的开发和分销。

这种兼并联合的聚合式组织结构整合了多种资源，使得盛大文学在激烈的市场竞争中占据了有利的竞争地位，成为了行业发展的领跑者。

2. 全版权的组织运行方式

网络文学企业的组织运行方式上的创新主要是前文中提到的全版权运营模式。所谓"全版权运营"，是指文学网站为依托，建立一个完善的、最大规模的小说库，然后进行版权运作，包括在线付费阅读、无线阅读、实体书出版以及影视、动漫、游戏改编等，实现一次生产、多次开发，建立一个由多元业务组成的完整产业链，将版权经营从网络延伸到实体各个环节，实现价值最大化。在版权的多元化开发上，盛大文学采用的是"深挖洞"策略。"深挖洞"是指把每一个版权都运营到极致，把版权运营做精、做细、做深。把每部作品的版权、每个作者，都进行精细化的版权开发规划，把最大价值发挥出来。其运营模式的核心就是产品的深度开发和产业链的延伸。延伸的链条是建立在对文学作品的深度开发的基础之上，本着对文学作品精细加工的思路，"一次出版，发次开发"的原则，旨在建立一条集网络出版、手机阅读、传统图书、游戏动漫、影视文化为一体的跨媒体运营产业链。

盛大文学的版权运营部门有一支专业的团队专门负责挑选、包装、推介、销售旗下适合影视改编和动漫开发的作品，他们多是拥有影视、动漫行业从业背景或编剧戏文专业出身的，为实现全版权运营的理念而努力开发作品。2011年，盛大文学共计售出版权作品651部，销售作品数量同比增长107%，其中旗下七家文学网站影视改编售出74部（含晋江文学城）。2012年

1月至9月，盛大文学旗下七家文学网站就售出75部小说的影视版权（含晋江文学城），包括《一代军师》、《凤囚凰》、《我的侦察排，我的兄弟》等。同时《星辰变》、《盘龙》、《斗破苍穹》等著名网络游戏，也是根据盛大文学的作品而改编的。

3. 差异化的运行管理方式

网络文学企业面向不同的对象形成了差异化的组织运行管理方式，这种差异化的管理方式增强了服务管理的针对性，同时也提高了企业管理的效率。这种差异化管理主要体现在对作者的管理和对读者的管理两个方面。

（1）作者经纪人管理制度

近年来，出版界一直在呼吁作家经纪人制度，但是实际结果不尽如人意。然而在网络文学的发展过程中，这种制度却得到了很好的发展和应用。由于网络文学开始为网络作家带来收入，大多数作家不再像以前那样，认为版权只是"图书出版权"，网络文学将作品附加版权体现得更加明显，比如影视改编、数字版权等，所以，网络作家开始主动寻求自己的"经纪人"。参照国外作家经纪人制度，起点推出首批"十大金牌作家经纪人"，专对盛大文学的签约作家进行包装和运营。以娱乐圈常见的签约方式，为优秀作家配备专门遴选出的"金牌作家经纪人"，将能准确定位作者的发展路线、职业生涯，并对其图书出版、动漫改编、影视改编等各个角度进行全方位的版权运作。"十大金牌作家经纪人"和国内一线作家、新兴作家一起努力打破各种束缚版权运营的壁垒，将迎来作者的大发展时代。

（2）以服务促发展的读者管理

相对于传统出版社对读者相对松懈的管理态度，网络文学企业以一个积极的态度，服务的理念管理着用户的阅读体验，这种管理方式不仅能够大大的提升用户的阅读体验，而且能够促进企业的长足进步和发展。

在盛大文学云中书城举办一周年庆祝活动时展示了盛大文学布局移动互联网战略的进展，同时活动现场还有来自全国数十位云中书城爱好者共同分享数字阅读的乐趣，这是国内首个以分享正版数字图书为乐趣的书友会。不少书友在客户端里留言表达了自己对阅读浏览器的需求与期待。

2012年4月，起点中文网推出阅读习惯调查活动。2012年4月9日至5月9日，每位参加问卷调查（http://diaocha.sdo.com/vote/1/5481.aspx）的登录用户将获得一定量的网站经验值奖励。活动奖励将在问卷下线后的20个工作日内返还用户。目前，已经有越来越多的消费者开始关注在线阅读，并具备一定的付费习惯，在阅读需求上也日益多元化。在线阅读不仅要注重内容供给量，更要满足读者日益多元化的阅读需求，内容不仅要多，也要精准，通过发掘用户喜好精准地推荐个性化内容。起点中文网坚持以用户需求为导向，注重产品层面的用户体验，这将会把在线阅读带入新的天地。

（三）多角度全方位的创新发展机制

网络文学企业创新发展机制主要体现在人才、技术和资金这三个层面上。在人才培养的过程中充分为作家提供良好的内外部环境，努力提供人才素质；在技术上积极进行技术革新，利用先进的系统打击盗版，保护自己的版权利益；在资金方面积极扩宽融资渠道，获得资金支持，谋求上市发展。

1. 内外联动培养人才

从企业的内部环境而言，每个网络文学企业都会有自己的体制来保证作家的数量和作品的数量，正如前文中所提到的作者福利制度。从企业的外部环境而言，企业又充分利用自身的优势和条件为作家创造写作环境并且努力提高其写作能力和作品质量。例如起点中文网从2007年开始进行的"千万亿行动"。该行动由"千人培训"的综合发展计划和"万元保障"的综合福利计划组成，在全国范围内公开扶持优秀的作者与作品。这种"千人培训"的综合发展计划提供诸多让网络作家充电的机会，如"网络作者文学创作高级研修班"，定期组织作者去各地采风，丰富写作素材等。并且将对所有和网站签约的数千名作者开展针对提高写作和文学素养的函授、网络培训、讲座等培训课程，全面给予作者培训与发展的机会。

素有"作家摇篮"之称的鲁迅文学院"网络文学作家培训班"迄今为止已经召开了五届，盛大文学、中文在线、湖南作家网等都曾参与其中，努力创造条件来提高作家的能力和作品的质量。

中文在线旗下的"17K小说网"、"四月天小说网"通过开设网络文学青训营、强化网站作者顾问中心、帮助未签约作者提高写作能力等方式，吸引大量优秀的原创作者长期稳定驻扎网站，同时也提高了作品的质量和层次。

2. 严防盗版的技术革新

盛大文学采用了一套名为版权追踪系统的软件，通过这套系统，他们仅用片刻，便获得了全部作品在整个互联网上的盗版情况，这包括被盗版作品的在其他网站上的点击率、盗版网站服务器的地域分布、针对作品和盗版网站进行的广告投放以及对被盗版的作者和作品情况进行的统计和分析。

研究开发这套系统的是盛大创新院，整个研发协调工作由盛大创新院多媒体院院长陆坚博士负责，他之前发明并领导开发了世界领先的媒体内容识别和管理系统影视基因技术，被美国好莱坞电影电视制作厂商采用并应用于追踪2008年奥运会新媒体转播。据陆坚介绍，该系统的优势是取代了之前效率低下、且成本较高的手工方式，在维权工作效率上有了显著提升，也为权利人在开展维权工作时提供了更为翔实的数据支持。据盛大文学提供的数据显示，通过版权追踪系统，盛大文学对旗下1.39万余本热门书籍总计84.72万余章节进行追踪，监控的站点近1.4万个，发现并验证盗版网页总计达到1200万个，几乎涵盖了现今能被搜索到的全部侵权盗版网站链接。

3. 多渠道资金引入

创新特别是技术创新是一项风险大而成功率低，资金投入大而不确定性极强的一项活动。因而，在技术创新过程中，资金的问题首先是影响技术创新的重要因素，没有足够的资金，企业技术创新就没有保证。网络文学企业的技术创新和企业的发展都离不开资金投入。盛大文学2011年5月首次提交IPO申请，7月份宣布暂停IPO计划，等待市场状况改善。2012年，盛大又重新启动了IPO上市计划，并募集2亿美元资金。同时盛大也在积极和有关政府部门合作以获得相关资金支持。在盛大新丽影视与文化部文化产业司动漫处鼎力合作的"2012国家动漫产业高级研修班"的招生阶段，文化部特地发出通知，要求有关省、自治区、直辖市文化厅（局）、各有关动漫单位举荐动漫人才参与，所需学习费用由中央财政专项资金负担，研修班限额人数为60人。有了资金才能够降低技术研发风险，同时为企业注入新鲜血液促进网路文学企业更大的发展。

综上所述，与其他企业的创新机制相比，网络文学企业的动力机制充分把握市场脉动，研究市场导向，建立了自己相对完善的内部动力制度，增强了企业创新与市场的紧密度；运行机制中又最大限度地发挥了企业的聚合发展效应，注重部门之间的协同合作，弥补了其他企业科研机构与企业脱节的不足，同时差异化的管理方式保证了相关制度的落实和执行力度；另外，多角度全方位的发展机制保证了网络文学企业的长效发展与繁荣，使创新人才充足，技术过硬，资金通道畅通，为企业的持续发展保驾护航。可见，网络文学企业创新机制不是简单的叠加，而是相互有机地联系在一起，它贯穿于企业创新活动的整个过程，动力机制为企业带来了源源不断的作品和读者，运行机制保障了企业的持续发展，发展机制为网络文学企业的长远发展夯实了基础。特别是其独特有效的人才培养和激励制度以及服务管理，注重用户体验的理念尤为值得其他企业借鉴学习。

创新机制应不断地随着内外部环境的变化而做出适应性地调整，如何增强其适应性和灵活性，保证网络文学企业创新机制能够适应数字出版千变万化的市场竞争环境和政策调整，应是今后研究的方向，由于研究水平及时间、篇幅所限，许多问题尚未进行详细探讨，有待以后做进一步的研究。

（陈丹：北京印刷学院新闻出版学院执行院长、教授

常秀：北京印刷学院出版专业硕士研究生）

网络文学是数字传播时代
社会思潮的反映①

摘要：文学是人学，文学始终是社会思潮的反映。网络文学反映了数字传播时代人们的所思所想，形成了新的文体和表达方式，并反过来深刻影响着数字传播时代人们的思想观念和行为方式。无论网络小说还是网络诗词，它们都是数字传播时代社会思潮的反映。

关键词：网络文学　社会思潮　网络诗词

我们认为，文学就是以语言文字符号为手段和方式，按照情感和想象的逻辑，建造的审美世界。作为这样的世界，它是人重要的生存和生活方式。文学具有广泛的延展性和渗透性，在今天，已经与大众日常的生活方式紧密地结合在一起。文学是人学，文学始终是社会思潮的反映。社会思潮与文学二者密切相关，相互影响。社会思潮对文学具有强大的吸引力和驱动力，而文学以其特有的表现力和煽动力为社会思潮的发展推波助澜，同时也是社会思潮的真实写照。中国古代文学如此，现代文学如此，网络文学也是如此。网络文学的盛行，即是数字传播时代社会思潮的反映。

一　文学是社会思潮的反映

社会思潮是在一定历史时期内，反映一定阶段、一定阶层的利益和要求的一种思想倾向。一个时代有一个时代的社会思潮，一个时代有一个时代的

---

①　本文系新闻出版总署"中国网络文学出版研究"重点课题（课题合同编号：D-13-1）成果之一。

文学主流。王国维在《人间词话》中曾写道："凡一代有一代之文学，楚之骚，汉之赋，六代之骈语，唐之诗，宋之词，元之曲，皆所谓一代之文学，而后世莫能继焉者。"回过头来看，无论是诗经离骚汉赋，还是唐诗宋词元曲，其之所以被称为"一代之文学"，除了独特的体裁形式外，更重要的是其作为社会思潮反映的文学内容。即使同为唐诗，初唐、盛唐、中唐和晚唐的诗歌，在诗歌内容和风格方面也因着社会思潮的不同而各不相同。因此，总体来看，文学作品是社会思潮的反映。

以魏晋南北朝为例，鲁迅称魏晋南北朝是"文学的自觉时代"，在中国古代思想史上一个重要的转折点，是先秦之后又一次思想解放时期。这一解放运动促进了学术文化和文学艺术的空前繁荣。在魏晋南北朝时期，各种思潮激浊扬清，形成强大的社会思潮，如佛教思想在此阶段广泛传播，中国本土的法家思想、儒家思想、墨家思想、名家思想也仍然扮演着重要的角色。在魏晋南北朝思潮中，占主导地位的是老庄思想，其次是道教思想和佛教思想。魏晋南北朝社会思潮对文学产生了举足轻重的影响。玄学中崇尚自然的思想，其影响所及，进一步确立了以"自然"与"真"为上的审美理想。陶渊明的出现，以及嵇康、阮籍、锺嵘、刘勰、萧统等人关于"自然"和"真"的论述，对此后整个中国文学产生了极深远的影响。玄学中言意之辩讨论的内容是言辞和意旨之间的关系，其中言不尽意论和得意忘言论对文学创作和文学鉴赏产生了重大的影响。言有尽而意无穷，这个道理对诗人和读者都很重要。中国诗歌的艺术精髓说到底就在于此，而这正是受了魏晋玄学的启发而得到的。[①]

在我国20世纪80年代也兴起了一股文学热潮，这种文学热仍然反映了当时的社会思潮。"文革"之后，中国人走出贫乏的精神生活禁区，文学作品开始了"井喷"。短短几年，先后复刊、创刊，其中具有全国影响的期刊就有《人民文学》《收获》《当代》《十月》《钟山》《花城》《诗刊》《星星》《世界文学》等数十家，省级以上的期刊更是超过200种。大学校园也是文学社团遍地开花。[②]20世纪80年代的文学热潮典型地反映了那个时代的社会思潮特质——理想与创新。1985年前后，小说发生了"小说革

---

① 袁行霈主编：《中国文学史》（第二卷），高等教育出版社，2005年版。
② 《远离80年代盛况之后　文学的影响力何处寻》，《京华时报》，2008年11月16日。http://www.china.com.cn/book/txt/2008-11/16/content_16774777_2.htm。

命"，"寻根文学"和"先锋文学"是其中代表性的思潮。诗歌方面，20世纪80年代也是现代诗歌的繁荣期。诗歌从大悲大喜的歌颂和控诉，进而转向对于历史的反思和对现实社会生活的感受和思考。从朦胧诗、新边塞诗到新生代诗歌，到处洋溢着启蒙和人本主义的活跃气息，这是文化复苏和生长的重要土壤。这种文学的发展繁荣是文化热的重要表征。20世纪80年代文学热的兴起可以视为中国文学自身现代化要求的体现。当时"文革"结束以后，中国作家放眼看世界，发现了当代文学的贫困，因而产生了深刻的焦虑。其中一部分人受自己生活经验（如知青对边地文化的热衷）和文化热背景的影响，开始尝试以中国文化之根，铺设中国文学与世界文学对话的桥梁。20世纪80年代的文学热潮反映了当时中国社会思潮的深刻变化。

二　网络文学反映了数字传播时代的社会思潮

我国于1994年正式接入国际互联网，从此以网络传播和手机传播为代表的数字传播逐渐进入人们的日常生活，影响着人们的行为观念，形成了数字传播时代的社会思潮，网络文学应运而生。关于什么是网络文学，目前还没有统一的定义。如果排除传统文学作品的网络传播，则我们认为网络文学就是指网络使用者以互联网为技术手段和平台，以文字符号为媒介，在网络空间创造并共享的，按照情感和想象的逻辑，建造的人的数字化的审美世界。作为这样的世界，它是人在数字传播时代新的生存和生活方式。网络文学反映了数字传播时代人们的所思所想，形成了新的文体和表达方式，并反过来深刻影响着数字传播时代人们的思想观念和行为方式。

与传统传播方式相比，数字传播具有明显的不同：自由、快捷、互动。在数字传播中，由传统的一对一或一对多的受限制的传播方式转变为多对多的平面化的网状传播方式，传播更为快捷，内容更加丰富，手段也更加多样。数字传播的发展虽然对人类社会的发展起到了不可磨灭的推动作用，但是在技术发展的背后引发出的种种问题也是显而易见的。

比如，数字传播的虚拟性可能会让人们在这个空间里放纵自己，沉迷于数字传播的虚拟世界。电脑游戏就为人们提供了一种逃避现实的途径，而沉迷网络游戏可能造成现实中的一些危害甚至个人的学业、财产和生命。再如，数字传播改变了人们的交往方式，它打开了一扇门，但可能关闭了更多的窗。在数字传播中，每个人可以非常熟悉自己的虚拟交往对象，却不了解自己对门的邻居。数字传播使现实的社会交往日趋松散，使人际关系淡漠，情感疏远。数字传播使人与人之间的交流变成了人与机器之间的交谈，感情的直接交流越来越小。这样的传播变革改变了人们的思想行为方式，形成了数字传播时代的新的社会思潮。

蓬勃兴起的网络文学热潮反映了数字传播时代的社会思潮。新兴的网络文学作者往往也是赛博空间的一分子，他们将所思所想、所见所闻、所感形诸的文字，通过网络新媒体予以传播，这是迥异于前人的生存体验。由此，网络文学作者既获得了巨大的自由，又面临着前人没有遇到的难题。当下网络文学的确自由、快捷、恣意。它不依赖传统纸面媒体，不需要占用有形的纸面文化资源，因而，它可能突破现有纸面文化资源的意识形态霸权，在另一条完全不同的方向上开辟一条新的文学战线。就目前的网络文学发表体制来说，网络文学的发布相对处于更为自由的位置，它更像是一种自由的文学。同时，网络文学的传播也和纸面文学的机制不一样，它先天的就在网上自由地传输，先天的就是属于整个网络世界的，因而也是属于全球的，理论上说，它可以在一夜之间传遍整个世界，传遍网上的角角落落。因为它的发布和传播是以一种蜘蛛网的形式几何级数地展开的。网络文学作品往往是率性而为的结果，它们可以不出于功利的目的，而出于游戏的目的，它更符合文学艺术作为游戏的自由精神、非功利精神。

但是，绝对的自由是不存在的，网络文学仍然是数字传播时代一个又一个作者运用他们的想象力和创造力生产创作的成果，这些网络文学作品整体上就是数字传播时代社会思潮的反映。

三　从各类网络文学作品透视数字传播时代的各种社会思潮

迄今为止，在开放的网络文学创作环境中，网络文学作品体裁日益丰富，网络小说占据网络文学的主流地位，网络诗词异军突起，成为网络文学的重要体裁形式。就其内容来看，网络小说的内容涵盖了言情、玄幻、穿越、盗墓、官场等各类题材，网络诗词的内容也反映了数字传播时代网民生活的方方面面，它们具体反映了我们时代的各种社会思潮。

比如，现今网络文学中的恐怖灵异小说蔚为大观，这些恐怖灵异小说与过去的鬼怪故事不同，过去的鬼怪故事更多反映了人们对不合理的社会现实的控诉和对美好生活的向往，以及"神道设教"劝人为善的思想；而今天网络文学中的恐怖灵异小说更多反映了一种新的社会思潮。《鬼吹灯》、《盗墓笔记》等恐怖灵异小说点击率惊人，迷倒无数少男少女。这种"装神弄鬼"已经成为当今网络文学的一个重要现象，它所表征的恰恰是我们这个时代艺术想象力的极度贫乏和受挫，以及数字传播时代逻辑思考能力的急剧降低。[①] 今天青年一代的阅读者，他们既不再相信鬼神，又对于神秘现象存有好奇心，于是恐怖灵异小说恰如其分地满足了他们的阅读需求。

网络文学中的穿越小说则反映了数字传播时代人们对时空关系的重新思考和认识，以及对于传统等级社会形成的一系列思想意识形态观念的解构思潮。现代西方物理学和天文学理论的发展为人类重新审视时空关系提供了基础，为人们穿梭时空的想象力插上了翅膀。爱因斯坦的相对论提示了时光倒流和穿越的可能性，平行宇宙理论的提出发展与霍金的虫洞理论为时空穿越提供了现实可行性，穿越小说也就有了严谨科学的理论基础。于是，对于中国这样具有悠久历史、历史记载极为丰富的国度来说，穿越文学闪展腾挪的空间之大可想而知。中国网络文学中穿越文学兴盛发展的原因还不止于此。穿越文学还反映了数字传播时代人们的解构思潮。穿越小说与后现代主义的反叛性和解构性不谋而合，结合"80后"、"90后"群体阅读和思维习惯的改变，开始对传统社会的旧有观念、原则规范进行批判、颠覆和消解，首当其冲的是传统社会的皇权威严、等级观念等一系列与数字传播时代不太相容的思想观念。于是，一批带有宫廷印记的穿越小说纷纷出笼。这些穿越小说的名字就大多包含着解构意味，如《浴火狂妃》、《皇上别乱来》、《傲妃难训：本宫来自现代》、《皇上认栽》、《皇上我要踹了你：娘娘不好当》……仅看这些穿越小说的名字，就可以看出作者对传统帝王生活和等级观念的艳羡、解构与嘲讽，以及对新时代人与人之间平等交往的向往。

网络诗词则代表了网络文学中向古典、高雅追求的一种思潮。诸多古典诗词爱好者按照古典诗词格律吟诗填词，通过网络发表他们的大作，其中的佼佼者如孟依依、种桃道人、李珊珊、青衫等，受到众多网友的追捧，作品在网上网下广为传播，在当前网络文学弥漫的俗化氛围中成为明显的另类。

---

① 《网络恐怖小说红极一时　文学进入装神弄鬼时代》，《广州日报》，2007年3月1日。http://cul.sohu.com/20070301/n248426174.shtml。

目前几乎凡有文学BBS的地方就能找到古典诗词栏目，聊天室也成为网络诗人每天即兴吟咏交流的场所。其中以天涯诗词比兴、榕树下的诗词曲赋、中华诗词网、国学网、中华国粹网、九天文化网最为鼎盛。它反映出当今人们对世俗的抵御心理，以及对优秀中华传统文化的留恋与回望。与普通的网络小说作品相比，网络诗词需要具备一定的传统文化知识，它只能是少数创作者的专利，其中成绩突出者更是寥若晨星。但网络诗词的大行其道也显示了网络文学的丰富内涵，网络文学本就应该是春花满园万紫千红，而不应该千人一面味同嚼蜡。

与以往的文学作品表现的社会思潮不同，整体上看网络文学作品更多地表现出草根阶层的所思所想和审美趣味，不再是以往庙堂高雅文学高高在上，而带有更多"俗"的因素。这里的"俗"，包括通俗、世俗，甚至低俗。作者的语言文字，往往简洁质朴，甚至带有脏字，其思想观念和追求不再一味高不可攀、凛然不可一世，而是具有更多"平常的幸福"滋味。

所以，网络文学反映的社会思潮，是数字传播时代的社会思潮，是这个时代众多草根的所思所想，而不再是传统文人士大夫阶层体验到的社会思潮。两者迥异其趣，网络文学带来了新的文学样式和文学景观。也许整体来看，网络文学的格调和水平还处于相对较低的状态，但毋庸讳言，网络文学背后的社会思潮却是生动活泼的，网络文学提供了数字传播时代新的生存和生活方式。

（王京山：北京印刷学院新闻出版学院副教授
王金珠：北京印刷学院传播学专业硕士研究生）

网络文学出版的产业政策管理研究①

郭 嘉

摘要： 网络文学是指在网络环境中发行的供网民阅读的网络原创文学。近年来我国网络文学作为文化产业的重要组成部分正在经历着快速的发展过程，不过在此过程中，网络文学从生产到传播的每一个阶段都有许多不足，且针对其的政策管理也存在着条块分割又互相重叠的管理问题。相关部门应积极应对这些问题，加强监督、管理和引导，建立与这种成长相应的产业环境才能促进网络文学出版的健康、和谐发展。

关键词： 网络文学　文化产业　产业政策

网络文学是指在网络环境中发行的供网民阅读的网络原创文学。此外，商家将网络文学作品推出文学网站之外，进入出版、影视、电子游戏等特定的产业链也是网络文学产业化发展的衍生方式。《华西都市报》2012年11月发布的"中国网络作家富豪榜"显示：唐家三少以3300万元的身价高居榜首，紧随其后的是"我吃西红柿"和"天蚕土豆"，收入分别为2100万元和1800万元。同时发布的"中国作家富豪榜"上，童话大王郑渊洁、新晋诺贝尔文学奖得主莫言和童书作家杨红樱名列前三，收入分别是2600万元、2150万元和2000万元。②

虽然这样的统计结果还有待商榷，而且身价、收入也不能说明一切，但是不得不承认网络文学作为文化产业的重要组成部分正在经历着快速的发展

---

① 本文系新闻出版总署"中国网络文学出版研究"重点课题（课题合同编号：D-13-1）成果之一。

② http://haiwai.people.com.cn/n/2012/1126/c232580-17770689.html。

过程。不过我们也必须意识到在网络文学出版产业的快速发展的过程中，从生产到传播的每一个阶段都面临许多问题，相关部门要加强监督、管理和引导才能促进其更好的发展。

一　文化产业政策概述

产业政策的本质是国家对产业活动的主动干预，最初的目标是维护市场秩序而反对垄断给市场带来的危害。产业政策的主要作用是促进产业结构的合理化和高度化、实现资源的优化配置；弥补市场失灵的缺陷；保护和促进民族工业的发展增强产业的国际竞争力，实现超常规的发展；在世界经济全球化的进程中趋利避害，保障国家的经济安全。[①]产业政策是政府对经济活动的调节，但其本质上是一种政治过程和政治活动，受到国家政治制度、文化的影响。我国的文化产业，长期处于一个资本、技术和政治博弈的环境之中，资本和技术对产业的升级和改造受到政府力量的影响，政府在产业发展的过程中占有极其重要的地位。

政府的公共政策工具主要有三种：强制性工具、市场化工具、信息工具[②]，也可以看是政府进行产业管理的三种工具。强制性需要政府公共权力制定的权威性较高的调整手段，例如推行特定的政策、拟定产业的发展方向、制定法律法规保障市场秩序；市场化工具主要市场、税收与资本工具，强调政府对市场的宏观调控作用，也强调政府对市场竞争的调节与反垄断措施的实施；信息工具是政府通过理念与价值的传播向市场渗透具有管理意义的信息，进而在全社会形成管理方式和管理理念的普遍共识。在良好的政策体系中，三种工具应当协调发挥作用，相互弥合。既要发挥强制性管理工具的监管、约束、规范作用，又要善于运用市场化工具，通过政府主导的资本运作、税收调节、分配调节等方法对市场进行宏观调控，保证健康发展方向，又要能够推进信息化工具在市场和社会中的渗透，不断启发市场主体自身的变革能量，促进整个行业的发展。我国政府对网络文学产业的发展也在交替使用三种工具，主要分为两个层面一是实施宏观政策，通过自上而下的制度创新，释放行业的生产力；二是通过法律法规

---

①　王传荣：《产业经济学》，经济科学出版社，2009年版，第326页。
②　陈庆云：《公共政策分析》，北京大学出版社，2005年版，第78页。

手段，对其进行规范和监管。即：发展与监管是我国政府在文化产业发展历程中政策供给的两个侧面。

近年来，我国党和政府开始日益重视文化产业的地位和作用，相继出席了一系列促进我国文化产业发展的政策和策略。2000年，党的十五届五中全会明确提出要"完善文化产业政策"，第一次将"文化产业政策"概念写入官方正式文件。"十六大"、"十七大"以来，提高我国文化软实力已成共识，明确了文化体制改革的基本思路，提出了发展文化事业和文化产业的任务，为文化产业的快速发展指明了方向。2009年，国务院颁布了《文化产业振兴规划》，将发展文化产业提升到国家战略的高度。2010年，胡锦涛等党和国家领导人反复强调加快发展文化产业，《关于金融支持文化产业振兴和发展繁荣的指导意见》等一系列文化产业政策和支持文化产业发展的政策相继出台、渐成体系，推动了文化产业的发展。2011年颁布的"十二五"规划纲要，将"繁荣发展文化事业和文化产业"列为一章，明确提出要"推动文化产业成为国民经济支柱性产业"。党的十七届六中全会在总结我国文化改革发展实践经验的基础上，专题研究深化文化体制改革、推动社会主义文化大发展大繁荣若干重大问题并作出《中共中央关于深化文化体制改革、推动社会主义文化大发展大繁荣若干重大问题的决定》（下称《规定》），成为当前和今后一个时期文化改革发展的纲领性文件。这些政策文件的出台，都展示着党和国家高度重视文化产业，文化被看做是提供精神动力的重要途径，改善民生的重要组成部分，提高国民生活质量的显著标志，文化产业将要成为国民经济的支柱型产业，其在我国经济结构调整中所起的作用也被寄予厚望。值得一提的是随着以数字技术、网络信息技术为核心的现代信息传播技术的不断创新和广泛应用，多种媒体综合发展，为统筹推动报刊、出版社、通讯社、电台电视台和互联网等新媒体发展，2013年两会提出国务院将组建国家新闻出版广播电影电视总局，不再保留广电总局、新闻出版总署。这些大政方针的出台，都将促进我国文化产业的进一步发展。

二　网络文学的产业链分析——以盛大为例

从目前发展看来，我国网络文学呈现的平台主要是——门户网站的文化、读书频道；天涯BBS；还有一些盗版网站。其中上海盛大网路发展有限公司占据了网络文学市场近90%的比例，笔者试以此为例对我国网络文学的产业链进行分析。以此厘清我国网络文学产业政策管理所要涉及的各个方面。

表1　　　　　　　　　　　　盛大网络产业链分析

产业链	业　务	子公司	盈利模式		管理部门
			盛　大	作　者	
线　上	1. 收费阅读（在线和无线）2. 网络广告 3. 版权出售（文学作品改编为游戏、动漫电影电视剧）	云中书城 起点中文网 红袖添香 榕树下 小说阅读网 言情小说吧 潇湘书院 天方听书网 阅读网 晋江文学城	在线收费 广告收入 版权销售	网络订阅 无线阅读渠道 月票 打赏 改编收益 福利收入	文化部、工信部、新闻出版广播电影电视总局
线　下	以民营书商的身份销售图书等出版物	华文天下 聚石文华 中智博文 北京盛大新经典影视文化有限公司	售书	简繁体出版版税	新闻出版广播电影电视总局

　　据以上分析可以看出，盛大子公司众多，其目业务分为线上、线下两部分，线上部分的业务种类繁多，盈利也呈现多样化的发展模式。国家文化部、工信部和新闻出版广播电影电视总局等部门都在不同程度、不同方面对其进行管理，实行的是条块分割的管理模式。

　　其中值得特别注意的是网络小说作者收入构成：1. 网络订阅。这是网络小说作者最基础的收入。以起点为例，读者订阅网络小说的标准是每千字2—3分钱，起点分成的方式是1分钱/千字/订阅人次。2. 无线阅读渠道。2010年1月1日，中国移动开始对手机阅读进行收费试点，自此，无线阅读的收入成为网络小说作者收入急速提高的发动机。电信行业的付费模式多样，但无论何种模式，起点作者都能拿到销售额中除去渠道费等固定的20%。3. 简繁体出版版税。作者的版税收入约为5%——8%。4. 月票。这通常是较高级别作者的竞技场。仍然以起点为例，读者通常可以通过消费起点币来获得月票，然后将月票投给自己喜欢的作品，从而产生榜单。5. 打赏。这是一种读者对自己喜欢的作品、作者最狂热最直接的支持方式。6.
改编收益。7. 福利收入。这块收入很少，但覆盖范围很大，是对低端作者
的补贴，类似于"低保"。比如"最低保障稿酬"，对于签约作品，如果月稿
酬收入没有达到1200元，那么起点就会补足到1200元。此外，起点还每年
给作者投点意外事故险什么的，也聊胜于无。

前文提到"唐家三少"、"我吃西红柿"、"天蚕土豆"等网络作家有较
高的经济收入，但这部分人始终是凤毛麟角，大部分网络写手都是非常辛
苦，且收入难以保障的。笔者对一些普通网络写手的访谈得知他们平均每天
至少要写5000——10000字，才能满足基本的生活需求。其实不论对什么行
业而言，其从业人员的素质是最基本也是最重要的质量保证，从网络写手的
收入和工作量就可以他们的工作存在很多问题，这也是造成众所周知的网络
文学作品质量不高的重要原因。所以我们的监管部门应该积极发挥其发展、
监管的能力，以促进网络文学朝着更为健康的方向发展。

三 我国网络文学政策管理现存的问题

上文提到近年来，我国党和政府开始日益重视文化产业的地位和作用，
相继出席了一系列促进我国文化产业发展的政策和策略。但是这些政策和策
略也带来了一些问题，比如网络文学出版实行条块分割又互相重叠的管理模
式，就在一定程度上阻碍了其发展。一个互联网企业若要正常运转，需要办
理的许可证数不胜数：ICP证、增值电信业务经营许可证、网络文化经营许
可证、互联网新闻信息服务许可证、信息网络传播视听节目许可证、互联网
出版许可证、经营性网站备案信息、节目制作经营许可证、药品服务许可
证、测绘资质证、电信与信息服务业务经营许可证等等①。而且按理说有这
么多主管部门管，这么多行业协会指导，中国的互联网发展环境应该呈现一
片良好的态势。然而事实是网络文学作品质量普遍低下：小说及其改编的影
视剧、游戏错误百出、色情暴力内容众多，网络文学出版行业道德感沦丧等
问题日趋严重。

可是正常的网络文学出版却总是因为有多个主管部门而变得阻碍重重。
2009年5月20日，网易首先向文化部提交《魔兽世界》报审材料。材料包括

---

① 杨磊：《必须尽早结束互联网的多头管理沉痛》，《IT时代周刊》，2012年第9期。

游戏内容、运营商的资料、营业执照、运营资格、经营许可证、进口游戏、代理合同等。6月1日网易向新闻出版总署提交了相同的材料。7月21日，文化部同意网易运营《魔兽》，7月31日，新闻出版总署有关部门在接受媒体采访时表示《魔兽》的审批工作还未完成，无截止期限。11月2日，新闻出版总署对网易发出处罚通知，停止《魔兽世界》审批，直至2010年2月中旬，新闻出版总署才同意网易运营《魔兽世界》。历时9个月，网易《魔兽世界》的运营才得两个主管部门的一致同意。这主要是因为，2008年7月，国务院办公厅对文化部、广电总局、新闻出版总署制定了三定方案。其中将新闻出版总署动漫、网络游戏管理（不含网络游戏的网上出版前置审批），及相关产业规划、产业基地、项目建设、会展交易和市场监管的职责划入文化部。三定方案出台后，对网络游戏审批权的不同解读，已经变成了两个部门相持不下的难题。其中焦点问题是"不含网络游戏的网上出版前置审批"。

但与此同时，网络文学产业化发展中存在的若干需要管理的问题却无人问津。比如，网络文学过度功利化带来的文学体裁单一、内容哗众取宠、错误百出、色情暴力等问题；对网络写手的过度盘剥造成网络写手缺乏想象力、创造力，导致网络文学作品粗制滥造、千篇一律等问题；此外还有网络文学出版的版权方面的问题给网络文学网站和写手带来了不小的经济损失，且跟风的行为也影响了网络文学的发展生态。

自2000年国务院第31次常务会议颁布《互联网信息服务管理办法》，2006年国务院令第468号公布《信息网络传播权保护条例》之后我国再无权威性的涉及互联网的国家级法律法规出现。不过，新闻出版总署近年来倒是制定颁布了一系列意见、规划、办法来管理、发展网络文学出版，并取得了一定的成绩。总署于2010年提出了"关于加快我国数字出版产业发展的若干意见"，2011年制定了《数字出版"十二五"时期发展规划》，2012年推出了《网络出版服务管理办法》。其中《网络出版服务管理办法》是现行的对网络文学监管的主要政策，其规定了网络出版物的界定范围，并从网络出版许可、网络出版服务管理、监督管理、保障与奖励、法律责任等方面对网络出版做出了规范管理的要求。但是由于现在的网络文学出版管理牵涉到众多管理部门中，各部门之间相互的责任界线十分模糊，甚至责任不清。所以一有纠葛，多个部门便急急跑马圈地，声称需要自己部门的审批才可，但一到要追究监管责任之际，便无人出头。

我的网络文学出版行业发展至今，已经成为了众多文化产业中增值速度较快，创新能力较强的产业。而要保持这种状态最迫切需要的就是建立与这种成长相应的产业环境。正如前文所言，发展与监管是我国政府在文化产业发展历程中政策供给的两个侧面。而如今多头管理的弊端日益严重，已在一定程度上阻碍了该行业的进一步发展。企业的正常经营、健康的网络环境都需要健全的法制体系来保障。因此，网络文学目前发展的重中之重是摈弃部门利益纠葛，以产业为重，出台一部专门规范网络文学出版的权责分明的管理规范。该规范需要发挥政府公共政策作为强制性工具、市场化工具和信息工具的作用，从发展与监管两方面来保障我国网络文学出版的健康、快速发展。

四　政策建议

1. 政府出台一部专门规范网络文学出版的权责分明的管理规范，设立专职网络文学出版管理部门。前文已提到目前的分割式管理模式对我国网络文学的发展形成了人为的障碍。因此应该出台一国家级法律来规范网络文学出版，并制定特定的部门来管理。该部门要负责网络文学出版产业发展的统计、规划、协调和引导，并对违规现象及问题进行处理，以市场方向来引导发展，以技术来保障出版。为网络文学出版产业发展创造良好的环境和条件。

2. 加强人才的培养及管理，人才的培养是产业发展的基础和核心。这里的人才包括两个部分，一是指网络写手、编辑；二是指传统出版单位的数字人才。首先，前文提到，网络文学写手间贫富差距极大，为了保护大家的积极性和创造性，应制定相关的政策给予普通写手的生活基本保障。对网络编辑要加强素质教育和相关培训，网络编辑要像传统编辑学习其工作的态度、责任心、基本功，健全考评机制，鼓励编辑考资格证并给予一定奖励。其次，必须意识到数字出版是时代发展的潮流，因此要制定相关政策加大对出版单位数字出版业绩考核的指标权重，充分调动企业经营管理者和数字出版从业人员的积极性和主动性，激发文化创造力。要督促传统的编辑转型，传统编辑从事的是单一的工作，做某一方面的专家就好，但现在编辑是综合角色，现在要懂经营、管理，销售，除了纸质图书，还要懂立体、电子、网络图书。因此要不断完善数字出版人才培养体系，加大数字出版人才培养力度，积极开展形式多样的数字出版产业经营管理人才培训，进一步健全人才引进、使用和考核机制。

3. 解决好版权问题。盗版问题是困扰网络文学健康发展的最亟待解决的痼疾，盗版行为无论是否与牟利为目的，都给公司及签约作者带来了经济损失，并损害了作者的创作积极性。这些问题已经不再是企业依靠自己的技术手段、商业模式甚至是维权措施能够解决的，而需要政府与行业从政策上给予更大的支持，并借鉴国外经验，开发保护技术，建立健全法规，建立以司法、行政、技术和标准相结合的版权保护体系是问题的根本解决之道。一旦盗版环境有所改善，网络文学将迎来更好的发展时期。

4. 加大投入力度。要逐步完善数字出版投入机制，积极争取各级财政对数字出版产业发展的扶持，加大对重点数字出版工程项目的资金投入；鼓励社会各界参与数字出版产业发展，拓宽投融资渠道，引入战略投资者，实现投资主体多元化。

5. 强化网络监管。要建立属地内新闻出版、外宣、公安、通信、"扫黄打非"等部门的协调、沟通和信息共享机制；主动监管能力和技术保障水平；要加大对互联网低俗之风和手机网站传播淫秽色情信息的打击力度，同时切实加强对网络游戏出版审批把关和网络游戏动态出版、非法出版的监管，全面净化互联网和手机出版环境。

（郭嘉：首都师范大学文学院讲师，博士）

营销传播

从CM到CRM再到CN²：一个营销传播转型的研究议程

艾德沃德斯·马尔萨乌斯　　唐·舒尔茨

摘要：营销学尤其是营销传播学，在过去的60年来发生了极大的变化。在本文中，我们以市场变化为基础，从广义的角度概述了市场营销的三个阶段所发生的转变，解释并举例说明变化发生的原因以及它们对市场营销如何被研究、发展和应用所产生的影响，并提出新的营销传播研究议程。

关键词：营销传播　CM　CRM　CN²

引　言

营销学尤其是营销传播学，在过去的60年来发生了极大的变化。他本隶属于大众传播学，后来基于数据系统有所发展，而到了今天营销传播学变成了数字驱动的、互动的方法，它以新的途径和方法论演变成六十年前大家未曾想到的样子。这种演变是由技术创新[①]、社会和政治发展[②]以及发生在全世界范围的经济转型[③]而推动的。

[①] Humby, C., T. Hunt and T. Phillips, *Scoring Points: How Tesco Is Winning Customer Loyalty*, Kogan Page Publishing, 2004.

[②] Blattberg, R., R. Glazer and J. Little, "*Marketing Information Revolution,*" Harvard Business School Press, 1994.

[③] Mehta, R. and E. Sivadas, "Direct marketing on the Internet: An empirical assessment of consumer attitudes," *Journal of Direct Marketing*, Vol. 9(3), 1995, p21~32.

IBM最近进行了2011全球首席营销官研究①，对来自64个国家的企业间电子商务、消费品、政府等19个行业的1700多名首席营销官做了面对面的长时访谈。访谈要求首席营销官们叙述他们企业的营销活动、挑战和机遇。这项调查勾勒出了当今市场营销的全局状态。调查的其中一个问题是"哪项营销因素将在未来的三到五年对您的营销组织有最大的影响"？排名最高的六个领域是"客户协作和影响力"，"渠道和终端选择的增长"，"社交媒体"，"投资回报率和经营责任""品牌忠诚度降低"以及"数据爆炸"。我们认为这些反映了市场营销和营销传播经理今天所面临的挑战以及他们的未来需求。

在本文中，我们以可以观察到的市场变化为基础，从广义的角度概述在市场营销的三个阶段所发生的转变②。我们将解释并举例说明变化发生的原因，以及它们对市场营销如何被研究、发展和应用所产生的影响。最重要的是，我们以这种转变为出发点，去确定一个新的市场营销研究议程。这个议程的独特之处在于它并不专注于填补已有议程的缺口，而是尝试在一个动态的和不断发展的市场环境中设置一个新的学术研究方向。

以顾客为中心的营销传播的发展

我们所说的"现代营销"在第二次世界大战结束后很快出现③。以顾客为中心的营销的初步实现，是基于尽快地生产尽可能多的产品以填补全世界

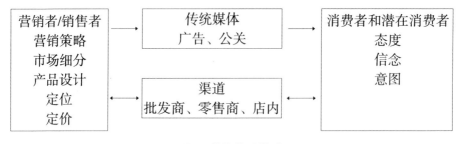

图1　获取关系模型

①　IBM, "From Stretched to Strengthened: Insights from the Global Chief Marketing Officer Study," *IBM Technical Report*, 2011.

②　Kitchen, P.J. and D.E. Schultz, "IMC: New horizon/false dawn for a marketplace in turmoil?" *Journal of Marketing Communications*, Vol. 15（2-3），2009，p197-204.

③　Kotler, P., *Marketing Management*, Prentice Hall,2002.

缺少产品的消费者贪婪的消费欲望，它是建立在工业化和制造业的基础上。图表一说明了在这一时期制造商或卖方与顾客的关系。它被称作获取关系的阶段，因为营销企业通过媒介和分销渠道合作伙伴来获取与顾客的关系。

在这一阶段，最重要的是营销人员控制这整个系统，从确认生产什么产品到它们通过大众媒体（传统媒体）和促销活动进行的促销和品牌沟通所需要的费用应该如何被分配。像营销策略、市场细分、产品设计、市场定位以及定价等一些工具被开发出来，用以有力地管理客户。这一切都有助于营销者控制与顾客的关系。产品都由营销人员指示的分销系统也就是批发商，经销商，零售商等等来提供，它们会遵循制造商的规定①。营销组织运用的主要工具是诸如印刷出版物、广播以及户外媒体等传统媒体形式②。因此，通过控制信息系统，营销者能够为易受影响的顾客决定产品和条件。由于对顾客来说从非媒体来源获取额外的产品信息并不容易，并且大部分的产品信息是通过诸如广播、电视、报纸和杂志这样自由的娱乐系统来分布的，顾客除了接受营销者强加的条件外几乎没有其他选择。

上面提到的CM模式运作得很好。但是，在竞争市场中运营的营销者需要继续开发能够给他们带来竞争优势的新的途径和方法。这很快以技术的形式出现在20世纪70年代和80年代，主要是数字化和计算能力的发展。

演化到消费者关系管理

通过控制所有的市场传播和分销系统，营销者日益支配着整个市场。这种成功带来了一连串的新产品和创新，所有这些都增强了营销者的统治地位。由于信息和信息技术是大多数营销者成功的原因，开发更具支配性的技术的驱动力很快出现。首先是电脑，当与零售端连接在一起，它给了营销者前所未见的对消费者行为的洞察③。然后是CRM（消费者关系管理），营销组

---

① Day, G.S., "The Capabilities of Market-Driven Organizations," *The Journal of Marketing*, Vol. 58(4), 1994, p37–52.

② Schultz, D., B.E. Barnes, H.F. Schultz and M. Azzaro, *Building Customer Brand Relationships*, M.E.Sharpe Publishing,2009.

③ Humby, C., T. Hunt and T. Phillips, *Scoring Points: How Tesco Is Winning Customer Loyalty*, Kogan Page Publishing,2004.

织获取各种层级的消费者信息，最常见的是消费者的实际市场行为，以此来构建更有针对性的市场模型和方法。这些CRM方法中很多最初是由直销商所做的工作而发展起来，后来被像银行、航空公司和酒店组织等服务性机构模仿和扩展[1]。由此一来，营销者的系统从大众转移到个人，并扩大了营销者对市场的控制。

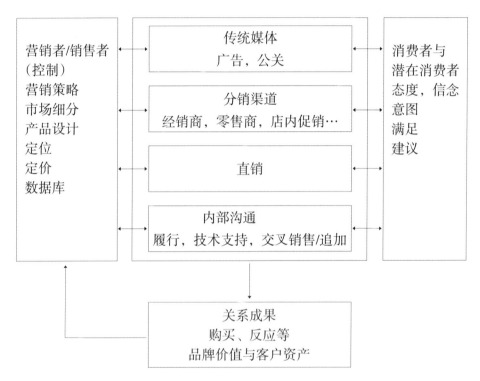

图2 消费者关系管理：数字化数据支持的对外消费者关系

图2说明了这种方法。这个模型保留了大众营销诸如营销者控制的传统媒介和分销系统这些基本要素，但增加了首先是通过邮件系统然后通过电话最后到其他的电子化形式来实现的直销这一要素[2]。这些新的直销系统扩大

---

① Blattberg, R., R. Glazer and J. Little, *"Marketing Information Revolution,"* Harvard Business School Press, 1994.

② Mehta, R. and E. Sivadas, "Direct marketing on the Internet: An empirical assessment of consumer attitudes," *Journal of Direct Marketing,* Vol. 9(3), 1995, p21-32.

了营销者的资源阵列。诸如测试和控制邮件①，预测分析和评分模型②以及消费者细分和个性化这些概念，提高了营销者区分和辨别消费者的能力。像终身价值这样的概念为营销者提供了对个体消费者和消费者群体商业价值的清晰洞察，并使他们能够将资源集中在最优消费者身上。营销人员通过客户服务中心、满足设施、技术支持和客户服务增加了分销渠道。这样，营销者就知道消费者在做什么，他们有何种回应以及这些回应的价值；而消费者对于营销者在做什么以及为什么这么做依然几乎一无所知。1980 年代晚期和1990 年代初这一时期可能是传统的营销者控制营销的高峰时期。

　　CRM 完全是以营销者的利益为主。尽管它被称作"关系营销"，但这里的关系完全是由营销者控制的。这个系统一直知道 1990 年代中期一直为营销者运作良好并在一定条件下仍然起作用。但是，因特网的首次商业运用和万维网的出现让这些发生了变化③。这种新的、互动的传播系统永久改变了传统的营销者控制的营销。即使在今天，营销者仍然想要去控制营销系统，但是当消费者获得了信息和市场知识，营销者就失去了控制地位。我们认为这种模式代表了 20 世纪的市场。

消费者网络化的、协商的关系

　　随着新的信息技术的发展和传播，传统的营销和市场传播永远地改变了。在这个网络化的、协商的关系系统中（图 3）营销者将继续去开发产品和服务。他们可能继续去利用传统媒体和直接销售去为其产品和服务进行广告和促销，并通过大规模分销渠道和内部分销渠道去分销它们。这跟之前所做的很相似。但是，营销者不再能像他们过去所乐于享受的那样，几乎完全控制信息、服务甚至是他们正尝试出售的产品的讯息。

　　在讨论 CN² 的含义之前，注意一下互联网、搜索引擎和现在的移动终端

---

　　①　Mehta, R. and E. Sivadas, "Direct marketing on the Internet: An empirical assessment of consumer attitudes," *Journal of Direct Marketing*, Vol. 9(3), 1995, p21–32

　　②　Malthouse, E., "Scoring Models," in Kellogg on Integrated Marketing, edited by Iacobucci and Calder, Wiley, 2003, p27–249.

　　③　Ho, J., "Evaluating the World Wide Web: A Global Study of Commercial Sites" *Journal of Computer-Mediated Communication*, Vol. 3(1), 1997.

的作用是很重要的。这些技术使得消费者能够以信息为基础来进行整理、评估和作出决策，这些信息包括从产品描述到零售定价再到由消费者生成的对产品和服务的评价①。这些发展与众所周知的"市场权力的转换"有很大关联②。移动通信形式允许消费者在任何时刻任何地方收集市场信息，打破了广播、电视和电脑信息传播的时空局限③。总之，互联网、搜索和更新兴的无线设备使得消费者所需的大量信息可以在任何时间任何地点一触即得。

CN²中的C是指它仍然是一个以顾客为中心的传播系统，N²代表着添加了两个新的元素。第一个N是指网络连接的。这个系统不再是从营销者到消费者的线性的和直接的。它是既包括内部营销者也包括更重要的外部消费者的各种声音，以及多种传播渠道的相互关联。这个网络化的模型改变了历来是基于线性的"刺激–反应"模式的整个营销系统④。即营销者发送出刺激——通常是以信息和激励机制的形式，然后消费者作出反应。在网络化的模型中，很少有控制的轨迹。这使得许多传统的营销概念和方法变得没有必要。这主要归因于社交媒体⑤。随着facebook，twitter之类电子化系统的崛起，消费者现在可以与营销者对话，提出问题，挑战营销者的主张等等。从历史观点讲，营销者述说、消费者被认为应该倾听和作出回应。现在消费者可以与全世界其他的志趣相投的消费者沟通。也就是说，消费者可以创造他们自己的市场营销和品牌接触系统，并且与其他人或甚至是与全世界分享，这个系统可能是积极的也可能是消极的。这是一个营销者无法控制的系统。营销者失去的越多，消费者获得的越多。

第二个N是代表协商。这意味着当消费者获得了了对市场信息的控制权，他们可以去商讨渠道、价格、付款条件以及激励机制——简而言之，过

---

① Nel, D., R. van Niekerk, J.P. Berthon, and T. Davies, "Going with the flow: Web sites and customer involvement," *Internet Research*, Vol. 9(2), 1999, p109~116.

② Deighton, J., Kornfeld, L., "Interactivity's Unanticipated Consequences for Marketers and Marketing," *Journal of Interactive Marketing*, 23(1), 2009, p4~10.

③ Krause, S. and T. Magedanz, "Mobile service agents enabling 'intelligence on demand' in telecommunications," Global telecommunications conference, GLOBECOM'96, '*Communications: The Key to Global Prosperity*,' Vol. 1, 1996, p78~84.

④ Lavidge, R. J. and G. A. Steiner (1961), "A model for Predictive Measurements of Advertising Effectiveness," *Journal of Marketing*, Vol. 25, 59~62.

⑤ Scott, D., The New Rules of Marketing and PR, Wiley, New York, 2007.

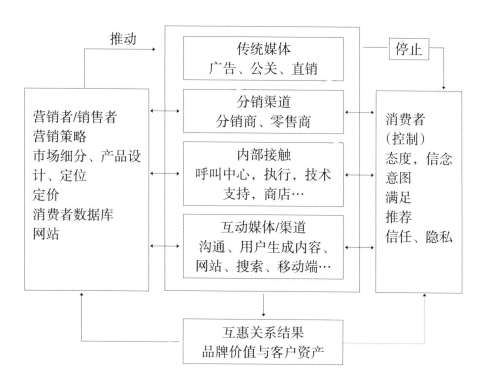

图3　网络化和协商式的关系

去由营销者所控制的决定服务和产品包的市场价值的一切活动范围①。今天，消费者可以手持移动设备进入电子产品商店，考虑零售商的产品和价格并且与穿过街道就能到的另一家做比较和对比②。在这种情况下，卖方必须与买家协商，否则就会失去这笔交易是很平常的事情。有趣的是，所协商的不只是沟通方式，而是整个营销者与消费者的关系。

　　CN²模型与过去的营销模式的另一个重要区别是不断向消费者和潜在消费者推送所控制品牌的消息不再像过去那样有效了。正如前文所言，消费者

---

①　Tuli, Kapil R., A.K. Kohli and S.G. Bharadwaj, "Rethinking Customer Solutions: From Product Bundles to Relational Processes," *Journal of Marketing*, Vol. 71, 2007, p1~17.

②　Shankar, V., A. Venkatesh, C. Hofacker and P. Naik (2010), "Mobile Marketing in the Retailing Environment: Current Insights and Future Research Avenues," *Journal of Interactive Marketing*, Vol. 24, 111~120.

现在通过数字摄像机以及垃圾邮件过滤器这些技术的武装，根据自己的意愿将不愿看到的信息排除在外。与过去被动接受信息相反，他们现在通常通过搜索或其他互动手段去寻求他们所选择的营销者的信息和关系。

正如从"互惠关系的结果"出来的底部虚线箭头所指示的，营销者应该扩大他们的专注点，不再只注重测量像是客户终身价值、消费者和品牌资产这些能为组织带来利益的价值。他们应该从由他们创造持续品牌关系的视角转移到将这种关系理解为协商的和相互的[①]。那就是说，如果要建立关系就必须给予消费者和营销者以平等的价值。对营销者来说，这很可能意味着对过去三十年左右发展起来的传统的、营销者控制的CRM模型进行重新思考。

显然，传统的方法在消费者和消费者关系营销的前两个阶段仍将是有用的、相关的，尤其是在那些信息技术还不是很发达的或是在消费者仍在学习如何成为消费者的市场。营销者或者卖方拥有管理特定消费者和潜在消费者群体的能力——从大众市场识别出分众群体以传递特定的营销材料——将会随着时间继续演化。逐渐地，网络化的/协商的关系通常是在新兴市场中最为普遍。当消费者有了互动的能力，他们很快学会用它来与即使是最成熟的营销组织公平竞争。这样的例子在韩国、中国、印度、巴西以及其他市场比比皆是[②]。因此，我们认为在这个网络化/协商式的关系中真正的挑战将主要出现在新兴市场。正是在这些市场中新的互动技术发展的最为迅速。事实上，很可能正是在这些通常被认为是传统的营销组织并不发达的新兴市场，网络化/协商式的关系营销将是最合适的。并且，营销人员对这些消费者有最少的信息、了解、洞察和经验。因此，我们认为网络化/协商式的关系更有可能在这些市场发展的最为迅速。

对CN²市场的一个营销传播研究议程

在这些背景之下，我们提出一个新的市场营销研究议程。我们已经辨别出了我们认为研究不足的或者最近新兴的领域。

---

① Aggarwal, P. , "The Effects of Brand relationship Norms on Consumer attitudes and Behavior," *Journal of Consumer Research*, Vol. 31(1), 2004,p87–101.

② Mathews, J., "China, India, Brazil: Tiger technologies and the building of national systems of economic learning," *Asian Business and Management*, Vol. 8 (1), 2009, p5–32.

这个议程是围绕着图表 3 的框架来进行组织的。作为对这些研究提议的背景，前两个阶段可以看一下 Egan[①]、Möller 和 Halinen[②] 以及 Christopher、Payne 和 Ballantyne[③] 等人的研究。对于 CN² 市场，有 Hennig-Thurau[④] 等人对新媒体提供了更广博的文献审视，Rangaswamy，Lee 和 Seres[⑤] 对这些方面的研究所做的回顾以及 Shankar 和 Balasubramanian[⑥] 关于移动市场的研究。所有这些阐释了新兴市场是如何发展的以及为什么这些网络化和协商式的方法正当其时。

这些内容是学术研究可以提供最大贡献的基本领域。

理解网络化模式

市场营销方法大多是基于对外的、线性的、刺激-反应的模型。今天的系统是一个将消费者以及企业之间相互连接在一起的巨大的网络。这意味着营销人员必须了解这个网络是如何被创建的，它们如何在各种程度上动态地扩展、压缩以及重建。营销人员应采用新型的研究技术，如面对对象建模、委托-代理分析、游戏理论、进化学以及创新扩散的网络化模型[⑦]。这个网络化/协商式市场的另一个不同之处在于传统营销者不再只是通过对外输出系

① Egan, J., "Back to the Future: Divergence in Relationship Marketing Research," *Marketing Theory*, Vol. 3(1), 2003, p145–157.

② Möller, K. and A. Halinen, "Relationship Marketing Theory: Its Roots and Direction," *Journal of Marketing Management*, Vol. 16, 2000, p29–54.

③ Christopher, M., A. Payne, and D. Ballantyne , *Relationship Marketing: Bringing Quality, Customer Service and Marketing Together*, Butterworth–Hinemann, Oxford, 1991.

④ Hennig-Thurau, T., E. Malthouse, C. Friege, S. Gensler, L. Lobschat, A. Rangaswamy and B. Skiera, "The Impact of New Media on Customer Relationships," *Journal of Service Research*, Vol. 13(3), 2010, p311–330.

⑤ Rangaswamy, A., Giles, C.L., Seres, S., "A Strategic Perspective on Search Engines: Thought Candies for Practitioners and Researchers," *Journal of Interactive Marketing*, Vol. 23(1), 2009, p49–60.

⑥ Shankar, V. and S. Balasubramanian, "Mobile Marketing: Synthesis and Prognosis," *Journal of Interactive Marketing*, Vol. 23(2), 2008, p 118–129.

⑦ Valente, T.W., "Network models of the diffusion of innovations," *Computational & Mathematical Organization Theory*, Vol. 2(2), 1996, p163–164.

统发送信息、产品等；他们应该学着适当地回应在传统营销系统之外发展起来的消费者生成的内容。通常，这些内容并不是由企业发起的，并且在形式上它们可能也并不会认同（箭头D）。换句话说，营销者从"外在的演说"转为"外在的倾听"，这是一个在大多数销售导向的组织中并没有得到很好发展的领域。

　　企业必须了解何时以及怎样对在社交媒体、论坛、评论网站等发布内容的消费者作出回应。我们假设一个企业可以忽略至少一部分，或者说可能大部分的用户生成内容，但是什么条件决定了哪些内容可被忽略、哪些需要回应？对那些需要回应的用户生成内容，企业应该遵循怎样的沟通策略来巧妙回应？企业应该使用什么指标去监测社交媒体以及衡量与消费者沟通的有效性？

协商与关系

　　在大多数情况下,学者们不习惯研究协商,认为这种方式就跟日常生活中在市场上讨价还价一样。这需要在理解消费者行为的新的形式和产生新的消费者洞察的能力方面有所发展。在互惠关系的环境中营销者必须摒弃这样的观念：他们自己创造和维持着产品和服务的价值以及持续的品牌关系[①]。要想建立关系，就必须给消费者和营销者以平等的价值。这意味着反思过去三十年左右发展起来的许多传统的、营销者控制的CRM模型。

　　消费者参与创造价值的共同创造的概念已经讨论了几十年，但是它并没有随着技术用于创造运用这个概念的机会而被充分的理解。企业怎样利用市场营销来刺激消费者去共同创造品牌意义、利益和价值？几十年来，一直是由企业决定品牌应该怎样，并随之创建广告来向被动的消费者传递品牌及其意义。现在，消费者创造了可供选择的品牌信息，并且将他们发布到社交媒体和互联网上。与传统广告相比，消费者生成的品牌信息产生了怎样的效果以及该如何用这些来获利？促使消费者创建这样的内容的最佳方法是什么？这些消费、创造行为以及对这些内容的分享行为是如何影响了购买行为？（不只是"订单"指标如微博数量）。

---

　　① Aggarwal, P., "The Effects of Brand relationship Norms on Consumer attitudes and Behavior," *Journal of Consumer Research*, Vol. 31(1), 2004,　p87-101.

品牌忠诚度降低

CN²市场带来的另一个挑战是消费者可以得到更多可供选择的相关产品和服务。例如，寻找一个产品的消费者一度可以进入一家当地零售店并购买零售商库存的任何一件商品。或者，消费者可能已经找到了一些产品目录并邮件订购商品。互联网、搜索以及广泛分布随处可利用的高效传输系统现在已经改变了这一切。消费者可以找到在另一个大陆的制造商或分销商，购买产品或服务并产生相应期望。同时，由于有了更多同等质量和功能的产品，消费者对特定产品的依赖性减少。如何在竞争市场中发展、培育和维持品牌忠诚度是一个重要的问题。一个可能的解决方案是企业去理解和发展消费者对产品和服务的参与和体验。营销者对于消费者参与是重要的这一点是认同的，但不认同它是什么以及如何发展和维持它。[①]

协同，所有接触的整合以及渠道和终端的增长

在过去的几年中，营销的重点是确定一到两个主要的营销工具，优化它们并观察其市场成果。"始于电视并且又增加了一些其他媒体形式以填补空白"的传统西方营销者方法似乎已经进入了尾声。展望未来，重点必须放在确定什么样的营销组合形式是最优的上面。这个任务随着广告渠道、终端和每个渠道担当的角色的不同而变得更加困难。除了印刷媒体、电视盒户外广告之外有更多的传输渠道，包括连接互联网的电脑、移动终端、手机短信、付费搜索等等。电视频道和节目的数量也在不断增长更加分众化。这增加了媒体预算分配的复杂性。我们需要更好的方法去理解每个传播媒介的有效性以及每个传播媒介和渠道之间如何互动。简而言之，媒介和信息协同。测量和展示每个媒介和媒介组合的投资回报将会越来越重要。

传统营销的信念是，如果我们了解营销的所有零件和组成部分，我们就

---

① Brodie, R. A.; Hollebeek, L. D.; Juric, B. and A. Ilic, "Customer Engagement: Conceptual Domain, Fundamental Propositions and Implications for Research," *Journal of Service Research*, Vol. 14(3), 2010, p252–271.

可以为了我们的利益去重组它们。但是逐渐地，我们看到所有动态部分的相互作用。顾客是一个整体。他们在他们需要的时候、以他们需要的形式去吸收，重组和激活所需信息。营销者也必须成为一个整体。整合将是今后营销者的一个关键技能，但并不是对他们过去自身所做的事情的整合。相反，他们应该整合他们的顾客、影响者、推荐系统、批评者以及营销网络中所有其他成员所做的。正是这种形式的整合在未来将是重要的。

首先，营销者应当更加熟练地利用社交媒体以及互联网其他部分的可获得的变量。营销人员应当在网络分析、字符处理和文本挖掘上做得更好。这些方法在计算机科学中已经存在了很多年，但是大多数营销者通常并没有训练有素地使用它们，任何营销研究教科书也并没有涉及这些。现有的口碑分类系统过于简单，它仅仅是一个从积极到消极的连续的范围。但是，毫无疑问并非所有的负面口碑都是一样的，所得到的回应也不应相同。作为文本挖掘的一部分，我们需要对口碑进行更细致的描述。图形理论和网络分析也不包括在营销研究和其他营销课程之内。

第二，营销人员必须对计算机科学算法和人工智能了解更多。营销者可能可能每天要做数以百万甚至数以亿计次的某些新媒体广告决策——例如那些围绕付费搜索的术语、投标横幅和陈列广告、选择广告托管网站、为访问某一网站的客户推荐一套产品等。显然，自动化计算机算法是必需的。因此，这些决策必须在几分之一秒内被决定，所以像一个模型或算法能否在很短的时间内引起推荐这样的问题应该被考虑在内。另一个关于建模的问题是市场是不断变化的，企业在不断获取数据，要求"实时"更新。传统上将营销人员是使用一个模型参数被估算一次的模型，然后嵌入一个批次模型。这些模型会保持不变直到参数被重新估算，然后再重新嵌入批次模型。将参数估算发展为随着更多数据可被获得以及市场环境的变化而去动态变化的模型将会是重要的。这样的问题在过去并不为营销学家或研究者所在意，但今天他们已经开始关注。

第三，营销者将不得不处理由数字设备和其他技术所带来的数据爆炸的问题。营销者所收集的关于消费者的数据在过去几十年由于因特网、社交媒体、移动设备等的发展而呈现了几个数量级的扩张。这样的数据对未经训练的营销者来说可能是难以应对的，但更相关、更有效的营销接触点的新的机会也将会因此出现。我们可以将这些新的数据集看做营销者在提供接触点时"使之取决于"的变量的增加。例如，媒体购买决策主要是基于假定的或估计的人口统计特征来制定——某个广告主可能在寻求25到40岁这个年龄段的女性，那么这些人就会被看做是同质的群体。现在，营销者可以根据先前的购买历史、个人客户在社交媒体上说了什么、客户在哪里（包括从移动终端获得的 GPS 信息），该客户在客户群体中所扮演的角色等，来为个体客户决定接触点。那么，如何更有效地使用这些数据来制定营销接触点？应该如何使用这些数据去创造新的产品和服务理念？

组织该如何确定是否实现了"互惠关系的结果"？这应该从消费者而不是营销者的视角出发，而这一方面在今天并没有得到很好的发展。组织已经有了关于如何测量收益的优秀理念，这对其自身是有益的，例如消费者终身价值、客户资产以及品牌资产。在理解消费者是否意识到这些价值或者认识到这个关系是值得付出时间、精力以及金钱这方面，组织应该去做更多的工作。在许多不同行业中，消费者满意度测量已经成为标准做法，但是满意度与价值不一定是同一回事。

我们必须理解价值与满意度之间的关系。如果满意度是价值的结果，那么这种代入是可行的，但是，满意度能够帮助确定具体是哪里有问题，或者更重要的是哪里有机会，这一点是价值所没有的特征。上面这些关于顾客体验和参与的讨论可能会是描绘价值特性的一种方法，但是，这对于大多数营销者来说是一个未涉足的领域。

一个相关的问题是，在组织和消费者互动的价值之间是否存在协同作用，也就是说，一方的价值是否会随着另一方获得更高水平的价值而得到增强，或者当一方出现问题时另一方的价值是否会减少？这将表明，组织和消费者在一个消费者——企业生态系统之中共享一种共生的关系。这代表一种与第一阶段和第二阶段截然不同的思考消费者的方式，即企业为了组织的利益——通常是短期利益，将目标消费者分成不同的部分，并使他们接触各种不同的营销信息以实现购买。因此，长期的互惠的方法能否被开发出来以帮助解释对组织和消费者两者的价值？

整合组织。未来的营销中最困难的挑战之一是许多消费者接触点并不是由"营销"群体来控制的。信息技术部门通常"拥有"许多操作数据库，它们极其详细地记录了各种各样的消费者互动，包括交易历史、网站和网页浏览历史、点击记录、移动定位记录、呼叫中心记录等等。信息技术部门还经常监测到消费者关系管理系统，这是存在像电子邮件以及其他形式的直接营销的接触点的原因。除了提供有关消费者的信息,这些数据库和系统目标接触点也定位个人客户接触点，以便组织可以分配不同数量的营销资源给不同的客户。来自IT部门的信息可能与营销中表达品牌的信息并不协调。计算机科学和信息技术可能在实时管理大规模数据集、为推荐交叉销售机会开发有效和可推广适用的算法以及测试不停变化的信息方面是精确的，但是如果他们破坏了由营销部门和广告代理方所创造的品牌建构信息，这些优化将弊大于利。好像这些活动应该与"广告或其他形式的营销传播"中的品牌构建信息相协同才是合适的。但似乎对这些命题以及被测量的这些接触点之间的协同作用的测试被忽略了。同样的，这些活动要么现在还并不存在要么就是过去的研究还不够。

而传统营销通常擅长品牌和市场营销策略的开发，而对于像终身价值、管理消费者数据库和测量营销活动在消费者层面取得的效果这样的以直销和数据库营销为中心的问题，则很少涉及。营销者应该学着去培养更好地考虑包括财务和IT等其他部门的想法、履行各项营销相关活动。

直接营销通常被营销者看做只是定位、品牌化和市场细分这些问题而已。一个假设是组织应该在这些活动中进行某种程度的协调，并且具有独立操作性功能，而不再被看做是可有可无的一种选择，它们已经牢牢嵌入在理论和实践中。创造一个组织架构的新视角将会是一个需要整个组织参与的任务，因为它远远超出了单独的市场营销的范畴。

我们总是会需要一些可以做出卓越事迹的人，但是那些有着专业知识和技能的人应该理解，他们的专业领域只是一个庞大拼图中的一个部分，将所有部分连接起来变得越发重要，而他们正是应该扮演将所有部分连接起来的角色。各个层级的管理者需要对能够促使这些行动的系统和程序有更好的统筹观察的能力。

总　结

我们已经对营销和营销传播在过去半个世纪是如何发展和演化做出了观照。这些观照的内在事实是大多数的变革都是技术进步的结果，这对营销者和消费者都是有益的。这些技术将继续兴起和演进。因此，我们将营销和营销传播看做一个动态的系统，而不是传统上的只有单一的时间是可能的。这些快照经过一段时间可以被组装成为动态图像，这也正是我们在这篇文章中尝试去做的。这些动态图像可以使我们洞察关于营销和营销传播是如何发展的以及为何这样发展，但是它在预测未来的能力上是有限的。因此，我们建立了两个历史模型来解释过去的营销和营销传播。我们叫做 CN² 的第三个模型是尝试提供对当前市场的简单映像。我们认为，这表明如果营销者和营销学者想要改善和理解这个动态的、不断不变化的、我们每个人都能寻找到自身的营销系统，那么就需要开发一些新的方法和途径。我们所建议的每一个未来研究的领域都是新思维和新发展的富矿。展望未来，我们认为大部分的新思维都会来自亚太、非洲和南美的发展中的市场和经济。在这些地方技术得到了最迅速的发展、市场演进也最为迅速。在我们看来，亚太地区可能会是新思维大量涌现的地方。因此，西方营销学的思想统治应该适应待开发的新兴市场经验的要求。另一种全新形式的整合可能会是最重要的。

（作者：艾德沃德斯·马尔萨乌斯，美国西北大学麦迪尔新闻学院副教授；唐·舒尔茨，美国西北大学商学院教授。译者：王维维，首都师范大学文学院文化产业专业研究生）

90后大学生群体的消费行为探析

陈培爱　闫　琰

摘要： 随着80后群体逐渐步入社会，90后群体成为了新的值得关注的特殊群体。由于90后被称为互联网的土著，其主体是学生群体，有别于其他群体，同时鉴于其巨大的消费潜力及其独特的个性特征和消费行为，本文较深入地研究90后大学生群体的消费行为，试图勾勒出90后群体整体的消费特征，并探讨与90后大学生群体相适应和匹配的营销对策。

关键词： 90后大学生群体　消费行为　营销对策

随着时间的推移，80后群体绝大部分已经走上了工作岗位，而新生代的90后学生群体逐渐开始崭露头角。伴随着人们生活条件的提高，其消费水平和消费能力也日益显现。而随着90后群体步入大学、走向社会，他们将成为商业社会极速增长的新兴势力。

但是，与之前被热议的"80后"一样，"90后"群体因其独特的个性特征往往被错误解读。有人形象地称90后为草莓一族，也就是说他们像草莓一样好看，光鲜，有活力，但是却不能应对磕磕碰碰，不能经历风雨的洗礼。当然这也只是一部分人对他们的印象，相反还有另一种声音的存在：有关90后时尚，独立，更活泼，更有创造力的言论也是层出不穷！

90后群体独特的价值观、生活方式和消费方式，也让营销者不知所措。2010年7月，李宁品牌重塑以"90后李宁"为主题被认为是最大败笔，伤了老客户，并未打动和吸引到年轻人。自李宁宣布进行品牌重塑（Make The Change 让改变发生）以来，公司陆续出现一系列问题：多位高管离职、裁员、库存过剩、股价跌至最低点等。由此可以看出，不是企业只要向90后随便一"卖萌",90后群体就会被打动,而且传统的营销方式在"90后"面前并不合时宜,企业必须深入了解90后群体的个性特征和消费行为,才能找到适合这类群体的营销方式和广告策略,进而才能占领90后群体这未来最富有潜力的消费市场。

一 90后大学生群体消费潜力巨大

尼尔森2012年新出炉的《中国社交媒体受访用户研究报告》显示,相对于全职工作者,学生群体未来的网络消费潜力巨大,他们同时也是社交网络的活跃使用者。[①]目前的学生群体未来有巨大的网络消费潜力,90后群体的绝大部分为学生群体,以下两张表格可以体现90后学生群体对网络消费的影响和贡献,如图所示:

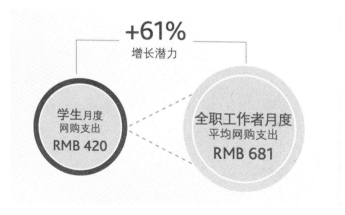

图1 学生月度网购支出比较[②]

从上图可以看出,90后学生群体虽然并未走上工作岗位,但其网购支出较全职工作者月度支出并无太大悬殊。同时,90后学生群体谙熟互联网,对社交媒体的渗透率和使用频率较全职工作者更高,如下图所示:

---

① 尼尔森市场研究,《中国社交媒体受访用户研究报告》2012,http://cn.nielsen.com/documents/ChinaSocialMedia.pdf。

② 见尼尔森:《中国社交媒体受访用户研究报告》2012年。

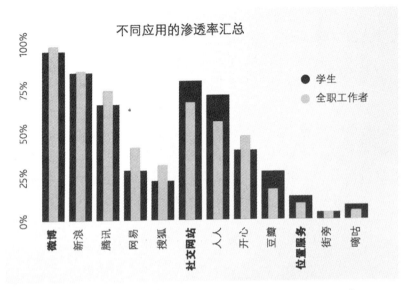

图2　学生群体和全职工作者对网络不同应用的渗透率汇总①

从以上的研究结果可以看出，90后学生群体有着不容忽视的巨大消费潜力，而其表现出不同于80后、70后的生活方式和消费行为更是值得深入研究。只有深入了解其独特的个性和消费行为，营销者才能对90后消费群体制定行之有效的营销策略，才能从根本上把握未来的消费市场。

二　90后大学生群体的消费行为特征

（一）90后大学生群体的生活背景

90后群体相对80后和70后群体而言，其生活环境相对前几代优越许多，没有经历过政治历史动荡，经济发展也较为平稳。由于90后出生在改革开放成效显现、信息社会飞速发展的年代，所以90后是信息时代的先锋体验者。90后作为年轻人，对新事物的接受能力较强，在审美观和价值观方

---

① 见尼尔森：《中国社交媒体受访用户研究报告》，2012年。

面也与前人有很大不同，偏爱非主流，其生活习惯、价值观、世界观、消费观与国际主流接轨。

（二）90后大学生群体的消费观念

鉴于90后群体独特的生长背景，90后的消费观就与80后有所不同。他们追求叛逆、张扬、狂野、诡异等，一些90后群体追求另类和时尚，甚至我行我素。同时他们购买欲极强，他们是特立独行的一代。

但是有研究显示，在消费观念上，90.1%的90后大学生选择了量入为出。有97%的90后大学生和80后大学生均表示会在购物时考虑商品价格；90后大学生对于购买自己喜欢的各类书籍和电脑、手机、PSP等时尚用品的比例高于80后大学生。可见，90后大学生更注重与信息化时代接轨，更注重新颖与流行。[①]

以手机等电子信息产品为例，2012年7月迪信通发布的调查结果表示，与其他消费群体相比，学生群体对手机的消费支出大于成人，因为学生消费者更加关注手机性能、应用等属性，手机刷微博、看电影、微信聊天等是他们每天必做的事。另外他们购机更关注屏幕尺寸、手机主频、运行内存等核心硬件信息。因此，苹果iPhone4S、三星Galaxy3、HTCone系列等动辄四五千元的高端智能机是他们的首选产品。[②]

另外，艾瑞咨询2010年底发布的调查结果也显示了90后学生群体对时尚电子产品的认可和追求度。从下表中可以看出，苹果品牌显示了其在80后人群中的优势，索尼爱立信则较多受到90后的青睐。同时艾瑞咨询分析认为，三类人群对于手机品牌的预购差异更清楚地揭示了年龄与品牌选择的联系。[③]90后乐于接受引领潮流的苹果品牌和具有多种适合年轻人群功能的索尼爱立信品牌，如下图所示：

---

① 蒋明军、徐松如、王珊、刘凤：《80后与90后大学生价值观系统比较研究》，《高校辅导员学刊》，2009年第10期。

② 古晓宇、林楠：《学生购手机平均花费超成人》，京华网，2012年7月16日，http://epaper.jinghua.cn/html/2012-07/16/content_886955.htm。

③ 黄祎、艾瑞iUserTracker：《70、80、90后人群个人电子设备预购呈现品牌差异》，艾瑞网，2010年12月9日，http://news.iresearch.cn/viewpoints/129295.shtml。

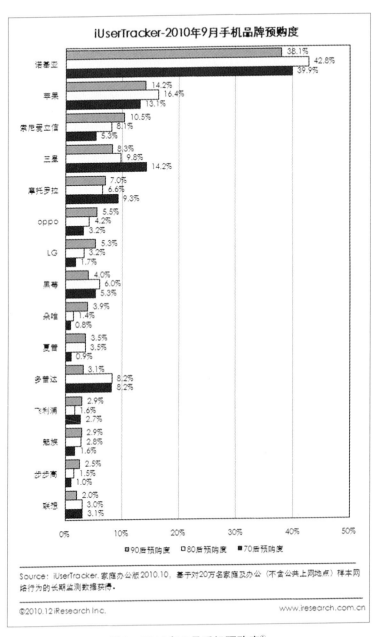

图3　2010年9月手机预购度①

---

① 资料来源：艾瑞咨询。

（三）90后大学生群体的消费水平

90后群体基本上属于少年阶段，由于没有收入，消费水平受限制，消费方向主要集中在学习和生活用品上，如电子字典、MP3 、MP4、PSP等。虽然还没有收入，但这一受众群体潜在的消费能力也不容忽视。现在处于这个年龄段受众的基本是独生子女，又处在叛逆又彷徨的阶段，把"个人喜好"放在是否购买的首要位置，同时又重视品牌。从某种程度上来说他们的需求左右着整个家庭的开支。[①]

有研究显示，在消费资金来源上，79.3%的90后大学生的生活与学习费用来源于父母支付，其中有少量的90后大学生选择课余兼职。在消费支出上，80后大学生与90后大学生并无多大差异。大约八成左右的大学生月生活支出在800元以下。可见，90后学生群体的消费水平并不低。[②]

以90后学生购买手机产品为例，国内最大通讯连锁迪信通公布的市场数据显示，在暑期市场中，学生购机平均单价为2000元左右，大大高于1500元的北京消费者平均购机单价。不过，并非所有的学生消费者都有足够的财力，迪信通的数据同时显示，学生贷款进行购机的消费者数量也在大幅增加。受经济条件所限，一部分学生消费者以分期付款方式支付高端智能手机购机款，逐月还贷百元是他们更易接受的购机支付新选择。[③]

（四）90后大学生群体的消费方式

对于还处在初中和高中阶段的90后群体来说，他们觉得钱包里有钞票才会有安全感，所以90后通常喜欢用直接支付现金的消费方式。他们的零用钱花在休闲娱乐方面远远高于花在其他方面，和朋友吃饭、购物等是他们最主要的消费方式。

对于已经步入大学校园的18岁以上的90后群体来说，除了实体店购物外，网上购物的消费方式也是其较常采用的购物方式（如下图所示）。90后

① 崔晋：《计算机三维技术在影视广告设计中应用的研究》（硕士论文），2008年，第39页。

② 蒋明军、徐松如、王珊、刘凤：《80后与90后大学生价值观系统比较研究》，《高校辅导员学刊》，2009年第10期。

③ 古晓宇、林楠：《学生购手机平均花费超成人》，京华网，2012年7月16日，http://epaper.jinghua.cn/html/2012-07/16/content_886955.htm。

网购的支付方式以网银支付、第三方支付（如支付宝）和货到付款为主。而在自己经常网购的网站选择上，淘宝网所占比例最高，随后依次为当当网、卓越亚马逊、凡客诚品和京东商城。排名前十的网站中，团购网站占到三家。

就90后大学生群体市场而言，中国网购网站的局面可以概括为：淘宝一超独大，当当卓越分庭抗衡，凡客京东后来居上，而各种团购则进入白热化竞争。①

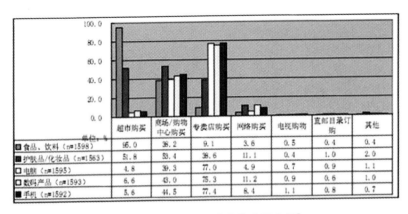

图4　90后学生不同产品的购买途径②

由中国传媒大学广告学院校园营销研究所、媒介研究所和新鲜传媒共同发起的调查显示，90后消费趋于理性。打折和促销是能打动大学生的促销方式之一，③但同时他们也具有理性的一面。2011年CMI校园营销研究院和群邑智库联合发起的一项调研显示，90后群体又不会单单因为广告的诱导而冲动消费，也不会因为打折、促销去盲目购买。④这种两面性给商家和媒体带来了巨大的考验。

①　《90后消费观念：我有我要求》，梅花网（转载于中华广告网），2012年2月16日，http://www.meihua.info/knowledge/channel/3/article/3577。

②　资料来源：中华广告网。

③　《首份"90后"大学生媒体使用习惯及消费习惯调查报告》，艾瑞网，2009年7月17日，http://column.iresearch.cn/u/zhongzhan/archives/2009/121560.shtml。

④　《90后大学生数字化生活调查报告出炉》，中华广告网，2011年12月20日，http://www.a.com.cn/info/domestic/2011/1220/50211.html。

三 90后大学生群体消费行为的复杂性

由于90后群体大都为学生，处于少年阶段，正是成长变化最大的阶段，消费偏好也可能在短时间就发生迅疾变化。因此，对90后消费群体的了解和把握还必须兼顾到其复杂性及一些变量的因素。

（一）90后大学生群体消费的双重性

从前文各方的研究报告和结果可以看出，90后群体在消费方面呈现出双重性的特质。一方面，90后群体消费者较为感性，购买行为以个人喜好为主，对时尚类产品和电子产品等表现极为热衷，消费行为基本上是"价格大于价值"；另一方面，其消费又颇有理性，能够量入为出，对价格表现较为明显，具体表现就是对折扣等优惠信息表现敏感，喜欢团购等较优惠的消费方式。

另外，由于90后群体没有收入，消费资金主要来源于家庭，其总体消费水平有局限性，但是其在某些方面的消费能力又不可小觑，甚至赶超在职的成年人，如手机、电脑等产品。另一方面，他们也考虑到自身的经济承受能力，因此在消费上采取贷款或分期付款的方式是目前一部分90后群体比较乐于采取的消费方式。

（二）90后大学生人数比率上升

另外，90后群体与70后群体、80后群体表现更为不同的一个特点是，其群体出生率的下降。这对未来消费市场将产生一些影响，尤其网游等行业更需要考虑到这一点，因为主要依靠18岁以上较为年轻的适龄游戏人群的总数逐年减少。教育部的数据显示，1997年至2005年，小学一年级新生入学人数持续九年走低，已从25741978人降低到16945201人，此后四年，该数据保持在1700万人左右。[①]

但是，自从我国政府1999年决定扩大大学生招生人数以来，我国大学生人数出现了激增，由1998年的209万，一下子跃升到275万、376万、464万

---

① 张京科：《分析称90后出生率下降使网游用户群减少》，《第一财经日报》，2011年2月10日。

……一直到2011年,高校招生人数达到近600万。10年间,中国大学生人数增加了两倍,在校大学生的数量更是出现了4倍以上的增长。

人口出生率的下降和大学生人数比率的上升,使得企业和营销人员要注意提高单位人群的贡献量来保持经营收入,尽管这样,一些行业也难免走入发展的瓶颈期。

四　90后大学生群体的营销对策

通过以上对90后群体的消费行为分析可以看出,针对90后群体的营销需要深入挖掘90后的消费特点和个性化元素,并将其与企业的营销相贯通,才能在未来更好地把握强大的主流消费群体市场。

（一）个性营销

对于崇尚自我个性、追求与众不同的"90后"来说,得到一款有个性的,与众不同的产品是值得让他们毫不犹豫掏腰包的事情。因此,对于企业来说,需要在自身的产品中找到独特的卖点,并运用与众不同的营销策略来保证这种个性,将是较为成功的营销方式。

对于塑造产品独特的个性,可以有不同的方法,可以是很漂亮、有个性的产品外观;也可以是产品的一个独特功能;更可以是一个个性的名字,如前一段热播的纪录片《舌尖上的中国》,被大学生创业者借鉴,改成"舌尖上的屌丝"来为餐厅命名,个性的名字使得该餐厅生意火爆,吸引了不少该校的大学生。

就营销手段来讲,可以采用限量和限人的方式。[①]限量是一些国际大牌较长运用的方式。物以稀为贵,限量使得消费者可以获得与众不同的珍贵感。另外限人是利用消费者将进入"限制范围"作为自己个性的体现和身份的象征,进而实现情感沟通。

（二）互动营销

90后学生群体是注重感受的一代,他们在消费过程中更注重消费的感受和体验,以及对品牌文化的认同感。在营销中如若能够给予他们视觉、听

---

① 李光斗:《酷营销打动"90后"》,《经理人》,2010年第3期。

觉、触觉、味觉、嗅觉五感的综合感受，给消费者以综合的感受，就能激发该群体全面立体的感官体验。因此，互动式营销更能吸引他们的注意和对信息的卷入度，从而激发他们的购买行为。

以娱乐体验为例，90后学生群体喜爱音乐、网络游戏等，追求娱乐体验。若在游戏中植入产品信息，或是将产品特性和游戏内容有机结合起来，开发出有趣的互动游戏，来吸引90后群体的娱乐体验，增加对产品或品牌的认知度，并进一步引发购买行为。

（三）网络营销

90后学生群体是拇指时代的最显著体现者。通过电脑、手机等终端设施，活跃于QQ群、博客圈子、微博粉丝中等。在这些圈子里，互相分享消费体验，能够形成口碑传播。企业也要根据90后群体的媒介接触习惯和方式，进行媒体覆盖和接触，形成自己产品的宣传网落。如企业同样可以自己创建一个网络圈子，通过口碑促进销售。同时，企业也可以利用微博平台等跟粉丝群互动，了解他们的需要，搭建与消费者之间情感和信息连接的平台和纽带。

总的来说，针对90后的消费者行为研究非常迫切和必要，而消费者的行为也处于不断变化中，对90后的消费行为关注要持续进行。同时，对于90后消费者来说，传统的营销方式是行不通的，必须深入把脉了解90后消费者，利用互动营销等新的营销手段，以上所列只共借鉴，还需营销人员深入挖掘消费者个性特征，探索更行之有效的营销手段。从李宁针对90后的营销转型可以看出，不是所有向90后"卖萌"的营销手段都会成功，针对90后群体的定位及营销策略稍有不慎，就会带来风险，因此更值得我们对此进行持续深入的研究。

（陈培爱:厦门大学新闻传播学院教授，博士生导师；

闫琰:厦门大学新闻传播学院博士生）

数字化背景下校园消费主义文化特征与校园营销

姚　曦　秦雪冰

摘要： 本文通过对人的生存方式的分析认为，人的生存分为"自然生存"和"技术生存"，在数字化技术全面渗透的今天，"虚拟生存"成为最主要的技术生存方式。"虚拟生存"在大学生群体中体现的尤为明显。同时，在消费主义逐渐渗透大学校园，大学生的消费呈现出消费主义数字化的特征。基于消费主义的校园数字化营销是未来校园营销的主要方式。

关键词： 数字化　消费主义　校园营销

一　数字化生活与"虚拟生存"

（一）数字技术与"虚拟生存"

"纵观人类的历史，从车轮到书籍的发明，科技总是在塑造自我和人类群体的形态。"①伽达默尔曾经断言："20世纪是第一个以技术起决定作用的方式重新确定的时代，并且开始使技术知识从掌握自然力量扩转为掌握社会生活。"②事实的确如此，从来没有哪个时代像今天一样，技术因素在人类社会生活中起到这样关键的作用。人类在生产实践中不断更新和强化技术手段，而技术水平的发展又在某种程度上影响着人类社会生活方式，甚至改变社会

---

① Tom Boell storff: *Coming of age in second life: an anthropologist explores the virtually human*, Princeton University Press, 2008, P32.

② [德]伽达默尔:《科学时代的理性》，薛华等译，国际文化出版公司，1988年版，第63页。

的结构模式。

1. 人的自然生存与技术生存

自然是人类和其他动物获取物质资料的前提，也是完成延续生命、繁衍后代这一本能任务的需要。自然生存，不管是在刀耕火种的原始时期，还是在科学技术高度发达的今天，都是人类最为本质的一种生存方式。

与其他动物在自然界中的本能反应不同的是，人类除了适应自然之外，还在不断创造性地改进生产工具，以提高改造自然环境的效率。从石器时代开始，到青铜器、铁器的发明与推广，再到近现代阶段的蒸汽机、电力，每一次科技进步都意味着人类身体局限的一次突破，也意味着劳动能力的一次飞跃。也就是在这个过程中，科学技术对于人类的重要意义逐渐突显，营造出了人类生存不可缺少的"技术环境"，也造就了所谓的"技术生存"。正如海德格尔所说，"诸种科学都是人的活动，因而都包含有这种存在者(人)的存在方式。"①可以说，技术生存真正展现了人对于世界的主体性与能动性，超越了"自然生存"状态下对外在环境单纯的依赖和顺从，是人类生存方式的革命性变革。"海德格尔称之为'技术的本质'的东西，要比人所能创造的任何东西都更为亲密地渗透到人的生存。技术的危险在于它能改变人类，它能使人类行为和希望彻底扭曲。不是机器能发狂，而是我们错误地与机器进行比较之后把我们自己给误解了。技术则相反，它进入到人类的内心深处，改变着我们的知、思、欲的方式。从本质上讲，技术是人类生存的一种方式，然而在计算机成为一大文化现象之前，我们是不可能察觉它的精神渗透作用的。"②在哲学维度上，"技术生存"的意义不仅体现在人类的实践能力与生存方式的问题上，更表现在人类理解世界方式的改变上。以科学技术为中介，人类开始一步步向世界的深处挺进，生产工具的智能化、活动过程的信息化、活动范围的扩大化，使得人类的劳动方式和劳动效果远远超出了满足基本生存需要的范畴，进而达到了探索世界与生存基本意义的层面。对于人类整体而言，这无疑是一个影响深远的过程。在这一过程中，人类的社会生活也体现出了明显的"技术化"特征。生存于现代技术环境中的人类，从观察世界、思考世界一直到解读世界的意义，都是透过技术或者技术的成

---

① [德]海德格尔：《存在与时间》，陈嘉映、王庆节译，三联书店，1987年版，第15页。

② [美]迈克尔·海姆：《从界面到网络空间:虚拟实在的形而上学》，金吾伦、刘钢译，上海科技教育出版社2000年版，第62页。

果来进行的：技术力量，极大提高了人类改造自然的能力;技术标准，日渐成为外在事物甚至一于人类自身的价值标准;技术因素，不仅改变了人的生存模式，还渗透到了意识形态体系之中,这正好印证了怀特几十年前的观点:"技术和社会共同决定哲学的内容与方向。"①

从本质上而言，"自然生存"与"技术生存"并不是人类生存的不同阶段，而是个体必须同时面对的两种不同的生活状态，二者既相互区别又不可分割，同时对生存于其中的"人"产生作用:如果说"自然生存"是直接以身体的力量来面对自然的话，"技术生存"就是一种利用"身体延伸"征服自然的努力。

2. 在数字化技术全面渗透的今天"虚拟生存"成为最主要的技术生存方式

以创新理论闻名于世的熊彼特，在1939年出版的《经济周期》一书中第一次提出，技术革新是经济长周期的主要起因；他在1942年出版的《资本主义、社会主义和民主主义》一书中，再次重申技术革新是资本主义经济长期波动的主要起因这个观点。他把经济周期分为长周期、中周期和短周期。将经济长周期的原因理解为技术变革以及由于技术的变革而引起的扩散过程。据此，经济学家将人类的"技术生存"时期划分为五个长周期。

在技术与需求这两个理解维度之下，一些经济学家认为，以早期器械化为标志的第一次长周期主要接解决了人们"衣"的问题；以蒸汽化为标志的第二长周期解决了动力问题，货物运输问题；以电气化为标志的第三次长周期进一步解决了动力问题，同时解决了"行"的问题和"通讯"的问题；以自动化为标志的第四次长周期全面提升了人们的"衣"、"食"、"住"、"行"，同时，又解放了人脑。自20世纪90年代人类进入第五次长周期以来，需要的解决的是人们的"沟通"问题与"虚拟生存"问题。沟通问题指的是全方位的沟通问题，而非电报、电话及音像传递。"虚拟生存"是与现实生存相对应的概念，人的现实生存是最基本的生存方式，这一方式的基本规定有两个：第一，人们面对的是活生生的人（比如想飞行，受到人体结构的限制；想登山受到体力的限制）；第二，现实的生存有着很多"硬性"的限制，这种"限制"不仅来自于自然还来自于社会（比如你想去旅行，想买豪宅受到自己财力的限制；想在一个群体中成为领导者，受到他人认可的限

---

① [美]怀特：《文化科学》，曹锦清等译，浙江人民出版社，1988年版，第351页。

制）。不管是人的"沟通"问题，还是"虚拟生存"问题都需要数字技术来解决。目前人类正在进入"虚拟生存"的阶段。数字化技术不仅改变了人类的实践能力，也改变着人类的生存方式和理解世界的方式。

尼葛洛庞帝在《数字化生存》中宣称"计算不再只和计算机有关，它关系到我们的生存"。如同该书的书名所示，尼葛洛庞帝关注的是人类在数字时代生存方式的变化。在他看来，引起这些变化的，正是日渐勃兴的计算机技术；这种全新的技术，表征着一种全新的人类交往模式。

数字技术之所以对人类社会产生如此重大的变革，归根到底是因为技术性质的改变。亚当·斯密对分工问题进行过多方位的研究，指出分工是创造价值的重要源泉，因此，他特别倡导分工协作。从第二次经济长周期到第四次经济长周期，产业内部越分越细，在这个过程中，技术进步大多发生在本产业内部而不是发生在各产业边界，或者说，技术的进步往往是向外开拓性的，而非前后贯穿的。但是，从第五次经济长周期以来，技术的进步不再仅仅是"前向的"，而是"回顾的"、"贯穿的"，也就是说一项技术的创新，不仅仅带来一系列新产业的出现还促使原有产业接受改造。数字化技术在创造自己的产业即数字产业的同时，也在改造着诸多原有产业，导致整个社会社会生活的改变。

（二）大学校园的"虚拟生存"

1995年，尼古拉斯·尼葛洛庞帝在《数字化生存》一书中写道"当传统媒体广播、电视、报纸在大力宣传互联网时，它们不知道他们在培养自己的掘墓人。"如今，虽然网络并未如尼葛洛庞帝所说一统天下，4大传统媒体仍在人们的生活中扮演着重要角色，但对于伴随着网络成长的90后大学生群体中，尼葛洛庞帝所预示的网络化和数字化生活方式，真实地笼罩着他们的生活，"虚拟生存"成为大学生的主要技术生存方式。

1. 媒体接触上，网络媒体一枝独秀

CMI校园研究院调查结果显示"在90后大学生中，每天接触网络的学生比例为61.7%，而电视、报纸、广播和杂志四大传统媒体"每天接触"的学生比例仅占11.9%、6.8%、16.3%和6.1%"。网络媒体一枝独秀，其他媒体之能作为补充。即便是传统媒体信息，90后大学生也可以通过网络来获取。

2. 互联网对大学生的"全覆盖"

据CMI校园研究院调查结果显示，互联网在90后大学生群体中的普及率为100%，相对于目前中国互联网普及率36.2%来讲，网络已完全渗透到90后大学生群体当中。

3. 互联网成为大学生生活的"全天候"项目

据CMI校园研究院调查结果显示，90后大学生中，每天上网的人比例高达61.6%，一周三天或以上上网的比例达21.4%。可见八成以上的90后大学生上网较为频繁，上网成为大学生生活的"全天候"项目。

二　大学校园消费主义的数字化生存特征

（一）从生产社会到消费社会

消费主义是伴随着西方社会从生产社会进入消费社会而产生的一种价值观念和生活方式，从西方历史来看，消费社会和生产社会分别代表了两个不同历史发展阶段和发展水平。由生产社会进入消费社会，意味着社会发展进入一个更高的水平。在生产社会阶段，由于生产能力不足，经济处于短缺状态，绝大部分人口的消费仅仅处于维持基本生存的水平，人们往往以"生产者角色"而不是"消费者角色"来展现自身的身份认同。当随着西方发达国家经济的迅速发展进入物质丰盛社会时，由于生产能力过剩，经济进入买方市场阶段，要保证社会的持续发展和资本的积累，就必须刺激人们的消费欲望，促进消费的发展，西方发达国家将刺激消费作为经济发展的重要政策，于是消费在经济系统乃至社会系统中日益取得了主导性的地位，消费社会也随之到来。伴随着产品的极大丰富和人们收入水平的不断提高，人们的消费能力和消费选择自由大大提高，消费成为人们建构身份认同和获取享乐体验的重要途径。消费社会的主导意识形态就是消费主义，消费主义它煽动人们的消费激情，刺激人们的消费欲望，体现为消费者追求对不断膨胀和更新的欲望的满足，在消费社会中消费主义支配着资本的运作。

"今天，在我们的周围，存在着一种由不断增长的物、服务和物质财富所构成的惊人的消费和丰富现象，它构成了人类自然环境中的一种根本变化。恰当地说，富裕的人们不再像过去那样受到人的包围，而是受到物的包围……我们生活在物的时代。"①这是鲍德里亚描绘的西方社会在从以生产和积累为中心的社会转向以消费为中心的消费社会中人的存在方式和价值理念

---

① [法]让·鲍德利亚：《消费社会》，刘成富、全志刚译，南京大学出版社，2006年版，第1页。

发生重要转变的图景。

关于消费主义的内涵有多种观点，比较有代表性的主要有："消费主义指的是一种价值观念和生活方式，它煽动人们的消费激情，刺激人们的购买欲望。消费主义不在于仅仅满足"需要"，而在于不断追求难于彻底满足的'欲望'。消费主义代表了一种意义的空虚状态以及不断膨胀的欲望和消费激情。"① "消费主义表现为现实生活层面上的大众高消费，它常常是由商业集团的利益以及附属于它们的大众传媒通过广告或其他各种文化、艺术形式推销给大众，并且把个人幸福、社会地位和国家发展的道路都奠定在高消费上，从而使高消费成为正当的、道德的和合法的或者说是自然的和普遍的。"② "消费主义是一种以推销商品为动力，进而无形中使现代社会的普通大众被挟裹进去的消费至上的价值系统和生活方式。"③ "消费主义是指发端于美国，在西方发达资本主义国家普遍存在，也在不发达国家出现的价值观念或生活方式。它主要把消费作为人生的根本目的和体现人生价值的根本尺度；把消费更多的物质资料和占有更多的社会财富作为人生成功的标签和幸福的符号，从而在生活实践中采取无所顾忌和毫无节制的消耗物质财富和自然资源，以追求新、奇、特的消费行为来炫耀自己的身份和社会地位，持有"生存即消费"的人生哲学和生存方式。④

英国学者卢瑞（Celia Lury）描述了现代消费的16个特征⑤：（1）拥有数量和品种繁多（而且一直不断增长）的消费商品。（2）市场使人类的交换和交流朝着越来越广泛的方向发展。（3）购物延伸为一种休闲方式。（4）不同购物形式的日益显现，从邮购到大型商场购物到汽车行李箱降价市场再到二手货商场。（5）由消费者组建的消费者政治团体。（6）体育和休闲消费的日益明显。（7）解除了借钱的限制，相应地，欠债的含义改变了。（8）购物和消费场所的增加，如大型购物商场的扩大，零售广场和休闲场所增多了，并形成一定模式。（9）在生产、陈列和购买消费品的过程中，包装和宣传的作用变得越来越重要。（10）日常生活中广告的肆意渗

---

① 陈昕：《救赎与消费——当代中国日常生活中的消费主义》，江苏人民出版社，2003年版，第7页。

② 刘晓君：《全球化过程中的消费主义评说》，《青年研究》，1999年第6期。

③ 杨魁、董雅丽：《消费主义文化的符号化解读》《现代传播》，2003年第1期。

④ 何小青：《消费伦理研究》，上海三联书店，2007年版，第72页。

⑤ [英] 西莉亚·卢瑞：《消费文化》，张萍译，南京大学出版社，2003年版，第25~30页。

透。（11）越来越注重商品的款式、设计和外观。（12）营造特殊的时空氛围来推销产品。（13）出现了一系列的所谓消费犯罪——信用卡诈骗、偷窃和抢劫——以及消费者监控技术——遥控摄像机、银行、电话和通讯公司的详细账目纪录。（14）当生活方式的推广已经成为生活方式的一部分时，我们就无法避免涉足消费商品以及自我塑造或自我完善的相关仪式的选择。（15）出现了越来越多的所谓消费疾病和所谓的"代理病"、病变或"愿望病"，例如，上瘾癖，无论是酒精上瘾还是吃瘾或购物癖。（16）个人或集体对物质商品的收藏、分类和陈列的浓厚兴趣，无论这些是艺术品、邮票、古董、音乐磁带或照片。

总体来说，消费主义就是一种把消费当做人生最高目的的价值观念和生活方式。在这种生活方式中，追求时尚、有品位的高消费，渴望较高的物质享乐和消遣成为生活的主要准则，人们消费中更注重的是个人的享受和满足，更看重的是商品的象征意义而不是商品的实用性，人们从商品的购买、使用和消费中寻找人生的意义。消费主义的主要特征有消费的无节制性、消费的符号象征性、消费的非自主性。

中国是否进入了消费社会呢？一方面，根据中国生产产能和产品总体性过剩，中国经济系统步入消费导向的经济的这一事实而言，中国已步入消费社会，这不但是因为消费在中国的社会经济系统中开始发挥着举足轻重的作用，经济、社会、文化和政治活动越来越围绕着消费这个主轴展开，而且也因为中国产生了一批人数甚众的富裕阶层和中产阶层，消费者市场成为影响社会生活、经济生活、文化生活和政治生活的不可忽视的力量。但另一方面，中国又不算是充分的消费社会，因为中国还存在这大量贫困农民阶层和人数众多的城市贫困阶层。可以说中国社会是一个非典型的消费社会，是兼具生产社会特点和消费社会特点的社会。王宁教授认为，"这主要是由于社会财富分配的两极分化造成的，由此而导致社会出现两个阶层，一个是生存者集团，一个是消费者集团，二者奉行着各自不同的消费行为逻辑。"①他认为，生存者集团主要包括农民工、下岗或失业职工以及其他低收入群体，他们的消费主要是为了满足自身生存的需要。而消费者集团主要包括私营企业主、国企和私营管理层、白领阶层、党政领导干部与其他公务员、律师、会计师、工程师、教授、自由职业者、演艺人员等。而消费者集团中的消费主

---

① 王宁：《从苦行者社会到消费者社会》，社会科学文献出版社2009年版，第399页。

义者则可分为两种，一种是真正的消费主义者，他们有足够的经济实力来践行消费主义生活方式，另一种是准消费主义者，他们缺少足够的经济实力难以实现或难以全部实现其消费主义的欲望，但他们在极力追求或模仿消费主义的生活方式。从消费主体的角度来看，当代中国消费社会的主要特征有奢侈性消费、炫耀性消费、一次性消费、腐败型消费、畸形消费。从消费的客体角度来看，当代中国消费社会的主要特征有物质消费中符号价值张扬、精神消费庸俗化、肤浅化等特征。

（二）数字化背景下校园消费主义文化特征

从消费的角度来说，大学生是一个比较特殊的群体。上大学之前，父母在消费中多居于主导地位。进入大学校园之后，消费成为大学生活中必不可少的内容。与其他年代大学生相比，90后大学生所处的经济环境已经相当优越，生活费自然水涨船高，消费形态也呈现出多样性。正如王宁教授的观点一样，大学校园的消费状况也呈现出两极化的特点，来自于生存者集团的同学消费仍然是满足自身的需要或者是呈现准消费主义者的特征；来自于消费者集团的同学成为大学校园消费主义文化的主体。在大学生消费能力有限的前提下，大学生的消费仍然以理性消费为主，然而消费主义文化也越来越凸显，在CMI校园研究院的调查中1600名学生对"对于想要的东西，价格贵一些也会买"说法的态度评价同意率达58.2%；1600名学生中有73.7%的人都同意"我宁愿多花一点钱购买品质较好的东西"这个说法。
正如前文所言，数字化背景下的"虚拟生存"成为90后大学生主要的生活状态。在数字化背景下，作为准消费主义者和消费主义者的大学生，校园消费主义文化又呈现哪些特征呢？

1. 消费信息网络获取，通过网络进入全面参与时代

在数字化这一背景下，大学生在做出购买决策时，网络成为重要的信息获取渠道。尤其是在购买电脑、数码产品和手机等贵重产品时，通过网络进行搜索、对比和网评成为大学生购买决策的重要参考依据。

通过网络，大学生消费者进入全面参与时代，不管是不是消费企业的产品也要评头论足，他们不再处于被动，他们希望能随时与企业对话，并且不相信权威，更相信直觉、口碑。更多时候，他们通过网络或表达对某一个产品的性价比等信息的看法；或对某一款产品使用的感觉或者质量、价格、外观的评价；或某一个产品的售后服务或该企业的看法。通过网络，他们进入

全面参与时代，参与到其他人的购买决策中，也参与到企业的营销环节中。

2. 追求奢侈消费，奢侈消费网络获取、虚拟完成或网购仿奢侈品

生在消费社会的时代，90后大学生与学生时代的80后、70后相比，对各种奢侈品牌显然是耳熟能详，对奢侈品的喜爱不言而喻。然而，除了一些来自于"消费者"集团家庭的同学能够承担之外，大多数同学对奢侈品的追求呈现出多样化的特征。

除了一些同学能够通过"专项拨款"获得奢侈品外，一些通过"网络代购"、"相关名品折扣网站"进行购买。原因正如90后认为的那样，网购较为便宜。

而对于一些难以实现的奢侈品消费，部分同学选择了网络虚拟完成来，如前几年流行的开心网，通过积分的获取可以在虚拟的社区得到马尔代夫、马达加斯加的豪宅；劳斯莱斯、凯迪拉克等豪车。对购买力有限而又追求奢侈品的大学生来说，通过网络来购买模仿奢侈品的商品，一些同学通过网络来购买奢侈品相似款型的衣服、包包、鞋子等商品，以求满足对奢侈品的追求。

3. 消费通过网络进入"秀"与"晒"时代

网络虽被称为虚拟空间，但存在于这一空间之中的却是现实中的人，网络空间常同步展示着现实，现实与虚拟的交汇常会发生，在网络虚拟空间中"晒"与"秀"现实生活就是典型事例。90后大学生经常把自己购买的产品、消费的体验过程通过微博、空间来"晒"，在网络这个虚拟空间展示着自身的消费快感。

4. 虚拟消费增多

在90后大学生的消费中，虚拟消费已经成为其消费的一部分，在CMI校园研究院的调查中大学生中97.6%的人使用QQ。在这些人中，一部分或者大部分人开通过或正在开通红钻、绿钻等服务。用以来更换QQ秀、或者QQ积分或者玩QQ游戏。同时网络游戏成为虚拟消费的一部分，尽管"在90后大学生中，玩网络游戏的不足五成，在玩网络游戏的人群当中，每次玩的时间在2个小时以内的超过六成"，网络游戏中的虚拟设备、武器等消费已经成为90后大学生众多消费的一部分。

5. 网购成为常规消费手段

网络购物是网络应用的重要方式之一。正如对其他网络应用的态度一样，90后大学生对网络购物的应用也不甘人后。的确，90后大学生是网购

从无到有的见证者，更是践行者。在CMI校园研究的调查中选择电脑网络购物的比例是48.7%.购物的产品和内容涉及各个领域。服装鞋帽、书籍、配饰、数码产品、护肤品、化妆品、食品等产品网购频率高。而这个比例在将来一定会快速提升。

6. 追求名牌和流行时尚

在校园营销研究院的问卷调查中，"我认为名牌的商品品质比较好"这种说法获得的同意率为55.3%.90后大学生对流行有敏锐的触角。商品是否具有流行元素，或者商品本身是否流行，是吸引这群年轻人眼球的魔力法宝。至于会不会成为流行的追逐者和消费者，他们会根据自己的实际情况再做定夺。只是某些时候，他们在不知不觉间便被流行裹挟了。他们关注流行、追逐流行、讨厌被认为"OUT"了。同时在90后大学生中，通过网络来获取流行时尚和品牌信息已经成为追逐流行、时尚的一部分。

7. 人际消费、休闲旅游消费增多

与大学时代的90后、80后相比，联络感情的人际消费正逐渐增多。同时根据CMI校园营销研究院的调查在必需品消费的清单上，旅游榜上有名。可见，90后大学生消费文化的改变。

三　基于消费主义的校园数字化营销

凯恩斯认为在收入和消费的关系上存在这样一条规律：随着收入的增加，消费也会增加。美国经济学家杜森贝利在研究相对收入消费理论中所获得的关于消费的棘轮效应的结论是，消费者在收入增加后会迅速提高其消费水平，但当其收入降低后，消费水平却很难下降。随着中国经济的发展，国民收入会增加，消费也会随之增加，同时国家经济发展战略由出口、投资向投资、出口、消费转移。中国的"生存者集团"将逐步减少，而"消费者集团"将会逐渐增多。作为很大程度上依附于家庭的大学生来说，大学校园"消费者集团"也将逐步扩大。准消费主义者和消费主义者也会持续增多。在数字化背景下，在校园消费主义盛行时期，校园营销将发生根本性的变化。

首先，从营销内容上讲，营销的产品构成将会越来越丰富。

我们不难发现由于校园市场的消费力，以及着眼于提前培养品牌忠诚，越来越多的企业重视校园营销。然而通过分析我们发现，目前重视校园营销的企业集中在可口可乐、康师傅、统一、脉动、和路雪等快速消费品，或者集中于中国移动、联通等必备的通讯用品，校园营销仅仅停留在这些满足基本生活用品的产品上。单一的内容很难满足消费主义文化盛行的大学校园的各种消费。营销产品的丰富化、多样化将是校园营销的必然趋势。

其次，从营销的方式上来看，数字化营销将成为未来校园营销的主要营销方式

奥美互动亚太区主席兼奥美日本主席肯特·沃泰姆指出：营销人员必须转变传统的营销模式。但是事实是，我们的营销者并没有充分地使用消费者在线的时间，数字营销投入的费用与消费者在线使用的程度之间，存在着一个巨大的鸿沟。也就是说我们的数字化营销需要进一步拓展市场。而对于在线时间最长的大学生群体来说，这个鸿沟更加巨大，数字化营销更应该受到重视。

所谓数字化营销是指以计算机信息网络技术为基础，通过现代电子手段和通信网络技术有效地调动企业资源进行营销活动的过程，以实现企业产品和服务的价值过程。数字化营销的实质是通过计算机网络信息传输的市场营销，它着眼于物流、资金流和信息流的有效协调和统一，从而达到顾客满意和企业盈利的目的。数字化营销本质是营销，数字化只是一种手段，是现代营销理论在新的经济形式下的发展。数字化营销的具体内容包含网络营销、数据库营销等最新营销方法和手段。

早在1996年，美国毕晓普信息集团公司就提出了一个通用的"战略的数字化营销模式"，它是以数据库营销为主的数字化营销方式，包括以下五个步骤：

第一步，建立营销数据库。使用数字和传统的营销工具来收集有关已有营销的信息并将这些数据输入到一个关系数据库中，围绕数据库建立的环境叫做数字领域。对于校园营销来说，通过网络调查和传统的调查方式，将大学生的基本个人信息及消费心理、消费习惯、消费倾向收集起来，建立数据库，并进行及时更新，掌握大学生的基本情况与消费趋势，也就是建立校园营销的数字领域

第二步，细分客户。把客户数据库按照共同特征细分。通过数据库，对大学生的消费习惯进行细分，比如对于移动通信业务来说，有的学生倾向于发短信，有的学生倾向于打电话，有的学生长途电话多，有的学生市话多等等情况，依据消费的习惯、消费的心理或者消费金额将大学生群体

进行细分。

第三步，开发独特产品和服务。开发新的和有创意的数字产品和服务，提供给每个细分客户。根据细分的客户，提供独特的产品，比如中国移动的动感地带、中国联通的 UP 新势力这些专门的针对大学校园的套餐业务收到了大学生校园的欢迎。而随着技术的发展，随着微信等新兴的沟通手段的兴起，这种套餐方式势必会发生改变，需要开发新的套餐，那就更需要对数据库的时时更新并重新细分客户，从新开发新的产品。

第四步，开发独特的数字促销方法。要为每种独特的产品和服务设计一种独有的数字促销方法。为了吸引大学生愿地进入数字领域，要使数字促销方法有用、有趣，并且与大学生的在线习惯、在线时间相结合。

第五步，使用数字和在线手段、进行沟通。大学生会使用数字和在线技术访问数字促销活动并且为数据库留下有关自己的信息，一旦数据库中存有了大学生的潜在信息，使用数字手段和他们沟通，对数据库进行时时更新。第六步，扩展数字领域。当营销数据库内容增加时，数字领域同时也有扩展，要开发更多的新产品和服务及创新的数字促销方法，采用新的数字手段和能力，用来满足大学生的新需要。

在数字化背景下，数字化营销时代的营销战略发生新的转变。市场营销管理从 4P（产品、价格、渠道、促销）发展到 4C（顾客需求、成本、方便、沟通），数字化营销的特点恰巧符合 4C 的要求。同时企业市场营销战略将向 4D 战略转变，即数字化沟通（Digital-Communication）、数字化调研（Digital-Research）、数字化促销（Digital-Promotion）、数字化贸易（Digital-Trade）四个方面，4D 战略则是以信息沟通的数字化为基础，以市场信息的有效获取为主要内容，以数字化促销作为传统营销手段的重要补充和发展，以贸易的网络化为最高阶段。运用 4D 战略进行校园营销是未来校园营销的主要营销方式。在数字化营销战略的使用案例中，我们看到了凡客诚品的快速成长和营销的成功，也看到了更多传统的企业开始向数字化营销领域进军。

数字化营销的优势在于互动、跨越时间和多媒体，使广告由"印象型"转化为"信息型"，消费者做出购买决策的机制发生了变化，数字化营销中的宣传主要是基于信息的理性说服机制，而传统宣传则是基于印象的联想型劝诱机制。数字营销媒体必须有趣，必须把数字信息处理成很有趣的形式，让大学生们自觉自愿地一而再、再而三地回来看。而不是以强制性的收看为住，这就要求在营销中更加注重创意，用新颖的创意去吸引大学生。

同时，数字化营销使得"一对一"营销成为可能，今天的企业之所以要更加强调"以客户为中心"，是因为客户为本理念顺应了新经济发展的要求，使传统企业有可能以更低的成本和更先进的管理参与数字时代的竞争。数字化营销所具备的让传统企业运作更有效率的机能，其主要的原因概括为两方面：中间环节的精简和一对一营销（one-one marketing）的跨越性实现。

在传统营销中，客户渴望得到进一步的咨询和服务通常要经过复杂的过程，常常无法在第一时间达成交易。这种"一对一"的营销理念如果说在传统商务活动中遭遇规模化生产与个性化的矛盾，在执行上充满障碍的话，那么今天在数字化营销中却显得再适合不过了。唐·佩柏和马莎·罗杰斯早在1993年就提出了一对一营销并列了一张大众化营销与一对一营销之间的对比表，如下表所示。

大众化营销	一对一营销
顾客平均化	顾客个别化
顾客匿名	顾客概貌
标准产品	定制的市场提供
大众化生产	定制生产
大众化分销	个别化分销
大众化广告	个别化信息
大众化促销	个别化刺激
单向信息	双向信息
规模经济	范围经济
市场份额	顾客份额
全部顾客	有盈利顾客
顾客吸引力	客户维持

从上表我们可以看出一对一营销是以顾客份额为中心，通过与每个客户的互动对话，与客户逐一建立持久、长远的"双赢"关系，为客户提供定制化的产品的营销活动。这种营销模式不但可以将数字化营销固有的优势发挥到极致，更可以与用户建立起历久弥坚的客户关系。

而对于不在满足于"自己只是统一型号的社会产品"的大学生来说，数字化营销做带来的一对一的营销方式，更加符合大学生对"个性化"的追求。而在现在市场中"一对一营销"的成功已初见端倪。比如凡客诚品的主要目标群体是大学生和年轻的白领，在2012年设计T恤时，通过网络对市场进行调研，进行网络的一对一沟通，设计出5000款T恤来满足要求。同时网络上，有些卖T恤和鞋子等店铺，设计出不通过款式的空白的鞋子和衣服，在通过与用户进行一对一的沟通，最终绘制出用户满意的图案，在销售给制定的用户。如今，在数字化生存的今天，加之生产的柔性化，是的个人化定制，个人化营销成为可能。

大学校园是最早进入数字化生活的环境，也是最适合进行数字化营销的市场。企业只有进行数字化营销，才能够符合大学生的生活方式和媒介接触习惯，也只有数字化营销才能够使企业在越来越激烈的校园营销中取胜。

（姚曦：武汉大学新闻与传播学院教授，博士生导师
秦雪冰：武汉大学新闻与传播学院博士研究生）

移动互联网信息搜索行为研究

——以旅游类App为例

沈虹   王琳

摘要：随着人们生活水平的提高，旅游日益成为生活中不可缺少的一部分。近年来，自助游的兴起使得更多的旅游者通过自己的个性需求搜索信息。而移动互联网的发展，将信息搜索平台转移到了移动设备上，方便旅行者在旅途中随时查询关于景点、交通、旅店的信息。本研究在文献研究的基础上，整理出影响信息搜索的五大因素，即搜索成本、感知收益、产品知识、自我卷入和感知风险，并结合旅游类App的特性提出相应假设。随后采用问卷法，随机抽取200位有过旅行经验的人，分析他们的信息搜索行为。最终数据验证了假设，并针对App信息提供方，提出相应的传播传播建议。

关键词：移动互联网　旅游类App　信息搜索行为　创意传播

随着经济的发展和生活水平的提高，旅游日益成为人们日常生活中不可或缺的一部分。正因为旅游产品具有和实物产品不同的特性（不可视、不可触摸、不可试用以及生产和消费的同时性），导致消费者购买旅游产品的风险和不确定性增加，于是消费者会更加依赖具体可信的旅游信息来满足自己的需求。

过去的信息搜寻行为都是在旅游行为发生前进行的，随着移动互联网的出现和急速发展，旅游活动可以与消费者的信息搜寻行为同时发生。消费者可以在去往旅游目的地的途中，或者在旅游目的地，使用移动终端进行旅游信息搜寻，便利了消费者更改旅游行程、或应付突发状况。

随着移动互联网的普及，以及旅行者对于旅游信息的获取需求，近几年来，旅游类的移动应用纷纷上线。艾瑞数据显示，截止2012年10月底，苹果 App Store 美国区的应用总量已超过 71 万款；Google Play 应用数量达 71.3万，其中旅游类应用占 4.4%。从消费者角度来看，旅行者面对三万款旅行类应用及庞大的旅游信息，该如何根据自身需要选择最适合的应用，并制定合理的旅游计划？在旅行中该如何合理有效地使用此类应用？从旅行类信息提供者角度来看，如何在三万个竞争对手当中脱颖而出，采用恰当的营销传播形式吸引消费者并保持用户长期使用度及粘性？诸如此类的问题都值得思考。

国内外的相关研究中，关于移动互联网旅游信息搜寻影响因素的实证研究还比较少，关于移动应用中的信息搜索行为研究更是少之又少。因此，笔者希望通过本次研究，探讨旅行者在选择和使用旅行类移动应用时，影响信息搜寻行为的因素，研究结论将在一定程度上填补理论空白。

一 概念界定与相关文献

本文首先希望对论文涉及的核心概念进行界定，包括移动互联网、移动应用、旅游类移动应用。在此基础上对相关理论进行梳理，包括旅游信息搜寻行为及其影响因素——搜索成本、感知收益、产品知识、自我卷入、感知风险。

（一）移动互联网

从技术层面来说，移动互联网是指"以宽带 IP 为技术核心，可同时提供语音、数据、多媒体等业务服务的开放式基础电信网络"；从终端层面来说，"广义上是指用户使用手机、上网本、笔记本等移动终端，通过移动网络获取移动通信网络服务和互联网服务；狭义上是指用户使用手机终端，通过移动网络浏览互联网站和手机网站，获取多媒体、定制信息等其他数据服务和信息服务"。[1]终端、网络与应用是移动互联网的三个要素。

数据显示，到 2015 年，移动互联网用户将达到 20 亿，赶超传统互联网用户，且男女比例均衡。随着移动网络和功能日趋完善，越来越多的用户不仅仅只是拿手机来和朋友联络、玩游戏，而会随时基于地点的变化，获取景点优惠信息、最近酒店的位置、订机票火车票以及签到等。

---

① 艾瑞咨询：《中国移动互联网发展宏观环境分析》，2008 年。

（二）旅游类App

1. 功能

移动应用最大的功能在于帮助用户解决现实问题，如：提升用户的工作效率，以及让用户体验到前所未有的快乐。消费者可以在去往旅游目的地的途中，或者在旅游目的地，使用移动终端进行旅游信息搜寻，便利了消费者更改旅游行程、丰富旅游计划或是应付突发状况。根据功能分类，目前旅游类移动应用主要分为以下四类：第一、交通方式查询及预订，第二、住宿预订，第三、景区门票打折，第四、旅游信息发布及分享平台。

2. 盈利模式

通过整理得知，目前的移动应用主要存在三种盈利模式，一是"免费应用+植入广告"的模式，其好处是能在短时间内积累较多的用户群体，但这类应用容易破坏用户的体验，这就要求开发者在植入广告时不能影响用户的体验。第二种是"免费应用+内容道具收费"，但该模式更多的是针对内容消费和游戏类的应用产品。另外还有一种是"直接收费"模式。该模式对大多数开发者来说存在较大难度，必须满足3个条件：一必须是常用的应用；二是产品要做得足够好；三是要有一定的用户粘度。这样的收费应用才会有用户愿意为其买账。目前的旅游类移动应用大多是免费应用，尚处于积累用户的阶段。

（三）信息搜索行为

1. 概念

对于"信息搜寻行为"的定义，Krikelas认为，"当个体想确认某一信息，所从事的任何活动都是信息搜寻行为"[①]。简而言之，信息搜寻行为的目的是要解决信息断层。由于App的使用与开发也是近几年来刚兴起的热潮，因此使用旅游类的App进行信息搜索是一种较为新颖的信息搜索行为。

2. 信息源

一般而言，当个体缺乏某类信息时，会向相对应的外部信息搜索源获取信息。联合国教科文组织出版的《文献术语》把信息源定义为："个人为满

---

① Krikelas J., Information seeking behavior :patterns and concepts, *Drexel Library Quarterly*, P331. 1983.

足其信息需要而获得信息的来源"。一般的信息源分为以下四类：

A.个人信息源：个人具备的知识、经验，亲身体验所获得的信息。

B.相关群体信息源：消费者由人际关系所得到的信息来源，例如：消费者亲友的使用经验告知、消费者其他参照群体如同事等提供的信息和建议。

C.商业信息源：主要包括广告、促销、人员销售以及产品的包装等。

D.公众信息源：主要为政府机构或者非营利性组织的检验报告。

以上四类信息源，都有一定的参考价值。

Snepenger（1990）研究发现，旅游者计划旅游时，会倾向于选择使用相关群体信息源，即家人和朋友等熟人的建议。[①]这也是目前众多旅游类平台将社交作为必备功能的原因。

3. 影响因素

在旅游信息的搜索与获取过程中，充斥着多种影响因素，只有掌握了这些影响因素，才能对旅游应用开发和旅游信息设置提出相应的建议，以下主要整理了四个方面的影响因素。

第一，搜寻成本

Schmidt and Spreng（1996）认为，"消费者感知到的信息搜寻成本包括：（1）产品的复杂性，产品的复杂性由采用的技术及其标准化程度决定；（2）相关产品集合的大小，相关产品集合是指消费者在购买过程中关注或考察的产品或品牌的集合；（3）信息的可得性（information accessibility）；（4）时间压力，消费者进行购买决策时时间的紧迫性。"[②] Stigler的研究被看做是最具有影响力的理论之一，Stigler的理论是："当消费者从搜寻中获得的收益量减少的时候，其搜寻活动的量就会减少。"[③]在消费者搜寻成本方面，Stigler认为最主要的成本是时间的成本。

参考前人对搜寻成本的定义，在本文中，将移动应用搜寻成本定义为消费者在使用移动应用进行搜寻时所投入的时间、花费的金钱以及产生的疲倦或是遇到挫折等状况时所产生的心理负担。以上学者都共同强调了时间对于

---

① Stigler GJ. , The economics of information, *Journal of Political Economy*, P213~255, Version 69. 1961.

② Schmidt J.B. and Spreng R.A., A proposed model of external consumer informationSearch, *Journal of the Academy of Marketing Science*, Version 24,P.246~256.1996.

③ Stigler G J. ,The economics of information, *Journal of Political Economy* Version 69, P213. 1961.

信息搜索成本的重要性。结合笔者的研究方向，目前可供选择的旅游类移动应用数量多，且信息量大，信息搜索与获取所花费的时间也就相对较长。因此，主要从时间层面来考量搜索成本。

第二，感知收益

搜寻行为的感知收益，即在搜寻过程中所得到的好处，可以是有形的也可以是无形的。Bettman（1979）认为可以包括，"得到价格较低的产品、得到品质较佳的产品、增加决策的满意度和提高产品的满意度"①。Srinivasan&Ratchford（1991）则认为，"搜寻感知收益包括增加购买结果的效用、得到更低的价格、得到更好的产品样式与品质、增加决策的满意度和增加产品的满意度"②。

笔者通过总结前人的理论，将旅游类移动应用的感知收益定义为：从旅游类应用信息搜寻中预期得到的结果，包括对决策过程的满意度、更低的旅游产品价格、更优质的服务、更满意的旅游体验等。本文主要通过分析相关案例，总结在使用移动应用时，感知收益是如何影响旅游者的信息搜索与获取。

第三，产品知识

目前，学者对于知识量与信息搜索的关系存在一定争议：一部分学者认为知识量和外部搜寻量之间是负相关关系（Newman 和 Staelin，1972），"有经验的消费者对不同的选择方案的属性有一定的了解和知识，所以不再需要从外部信息源搜寻这类信息"③，他们可以依靠他们已经拥有的知识作出决策（Brucks，1985）④。

另外一些学者认为已经拥有的知识正向影响信息搜寻，因为已有的知识使消费者更容易处理新的信息（Ozanne，Brucks 和 Grewal，1992），对产品属性的了解会使个人提出更深入的问题，因此，会导致更多的信息搜寻。

---

① Bettman J.R. &Park C.W.,Effects of prior knowledge and experience and phase of the choice process on consumer decision processes, *Journal of Consumer Research*,Version7,P234~248. 1980.

② Srinivasan, N.&Ratchford, B.T., An empirical test of a model of external search for Automobiles, *Journal of Consumer Research*, Version 18, P233~442. 1991.

③ Newman J. W. & Staelin R. , Pre-purchase information seeking for new cars and household appliances, *Journal of Marketing Research*, Version 9, P249. 1972.

④ Brucks M.,The effects of product class knowledge on information search behavior, *Journal of Consumer Research*,Version 12, P16. 1985.

该理论的整理主要是探讨在选择和使用移动应用时,不同旅行经验的群体对于信息搜索与获取行为的差异。而对于理论存在的争议,需要结合具体的实际情况加以验证。

第四,自我卷入

消费者卷入理论是20世纪60年代消费者心理学家提出的一个重要理论。它被定义为"消费者对于购买活动或相关的产品所产生了不可察觉的动机、激励或兴趣的状态"[①]（Havitz and Dimanche 1999）,它代表的是购买活动与消费者个人的关联程度。

消费者的卷入程度受到许多因素的影响,但总的来说这些影响因素可以被分为以下三类（Zaichkowsky,1985）,"个人因素——促使个人朝向特定目标前进的内在兴趣、价值或需求等;产品因素——造成差异并增加兴趣的目标物的特性;环境因素——暂时增加对目标物的关联性或兴趣的一些因素"[②]。此外,Anna在他的研究中提出,当消费者认为网络在他的生活中占有越重要的地位或者他们在生活中越多地使用网络的时候,便能够从网络获取到更多有用的信息。

在许多学者对信息搜寻行为的研究中,都得出卷入程度和外部信息搜寻努力成正相关,即:当消费者对产品低卷入时,相对较少的搜寻信息;而消费者对产品高卷入时,则会努力搜寻信息。因此,本研究提出:旅游知识卷入正向影响旅游信息搜寻努力,主要从个人、产品和环境因素来分析其影响。

第五,感知风险

感知风险是消费者行为学中一个重要组成因素,感知风险（perceived risk）是在1960年由哈佛大学的Raymond Bauer从心理学延伸出来,并引入营销领域。Bauer指出,消费者在购买之前,不能确定使用产品之后会如何,因而消费者的购买行为承担了某些风险,所以消费行为可视为一种"风险承担"（risk taking）。

感知风险主要由两个部分构成:一是决策结果的不确定性;二是错误决

---

① Dimanche E，Havitz M. &Howard D.R., Testing the involvement profile(IP)scale in the context of selected recreational and touristic activities, *Journal of Leisure Research*, Version 23, P51. 1991.

② Zaichkowsky J. L., Measuring the involvement construct, *Journal of Consumer Research*, Version 12, P341. 1985.

策的后果严重性，可能损失的重要性。许多结果表明当消费者在购买过程中感知到的风险越高的时候，他们进行外部信息搜寻的努力就越多。基于以上分析，提出假设，消费者在移动应用上搜寻旅游信息时感知的风险，影响移动互联网旅游信息搜寻努力，风险越大，搜索努力越多。

目前，国内外研究网络对旅游信息和旅游决策的文献很多，业界对移动应用的研究也引起了相当的重视，但是在对于旅游类移动应用的信息搜索行为的研究还比较缺乏。因此，本文主要讨论在移动应用承载旅游信息的新形势下，五大影响因素（感知收益和搜寻成本、产品知识、自我卷入、感知风险）如何影响旅游者获取旅游信息，同时也为旅游应用的营销活动提供参考意见。

以下表格对影响消费者信息搜寻努力的因素进行了简单总结：

影响因素	定义	参考文献
搜索成本	进行信息搜寻活动所产生的直接成本和间接成本，包括时间、财力和人力	Beatty&Smith(1987) Srinivasan&Ratchford(1991)
感知收益	在信息搜寻中预期得到的结果，包括对决策过程的满意度、更低的旅游产品价格、更优质的服务、更满意的旅游体验等	Beatty&Smith(1987) Srinivasan&Ratchford(1991) Sundaram&Ronald(1991)
产品知识	通过过去的体验或从其他信息源获得的，认为自己已经掌握的知识	Brucks(1985) Beatty&Smith(1987) Srinivasan&Ratchford(1991)
自我卷入	搜索活动与个人的关联程度，受个人、产品和环境因素影响	Avitz and Dimanche 1999
感知风险	搜寻信息时感知的风险，包括：决策结果的不确定性，以及错误决策的后果严重性	Cunningham(1967) Jacoby&Kaplan(1972) Sundaram&Taylor(1998)

二　研究发现

（一）研究方法

本研究首先在国内外相关文献的深入研究基础上，总结出影响旅游类信息搜索的五大因素，即搜索成本、感知收益、产品知识、自我卷入和感知风险，进而采用问卷法加以验证。研究者随机抽取旅游主流人群，20~35岁的城市人群200个样本发放问卷。问卷主要分为两个部分，第一部分为旅行者的个人信息，包括旅行者的人口统计学变量及旅游类App的使用情况。第二部分是针对旅游信息移动互联网搜寻模型而设计的。在该部分中，包括了对感知收益、搜寻成本、产品知识、自我卷入、感知风险的测量。虽然样本量可能并无法代表所有旅行者的想法，但应该可以满足一般性研究目的。

（二）问卷设计

以下为问卷的题目设计：

旅游类App使用情况	1. 以下旅游App中，你了解其功能或已安装使用的是？ 2. 若安装了某个旅游App，多长时间使用一次？ 3. 下载旅行类的App，是亲友推荐还是根据下载商店排名情况？ 4. 你最多会在移动设备（手机、iPad）里安装几个旅行类的App？
感知收益	1. 您希望一款旅行类的App拥有哪些功能？
搜寻成本	1. 搜索一条旅游信息（如：定酒店、景点门票）需要花费多长时间？ 2. 你更接受以下哪种形式的旅游App？（需付费购买的App、免费下载带广告的App）
产品知识	1. 您认为自己掌握了丰富的旅游知识和经验吗？ 2. 您会经常在旅行类App上分享自己的旅游经验吗？
自我卷入	1. 旅游对您来说重要吗？ 2. 不论去哪旅行，旅行前您都会兴奋吗？ 3. 用户分享的旅游信息会增加您对某地的兴趣吗？
感知风险	1. 不愿意安装一款App的原因是？（担心窃取用户信息、担心广告太多、费流量） 2. 一般什么情况下会使用App？

（三）数据分析

1. 旅游类App使用情况分析：

为保证调查的App具有一定的代表性，本研究所测评的11个移动旅行类App皆从iTunes　Store旅行类排行榜中筛选而出，日期为2013年3月11日。所有App均来自中国区旅行类免费排行榜。

旅游类App功能分析——

从调查结果来看，受访者已安装或熟知其功能的App前三名为：去哪儿（旅行、攻略）、携程无线、在路上。而玩伴、面包旅行、和米途定酒店等App则被关注较少。

下面通过整理排名前三的APP，从上线时间、支持平台、下载量、推广手段和基本功能，来探讨其受旅行者喜爱的原因。

表1   下载量排名前四的旅游类App分析（截止到2012年11月）

App	上线时间	支持平台	下载量	推广手段	基本功能
去哪儿旅行	2012年5月	ios/Android	351万	口碑营销、App内推广、市场宣传、微博营销	机票、酒店、火车票查询、团购
去哪儿攻略	2012年9月	ios/Android	未公布	口碑营销、App内推广、市场宣传、微博营销	攻略、地图、点评
携程无线	2010年9月	ios/Android	161万	口碑营销、官网推广、App内推广	航班、酒店、火车票查询，地图，点评，打车服务
在路上	2012年1月	ios/Android	150万	App内推广、旅游刊物宣传、与户外旅行装备品牌合作	建立一条基于时间轴的游记，web与APP同步

    从上表可看出，旅游类App的上线高峰期在2012年，支持平台涵盖ios和Android，推广手段多为App内推广。具体而言，由旅游搜索和主要OTA开发的App，因网站本身积累了一定的知名度，多依靠官网和口碑营销推广，如：去哪儿（攻略、旅行）和携程无线；而像在路上这样由创业公司开发的App，推广方式较为多样化。除了跨界合作以外，还通过广泛接触优质行业媒体进行宣传。在路上就曾参与过"2012IDG全球安卓开发者大会"、央视《给我一个亿》的节目录制，努力争取曝光机会。

    当然，除了营销推广外，更为重要的是产品功能，能够开发出一款高质量的、满足用户和市场需求的App才是最好的营销。观察以上几类成功的App，不难发现每一个App都有其侧重点，即独特的卖点（USP）。"去哪儿旅图"侧重对图文、行程的归档处理；"携程无线"侧重于交通方式的查询、"在路上"侧重于行程与生活足迹的记录。

    此外，以上App也存在一定缺陷。一般来说，由旅游搜索和主要OTA开发的App，有网站资源的支撑，旅游信息含量大，领域广。因此，"大而广"的旅游信息整合是其App的特点。然而，"大而广"的信息从web搬到手机上时，会出现很多问题。相对而言，由创业公司开发的"小而精"的App在同步性、互动性、移动性等特性的表现方面都强于综合性的App。

    旅游类App使用频次分析——

    一般来说，旅游类App不是高频度的应用。由于正常作息的上班族或学生，只有在节假日期间出门旅行，且旅行的时间基本控制在两周内。此外，还有一些针对单一目的地和景点开发的 App 会被旅行者在旅行结束后卸载。因此，由于时空的限制，旅游类 App 的使用频次相对较低。

从调研结果来看，与预期的情况基本相符。在安装了旅游类 App 的情况下，超过 80% 的受访者平均每月使用 1-5 次，13% 的受访者平均每月使用 6-10 次，几乎没有每月使用 30 次 App 的受访者。

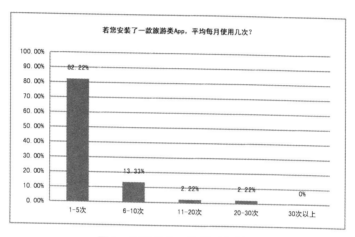

图1　旅游类 App 使用时间情况

对于 App 的选择，超过 50% 的受访者会依据 App store　排名；42% 的受访者会依据亲友推荐。该结论对营销推广有一定的启示作用。

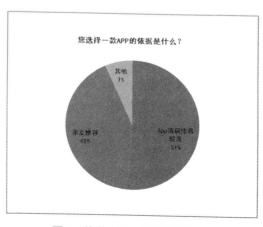

图2　旅游类 App 选择依据情况

2. 搜索成本分析:

参考前人对搜寻成本的定义,在本文中,将移动应用搜寻成本定义为用户购买 App 的费用,使用 App 进行旅游信息搜寻时所投入的时间及耗费的流量。

目前,国内消费者还未形成付费购买 App 的消费习惯。从用户角度来看,相比"付费下载后无广告",超过 8 成的受访者更愿意接受"免费下载后有广告"的 App。降低搜索成本,在一定程度上能吸引大量用户。

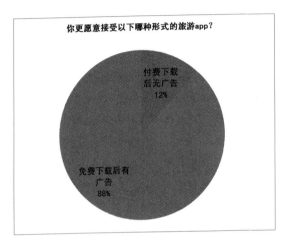

图3　旅游类 App 信息搜索成本情况

3. 自我卷入分析:

自我卷入是指,"消费者对于购买活动或相关的产品所产生了不可察觉的动机、激励或兴趣的状态"[1](Havitz and Dimanche 1999),它代表购买活动与消费者个人的关联程度。

在许多学者对信息搜寻行为的研究中,都得出卷入程度和信息搜寻努力成正相关,"当消费者对产品低卷入时,相对较少的搜寻信息;而消费者对产品高卷入时,则会努力搜寻信息"[2]。因此,本研究提出:旅游知识卷入正向影响旅游信息搜寻努力。以"旅游对个人的重要度"来衡量其对旅游产

---

① Dimanche E, Havitz M. &Howard D. R, Testing the involvement profile(IP)scale in the context of selected recreational and touristic activities, *Journal of Leisure Research*, P254. 1991.

② Zaichkowsky J. L,Measuring the involvement construct, *Journal of Consumer Research*, P112. 1985.

品的"自我卷入"程度。

以下对比分析了两类受访者——

认为旅游对自己重要的受访者：50%以上接受安装App的最大值为2个，也有15%的旅游爱好者接受最大值为3~5个；搜索一条旅游信息的时间多为1小时；多数接受免费下载后有广告的App，也有10%的受访者接受付费下载后无广告的App。认为旅游对自己很不重要的受访者：接受安装旅游类App的最大值为2个；搜索一条旅游信息的时间在2小时以内；几乎不接受付费下载无广告的App。

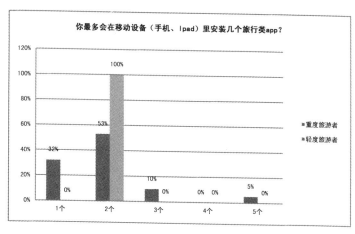

图4 旅游类App自我卷入情况

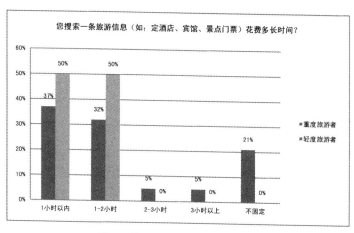

图5 旅游类App自我卷入情况

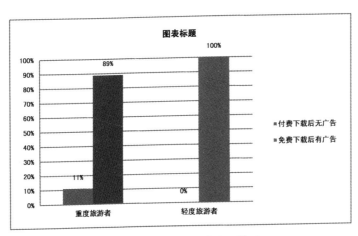

图6　旅游类App自我卷入情况

从以上数据可得出以下结论：自我卷入与搜索努力成正比。具体表现为：旅游爱好者相对非旅游爱好者，安装的旅游类App数较多；搜索旅游信息的时间也较长；接受付费下载App的比例比非旅游爱好者高。

4. 感知收益分析：

所谓的感知收益，指在搜寻过程中得到的好处，可以是有形，也可以是无形。笔者通过总结前人的理论，将旅游类移动应用的感知收益定义为：使用旅游类App给用户带来的好处，即App的功能及其提供的信息。

通过调查得出，GPS导航与地图指引、景点及商家信息、图文分享与行程记录是被访者最期待的三大功能。GPS导航与地图指引是移动旅行类App最为重要的功能，近年来，随着自助旅游的兴起，更多的旅行者依靠随身携带的移动设备进行路线查询。在本研究中列举的11个旅游类App，去哪儿旅途和玩伴的导航功能相对较好。去哪儿旅途为每张图片提供对应地理位置的链接，玩伴提供景区内游玩路线及GPS导航，给游客带来非常直观的游玩体验。

此外，PC端与App数据同步是需求度最低的功能。PC的信息呈现方式的确和App有很大区别，像蚂蜂窝旅游网那样的长篇的旅游攻略放到四寸的手机上来看，不仅文字太多不方便阅读，图片的读取速度也较慢。因此，直接把PC端的产品放到移动设备上是不太科学的。正如腾讯CEO马化腾所说的，"过去的很多产品是从PC再转向移动，这样会有很多的历史包袱，体验不到真正拥抱移动互联网的形态。"开发者应该考虑移动端的优劣，打造真正符合"移动"特性的产品和服务。

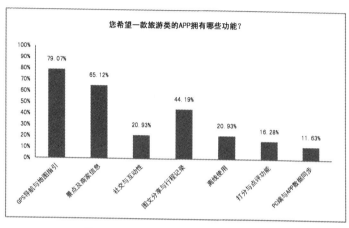

图7 旅游类 App 信息搜索成本情况

有趣的是，对于旅游类 App 功能的期待，性别上存在些许差异。男女都期待的前两大功能分别是：GPS 导航和地图指引、景点和商家信息，然而，对于第三大功能，男性更倾向于社交与互动性，女性更倾向于图文分享与行程记录。即：男性更倾向于一种直接的交流和互动；女性则更倾向于通过图文分享，进行间接交流。

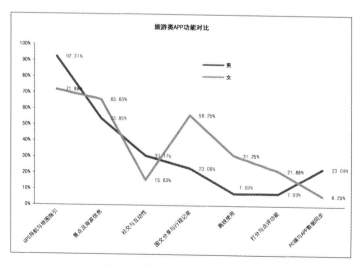

图8 旅游类 App 功能对比情况

其次，关于内容方面，被访者最感兴趣的旅游信息是美食推荐，酒店打折及目的地交通信息。尤其是美食信息，不仅有本地美食点评，如：大众点评、食神摇摇；还有旅游地美食推荐，为外地游客提供最具本土特色的餐馆信息。因此，无论是旅游者还是App开发者，都要定好位，深知自己最需要获得或最需要呈现的信息是什么。

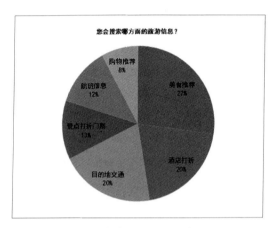

图9　旅游类App信息情况

5. 产品知识分析：

本研究将旅游产品知识定义为：旅游者主观上对旅游的认知；实际行动中对旅游经验的分享。

目前，学者对于知识量与信息搜索的关系存在一定争议：一部分学者认为"知识量和外部搜寻量间是负向的相关关系"[①]（Newman 和 Staelin，1972），"有经验的消费者对不同的选择方案有一定的了解，因此不需要从外部搜寻这类信息，他们可以依靠已有的知识作出决策"。

一些学者认为已经拥有的知识正向影响信息搜寻，"已有的知识使消费者更容易处理新的信息，对产品属性的了解会使个人提出更深入的问题，因此会导致更多的信息搜寻。"[②]（Brucks，1985）本研究主要探讨不同旅行经

---

① Newman J. W. &Staelin R, Pre-purchase information seeking for new cars and household appliances, *Journal of Marketing Research*, P.13. 1972.

② Brucks M. Tlle, Effects of product class knowledge on information search behavior, *Journal of Consumer Research*, P.8. 1985.

验的群体，对于App的选择和使用差异。

从调查结果来看，同意自己掌握丰富旅游知识和经验的受访者，每月使用旅游类App的次数较多；在旅游过程中搜索旅游信息的比例也相对较高。这说明，经验较多的旅行者相对经验较少的旅行者，信息搜索频率更高；也较能利用旅途中的零散时间搜索信息。该结论在一定程度上，证实了学者提出的"已有的知识正向影响信息搜寻"这一理论。

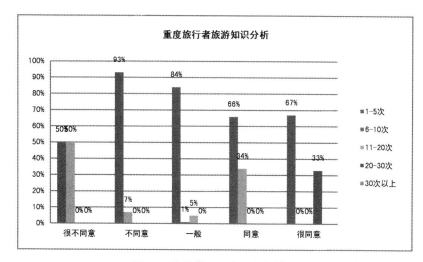

图10　旅游类App产品知识情况

此外，整体来看，认为自己掌握了较多的旅游知识和经验的人只有20%，45%的人持"一般"的态度，另有35%的人认为自己掌握的知识和经验远远不够。且数据显示只有27%的人愿意在App上分享旅游经历，57%的人表示一般，16%的人对此行为比较排斥。然而，超过80%的受访者表示，看到别人分享的旅游信息会增加其对目的地的兴趣。

UGC（用户创造内容）对于旅游类App尤为重要，旅行者分享的照片和攻略，对未旅行者或计划旅行者有很大的参考价值，真实的口碑、评价和经验类内容会作为很多人出行的决策依据。因此，如何吸引用户，记录并分享他（她）们的旅行知识和经历，是开发者必须思考的问题。

实际上，旅游内容的创造，对内容创造者来说，具有记录的意义。记录到了一定程度，就愿意拿出去分享，分享后渴望得到别人的回复和评论，这就有了社交的需要。因此，开发者可以从用户的"记录心理"及"社交需求"入手，激发用户创造并分享内容。

6. 感知风险分析

消费者在购买前，不确定使用产品后会如何，因而消费者的购买行为承担了一定的风险，所以消费行为可视为一种风险承担（risk taking）。旅游是一种高风险性的购买活动，因此出游前查阅相关旅游信息，能降低一定的感知风险。

从调研结果来看，近9成的被访者习惯于出游前搜索旅游信息，做好出游准备。

此外，被访者不愿意安装一款旅游类 App 的原因，主要是担心耗费流量。就算一款 App 功能再好，界面再美观，若耗费流量太多，用户也不愿安装。一般来说，旅游类的 App 多具有图文分享、GPS 定位等功能，而这些功能恰恰又最耗费流量。所谓鱼和熊掌不可兼得，因此需要在清晰的图片、丰富的文字、精确的定位与控制好流量之间做到平衡。

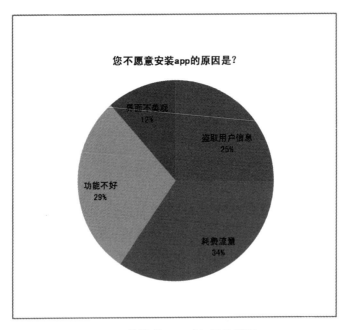

图 11　旅游类 App 感知风险情况

三 结论与建议

本次研究表明，旅游类 App 产品具有积极的未来空间，同样在营销管理和创意传播上都有较大发展潜质。以下针对旅游类 App 的几点思考，希望对开发者和营销传播者有所启发：

1. 产品定位清晰

作为特殊产品，明确的产品定位是品牌成功的前提。虽然整体来看，目前综合类中的旅游类 App 下载量高于非综合类的 App。但类似"在路上"这样有着独特定位的 App，明显获得了较高的市场认同度。因此，旅游类 App 开发者需要评估自身优势，分析竞争对手的情况，并结合市场需求，在"大而泛"与"小而精"的 App 之间做出选择。

通过分析成功的 App 所具有的功能，不难发现每一个 App 都有其侧重点，即独特的卖点（USP）。营销传播者应该紧抓 App 的 USP，利用特殊的创意传播手段，让产品独特的卖点深入用户内心，最终建立自己的品牌个性，加强消费者的品牌忠诚度。

2. 重视用户体验

旅游类 App 不是高频度的应用，一次不愉快的体验会造成用户永久性的卸载软件，还可能带来网上不良口碑的传播。因此，开发者需要在界面设计、功能及内容、流量控制方面多下点工夫。尤其是流量控制。我们的研究表明，流量大是用户不愿安装一款 App 最大的原因。目前移动互联网收费相对高昂，依然是阻碍旅游 App 长足发展的重要桎梏。

此外，GPS 导航与地图指引、景点及商家信息、图文分享与行程记录是用户最期待的三大功能。关于内容方面，用户最感兴趣的旅游信息是美食推荐，酒店打折及目的地交通等实用信息。开发者可以参考以上用户需求，打造符合市场的优质产品。

3. 协同创意的 UGC

UGC（用户创造内容）对于旅游类 App 极为重要，旅行者分享的照片和攻略，对未旅行者或计划旅行者有很大的参考价值，真实的口碑、评价和经验类内容会作为很多人出行的决策依据。因此，如何吸引用户记录并分享他（她）们的旅行知识和经历，参与品牌的协同创意，是开发者和营销传播者必须面对的关键问题。

超过80%的受访者看到别人分享的旅游信息会增加其对目的地的兴趣。但就目前的现状来看，多数用户还不太愿意在App上分享自己的旅游经历，这就需要开发者通过某种激励措施，将协同创意的品牌共建引入App，活跃用户分享机制。

4. 多管道的营销传播

由于消费者往往是通过手机终端查找旅游类App，然后直接下载并使用，因此利用移动互联网实现不同渠道的多元化营销传播是必要的。然而，研究者并不建议单纯的展示类广告。在移动终端上，展示类广告面积小，可视度差，且容易遭到用户反感，应该考虑非展示类的交叉式口碑传播。目前多数用户会根据App　Store的排名，下载一款旅游类App，此外，亲友推荐也很重要。而争取全方位曝光也很重要。"在路上"的推广模式，即通过广泛接触优质行业媒体，努力争取曝光机会。

5. 引入社交媒体的管理形态

目前，社交媒体是旅游主流人群青睐的主要媒体，而社交服务型网站的功能非常丰富，提供包括Blog、BBS、个人主页等分享功能，这些功能主要用来维护和拓展个人关系网络，保持朋友间的日常联系。Facebook、Twitter、人人网等。近来在我国急速发展的微博和微信，在参与、公开、交流、对话、社区化、连通性等多方面，具有明显的人际传播价值，如何将旅游类App的管理和传播与社交媒体相结合，形成圈子的口碑传播，对此领域未来的成熟管理和经营模式都有积极意义。

6. 必须反思的盈利模式

本文列出的11款App，多数没有收入或暂时没有考虑盈利，少数会通过门票及商户的预订服务获得一些收入。虽然对于这一领域中的创业公司来说，积累用户或许是目前最为关键的，但如何建立起成熟的盈利模式，却是移动旅行领域企业乃至营销传播公司都应该关注的问题。

由于目前国内消费者还未形成付费购买App的消费习惯，多数旅游者更愿意接受"免费下载后有广告"的App。在一定程度上降低搜索成本，能吸引大量用户。然而一些自我卷入程度高的旅游爱好者，相比一般人群，安装的旅游类App数量较多；搜索旅游信息的时间也较长；接受付费下载App的比例比非旅游爱好者高。同时，他们要求的旅游内容质量更高，也较能接受付费的无广告类App。因此，对于面向高端旅游爱好者设计的App，付费下载也不失为一个可供参考的模式。

　　参考几类较为新颖的旅游类 App 的盈利模式，以下几种方式可供参考。首先是基于用户位置推送信息的服务模式。将旅游者所在附近的景点、酒店、饮食信息即时推送给旅游者，帮助其完成旅游行为决策。随着 LBS 技术的普及，推送商户和促销信息应该具有相当大的机会。此外，移动广告形式也可参考。但就目前来看，移动广告形式存在一定的缺陷，较小的屏幕，导致广告表现力不足，无法获取注意力。

　　至此，本研究即将告一段落。由于本次研究样本量较少、且无法保证每个样本填写的质量等问题，存在一定的研究局限。但研究结论和对旅游 App 的思考，作者认为具有现实意义。随着研究技术的进步，作者希望不远的未来，在被研究者许可的情况下，研究者可以通过某些技术和终端设备直接观察并记录用户的信息搜索方式，更加客观准确地研究样本行为。

（沈虹:中央民族大学文学与新闻传播学院讲师，博士　　王琳：中央民族大学文学与新闻传播学院学生）

微语90后
——微博热点话题中90后用户的话语分析与形象构建

韩志强　聂鑫焱

摘要： 在微博作为社交媒体先锋的今天，作为"第一代互联网原住民"的"90后"开始以微博为平台发布自己的观点、看法，与社会对于"90后"冲动、信仰缺失、自私、脆弱群体刻板印象不同，该群体通过微博所展现出来的责任感、理智、爱国、积极的言论与形象开始受到社会的关注，本文通过整体抽样法和内容分析法相结合，通过分析90后的微博话语，展现该群体与刻板印象的不同，对于"90后"群体，社会应更多地展示其包容性的一面，对于"90后"群体的态度也应以鼓励和引导为主，而不是一味地批评。

关键词： 微博90后　话语分析　形象构建

一　研究缘起

与前些年对"80后"的密切关注相同，随着"最老"的一批"90后"踏出大学校园成为社会新生力量，和"90后"相关的话题成为了社会关注的热点。由于计划生育政策的影响和时代发展的变化，90后的思想与理念与老一辈中国人有很大的不同：他们好奇心强、接受新生事物能力强，价值观更加现实，思想较为开放的同时内心敏感脆弱。九十年代是中国信息飞速发展的年代。所以90后是信息时代的优先体验者，而微博作为中国社交媒体的代表以其实时性，整合性的特征赢得了作为"第一代互联网原住民"的"90后"用户的青睐，而通过分析"90后"微博用户的微博话语特征，则可发现这一群体的个性特征，尽管社会对于"90后"群体有所诟病，但在新媒体环境下，"90后"正在通过微博的"微传播"力量重建群体形象。作者通过系统抽样法和内容分析法对新浪微博中"90后"用户针对于当前热点事件以及其日常微博的发言、转发及评论进行研究，以说明"90后"用户的言语特征以及对当前已形成的"90后印象"的还原和重建。

二 研究方法

本文采用系统抽样法与内容分析法，与热点话题相结合的方法，将研究群体分为"本90"（指资料居住地一栏的填写为中国内地的90后）；"海90"（指资料居住地一栏的填写为海外的90后）；"名90"（指通过新浪微博认证的并在新浪名人堂人气排行榜上出现的90后）。在"本90"群体的抽样中，利用新浪微博的标签功能搜索出为自己贴上"90后"相关标签的用户1600余名，从中抽取了100个样本进行研究分析。在"海90"群体抽样中，利用新浪微博的搜索功能搜索出符合居住地一栏为"海外"并且年龄在12-22岁之间的用户400名，从中抽取了100个样本进行研究。在"名90"群体的抽样中，通过新浪微博名人堂人气排行榜筛选出年龄在12-22岁的认证用户13名进行研究。为保证数据的准确性，抽样仅选择新浪微博用户资料信息明确、特征明显的人群。

在微博热点话题的选择上，本文选择了2012年在微博上引起广泛讨论的两个具有显著性的话题：其一是关于2012年7月27日至8月12日在英国伦敦举办的第三十届夏季奥林匹克运动会，其二是由于近日日本政府所谓"购买"钓鱼岛行为激起中国人民强烈愤慨，根据2012年9月11日——2012年9月14日新浪微博热点话题排行，选出了截止至9月17日参与度为28234344条"钓鱼岛是中国的"和参与度为2541982条"理性爱国勿伤同胞"作为研究的话题背景。

三 微博热点话题中"90后"话语分析

2012年7月27日至8月12日，在伦敦举行的第三十届夏季奥林匹克运动会成为举世瞩目的焦点，微博上各种热点话题随着赛程的推进而不断更新，其中，刘翔受伤，裁判的不公正，孙杨、林丹等选手夺冠，以及对未取得金牌的运动员的鼓励与肯定成为奥运期间微博关注的热点，在抽样的213名"90后"用户的微博中，全部都出现了有关奥运会的话题及内容，但是"本90"，"海90"和"名90"的关注点和微博构成存在一定差异。

"本90"更关注奥运会中裁判判罚不公正行为以及对未获得奖牌的运动员给予肯定或鼓励。在抽样的100名"本90"中，有53%的人原创或转发、评论了有关中国羽毛球队女双选手消极比赛被取消决赛资格、中国体操队陈一冰痛失金牌，中国自行车队室内赛选手被指犯规，中国乒乓球队选手丁宁连续两次被指发球失误无缘金牌等相关微博，有49%的人原创或者转发、评论了有关对未取得奖牌的运动员给予肯定和鼓励的相关微博。而相比之下"海90"所关注的则是运动员夺冠相关联，表达爱国热情和民族自豪感的微博，在抽样的100名"海90"中，有61%的人原创、转发、评论了此类微博。"名90"作为"90后"的特殊组成，他们中间的一些人对于奥运会有着最切身的体验，比如焦刘洋、孙杨、叶诗文、何超等"90后"运动员，除了转发自己感兴趣的东西外，奥运会期间他们也时刻用微博记录在伦敦的生活、训练和比赛，以原创微博为主。

从"90后"微博话语分析角度来看，在面对运动员取得好成绩时，出现的高频词语以"中国加油""骄傲""自豪""努力"等，当遇到裁判判罚不公时，也会出现一些批判的词语，如"抗议"，"不公平"等，值得注意的是，"90后"用户在为胜利欢呼的同时，也关注到那些努力拼搏却未能取得奖牌的运动员，在微博热门话题排行榜中，"光荣不只属于胜利者失败了亦是英雄"的话题参与量一度达到342300条，安慰和鼓励的话语如"从头再来""没关系"等。

虽然不乏偏激的话语，但大多数"90后"用户的微博话语这些都显示出强烈的爱国热情和责任感，而"90后"运动员作为奥运会的直接参与者，他们微博中出现的高频词语如"努力""拼搏""感谢"显示出面对挑战的决心与自信。

2012年9月，随着日本政府与所谓岛屿"所有者""签订"购岛合同，妄图将钓鱼岛及其南小岛、北小岛国有化，中日钓鱼岛争端又起波澜，很快成为微博言论的热点。从热门微博的转发次数上来看，截止2012年9月17日晚，在这两个热门话题下，@作业本9月13日14：00发出的微博被转发了371800次，评论88734条，成为同类话题中转发和评论次数最多的微博，作者分析了该条微博在最近评论的1000条中，"90后"用户的评论达到7%，另外@何炅在 2012 年 9 月 15 日凌晨 5 点发出的一条微博，被转发次数达到 226382 次，评论 77528 条，最近评论的 1000 条中，"90 后"用户的评论条数也近 5%，可见"90 后"用户对于这一话题的关注度十分高。

从"90 后"用户微博构成角度来看，对于"钓鱼岛是中国的"和"抵制日货勿伤同胞"两个热门话题，"90 后"用户转发以及评论并转发的数量远远高于原创微博的数量，而"海 90"在原创微博数量上远远高于"本 90"和"名 90"。"海 90"由于远离故乡，国家荣誉感和自豪感使这个群体对于祖国的安危更加关心，在海外独立生活的经历也使其思想和行为相对于"本 90"稍成熟。而"名 90"多因公众人物的身份和个人形象的顾忌，在回应热点话题时多以转发显示主流观点的微博为主，而较少发表原创微博。以上说明对于热点话题尤其是严肃话题的回应，"90 后"用户成熟的个人观点和独立的话语体系还形成之中。

从"90 后"用户微博话语分析角度来看，从 2012 年 9 月 10 日开始至 2012 年 9 月 17 日，研究抽样样本中"90 后"用户微博中的原创、转发和评论可以看出其语言特点的转变：出现的高频词句从"宁可大陆不长草，也要收复钓鱼岛"；"当初日本地震就不该帮"；"日本狗"；"日本鬼子滚出钓鱼岛"；"强烈抵制日货"等激烈的言辞开始转变为"理性爱国"；"合理表达"；"砸抢不是爱国"；这说明大部分"90 后"用户对严肃话题的回应方式和态度从激烈到理性，在微博言论掀起的波浪里，尽管有一些反面言论来混淆视听，但大部分"90 后"用户对于极端言论和虚假言论有一定的甄别能力。其中转发次数较高的一条是@北京汉德发布的图片微博，图为北京一名初三学生在录制香港凤凰卫视《一虎一席谈》时发言的截图，截图上的字幕上写道："我们要抵制日货，并不是要砸自己手里的日货，我们应该在自己的各行各业都比他做得好，我们的官员比他们的更清廉，我们的街道比他们的更干净，然后我们的桥也比他们的结实，还有我们的年轻人比他们更有未来，更有希望。"截止至 2012 年 9 月 17 日，这条微博被转发了 319341 次，评论 18470 条。在最近评论的 1000 次中，"90 后"用户的评论占了 11%，说明"90 后"用户对于严肃话题的回应积极大于消极，显示出在使用微博接收大量信息的同时能够筛选出与主流价值观相符的信息的能力，并能清楚地表达自己的观点，保持清醒理智的头脑，这说明这一群体无论从判断力上还是从心理上都日趋成熟。

四 "90后"日常微博话语分析

与"70后"、"80后"不同，"90后"作为"握着鼠标长大的一代"，其自我意识的觉醒，理性的思考恶搞的调侃和包容的精神从他们的微博话语中都得到了较好的印证和体现。

研究抽样样本中的100名"本90"最近发布的50条微博（起止时间为2012年9月11日至9月18日）可以看出，除了对于当今时事新闻的关注外，"90后"日常微博的主题有四，其一为"晒"：几乎全部的"本90"都会发布有关晒生活，晒学校，晒想法的微博；其二为"分享"：分享电影、音乐、视频；其三为"购"：关注一些购物网站的微博，比如淘宝全球购或者一些网购达人的，并转发一些网购、团购、打折信息，网购已经被一部分"90后"用户当成是逛街的替代，而微博则是他们获取各种购物信息的一个平台；其四为"跟随"75%的"本90"用户会关注一些自己喜欢的明星、成功人士以及网络红人，时常转发这类人士的微博。

研究抽样样本的中的100名"海90"近50条微博可以发现其与"本90"微博主题的不同之处，海90对于教育信息，比如语言学习，学术资料、厨艺技巧、生活常识等表现出比"本90"更高的热情，并且在语言表达上表现出更强烈的独立意识，微博内容也更为情绪化，这与他们所处的环境有关：离开祖国到海外求学，没有父母亲人的帮助，任何事情都要自己动手，微博成了他们发掘信息、寻找问题解决方法的平台，同时也成为他们倾诉心情分享喜悦与发泄郁闷的重要渠道。

通过研究样本中13名"名90"的近50条微博可以发现，"名90"的日常微博主要以"晒"为主，由于公众人物身份的影响，"名90"微博中的"晒"多数以晒自己的工作为主，通过微博告诉粉丝最近干了些什么，去了哪里，在措辞上较温和谨慎，多以正面信息为主，少了"本90"和"海90"所呈现出的多种情绪化，表现的较为成熟甚至官方。

综上所述，晒生活，爱分享，成为"90后"用户日常微博话语的共同特点，而不同类型的"90后"用户又在各自生活领域内呈现出独立、积极、情绪化、包容、分享、成熟、谨慎等不同的特点

五　微博话语中"90后"的形象构建

"90后"作为"八零后"的衍生词，在社会密切的关注中也不乏诟病，导致了对于"90后"群体的负面刻板印象。在认知心理学中，刻板印象被解释为一种涉及知觉者的关于某个人类群体的知识、观念与预期的认知结构，具有指导对整个群体乃至群体成员的信息加工预期功能。[①]　由于90后出生于我国改革开放取得一定成就的二十世纪九十年代，由于计划生育政策的影响，大部分90后为独生子女，受到家庭重视与宠爱，在新的时代环境下，他们接受了多元信息的冲击，时尚的传播、潮流的风行，使这个群体的很多行为不被社会理解。在媒体（尤其是网络）的宣传下，"90后"被冠上"非主流"、"脑残"等标签，一些诸如"厕所门"、"自拍门"的事件通过网络传播进一步将其负面形象扩大，给人们留下了早熟、冲动、信仰缺失、颓废、自私、脆弱等负面刻板印象。[②]

然而，这些负面的刻板印象成为人们对某一事物认知的阻碍，甚至掩盖了原有的真实，网络社交媒体尤其是微博的出现对于"90后"用户形象的塑造是一面镜子，能够发现这个群体中存在的正反两方面问题。而通过分析微博环境下"90后"用户对于严肃事件的微博构成，微博语言可以看出，这个群体并非负面刻板印象中所显示的早熟、冲动、缺乏责任感、颓废，相反的是，大部分"90后"用户虽然对于涉及国家利益、主权领土完整的重大事件怀有感性的爱国热情，但在言语上还是理智的，媒体尤其是网络媒体将个别"90后"的行为放大化，以偏概全，影响了社会对于"90后"整体形象的判断与认知。

六　结语

"90后"作为改革开放成效凸显后出生的一代，负面刻板印象确实对社会群体在评价90后时产生一定影响；然而，在网络时代，大多数90后身上

---

① 许颖、沈鸿倩、张梅：《社会对"90后"负面刻板印象与现实状况的对比研究》，《山东省团学报》，2010年第4期。

② 同上。

存在很多优秀的品质开始通过网络呈现出来，与先前社会社会对该群体的负面刻板印象如：非主流、脑残、缺乏责任感等不相符；对此，对90后应该持客观和公正的态度，避免因自身看法的偏差成为阻碍90后成长的消极因素。社会有让每个个体实现其存在价值的责任，"90后"作为未来社会的中坚力量，除了通过自身的行动对群体形象进行塑造，社会对于"90后"负面刻板印象也应修正，以鼓励和引导为主，而不是一味地批评，如此才能实现人与社会的和谐发展。

（韩志强：山西大学文学院广告系副教授，博士；

聂鑫焱：山西大学文学院传播学研究生）

以古为镜

——浅谈传统广告文化中的"诚信"

刘立伟 刘立丰

摘要： 本文针对当今数量众多的虚假广告宣传现象，从广告的起源入手，在传统广告文化中探寻其"诚信"的本质。同时，通过对相关文献的研究，梳理和总结古人的诚信言行和打假实例，主张"以古为镜"、从"信"、"诚"、"义"三个方面切实做到诚信经营、正气为人，并以此呼吁广告界相关从业人员为构筑现代社会的广告诚信基石做出努力。

关键词： 广告文化 诚信 打假

诚信是广告创作、宣传应遵守的基本道德原则，护佑着广告产业整体的健康发展。然而，这些年不断出现的虚假广告宣传给老百姓带来了很多麻烦与伤害，从曾经的"藏秘排油"、"三鹿奶粉"到2013年央视315广告中群众演员代言的药品虚假宣传，虚假广告一次次的蒙蔽了消费者、使违法人员获取暴利，甚至危害到了个人健康与生命安全。做到诚信到底有多难？实际上，作为中华民族的传统美德之一，诚信在中国广告发展史中一直没有缺席，结合传统广告文化从以下几方面探讨。

一 源远流长的诚信传承

广告贯穿于中华五千年文明的发展史，如周王昭告天下而制的九方大鼎、越王勾践剑上的刻文都为人所熟知。在梁启超于《清议报》中使用"广告"一词之前，古人一直沿用"告白"的说法。广义而言，以吸引人观看、熟知为目的各式图文编排与工造器物都可纳入到广告的范畴。

广告的诚信与商业性密不可分。《韩非子外储说右上》记载:"宋人有酤酒者,升概甚平,遇客甚谨,为酒甚美,县(同'悬')帜甚高。"①这种"悬帜广告"是中国历史上有文字记载的最早的商业广告。对于每个店铺商家,每天清晨最神圣的一件事情就是"请幌子",也就是将其挑于杆头,寓意开业,晚间歇业再细心收好。俗语讲:"金招牌、银招牌,稀里哗啦挂起来。"挂起经营的幌子,就相当于树立起一份承诺与责任。善待消费者,也会让自己的经营蒸蒸日上,这种双赢是商业经营的正道,从古至今未有变化。类似于请幌子这般每天重复的小事情反映了经营者对于宣传本身的一种虔诚、审慎的态度,细节中道出诚信经营的内涵。

除了店铺经营,"市"也是人们从事商业活动的重要场所。许慎在《说文解字》中说:"市,买卖所之也。"②古代,人们依靠基本的诚信在"市"中进行剩余产品的交易,到了唐代,"市"成了专门进行商品交易的场所。"市"的产生和发展离不开人们对"诚信"的认同,否则人群的汇聚和各种买卖的达成就无从谈起。从这个角度上看,广告让买者慕名而来,若做不到诚信,就无法保持"市"之长久。当下,很多商场使用虚假广告和打折促销手段,导致很多消费者上当受骗。长此以往,当老百姓认清奸商的真面目,受损的终究是商场自身。

印刷术的发明让广告宣传的受众面大大提高,成本也相对降低很多,将广告史推向了一个新的发展阶段。北宋时期,济南刘家针铺的店铺名雕版告白是我国现存最早的印刷广告。店铺以白兔为商标,两旁写有"认门前白兔为记",下方刻着"收买上等钢条造功夫细针,不误宅院使用,客转为贩,别有如饶。请记白。"③等字样。整个广告借助质朴的形式,已经传达了诚信经营的强烈印记,给予消费者购买店铺产品的信心。此后,元、明、清各朝相继出现包装纸广告、套色木板年画广告以及招贴、仿单广告等样式。虽然种类更迭,但品牌诚信一直是经商者最为看重的核心内容。

二　无处不在的诚信纪事

《晏子春秋》记载,晏子对齐灵公说,您让都城外的女子不穿男子的衣

---

① 赵琛:《中国广告史》,高等教育出版社,2005年版,第55页。
② 许慎,徐铉校订:《说文解字》,卷五下,中华书局影印本,第110页。
③ 赵琛:《中国广告史》,高等教育出版社,2005年版,第146页。

服，对宫内却不禁止，这无异于"选牛首于门而卖马肉于内也"。这句话到了后来专指商家的诚信经营，渐渐口传成"挂羊头卖狗肉"了。①

古人也曾撰文讽刺"忽悠"行为。北魏人杨炫之所撰的《洛阳伽蓝记》中讲到一位刘姓酿酒人擅酿美酒，享誉都城。显贵每每出城都要光顾他的酒坊买酒为礼。酒主人由此便自作聪明将其命名为"骑驴酒"，以显其加官晋爵之功；后来有位青州刺史路遇匪徒，没想这些匪徒喝了他带的"骑驴酒"竟大醉不幸，被全部捕获。这位刘姓人马上又"忽悠"众人，说他的酒是"擒奸酒"②了！

考古发现，齐国与秦国的陶制品上都有着"某鄙某邑某里某"、"咸阳某某"等铭文，这种加工者或经营者在器物上刻下的"陶文"代表了古人对于商标和信誉的重视。到了汉代，铜镜上的铭文更为完善，比如官方造镜除了"尚方"③的铭文，还刻有大量的广告词句，比如"尚方作竟真大巧，上有仙人不知老"等，宣传意味浓厚。

古人的商标意识从混沌到自觉的时期是宋代。南宋吴自牧所著《梦粱录》记载了临安商铺在铺号名前冠以家族姓氏的风气，北宋张择端所画《清明上河图》上也可看到诸如"刘家上色沉檀拣香铺"、"杨家应症"等品牌，北宋袁褧所撰《枫窗小牍》也记录了很多民间的店名，比如"宋五嫂鱼羹"、"李七儿羊肉"、"宋小巴血肚羹"等等。

除了名号，古人也深知产品质量是做诚信的前提条件。宋人叶梦得在《避暑录话》中提到，北宋名震一时的"潘谷墨"为了做到出类拔萃，选择优良的高丽煤烧制墨，从不以次充好。此外，开发出"隔锦囊知墨"的绝技，并积极学习其他制墨者的长处。

三　延续至今的"造假、打假"

从古至今"诚信"的可贵凸显一个无奈的背景，那就是假冒伪劣的盛行。《韩非子·外储说左上》中就曾记载古代帝王造假的故事，一则说赵武

---

① 《晏子春秋》，汤化注译，中华书局，2011年版，第381页。

② 杨炫之：《洛阳伽蓝记校释(繁体竖排版)》，周祖谟注译，中华书局2010年版，第138页。

③ 尚方：古代制办和掌管宫廷饮食器物的宫署。秦始有此设置，到了汉末分为中、左、右三部，明朝废止。

灵王在石头上刻上巨大的脚印以显示自己巨人的假象；另一则是秦昭王在华山上造出棋盘并刻上"昭王尝与天神博于此矣"的谎话。[①]帝王尚且如此，民间自不用说。隋侯白所撰《启颜录》有一篇文章提到酒店中出售假酒的事情，有人对此戏言："酒,何处漫行来,腾腾失却西。"答案全因"有水在"。有人造假，就有人必然受到假货之苦。清代大学士纪昀所著《阅微草堂笔记》中则记载了他和下人受骗上当的故事，假墨、假蜡烛、假皮靴，甚至连假烤鸭都让他们遇上了。[②]

对于假冒伪劣的做法，古人想到了很多对策。在汉代，运输货物每每都要在绳结处放置一木块并封泥印章，类似于后来的火漆印[③]。长沙马王堆一号汉墓西汉出土的白文篆"軑侯家丞"封泥便是一例。宋话本《勘皮靴单证二郎神》中记载了制鞋商人在鞋帮内暗藏字条以便验明正品的方法。清道光年间的广州同记绸纱庄为了区别仿制，专门打出告白："本号产品，……保有可羡之品质。唯今为防他人冒充本号产品，特采用二字新名，见于所有包装，自此使用，不再更改。故若见有所售绉纱纹理疏松，表面粗糙不平者，即此已可断定其为冒牌之劣货，断非本号之织品。……本号买卖公平，绝无欺骗。"[④]

古代针对造假专门制定了很多法律条文和相关措施。《唐律疏议》就明文规定，出售变质食物，轻则杖责，重则判处徒刑，甚至按杀人罪处以绞刑。宋代官府强制商户进行行业登记,以做监督调查之用；商品质量由专门的行会把关，行会首领也是商品质量的担保人。

总的来说，依靠经营者的自律和相关职能部门的监督管理，造假和打假的博弈一直持续到今天。

四　以古为镜

《旧唐书·魏徵传》有云："以古为镜，可以知兴替；以人为镜，可以明得失。"广告诚信是中国传统诚信观的重要组成部分。首先是"信"，经商

---

① 王先慎：《韩非子集解:新编诸子集成(繁体竖排版)》锺哲注释，中华书局出版社，1998年第1版，第261页。

② 纪昀：《阅微草堂笔记》，上海古籍出版社，2010年版，第310～331页。

③ 火漆印，中国文物出境的专用章，起源于东周时期。

④ 由国庆：《与古人一起读广告》，新星出版社，2006年版，第116页。

之道重在信用，说话要算数；然后是"诚"，要说真话，卖真东西，不自欺欺人；最后是"义"，不仅要讲究平等经营，某些时候某些场合在道义上还要抛开利益成见，先做人，后经商。

今天的广告宣传领域所出现的种种问题，归根结底是与广告相关联的"人"的问题，包括广告主、广告公司以及广告代言人等等。实现广告的诚信，广告人要先以诚信自律。老子《道德经》第三十八章说道："是以大丈夫处其厚，不居其薄，处其实，不居其华。故去彼取此。"这句话告诉我们，大丈夫自身要有敦厚的本性，才不致轻薄；要有朴实的心境，才不致虚荣。如此，取舍自然分明了。平常人都要以此自省，何况广告人。只有如此，才能从根本上把握存在于广告中的种种丑恶现象的本质并解决好相关问题，广告世界的正气必将蔚然成风。

（刘立伟：大连医科大学艺术学院讲师

刘立丰：卓望MM事业部副总经理）

互联网环境下二线城市大学生传统广播接触现状研究

杨雪萍

摘要： 本文在互联网环境下探讨二线城市大学生广播媒体的使用情况，并通过回归分析从个体属性的角度分析了年级、性别、家庭收入等对二线城市大学生广播媒体接触行为的影响。研究表明，对二线城市大学生而言，传统广播接触度较低，通过网络渠道获取广播内容更为常见，仅通过传统渠道接触广播的只占少数。

关键词： 大学生　互联网　广播

一　绪论

（一）研究背景

2009年秋季，新的一群年轻人陆续进入大学校园。这群大学生是在全球化和信息化环境中成长的一代，社会多元化的发展为他们提供了更开阔的视野和更广阔的平台，使这些大学生成了独特的一代。他们的价值观、生活态度、思维方式都有自己的特点，媒介接触行为等也充满了现代气息。

根据笔者参与的2011年一线城市在校大学生研究发现，当前一线城市大学生互联网使用率、接触频率、使用时长等都较高。互联网以其传播手段的先进性、功能的多样性、内容的丰富性等原因深受当下大学生的青睐。对于数字传播技术的天然亲近，让他们获得了自由言说的空间，所以他们可以突破家庭、学校、现实生活的小社群的制约，获得更广泛的表达。除此之外，互联网还在方方面面介入了大学生的生活。消费、娱乐、学习、社会关系的维护，都离不开网络。从2011年一线城市在校大学生研究中可以看出，互联网已经确确实实介入当代大学生的生活，他们的媒体接触行为充满了现代气息[1]。互联网给传统媒体带来的挑战和机遇每天都在发生着变化，而且这也是大家长谈不衰的话题。无论是学界还是业界大家都意识到了互联网对年轻人影响最大，因此谈到广播听众分流的时候，年轻人这一群体受到了广泛的关注，本文旨在探索目前二线城市大学生传统广播的接触现状。

二线城市是我国城市体系中的重要组成部分，当前，二线城市在城市化、产业转移、农业人口转化为城市人口等方面起着越来越重要的作用。二线城市很快就将成为未来城市发展的主体，也将成为保证未来我国经济社会持续发展的基础。而研究二线城市的大学生有着至关重要的意义。大学生是城市公民的新兴力量，是先进文化、潮流生活的引领者，同样也是迫切希望了解的对象。同时，二线城市的大学生还是我国大学生整体的重要组成部分。因此分析他们、研究他们是真正认识大学生整体的关键所在。

（二）研究目的

数字技术、网络技术催生了崭新的传播方式，给传统媒介形态带来了巨大的冲击。"新技术正在向传统的印刷和电波媒介的内容、处理、传输、接收等各个环节进行渗透，渐渐将传统、单一的平面、视频、音频的媒介终端向视听多媒体终端推进；而另一方面，新技术催生了互联网、手机媒体等诸多新的传播方式，传统的媒介消费活动也变得立体而连续[2]。"

虽然技术可以将媒介变得无所不能，但这并不意味着新的媒介产品、媒介应用就一定能被消费者接受和使用，并形成规模化的市场，旧的媒介就一定会被遗忘。从媒介演化的规律可以看出，网络对传统媒体不是简单的替代，从使用者的角度来看，"网络对于传统媒介的超越性也并不是简单的替换关系[3]"。

本文所研究的大学生群体，是伴随着网络发展而成长的一代，但在这些大学生的媒体接触图谱中，除了网络，还有电视、广播、报纸、杂志等传统媒体。新技术环境下，传统广播会以何种方式存在、发展，是众所关心的问题。本文以大学生为研究对象，了解目前大学生在新环境里有什么新变化，

---

① 沈虹等：《90后的数字生活—90后大学生研究报告》，机械工业出版社2012年版，第66页。

② 黄河：《手机媒体商业模式研究》，中国传媒大学出版社，2011年版，第25页。

③ 刘德寰、崔忱：《网络在时间维度上对传统媒介提出的挑战——基于网络媒介使用时间超越传统媒介使用时间的可能性研究》，《广告大观》（理论版），2010年第6期。

研究网络影响下传统广播的接触行为。

概括而言，本研究将解决以下问题

1）网络对二线城市大学生使用传统广播的影响，包括传统渠道的传统媒体内容及在电脑、数字化、网络化影响下转化的广播形式

2）二线城市大学生使用传统广播的人群特征分析

（三）研究意义

这一代大学生是伴随着互联网的成长而成长起来的，互联网对他们的影响已经不止是传播媒介这么简单。日常生活的衣食住行，包括知识的学习，信息的获取，各种传统媒体的功能，都可以通过互联网平台实现，互联网构建了一个数字化的生活空间。而传统广播在这个崭新的数字生活空间中扮演什么角色，将以何种方式延续，对于传统广播媒体的发展有重要意义。

大学生群体乐于接受新事物，与互联网具有天然的亲密性，互联网时代重要的社交媒体也是起源于大学生群体。因此，研究大学生群体在数字化背景下对于传统广播的使用情况具有现实的意义。

从媒介发展的角度来看，在互联网高速发展的时代，重新审视传统媒体对于理解新的媒体环境，新的传播技术也有所帮助。旧媒介成了新媒介的内容，为了理解这些"新媒介"，我们必须理解新背景里的旧媒介。另一方面，媒介环境的变化使得原先对于传统媒介的认识已经落后了。传统广播的背景已经从电力大众媒介变成了网络和数字技术为基础的媒体，因此，旧媒介的效应和冲击也随之而变。

二　文献综述

大学生传统媒体的研究包括纸质媒体、电视、广播等使用情况的分析。央视索福瑞的调查表明[①]，1）互联网的日常依赖性最高；2）传统媒体在大学校园渗透率低；上网收看电视直播节目渐渐普及。其他研究也都表明传统媒介对大学生的吸引力正在减弱，网络对学生的影响正在加大，尤其以电视依托网络生存明显。但是目前这些学术成果中，对二线城市大学生群体的研

---

① 张天莉、郑维东：《大学生媒介使用现状与电视舆论引导》，《电视研究》，2012年第6期。

究不多，且现有研究均以区域城市为研究对象，涵盖面为单一的城市，如彭少健等人的研究①，因此，本文将二线城市大学生作为一个整体，研究二线城市大学生的传统广播使用情况。

大学生传统广播的研究则集中于大学生广播接收的现状研究，并在现状研究的基础上提出建议。如《网络时代下大学生广播接收的现状与建议》②、《大学生广播收听现状调查与分析》等，但都以特定城市为例，缺乏整体性。也有将大学生群体作为目标受众，研究其广播节目传播策略的，如《广播夜间谈话节目对大学生听众的传播策略》③等。

三　研究分析

（一）数据

1. 抽样

二线城市指对本国的经济和社会具有较大影响作用的大都市，相对于一线城市影响小些，主要是地域性影响。在城市规模、基建、文化、消费等层面，二线城市一般均领先于本区域其他城市。排名依据④：1 政治地位，2 经济实力，3 城市规模，4 区域辐射力。有选择地从二线强、二线中、二线弱各选择了三个城市，并从准二线城市中选择了两个城市进行调研。这些城市分别是：二线强城市——南京、重庆、大连；二线中城市——长沙、昆

---

① 彭少健、张芹：《浙江大学生的媒介接触与使用现状考察分析——以浙江大学生为例》，《中国广播电视学刊》，2008 年第 4 期。

② 王东熙、杨涛：《网络时代下大学生广播接收的现状与建议》，《东南传播》，2010 年第 9 期。

③ 彭爱萍、汤茜：《广播夜间谈话节目对大学生听众的传播策略》，《湖北职业技术学院学报》，2011 年第 2 期。

④ 关于我国二线城市的划分有诸多不同意见，目前大家比较认同的划分方法如下：二线强：南京、武汉、沈阳、西安、成都（都属于区域中心城市）；重庆（直辖市）、杭州（经济发达、副省级）；青岛、大连、宁波（三个经济发达的计划单列市）。二线中：济南、哈尔滨、长春（剩下的三个副省级城市）；厦门（计划单列市、规模小所以只能是二线中）；郑州、长沙、福州（经济发展较好的三个非副省级省会城市）；乌鲁木齐、昆明（国家重点发展的边疆国际化城市）；兰州（西北重工业城市、兰州军区）；苏州、无锡（最发达的两个非省会地级市）。二线弱：南昌、贵阳、南宁、合肥、太原、石家庄、呼和浩特（七个实力相当的省会城市）。　准二线：佛山、东莞（两个制造业经济强市）；唐山（环渤海重工业大城市）；烟台（环渤海重要港口、经济强市）泉州（闽南经济中心城市）；包头（重工业大城市）。

明、兰州；二线弱城市——太原、石家庄、呼和浩特；准二线城市——烟台、泉州①。

选择的城市除了具有代表性之外，还力求其在地缘概念上能够对我国各区域有所覆盖。每个城市选择三所高校进行问卷的定点发放，力求平均覆盖从大一到大四的学生，每个学校回收有效问卷数为80份。最终总回收有效问卷为2640份②。

2. 变量

年级：定序变量，本次调研对象均为在校本科生，不包括研究生。本科一年级、本科二年级、本科三年级、本科四年级

性别：定类变量，重新编码为10变量，男生（1）、女生（0）

民族：定类变量，重新编码为10变量，汉族（1）、非汉族（0）

家庭因素

家庭年收入：定序变量，1万以下、1万–3万、3万–5万、5万–7万、7万–10万、10万–15万、15万–20万、20万以上

家庭所在地：定类变量，重新编码为10变量，城镇（0）、农村（1）

父母教育程度：定序变量，小学及以下、初中、高中/中专/技校、大专、本科、硕士及以上

父母工作：定类变量，重新编码为变量"父亲体制外""母亲体制外"，相对应的变量为"父亲体制内""母亲体制内"

对二线城市大学生传统广播使用情况的分析主要包括以下几个方面：

接触：过去一年内，有没有听过广播。不仅仅包括传统媒介渠道，也包含了从其他渠道接触这些传统媒体内容。

接触渠道：主要通过什么渠道接触广播，如传统渠道、互联网、移动互联网等

---

① 由于准二线城市的泉州没有一本院校，而厦门和泉州地理位置非常接近，两地消费情况和文化生活相似度极高，而厦门大学又是当地著名的"985"院校，所以，将选择厦门大学和泉州的一个二本、一个三本院校进行调研。

② 在2011年调研的基础上发现，如今的高校都在走综合性办学的趋势，因此很难按照传统的综合性院校、文科院校和理科院校这样的标准对高校进行分类。因此按照学校的录取分数线将这三类高校分别定位在当地的按国家统一标准划分的一本、二本和三本或专科院校。不可否认，这种对学校进行分类的方法也存在一定的问题，学校的高考录取分数线并不能说明一切，也不能单就此将学生进行区分。希望在不断的学习和实践中来完善研究的方法，以取得更科学的研究结果。

接触场所：收听广播的地点

信任度：是否信任广播媒体，包括其内容及发布的其他信息

（二）广播接触分析

相对而言，大学生活是较为简单且安静的，特别对于大一、大二的学生而言，宿舍——教室——食堂，三点一线的生活方式尤为显著。总的来看，大学校园生活环境相对封闭，大学生生活状态相对单纯，休闲娱乐活动比较简单。但是又不同于高中生活，大学生拥有更多样的选择，因此，将广播作为平时主要娱乐方式的人较少。

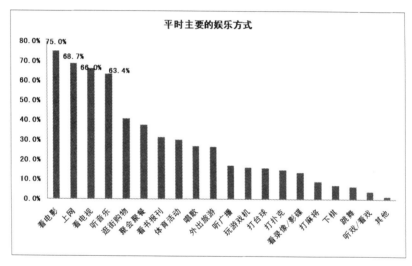

图1 二线城市大学生平时主要的娱乐方式

1. 传统广播接触度较低

过去一年接触的媒体中，84%的学生接触过广播，网络则是二线城市大学生接触度最高的媒体。

传统广播媒体对于大学生的日常生活而言，是一个参与度较低的媒体，他们接触广播的机会少，频率低，相对于其他媒体，传统广播媒体对于二线城市大学生而言，其影响力是比较低的。

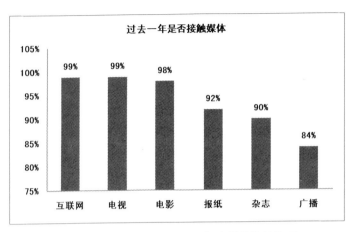

图2　中国二线城市大学生一年内媒体接触情况

从是否接触广播的回归分析可以看出，家庭收入越高，接触广播的概率越低，大二的学生最有可能接触广播，而大四的学生则概率最低。大一的学生还处在对大学的新鲜阶段，随着逐渐适应大学生活，收听广播的概率增大，而随着年级的增长，学业压力变大，收听广播的学生又变少了。而从父母的影响来看，父母为硕士学历的学生，接触广播的概率最高。

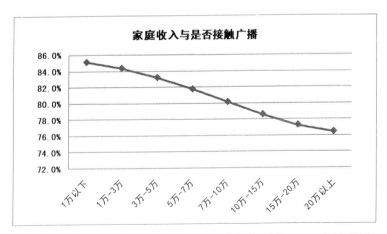

图3　二线城市大学生是否接触广播与家庭年收入的Logistic回归模型

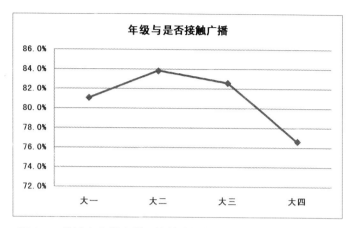

图4　二线城市大学生是否接触广播与年级的Logistic回归模型

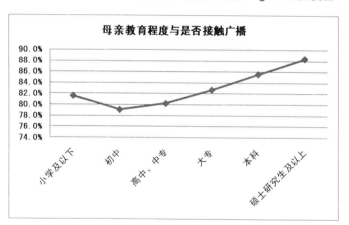

图5　二线城市大学生是否接触广播与母亲教育程度的Logistic回归模型

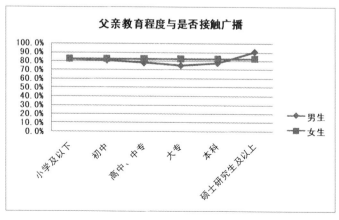

图6　二线城市大学生是否接触广播与性别、父亲教育程度的Logistic回归模型

分析模型如下：

表1　　　　　　　　二线城市大学生是否接触广播的Logistic　回归

是否接触广播	系数	显著性
父亲工作（参照：体制外）	.167	.271
母亲工作（参照：体制外）	.089	.612
汉族	−.022	.904
家庭年收入的平方	−.024	.025
家庭年收入的三次方	.002	.075
农村	−.017	.924
年级	.613	.052
年级的平方	−.141	.018
母亲教育程度	.390	.050
母亲教育程度的自然对数	−.791	.092
性别*父亲教育程度的三次方	−.015	.008
性别*父亲教育程度的五次方	.001	.022
常量	.868	.093

模型系数的综合检验				
		卡方	df	Sig.
步骤1	步骤	43.543	12	.000
	块	43.543	12	.000
	模型	43.543	12	.000
总计百分比		80.80%		

2. 手机、网络收听渐成主流

从接触渠道来看，广播也深受互联网影响。在新的历史条件下，信息传播的技术革新改变了传媒格局，也深刻地改变了人们的生活。大学生们不再单一地从报纸等传统媒体上获取信息，不再简单地做一个阅读者和倾听者。通过手机、网络获取信息，娱乐休闲，进行社交活动成为很普遍的行为，这是新的时代特征。对于二线城市大学生而言，网络对传统广播的影响最小，但也仅有32.4%的大学生只通过传统非网络渠道①收听广播（见图7）。另

---

① 包括收音机、MP3/MP4、学校广播、车载广播、随身听、手机（非网络）。

外，学校公共广播是二线城市大学生收听广播的重要渠道，校园广播与其他收听方式的差别在于强制接触性。学校公共广播是针对所有学生播放的，只要到了广播时间，一般在午餐和晚餐歌播放一小时，学生身处学校中就会听到校园广播，而不一定是主动选择收听的。传统广播虽然看似受互联网影响最小，但其实还应去除35%通过校园广播接触的大学生的影响。

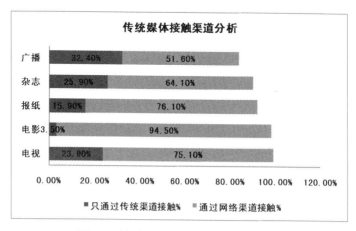

图7　二线城市大学生传统媒体接触渠道

同时，二线城市群体常听广播的终端呈现出多样化的特点(见图8)，主要有学校公共广播、手机（网络）、手机（非网络）、普通收音机、车载广播、MP3/MP4，学校公共广播、手机（网络）是二线城市群体通常收听广播的最主要终端。

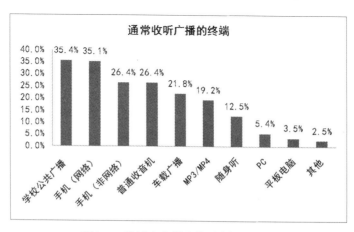

图8　二线城市大学生收听广播的终端

另一方面，广播的伴随性和手机的"体温"特性能更好的结合在一起，通过手机收听广播的大学生占到2/3（见表2），利用手机收听广播可以是网络的，也可以是传统渠道的。

表2　　　　　　　二线城市大学生媒体接触手机渠道分析

	广播
非手机	21.1%
手机（手机网络、手机非网络）	62.9%
合计	84.0%

手机使我们超越了传统媒体的时空限制，在各种移动的状态下，我们都可以运用手机媒体自如地读新闻、看电视、听音乐、收发信息……

二线城市大学生有很多就是"手机人"，手机就是伴随着他们的自然而言、与生俱来的一个存在。大学生对于手机的依赖性显著，超越了更年长的群体。很多大学生已经有了多年使用手机的习惯，尤其是在校大学生，手机成为了生活的一个"玩伴"，作为一个大学生习惯于随身携带的媒体，手机凸显的优势更加成为了手机广播发展的基础。

广播媒体只传递声音，因而人们可以边收听边做其他事情，这对于大学生来说是习惯性的行为。因为大学生成长于多种媒体构筑了我们现实生活的时代，他们习惯于多种媒体并用，甚至是多屏联动的生活，不用手机的时候就打开电脑上网，不使用电脑的时候就听听音乐等等。广播在这个时候展现出其有生命力的一面，因为广播媒体的伴随性和娱乐性，正好契合了大学生们这一方面的需求。

3. 音乐节目和音乐电台

绝大多数二线城市大学生最常听音乐类广播节目，其次是新闻节目。

音乐类广播最受欢迎。一方面，听音乐是大部分人的一个共同的爱好。从全国性的调查发现，3.55亿手机上网的用户中有1.57亿用户使用手机听音乐[①]。大多数大学生都喜欢听音乐，无论是摇滚、流行还是古典，他们总有一两个自己喜欢的类型。同时，"90后"虽然不如"80后"那样有明显的

---

① 中国互联网络信息中心2012年1月16日发布的《第29次中国互联网络发展状况统计报告》。

图9　二线城市大学生通常收听广播节目的类型

偶像和崇拜的对象，但是他们大多都有喜欢的歌手和明星，对于音乐的关注较多。而目前的广播节目会呈现出不同的音乐类型，有专门播放欧美流行的频道、古典音乐的频道、收听音乐并由主持人分享乐评的频道等，广播能很好地满足收听歌曲的需求。

　　另一方面，收听广播成为一部分人接触新歌曲的重要途径。从听音乐的习惯上来看，大致有两种类型，一部分人喜欢自己去找喜欢的音乐，在一些音乐推荐的杂志、网站上获取信息，然后自己再去搜集歌手的歌曲；另一部分人则没有那么主动，他们并不想花费那么大的成本去找歌，而希望通过收听广播或者别人推荐的途径来找到喜欢的音乐。可以看到，前者有可能成为音乐筛选人，在大学生中容易成为意见领袖，而后者则可能是接受意见领袖信息的大众。因此，后一种类型的人占大多数。

　　虽然音乐是最常收听的类型，但是进一步调查表明，目前大学生听音乐最主要收听渠道是音乐客户端、音乐电台及网页等，传统电台并不是二线城市大学生听音乐的主要平台。

　　通过酷狗等传统音乐客户端听音乐的大学生比较多，客户端兼具下载和本地收听的功能，用户也比较稳定。而近几年新兴起的音乐电台[①]则只能收

───────────────

　　①　音乐电台是网络电台的一种形式。网络电台是指通过网络向听众提供包括在线收听、下载以及播客上传与RSS聚合等多样服务的一种新型广播形态。它以宽带网络为载体，以互动个性化为特性，为所有宽带终端用户提供音视频点播、直播、录播、互动等服务。而音乐电台是网络电台的一种，是专门提供音乐的网络电台。

听，不能下载，但是有一些其他优势，也深得大学生的喜爱。比如豆瓣、虾米等模仿潘多拉打造的与好音乐不期而遇的氛围。

　　一方面，音乐电台能够通过一些算法来实现了解用户的个人偏好，音乐并不是随机跳出来的，而是提供了用户可能更感兴趣的歌曲来听。另一方面，很多音乐电台是基于社交网站的，收听之外还可以分享。例如新浪微博、人人网、QQ空间都开发了音乐电台，很多用户登录之后就可以直接在客户端或者页面上听音乐，十分便利。而大学生大多都是微博、人人网和QQ空间的用户，他们频繁地使用一个或者多个交互网站，而这些交互网站的音乐电台也就变得很受欢迎。音乐电台基本上都有手机客户端，很多学生能够选择手机收听，给用户更多方便。

四　结论与探讨

（一）新的广播形式受到欢迎

　　广播作为一个传统媒体，并没有在发展的过程中消失，而是衍化和发展出了更多的形式和内容。大学生作为互联网下的一代，对传统广播的关注度不是很高，但是结合网络而衍生的网络电台、音乐电台等新的广播形式却受到了大学生的喜爱。

　　网络收听方式受到欢迎。51.6%的学生选择的是网络收听的方式。移动网络的发展和智能手机成为了大学生在手机上听广播的基础。收音机这些传统的媒介终端的吸引力不再，电脑、手机、平板电脑作为终端的吸引力提升了。一方面，目前越来越多的手机支持上网功能，并且极其便利，另一方面，网络电台日渐发展，内容丰富，也成为大学生们选择的原因之一。手机成为了一个最主要的收听渠道，这与手机极强的伴随性是分不开的。从最开始的收音机、随身听到手机，人们收听广播的方式都是朝着伴随性更强、更便利的方向发展的。随着越来越多的大学生走出校园走向社会，手机会代替学校公用广播成为他们最常用的收听广播终端。

（二）网络电台方兴未艾

　　网络技术和数字技术的发展给传统媒体带来了巨大的冲击，从报纸、杂志、电视、户外，无一不经历或正在经历着技术带来的崭新的变革。当然广播业也并不能置身事外，逃脱这场变革的影响。再加上近年来我国社会、经济突飞猛进的发展，受众的个性化需求，国家政策的开放和调整，网络电台等新的广播形态抢占市场的势头已经初露锋芒，这些都给广播带来了前所未有的冲击和影响。网络电台借助互联网，特别是移动互联网，正在挑战广播业的频谱资源垄断。在互联网中去收听已经是很多人的习惯。

各类商业网站或互联网服务商开办的网络电台大都以音乐广播的形式抢先占领网络音频服务市场。由于没有广播频率的限制，没有传统广播电台的束缚和包袱，它们全身心地面向网络听众，做派和气氛都非常活跃，对年轻的网民很有吸引力。著名的潘多拉在美国是网络广播的领袖，为潘多拉的每一个听众提供个性化的经验。潘多拉已经开辟了一条新形式的电台———种用音乐固有性质去创造电台，然后基于每一个听众的个人反馈去适应电台的实时播放。该公司的CEO Joe Kennedy先生直言不讳地表示："潘多拉的主要竞争对手，是传统的FM&AM电台，潘多拉未来几年的主要任务就是同他们争夺听众。"潘多拉提供一个高质量的充满发现的个性化体验。每个听众都可以根据其品位、情绪、情况或地点创建个性化的互联网广播电台，在听众和并非个性化定制的大众市场广播建立起桥梁。潘多拉无处不在，听众可以在工作中，在车里，在家里，几乎在任何地方收听。网络电台作为现今年轻人的一种时尚工具，有相当大的发展潜力与生长空间，并且网络电台的复制性很强，很轻便，可以很轻松的把它复制到各个平台、各个场景上去。腾讯、百度等传统互联网巨头都进入了网络电台领域，腾讯推出了QQ音乐电台、ting!电台、新浪推出了新浪音乐等。而原本众多的在线音乐服务商也纷纷增加电台的服务功能，如虾米、酷狗、酷我等等。

（三）传统广播如何应对

1964年麦克卢汉对旧媒介与新媒介的论述，直到今天依然闪烁着智慧，应该成为在这个时代对传统媒体的启示，"新媒介并不是对旧媒介的补充，它也不会让旧媒介得到安宁。它永远不会停止对旧媒介的压迫，直到它为旧媒介找到了新的形态和地位"[1]。他认为，旧的媒介会变成新媒介的内容。言语是文字的内容，正如文字是印刷的内容，印刷又是电报的内容一样——"他暗示了在媒介交替的历史进程中，旧媒介的特征将几乎完全融入之后的

---

① 　[加]埃里克·麦克卢汉，[加]弗兰克·秦格龙：《麦克卢汉精粹》，何道宽译，南京大学出版社，2000年版，第174页。

新媒介的形态之中"①。"传统媒体构成"新媒介"浮出水面的背景，同时又为"新媒介"提供内容②"。广播这样的"旧"媒介并不会消亡，而是以另一种方式存在下去。就像有一天纸质书籍也许会堆进历史的阁楼，但是语词是不会消失的。广播也如此，传播渠道会因为新技术的变革而发生改变，但是内容是不会消失的。广播内容形式的创新，是互联网与传统广播内容创新的结合，比如网络电台，既传承于网络数字音乐，又兼具传统广播的特质，但又不完全等同于传统广播。而传统广播在创新求变过程中，需要更为重视用户体验和社区基础。新的技术侵入，改变了传统广播的生存环境，传统广播只有在新的环境中创新求变，占据生态位，才能获得长久的生存。

（杨雪萍：北京人民广播电台广告经营部）

---

① [丹]克劳斯·布鲁恩·延森：《媒介融合—网络传播、大众传播和人际传播的三重维度》，刘群译，复旦大学出版社2012年版，第88页。

② [加]罗伯特·洛根：《理解新媒介——延伸麦克卢汉》，何道宽译，复旦大学出版社2012年版，第4-5页。

业 界 物 语

品牌娱乐营销的全新法则

方立军

艺恩发布报告称，2013年我国文化娱乐产业市场规模将超过1600亿，到2014年这个数字将超过1900亿，接近2000亿。普华永道预测，到2015年，全球娱乐和媒体产业的产值将达到1.9万亿美元，我们已步入娱乐经济新时代。

一 当娱乐遇上营销

美国的娱乐经济大师迈克尔·沃尔夫说过："在这个消费者时间如此之少、口味又如此善变的世界里，企业应该如何吸引消费者的注意呢？一旦抓住消费者的注意力，企业可以加进些什么来提高产品的价值，使产品更具吸引力？答案只有八个字：'娱乐内容'或'娱乐要素'。"

不难发现，娱乐大潮正在袭来，无论是从电视节目冠名到好莱坞大片品牌植入，还是从微电影品牌故事讲述到娱乐、体育等节目的泛娱乐化，娱乐营销迅速崛起，进而成为了行业备受推崇的营销传播手段，也成了企业品牌与消费者之间对话的重要方式。

当下正处在互联网数字时代，媒介环境、传播手段、消费者行为等都被赋予了新的含义和特征，娱乐营销从形式到内容创意都势必随之变化。在经历品牌展示与互动的时代之后，娱乐营销也迎来了它的3.0时代——品牌创意时代。品牌创意时代的核心在于内容营销，提倡更新鲜、有创意品牌内容的传递和诉说，鼓励消费者的参与、创造与互动，在品牌内容传播的过程中享受乐趣，在乐趣中体验品牌理念。

二　内容始终为王

娱乐营销3.0时代，其核心在于内容营销。内容是品牌故事的灵魂，是品牌与消费者对话的基础，是品牌与消费者共振的纽带。优质、积极的内容，不仅能够吸引消费者的眼球，而且能让品牌在娱乐中实现与消费者的深度沟通，让消费者在品牌传播中感受到乐趣和享受，让产品从而潜移默化地提升品牌的认知度与美誉度，这也是娱乐营销的精髓所在。

2012年博洛尼集团研发了最新产品——α拢烟橱柜。在厨柜行业品牌林立、竞争激烈的市场环境下，需要用全新的营销手段引起话题，博洛尼α拢烟橱柜创造了一次完美的内容营销战。博洛尼企业自己站在了传播的第一线，并没有依靠任何第三方，博洛尼CEO蔡明首先在微博上发布"收辣椒并免费送辣椒"的信息，随后博洛尼官方微博发布"将炒辣椒的照片上传微博并@博洛尼官方微博，还有机会免费获得7999元"神器"一套！"等信息，随后推出新品，并在一个多月后上线"博洛尼暴力实验室系列微电影"，展示α拢烟橱柜的各项强大功能。最终博洛尼CEO的微博被转发近5万次，评论总数过万。各大媒体都对博洛尼"辣椒门"事件进行了报道并给予了很高的评价。

可以说博洛尼此次营销活动用最低的成本获得了最大程度的营销效果，究其原因，是在此次营销过程中创造了一个话题，吸引了互联网人群的广泛关注，并与人群产生了一定的互动，在这个互动的过程中非常自然的推出产品，并推出相关微电影进行深化，最终完成了一次非常成功的内容营销。

内容是营销的核心，创新性则是其中的基点，实现内容与创意的有效结合必然能让品牌的营销效果事半功倍。面对行业"背后抹黑"的黑公关手段，神州租车董事局主席陆正耀没有逃避，最后利用其个人微博发布了多条极具创意性的包含海报的微博对"黑公关"予以反击，打了一场漂亮的突围战役。

海报以漫画形象"愤怒的老陆"为原型制作，其中包括"烂仔，我不跟你比公共，你来跟我比价格"，"滚你，叽叽歪歪，不如实实在在"，"你有你的水军，我有我的民意"，"再贵的切糕，也救不了你的节操"等等，并最终推出了神州租车最新优惠活动"50元新车风暴"，对竞争对手发起公然价格挑战。

　　"愤怒的老陆"在营销方式上其实是比较普通的微博营销，但在内容上实现了创新性的突破和成功。尽管在微博上的评价褒贬不一，但是神州租车用最真实的情感，通过漫画海报式的图片，犀利又紧贴社会流行的段子，带给网友很大的冲击力，成功聚焦网络视线和人气，最后顺势推出新活动，得到了网友的认可和支持。

　　衡量一种营销方式是否具有生命力和价值，抛开形式本身，更注重的是内容本身，是否能在传达品牌理念的同时打动了消费者，从而赢得消费者的情感共鸣。毕竟，无论传播媒介如何演变，营销环境如何变更，内容始终为王。

三　技术是最好的驱动力

　　营销3.0时代，注重消费者体验已成为行业共识，个性化、体验化的营销方式能更好地打动消费者。在数字技术的变革推动下，营销环境变化更新，营销工具多样化、立体化，这让娱乐营销有了多样化的创新形式和更多的可能性。

二维码与平面媒体、户外媒体的融合，解决了广告表现在空间和形式上的局限，增强了消费者的参与互动热情；而AR技术，则强化了虚拟和现实之间的沟通互联，为消费者线上线下的体验带来了感官革命；结合了多种移动新型营销技术，如图像识别、AR等的微视频营销，更是一改原有的单向观影体验，为视频营销注入了互动和创新的血液，而LBS则开创了基于位置的服务消费购物全新体验……它们都契合了"以消费者为主导"的营销时代，满足了娱乐营销讲求互动、体验、个性化的需求。

2012年三星Galaxy SII手机问世，在产品的营销推广中，三星尝试走出一条创新娱乐营销＋技术移动营销的路线，将三星Galaxy SII手机的"炫屏"、"快速"等产品特色以更具创新、互动以及娱乐性的营销形式传播给潜在的目标消费者。

微电影和APP巧妙融合，娱乐营销与移动营销双发力：一方面个性化推出国内首部挖掘电影《变幻的年代》，邀请歌坛天后那英和台湾人气歌手林宥嘉倾力出演；发布"时光胶囊"Apps，让消费者在欣赏电影的同时，也能通过手机APP拍摄识别特定的画面，来获得隐藏剧情、大片音乐、明星剧照

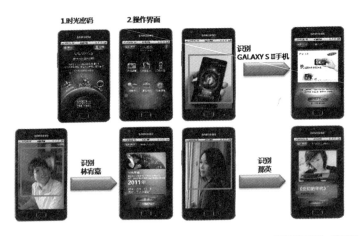

将手机外侧镜头对准《变幻的年代》中林宥嘉/那英的面部画面、三星GALAXY SII的特写镜头，或者片尾二维码就可以获得那英首发的MV视频，并有机会获取三星GALAXY SII限量版手机和林宥嘉演唱会门票。

以及多种奇妙的互动活动，这种"微电影"+"APP"+"明星效应"的有机组合，让整个活动的内容更加充实，也为消费者打造了时尚有趣的品牌体验平台。

二维码与人脸识别技术，多种炫酷的移动营销体验：将二维码与人脸识别技术融入了视频营销，增加消费者参与热情和互动体验；用户只需将手机外侧镜头对准《变幻的年代》中林宥嘉/那英的面部画面、三星GALAXY SⅡ的特写镜头，或者片尾二维码就可以获得那英首发的MV视频，并有机会获取三星GALAXY SⅡ限量版手机和林宥嘉演唱会门票。

AR（增强实境）与LBS巧妙呈现，让互动无处不在：用户只需开启"时光胶囊"Apps的"时光勋章"模块，便可以在全国30个城市的近90个指定商圈激活时光勋章，轻轻摇晃手机，即可获得虚拟的"三星Galaxy SII"道具，将道具转换为虚拟勋章后，即可参与三星的幸运抽奖，获得那英北京演唱会门票、签名CD套装、《变幻的年代》剧照等幸运大奖。

数据显示，APP下载量超过10万人次、在指定商圈抓取Galaxy SII的人数超过42万人次，在短短的1个月内，整个活动影响人数达到300万人次，广告曝光次数 1.88 亿次　　。

三星手机 Galaxy SII 手机在众多同类手机产品中快速出位，拉近了品牌与消费者的距离，准确、有趣的传达了"炫屏"、"快速"等品牌特色，让用户在互动的过程中自主领悟到品牌的个性和内涵，从而有效的搭建起消费者与品牌之间的沟通桥梁，直接带动线下销售。

数字技术带领我们步入数字生活空间，给娱乐营销带来了全新的方式和形态，相应地也开创了一个全新的数字娱乐营销世界。

四　整合是关键

互联网技术飞速发展，智能手机的普及使得传播载体日益多样化。在这样的背景下，娱乐营销就要面对多种选择：是靠传统的电视广告，还是选择网络展示广告，是发挥社会化媒体的威力，还是最大化的利用移动手机媒体等问题。在拥有优秀的创意和内容的前提下，如何将娱乐营销的载体充分整合发挥其最大的功能就显得尤为重要。

雪佛兰迈锐宝新车上市阶段，针对核心目标人群25-40岁特性，用微博、视频、音乐等因素的组合成功利用了社会化媒体的平台资源，达到了预期效果。

首先搭载热点事件——梁朝伟"喂鸽子体"，通过首发微博"我活过了90种人生，但我一直活在一种人生中——真我本色！"制造出了转发微博"人生体"，围绕"我***九十种**，但我一直**，这才叫人生/真我本色"进行病毒式传播。

随后制作出病毒视频，让《I am what I am》因迈锐宝获得新生视频，主要以梁朝伟演过的所有角色来重新演绎张国荣的经典歌曲《我》，传递迈锐宝"真我本色"的品牌精神，同时引起粉丝的共鸣。

整个营销过程的制作成本比较低，病毒视频首日即获得了40万的播放量，首发微博获得了近五万的转发，病毒视频《我》不仅仅获得了大范围的转发和评论，还被收录在音悦台。

通过微博、视频、音乐的三方面整合，把雪佛兰迈锐宝与梁朝伟的既有形象画上等号，推出迈锐宝主张——坚持真我，将迈锐宝的产品和理念深刻的植入消费者心里。

好的内容和创意，同时配备高效、整合式的传播载体，即传统媒体、互联网、社会化媒体、移动新媒体等跨媒体、跨平台之间的整合，将成为品牌娱乐营销的又一大爆发点。

斯科特·麦克凯恩在《商业秀》一书中指出："未来，所有的行业都将是娱乐业"。相信在品牌创意时代，娱乐营销将会在企业品牌与消费者的对话中扮演更重要的角色。

（方立军：北京智捷天成公关咨询有限公司总经理、网赢天下网首席架构设计师。）

文化产业——回归文化和产业

吴明峰

20世纪90年代以来，文化产业以其独特的文化魅力和惊人的成长速度迅速成为许多国家的一项重要支柱产业，创造了大量的就业机会，是当今世界最为活跃、最具潜力的新的经济增长点。世界范围内，美国的电影业和传媒业、日本的动漫产业、韩国的网络游戏业、德国的出版业、英国的音乐产业等都成为了国际上标志性的产业，成为了一国综合国力的最直观、最具体的反映。而在中国，十年不到的时间，文化产业从无到有，从小到大，从国家到地方都在推进着各种文化产业项目，发展速度之快是很少见的。如何确保文化产业的良性发展，笔者认为，需要回归到文化产业本身的两大要素：文化和产业。

一　回归文化

近些年，中国突然渴求文化了，强调文化软实力，把文化产业的发展作为提升国家文化软实力的契机。各地兴起了各种名目的文化创意产业。说起文化是什么，似乎都头头是道，但文化到底是什么，其实也都没有弄的太清楚。用余秋雨的话来说就是"中国突然渴求文化了，在还没有弄清楚他是什么的时候就渴求了。渴求是因为缺失。"

目前大陆文化最大的问题，不是内容，而是体制上的官位化。对文化的理解不够深，文化重要的是内涵而不是架构，产业园区盖的再漂亮，走进去也没有感受和感动，缺乏灵魂和深度，只不过就是盖了个漂亮的房子。也就是说，文化产业并不"文化"。现在文化产业看起来很火，实际上很多只是借了文化产业的名头，诸如文化园、文化街区、艺术家村等，并没有做出文化的产业化。"很多地方都有文化产业园区，其中真正能做到文化产业集聚的不到5%"①。

另一方面，还存在的一个误区是，很多人认为文化就是完全复古、一点也不得妥协，其实事实证明并非如此。"文化的精神是演化，而非永不改变；是不断创造，而非守旧"②文化的生命力在于创新，而不是复古，只有创新才能让中国在现代世界找到自己的文化地位。

而要掌握文化，就得全身浸淫其中。最能把文化诠释清楚的人，通常是在里面打滚最深的人。台湾著名创意人薛良凯在《今天创意教什么》一书中罗列了几种富含商机的文化，可供大家参考：

按生活习惯分	搭公车文化、脚踏车文化、烧烤文化、鸡排文化、宵夜文化、泡茶文化、背包客文化、开车文化、养猫文化、吃素文化、宗教文化、逛街文化
按族群分	台湾文化、闽南文化、客家文化、上班族文化、歌唱文化、外商文化、台商文化、计程车文化、老师文化、公务员文化、学生文化
按一天时间分	晨跑文化、赶车文化、熬夜文化、外食文化、午睡文化、电视文化、煮饭文化、便当文化、浴室文化、客厅文化
按照历史分	三年级到六年级、日剧文化、美军驻防文化、台湾省文化、戒严文化、笔友文化、"立法院"文化、舞厅文化、手机文化、电子邮件文化、电视儿童文化、民歌文化、国民服饰文化、哈日文化、哈韩文化
按照需求分	妈妈文化、补习文化、学习文化、业务文化、网购文化、阅读文化、饮食文化、电视购物文化、娱乐文化、影视文化、周末文化

二　回归产业

文化产业首要的精神是要获利，但是这个获利并不是简单的依靠圈地、依靠政策支持。对于大陆来说，文化产业在各地如火如荼兴起的同时，没有冷静思考什么是根本性产业，也没有一个宏观分级的文化创意产业规划。各地都在建动漫产业园，但是是不是每个地区都合适发展动漫产业，却是少有人关心的问题。对于投资者来说，能通过文化创意产业得到政策支持是最重要的，至于到底要利用政策做什么，其实是无关紧要的，说白了，目前的政策太过于实际，政策无法保证在短期内获利，因此大家都处在钻政策的空子的阶段，以商业获利。正因为土地的收益就能赚得满盆流油，对国内目前落

---

① 陈少峰：《以文化改造地产　勿以文化圈地》，《城市住宅》，2012年第4期，第73页。
② 薛良凯：《今天创意教什么？》，新北市暖暖书屋文化，2012年版。

入圈地怪圈的文化创意产业来说，没有动力刺激他们去寻求真正有价值的文化经营方式。

文化产业跟其他产业不太一样的地方是获利模式，需要更多的点子与实践力，需要经营者不断学习更新，才能跟上文化变化的步伐。不断发展新产品、改善服务、创新想法都变成工作常态。这些都需要动力激励，而目前的圈地怪圈显然无法给予经营者足够的激励。文化产业的发展是一定要以产业获利为思路进一步发展的。

三　放低创意

创意在文化产业中应放在一个什么位置，是一个值得考虑的问题。理想的情况中，创意当然应该是文化产业中很重要的激活因子，文化有丰富的内涵，而创意正是开发它的工具。创意不一定需要文化这项因子，但是文化产业一定是需要创意的。"弱者利用文化做创意，是借力使力；强者利用创意搞文化，是引领风潮、创造趋势。不过后者不是每一个人随便能办到"[1]。

但是，文化产业的关键点在于创意，这适用于台湾，并不适用于大陆。某种意义上来说，创意只是一种相对而言更为高明的解决问题之道。目前大陆没有一个良好的法律环境的"创意"得不到应有的保护，创意的"生产"也就得不到激励，圈地带来的丰厚回报也进一步抑制了创意的产生。所以与其深陷在缺乏创意的怪圈，不如跳出来，放低创意在文化创意产业中的地位，着重强调文化和产业化。

四　国外的经验及发展建议

产业获利是文化产业发展的基本思路。在产业获利的发展思路下，结合各地具体情况制定支持政策。政策要跟当地发展的产业对接，不是一个地区搞动漫产业园，而是全国处处都搞动漫产业园。政策只有真正的融入当地，才会形成特色产业。

国家给了政策的支持后，不能没有配套的辅导。台湾的经验是只要申请

---

[1]　薛良凯：《今天创意教什么》，新北市暖暖书屋文化，2012年版。

了政府的政策补助，就会有相应的商业顾问团队支持。文化创意产业还是一个新兴的产业，各方面还很不成熟，政府除了政策的支持外还可以介入协调沟通和指导环节，提高项目的成功率。韩国的经验也值得借鉴，政府作为服务者的立场出发，成立了专门性质的国家机构文化产业振兴院，制定了文化产业的国家战略，在公共文化服务平台建设、企业孵化扶持、信息提供等方面积极引导企业创新，在短期内实现了文化产业从贸易逆差到顺差的飞跃，尤其在内容出口、增强影响力和数字内容产业方面取得了重大的进展，甚至出现了部分领先优势。

世界各个文化创意产业大国在推进文化创意产业发展的过程中，形成了完善的法律法规制度、通畅的政府文化管理体制、多元化的资金来源渠道、较高的文化科技含量、国际化的发展战略和健全的人才培养机制等。这些文化产业政策及其管理模式也都是值得学习的。

（吴明峰：守恒媒介管理公司董事合伙人，峰营销执行团队董事总经理）

秃鹰来了,股市新闻报道规范刻不容缓!

——以台湾联合报沦为秃鹰犯罪工具为鉴

李雪梅

2012年11月19日,对投资白酒的股民来说,是个刻骨铭心的日子,因为他们在这一天从天堂跌落到地狱。

这天,有家媒体突然踢爆酒鬼酒的塑化剂含量超标高达260%。消息一出,引发市场恐慌,造成酒鬼酒股价大崩盘,十天暴跌47%,几乎腰斩,并波及股市最强势的白酒板块,股价跟着一路狂泻,最惨时市值蒸发了1525.29亿元。

从中看到股市秃鹰的影子

从白酒塑化剂事件中,我们隐约看见了股市秃鹰的身影。

什么是股市秃鹰?股票市场有多头,也有空头,做多的主力被称为豺狼,做空的主力就叫做秃鹰。股市秃鹰以猎杀出问题或有弊案的上市公司维生,在锁定狙击目标后,先以融券大量放空股票,再对外放话、揭露弊端,待股价应声倒地后再回补融券从中赚取暴利。股市秃鹰为达目的不择手段,或散布谣言,或放出不实信息以打压股价。因此,股市秃鹰兴风作浪,危害很大,不仅噬尽散户财富、影响上市公司正常经营,也扰乱股票市场的正常交易。

2012年大陆酒鬼酒事件中,溯本追源,不难发现股市秃鹰已显端倪。从媒体爆料的时间点分析,爆料者如果真正关心食品安全,在2011年5月台湾塑化剂事件爆发后,就应拿酒鬼酒去检测塑化剂含量,并及早公布。也就是说,这份报告至少迟到了一年以上。

而爆料者挑选的时机,正是酒鬼酒股价在云端盘旋的顶峰。其股价从

2008年以来飙涨了16倍后就一直在高档盘整。2012年11月19日，媒体踢爆后马上直坠而下，这显示出原本一路撑盘拉抬股价的主力已悄悄获利出场，而塑化剂事件充其量只是他们反手做空的工具。

是股市秃鹰设计了这场股灾。酒鬼酒负责人曾表示，公司早在2012年10月31日就拿到这份检测报告，并与这家媒体进行过沟通。可是爆料的媒体却拖延了18天后才公布检测报告，这似乎是在掩护主力出货，或是在为做空布局做准备。媒体是被利用还是主动配合，这其中的玄机，不言而喻。

台湾经验启示一：股市秃鹰在大陆将会越来越猖獗

股市秃鹰已在台湾横行了二十多年，究竟股市秃鹰如何茁壮坐大，及对媒体新闻伦理带来什么样的冲击，台湾经验很值得借镜。

根据台湾经验，股市秃鹰食髓知味，将会越来越多，也会越来越猖獗。

因为做空比做多赚得更多，赚得更快。

股市秃鹰集团锁定狙击的公司通常公司治理不佳，出状况的概率相对比较高，一旦秃鹰集团逮到机会见缝插针，经过媒体报导渲染后，检调单位就必须展开侦办，于是市场人心惶惶，这时理性的投资人恐慌地杀出持股造成股价重挫，接下来理性的投资人因为停损不得不杀出持股，卖压再度出笼，股价继续下跌，最后融资断头倾巢而出，使得股价跌势又急又猛。恐慌性卖压、停损卖压、融资断头卖压，这种骨牌效应使得秃膺集团几乎是战不无胜、攻无不克、赚得荷包满满，日渐坐大。

根据台湾经验，我们能看到在大陆经济高速发展、股市良莠不齐的状况下，秃鹰的黑影将会越来越多显现，下一个酒鬼酒事件也许很快就要爆发。

台湾经验启示二：媒体同流合污沦为秃鹰工具

在台湾，股市秃鹰的集团里早就烙上了媒体的印记。

2005年初，台湾劲永公司股票涨势凶猛，引发空头觊觎，多空交战激烈，但多头略胜一筹。台湾联合报记者高年亿在酒店与金管会检查局长李进诚、秃鹰集团把酒言欢后，3月16日，联合报在头版刊登了一则劲永公司涉嫌做假账的独家新闻，结果导致劲永股价连续十五个交易日跌停板，空头逆转战局大获全胜，投资人哀鸿遍野，社会秩序一片混乱，这就是当年轰动两岸的股市秃鹰案。

检察官传讯联合报包括总编辑在内的六名采编人员到案调查，而在法院审理时，撰稿记者高年亿以保护新闻来源为由拒绝指证泄密的金检局长李进诚，被法官予以裁罚，裁定书认为高年亿拒绝证言涉及保护犯罪行为、影响金融秩序。

侦办这宗秃鹰案的检察机构与审理的法院一致指出：秃鹰集团利用联合报犯罪。也就是说，联合报已成为秃鹰的犯罪工具。台湾政治评论员周玉蔻及杨宪宏在政论节目中讥讽"联合报已成为秃鹰报"。

检调机构调查显示，因为有包括媒体在内的内线接应和互通声息，2005年秃鹰集团一口气狙击台湾升技、翔升、千兴、劲永四家上市公司，获利高达新台币10.3亿多元，直到劲永案东窗事发后，秃鹰集团才开始收敛。

因为查不到联合报记者及编辑部高管利用自己账户放空劲永股票的证据，检察官最后以被利用而不是秃鹰共犯的理由放过联合报一马，但社会和外界却普遍对联合报提出质疑："老牌的联合报，拥有优秀、资深的采编人员竟然会被秃鹰团利用？"

实际上，台湾商业周刊记者早在1999年就调查发现：联合报涉案记者有关上市公司弊案的独家新闻特别多，而且在新闻见报前两天涉案公司的融券都突然暴增。商业周刊发行人金惟纯曾特别向联合报提出警告，对方拒不承认有所谓股市秃鹰的问题，还振振有词地说，这是新闻竞争问题。

但是，台湾政治评论员杨宪宏则从新闻版面处理认为联合报根本就是股市秃鹰。他指出，台湾上市公司近750家，联合报采编人员却把一家市值只有新台币17亿的劲永公司做假账的新闻摆在了头版，非常奇怪和不寻常，其中一定有不为人知的内幕在操控。

究竟涉案记者和联合报是股市秃鹰，还是被秃鹰所利用，外界讨论沸沸扬扬。不论结果如何，这宗秃鹰案已然重伤了联合报的形象以及公信力。

未雨绸缪：必须制定股市新闻报导规范

秃鹰来了，大陆媒体该如何应对？远有台湾联合报前车之鉴、近有酒鬼酒事件，新闻报导特别是股市经济新闻报道的规范刻不容缓。这是关系到社会秩序和民生和谐的利害。

　　笔者认为,作为政府和人民的桥梁,新闻媒体必须秉承强烈的社会责任感,在内部一定要有严格的自律规范,包括订立编辑部员工自律公约,加强对记者新闻伦理的要求和教育。尤其是要制定股市新闻报导规范,建立严格的审查制度,包括对消息源的分析和判断、采编人员与所报上市企业的私人关系、互动历史等,确保消息在刊前受到层层把关制约、刊后能客观引导受众的心理预期,杜绝采编和高管受金钱诱惑而被利用甚至共犯的一切行为。

　　同时,仅靠媒体本身的自律是不够的,政府等相关主管部门应针对媒体关于股市经济新闻报导制定政治和立法层面上的约束规范,并进行监视,使媒体成为股市消息面的中立平台。

　　如果政府、媒体及司法部门能联合抗衡狙击,我们有理由相信:再强大的秃鹰在大陆也将无缝可钻!

　　　　　　　　　　(李雪梅:海峡导报海峡两岸新闻传播研究交流中心副主任)

纸质图书不会消失

——访北京贝贝特出版顾问有限公司编辑总监陈凌云

访问时间： 2012年7月

受访对象： 广西师范大学出版社北京贝贝特出版顾问有限公司编辑总监陈凌云

采访者： 首都师范大学文学院文化产业系副教授徐海龙、首都师范大学文学院文化产业管理专业2010级本科生孟林燃

徐：陈主编，感谢您在百忙之中接受我们的采访，因为我们的课程涉及优秀经纪人的培养，就想请教您，作为知名的贝贝特出版社的主编，您对于选题创意、选题策划及公司管理方面有哪些见解？

陈：对于经纪人行业，现在国内还没有一个真正的群体、阶层的形成，存在职业的含混问题。欧美在经纪人职业这方面，做的就很完善，它有独立的成体系的经纪人公司。国内的情况就比较复杂，像一些国内的作者都会有个助理，而助理直接从作者手里获取工资。作者直接和出版社打交道比较多，中间人的环节会被省略。

徐：一方面，出版社有时要扮演经纪人的角色，做类似经济人的工作；另一方面，作者要自己主动寻找出版社来出书？

陈：应该是反过来说，以传统方式，作者就应该直接和出版社联系。只是因为现在出版书籍所涉及的情况更复杂了，比如说，电子版权问题的争论。这些问题是作者或出版社没有精力去争辩或协商的。而且还现存一个问题就是，国内强势的作家，会被多家出版社争抢进价；而弱势的作者，几乎头发无门。这都会促使经纪人这样一个群体的产生，作者就可

以委托专业的经纪人来联系出版社，这样会更有效率。

徐：对，比如可以找策划公司，负责书面的包装。

陈：是的，但在国内还没有到达一个大规模的、体系成熟的阶段。一般初见成效的经济公司，在做得不错时就会往下游延伸。即公司不再做代理，而是开一个图书公司，帮助作者做完前期的工作后，交给出版社，有的是买书号再交给出版社出版。

徐：我发现有许多出版社，包括贝贝特（广西师范大学），与别的师范院校的出版社（如首师大）相比，有一个特点，就是你们摒弃了传统出版社的商业模式，除了出书以外，还接手了书籍的宣传、活动和营销策划。我想，这也是贝贝特成功的一方面因素。

陈：一般学校的出版社都有这个普遍的规律，就是以本校教师为主力军，主要出版的书籍是关于教材、学术文章等类。接触面比较市场化，比如：会帮助中小学出版教材。

徐：我看到资料，这些出版社决定改进，那他们如何改进制度？比如说，教师的积极性怎样调动？对于这一点，贵出版社当初是如何做的？

陈：我们的社本部还保存着事业单位的编制，但是涉及的人员数量很少，大部分都已经转成了合同制。贝贝特的工作人员都是从社会通过考核招入的，相当是一个"打工者"，本人也是这样的。这样在一定程度上可以调动人员的积极性。

徐：还有一点就是，别的出版社大部分也是像贝贝特一样进行改制了，为何做的没有贝贝特成功呢？是否在制度细节上有别于其他出版社呢？

陈：从宏观看，改制可能对一个行业，甚至产业在整体上是有影响的，而微观来讲，对一个公司而言，改制相对不显著；再一点是，在改制前有一个脉络可以依靠来操作，员工的薪资是固定的，出版是一个文化产业，归属于文化事业单位，是服务性的。在改制的过程中，人员的思想观念却没有完全转变。比如说，按照传统思想、行为方式，员工需要完整细致地校对书本，查改错别字；但改成合同制后，如果还按照原来的方式操作的话，有时会耽误书籍的出版期限，这样就会造成损失。以上来看，都是体制改革的阻碍。

陈：单从市场上看，企业经营针对市场，讲究适销对路。同样，做书也是这样，它遵守一般企业规则。像洛克菲特、默多克能做这么大，我觉得成功因素有：1）需要有优秀的企业家（领导人）来带领、判断及决策。　2）良好的企业发展战略　　3）团队精神　　4）资金合理运营等。企业方向不同，价值选择不同。

徐：以上可以看出，您是以综合性的视角来看待文化产业的。那您对出版社现面临的问题有何看法呢？

陈：因为出版社变成了一个独立的经营体，所以会面临一些问题，其中一点就是会造成大型出版社的垄断局面。

徐：或者也怕有"恶毒"的出版物面世吧？

陈：那些"恶毒"的出版物怕被投资方干涉。而且改革的时间不同，公司的适应度也不同。

徐：您刚才提到，由于体制改革，所以人员对书的校对工作会显得仓促，那这一点会不会影响到出版社的竞争力呢？

陈：肯定会有影响的。国家有质检局，它会检验书里的错别字数量是否在它的标准内，如果超额，那么你的书会定为不合格。质检局与各部门间是分隔的，各自有自己的一套标准。所以就算卖了10万册书，有许多错别字，还是会觉得这本书不合格。

陈：但在当今的经济市场背景下，它是可以转化的。出版社需要制定长远的目标，努力打造自己的文化品牌，当然要有质量的保障，还要考虑经济价值。

徐：接下来想问您关于出书的问题，您身为贝贝特的主编，能否向我们介绍一下，贝贝特从选题到出版的流程？

陈：就拿我们社出版的《理想国》来说，作者蒋勋。我们到台湾看到蒋勋的书在台卖得不错，所以想与他合作出版，他写书的类型是散文。但他过去的书差不多算是80年代的书，我们从新筛选文章、选结构，再订装成新书。把他的书做成系列，销量不错。

徐：您刚才说，在台湾看到蒋勋的书不错，您的这个"不错"是怎样定义的？

陈：我们对书是否有价值的判断主要根据：它是否贴合现在的市场，它销量是否会多，以及是否会盈利。这很多时候靠的是经验和市场观察力。

徐：不用考虑太多的内容方面么？

陈：也会考虑，内容应该是基础。这就需要出版人的能力，他要能对书进行正确的判断。一本好书，要先打动出版人自己，才会有可能出版，所以这就依靠出版人的专业素养与眼光。但出版人不是审判者，最主要的还是要看市场需求。

陈：还有一类就是对学术类的书的判断，这句需要一套完整的学术体系。要研究：这本书有没有提出新的观点，然后是这个人的影响力有多大，甚至要预测这种观点一旦发行，会有怎样的讨论等。

徐：那这种书更多的是需要人文方面的判断吧，而不是市场判断？这样对编辑的文学方面的素养要加深吧。

陈：我觉得这是在一个商业操作的过程中的细节。比方说，有的书不是很大众，高雅风格。我们做这本书并不是为了提高大众的审美情趣，我们不是教育者，而是书籍提供者，我们的目的还是想让大众买书，想让图书有销路。还是要贴合市场。

徐：贵出版社要求的年利润一般是多少？

陈：我们一般要求不亏本就行。一般我们会分为2种定位，一种是书本身很有价值，但销量可能不会高；有一种是书还可以，但销量会很高，甚至为畅销书。那么畅销书的经济利益会带动发展。但我们会选择擅长的书籍来出版，毕竟每个出版社的适应程度、范围不一样。

徐：在宣传方面，我看到报道，你们是以沙龙交流为主的。我觉得沙龙活动是很有特点的，很少有出版社会举办活动来宣传书籍，而且是沙龙活动。那么这个沙龙活动的具体的操作流程是什么呢？

陈：我们的沙龙活动主要是为作者与读者提供一个交流的平台，通过这个渠道，可以让消费者更多地了解关于此书的内容，达到宣传的效果。像我们有一次在户外举办一个沙龙，大家坐在草地上晒晒太阳、聊聊天，氛围很轻松。

徐：那等于贝贝特起到了负责宣传的角色，我想这是一般出版社不具备的。那举办活动的花费是否会很高呢？

陈：对于这点我们还是心存感激的，因为活动的成本并不高，原因是，我们会请了解此书作者的人或了解相关书籍的，文艺界的名人来参与活动。一些文人坐在一起畅谈，整个沙龙的气氛也就不同了。而他们为我们提供的帮助一般是免费的，这大大降低了我们需要支出的成本。有一次，在贝贝特10年庆典时，我们请了海外、台湾等地的出版社相约聚会，把它与沙龙讲座结合，寻找到了固定场所，邀请了大牌设计师，开展了大型的对谈活动。这次影响还是比较大的。我们现在举办的《理想国文化沙龙》是大型活动，其他的一些小型活动也在同步进行中。

陈：除了自己举办沙龙，我们还会帮助作者联系所在地的书店，协助我们一起寻找场地等来举办活动，相对更加灵活。我们的特色就是重视宣传，所以许多作家放心把书交给我们来做，会为他们省心不少。因为我们会帮他们的书发微博、挂豆瓣网宣传、联系书店、等。做好充分的后期工作。

徐：我看到您的书桌上有为林青霞出版的新书——《林青霞》，我看过报道，说这本书有许多出版社想要抢下机会出版，那贝贝特最后是怎样获得的机会呢？

陈：和林青霞的合作是受人帮助的。而帮助人就是我们以前的被出书人，他了解我们贝贝特的模式，所以就劝服了林青霞来贝贝特。之后林青霞与我们的老总谈得很投机，双方相互取得了信任，所以很快地签下了订单。

徐：那也说明贝贝特宣传到位，已经留下了很好的口碑。那贵出版社与林青霞签约的经费是最高的吗？

陈：不是最高的，但是经费数目是得体的。这本书的出版要求是很高的，我们是严格按照林青霞本人的要求做的。她想让的书显得有看电影的感觉，而且做成港版的形式，我们都是尽量在满足的。

徐：的确显示出版社的实力。还有一件事想请教您，咱们的出版社直接的经销商有哪些？是只针对于像新华书店这样的大型书店，还是有其他的营销渠道？

陈：新华书店并不是我们唯一的经销商。大致分为3个渠道，第一选择就是直接给新华书店；其次，大部分的书分配给批发商，他们就相当于地区总代理，由他们分散到民营书店。还有一点就是网络书店。这些方式各具特色，其中，新华书店与网络书店可以通过查询系统来反馈给我们，我们可以通过网络而很快获悉现有的销量情况。而与民营书店更容易沟通想法，在某些方面更有利于宣传。

徐：对于网络购书，电子终端阅读现在很受人追捧，你觉得这会对网络购书，甚至纸质图书的销量会有多少影响？

陈：的确现在电子书是个潮流，人们甚至可以不花取任何费用来阅读。我们不能改变他人，但可以提高自己。因为阅览电子书的其中一个优势就是便捷，所以我们就以"怎样使书更加便于携带"来入手改变，我们采用特殊性纸张来制作书籍，使得人们以往对书的沉重感立刻消失（笔者亲自掂量了其中一本书的重量，的确非常轻）；再有就是我们把书的尺寸变小，变成方便携带的口袋书，相对于携带 iPhone，我想携带口袋书还是安全多了吧，它存在随时掉落的危险（笑声）。我自己在乘地跌的时候，就特意拿着一本这种纸张的书，观察旁边一个拿着 iPad 阅读的孩子，比较一下哪一种介质更轻便。从另一方面来谈，一部分人还是坚守观看纸质书的阵地，所以我觉得纸质图书不会消失。

孟：对于纸质书籍，忠实读者还是挺多的。提到读者，我想针对他们来咨询一下，从网络上看到，贝贝特遵循的是"高品位的路线"，出版的通俗读物也是要达到"高品位"的效果，您对这个"高品位"是怎样诠释的？是针对的人群为高级知识分子吗？

陈：恩，是的，我们主要是以大学生为界，而且在大学生群体里还是会有分层的。不同类型的书籍针对的消费人群不同，我们还是侧重于知识分子这一层，也就是大学生以上的这类人群。

孟：还有一点我很好奇，看到贵公司的员工考核机制是以文化积累为倾向的，而没有经济指标的考核……

陈：对，是没有的，我们主要要求的是工作量的考核。也没有硬性的指标和年末利润指标的规定。

徐：为了以后的优秀编辑的评选或升职名额，是否有年底考核呢？

陈：会有的，但不是因为这一年，某个编辑因为策划的书籍多而工资高。毕竟每个人负责策划书籍的难度不同，这样断然的评判会造成职员心理的失衡。此外，每个主编都会负责一个分馆的效益，经营的同时可以测评人员的专业性。如果分馆的绩效好，那么负责人获得的利润便会升高，上层会根据销量而分利，下层基本上不存在竞争。这就需要上层编辑的创新能力与协调下属的能力等等。

孟：您能帮我们总结一下，编辑这一职位的特点及要求吗？

陈：我们一般先对招进的新人做培训，作为一名编辑，单靠工资是不够的，但是你可以获得其他职位享受不到的"福利"，那就是你会感受到，在和与中国文化距离最近的一些核心文人交往，接触的人群也都是知识分子。再有就是，员工的工资都很稳定，不管这本书的销量是否叫座，他都会有一个稳定的基本工资，这算是资金的奖励部分。此外，做编辑有流动性，更多的是针对于基层的编辑，他们所承受的压力比较大，工作不高，流动性相对大一些。而出版社的骨干人员相对稳定。公司现有 5

个总监：经济总监、行销总监、市场总监、艺术总监、版权总监，都是骨干人员的范畴。

徐：那贝贝特的管理结构是怎样的呢？

陈：是扁平化管理模式。我们每个月都会有申报讨论会，届时，任何人都可以提出问题，会议相对自由灵活，主张言论自由。我们举办户外活动的时候，也不会在乎职权问题，有人空闲就会去做。

徐：刚才来之前，我注意到了贝贝特所处的位置，坐落于家属楼之间，这样一个环境更适合出版社的气质吧？

陈：主要是租金便宜。这样的环境的确适合我们，但也有缺点，我们的办公室是分隔的，不像一些写字楼里的办公室，大家可以随时在一起交流。陈丹青说他一走进这个小院，心就一下沉静下来。的确，不一样的环境塑造不同性格的人。

（采访文字整理：孟林燃）

结合展项资源
创新科技馆教育活动模式

包若冰

摘要： 科普展览和教育活动是科技馆教育的核心功能。如何促进"展览"与"教育"充分融合，实现展览教育功能的最大化是从事科普展览教育工作者们需要思考的问题和面临的挑战。根据世界上发达的科技馆（或科学中心）的先进经验以及我国科技馆的现有尝试，结合展项资源，开发、开展教育活动是我国科技馆未来教育模式的重要发展趋势。

关键词： 教育活动、展览教育、科技馆、创新模式

科技馆是以展览教育为主要功能的公益性科普教育机构。其中，强调互动性的科普展览和丰富多彩的教育活动是科技馆教育的核心功能。我国科技馆事业兴起较晚，在教育活动的开发和实施上距离世界上先进的科学中心和科学博物馆还有较大差距，然而，重视教育活动早已是世界上发达的博物馆和科学中心的普遍做法，也是衡量博物馆事业发展的重要指标。[①]在我国，一些科技馆结合展项开展科技馆教育活动，打破了目前大多数科技馆中"展览"和"教育"分离的现状，这种以"探究式学习"贯穿教育活动的尝试，是实现科技馆展教融合的新探索。

一　结合展项开展教育活动的意义

常设展览是科技馆教育功能的主要载体，力求为观众营造再现科技实践的学习情境，强调以互动、体验的形式引导观众进入科学探索与发现的过程

---

① 郑奕　陆建松：《博物馆要"重展"更要"重教"》，《东南文化》，2012年第5期。

之中。① 然而，常设展览的更新率较低，内容和知识跨度大，无法主动识别、区分并满足不同年龄段和不同知识背景的参观者的需求。因此，参观者在自主学习的过程中往往容易遇到问题，无法达到更好的学习效果。教育活动是一种灵活有效的补充形式，是对常设展览功能的拓展和延伸。通过开展教育活动可以使参观者融入科学情境，加深对科学现象、科学概念的认识。

近年来，我国各地科技馆对教育活动的重视程度逐渐增加，各地都加大了在教育活动开发上人员和资金的投入。科普活动室、实验室，科技夏令营，科普讲座、沙龙等活动丰富多彩，取得了较好的效果。这些教育活动以科技馆为平台，通过科普教师的组织开展有序活动，激发观众的兴趣，引导他们积极参与，部分做法已经常态化并呈现出展教融合的趋势与特点。

中国科协技术协会编制的《科技馆建设标准》②提出，在大型科技馆中，常设展厅的参考面积为9500~10000平方米，临时展厅的参考面积为1400~1500平方米，科普活动室（包括教室、实验室）的参考面积为1000~1100平方米，科普报告厅的参考面积为500~600平方米。通过简单计算即可看出，大型科技馆的展厅面积几乎是科普活动室和报告厅的十倍。然而，所开展的教育活动的数量和规模甚至不及其十分之一。这与世界上发达的科学中心和博物馆的情况非常不同。

在美国自然历史博物馆，每月举办两次"博物馆过夜"活动，活动的主要对象是6~13岁的学生。夜幕降临后，孩子们在工作人员的带领下参观展览，"穿越"时空隧道，回到远古世界，午夜就在展厅中就寝。这种现实版《博物馆奇妙夜》③的活动对孩子们来说，是一种非常难忘的经历。在日本，所有的博物馆（或科技馆）都是中小学生的第二课堂，学校有组织地带领学生来参观学习，学生们带着观察记录单和学习任务，在博物馆（或科技馆）实地观察和动手操作。在日本科学未来馆，不同展区设置了各类实验室，无论是儿童还是家长，普通观众还是专家，都可以有计划地在一起从事科学实验，甚至参与科技研发，共同探讨、分享科学的奥秘。由此可见，在展厅环

---

① 《中国科技馆新馆设计理念》，来源：百度文库。
② 《科技馆建设标准》，中国科协技术协会编制，自2007年8月1日起施行。
③ 《博物馆奇妙夜》（Night at the Museum）是一部2006年美国的冒险喜剧电影，改编自米兰·特雷克于1993年撰写的童书《The Night at the Museum》。剧情内容叙述一位刚离婚的父亲找到一个警卫的工作，负责在夜间看守纽约市美国自然历史博物馆，结果发现博物馆里的一个埃及工艺品能够神奇地让展览品在夜晚都活了起来。来源：维基百科。

境开展教育活动是我国科技馆教育的薄弱之处，如果无法有效利用展览资源开展教育活动，必将阻碍我国科技馆教育活动又好又快发展。

"科技馆的展览教育是一个有机的整体，展览是基础和手段，教育是目的和宗旨。展览是主要手段和表现形式，应围绕实现教育目标服务，而教育活动的开展应该是最大限度围绕展览和展品展项开展。"[①]因此，结合展项开展教育活动不仅可以实现展览教育功能的最大化，还可以进一步引导观众开展"探究式学习"，获得最好的科普教育体验。

二　结合展项资源开展展厅教育活动的现状

结合展项资源开展的教育活动是指打破了传统的讲解答疑模式，主题紧密围绕展项，形式灵活有趣，内容丰富多彩的教育活动新模式。近几年，中国科技馆新馆展览教育中心开始侧重此类教育活动的策划和研究，在实践中取得了一些卓有成效的进展。

中国科技馆新馆"华夏之光"展厅生动再现了我国古代劳动人民的勤劳与智慧，配合多个体验式区域让参观者走进古老的华夏科学文明的源头。"华夏之光"不仅仅深受孩子和家长们的喜欢，也经常有外国友人流连忘返。在"华夏之光"开展的一系列展厅教育活动极具代表性，下面以两个案例来说明。

（一）小型教育活动——"鲁班锁"

鲁班锁是中国古代的一项智慧发明，蕴含着奥妙有趣的科学道理。通过长期观察，科普教师们发现，绝大部分观众都是初次接触到鲁班锁，尽管展台上提示了拼装步骤，但是绝大部分的体验者不得要领，往往因为缺少耐心、不仔细看而无法完成拼装体验。考虑到该体验展项对于观众自主学习存在难度，"华夏之光"展厅特设了辅导岗位，由辅导教师指导，观众进行拼装体验。为了能够调动起体验者的拼装兴趣，增加其耐心，科普教师们开展了一些有趣的小活动，比如将参与体验的参观者以家庭为单位分组，每个家庭合力拼装一个鲁班锁，在5分钟时间内完成的家庭可以获得小纪念品一份。在非参观高峰期，展项旁边开设"小课桌"，对"鲁班锁"有浓厚兴趣

---

①　郭继良：《对科技馆展览教育的认识与思考》，中国科学技术出版社，2011年版。

的体验者可以得到科普教师一对一的辅导教学，并且还可以了解到鲁班锁的来历、原理和应用。

"鲁班锁"教育活动是针对一件展项开展的小型教育活动，此类教育活动的特点是可以长期开展，随时灵活调整。目前，在中国科技馆新馆各个展厅内开展的教育活动中，此类小型教育活动数量最多。每项活动由 2-3 名科普教师负责组织实施，每次参与体验人数不多，但是体验效果较好。场次和时间的安排相对实验表演更加灵活，节假日参观高峰期会根据参观人数做以内容和形式上的调整。

(二) 大型教育活动——"古代科技庙会"

古代科技庙会在中国科技馆新馆已经连续开展了几年，是春节期间最受欢迎的教育活动之一。古代科技庙会活动设置于"华夏之光"展厅内，参观者可以以个人、家庭为单位参与闯关活动。活动总共设置了七道关卡，除了传统的答题闯关环节，还有动手操作等环节。七道关卡都与"华夏之光"展厅内的展品有关，例如拼装七巧板、鲁班锁，中医药知识问答，古代计时方式，投壶等等。活动举办前夕，在馆内和官方网站大力推广宣传，吸引参观者的参与。从历年参与活动的人数以及活动现场参与者的热情不难看出"古代科技庙会"活动开展的成效。

"古代科技庙会"教育活动是以展厅为主题，针对多个展区、多件展项开展的大型教育活动。此类活动前期需要做较多的准备，如设施、物资和人员等的调配，牵涉环节较多，往往不易临时调整，更加适合短期开展。同时，此类大型教育活动可以做到充分利用展览资源，将不同展项以某种形式自然串联，形成线索，更容易吸引参观者主动参与学习的热情，并且惠及参与者数量多，反响较大。

以上两种典型教育活动虽然都存在某些局限性，但在具体实施过程中仍然充分展示出如下优势：

第一，资源丰富，涵盖面广。实体展项是科技馆科普设施最主要的表现形式。以中国科技馆新馆为例，主展厅内总共展示了近千件展项。这些丰富的展项资源，不仅涵盖了科普的多个领域，同时在原理的表达上也经过了展项设计者、制作者们独具匠心的设计。可以说，实体展项是所有参与科技馆建设的人员的心血的结晶，是一笔宝贵的财富。教育活动应将实体展项资源充分挖掘出来，发挥它的功能，能够使展览资源效益最大化，更好地启迪公众。

第二，开展形式灵活。以往我们在科学表演台（场）开展的教育活动，如实验表演或者科普剧等，都存在表演时间较为固定，内容长期无法更新的状况。而结合展项资源开展教育活动就可以很好地弥补科学表演台（场）的这些不足。由于教育活动的主要"道具"为固定展项，教育活动的主题则可围绕与展项相关的任何方面开展，科普教师可以根据科技时事热点或者通过分析观察哪些是最受欢迎的展项，来开发和开展教育活动。这种教育活动较少受到场地和道具上的影响和限制，但是需要科普教师较高的组织协调能力。例如，当我国有新的航天器发射升空时，则可以在太空探索展区围绕相关展项开展教育活动，这样就会弥补"展项过时"的不足。

第三，引导"探究式学习"，培养科学态度。欧美科学中心自建立之初就深受施瓦布①提出的"探究式学习"教育理念的影响，并一直将"探究"作为科学教育的核心，广泛应用在理论和实践中。我国科技馆在"探究式学习"方面的理论研究和实践尚处于初探阶段，而结合展项资源开展教育活动为"探究式学习"的教育理念提供了土壤，有助于实践的积累和理论的深化。

三 结合展项资源开展教育活动的方法与途径

目前，依托固定展项资源开展教育活动还处在初探阶段。根据国外的先进经验和我们的尝试，要实现展览和教育的充分融合，形成具有"探究式学习"特点的卓有成效的展教模式，应该注意如下几个方面。

第一，抓住展项特点，适时开展教育活动。掌握展项的特点才能够开发出好的教育活动。展项的特点不仅包括展示的形式、内涵、技术手段、运行状况等，同时也包括参观者在不同时间段与展项互动的情况。可以说，后者在教育活动的开发上具有更强的决定作用。例如，在寒暑假、黄金周等参观高峰期，几乎所有展项前都人满为患，这时如果选择参观者逗留时间较长又需要排队的展项开展教育活动，无疑给运行带来更大的压力；而在工作日等参观淡季，往往只有一些大型展项前能够聚集一些人气，这时，如果在一个

---

① 约瑟夫·施瓦布，美国著名科学家，课程理论家，教育学家。曾经参与过"学科结构"运动，和布鲁纳一起被誉为"结构主义"教育思想的代表人物。

安静的角落开展教育活动，往往是无人问津的。因此，了解展项的特点，才能够因地制宜，在不同的时间段内开展合适的教育活动。

第二，找准教育主题，重视教育活动的整体性与全局性。一套成熟的教育活动方案需要完整的策划和开发过程，并且在实践中不断发现问题并及时调整改进，找到最适合的方式方法。某些教育活动把某个固定展项当成"主题"，往往使科普教师走进误区，即仅仅围绕一件展项深入挖掘知识内涵。很多科普教师会觉得纳闷：教育活动开展到后来又变成了传统讲解和操作展品。究其原因，这就是我们在开发教育活动的时候，缺乏整体性和全局性，导致孤立地围绕一件展品开展教育活动，最终又回到了说教的模式。其实，每一件展项在展厅中都不是孤立存在的，我们选择某一件展项开展教育活动是因为这件展项能够最好地表达我们教育活动的核心内容，是最生动和有效的表现手段，而我们教育的主题应当上升到展区甚至是展厅的高度。如此，才能够把科学知识融会贯通，集趣味性、故事性、实用性、启迪性于一体，让公众在参与的过程中，对某个科学道理产生更为立体的印象和认识。

第三，充分发挥科普教师的主体作用，激发教育活动创新活力。在教育活动实施中，除了固定展项的参与之外，另一个重要的角色就是科普教师。在中国科技馆新馆现有的固定展项教育活动开发中，科普教师组成开发团队，重点开发某个展厅的教育活动。在实际操作中，我们会发现，同样一件展项开展的教育活动，由不同的科普教师组织会有很不同的效果。有些科普教师语言风格亲切幽默，很容易拉近与参观者的距离。参观者常常会主动提出一些问题寻求解答帮助。通过科普教师活跃气氛并适时引导，参观者在参与活动的过程中不知不觉就记住了某个科学道理。有些科普教师肢体语言丰富，动手能力很强，简单几个动作和展示，就能吸引参观者驻足，参观者会因此产生"怎么会这样？""我也想试一试"的想法，从而主动参与到教育活动中。由此可见，科普教师在固定展项教育活动中的作用非常重要，他们既是教育活动的开发者，又是组织者和实施者。他们不仅是向公众普及科学知识、答疑解惑的科普教师，更是连接参观者与科技馆教育、科普教育之间的纽带和润滑剂。充分发挥科普教师的个人风格和特长，将之融入教育活动的引导和组织之中，可以更好地发挥科普教师的主观能动性，使教育活动精益求精，更好地发挥科技馆科普教育的功能。

第四，展品改造更新应考虑教育活动需求。展品改造是科技馆展览设计工作者的重要工作之一。以中国科技馆新馆为例，在2009年建成开馆之后的几年里，展品的小规模改造和更新从未停止过。今年，部分展区也面临着整体改造与更新。如果依托固定展项开展教育活动成为今后展览教育活动的常态趋势，那么，在展品改造和更新的同时，也应当充分考虑开展教育活动的相关需求。例如，可以在展区设计小型展厅课堂区域，设置折叠教具，与展品巧妙结合。在进行教育活动的时候，场地和设施都可以提供帮助，更加有利于教育活动长期有效开展。

第五，结合新媒体手段，创新互动模式。在新媒体时代，展品的研发、展教活动的设计应充分考虑到新媒体交互性、即时性的特点，设计、开发出更具有时代意义的教育方法、教育活动，充分发挥科技馆展览教育的功能。传统意义上的教育活动，"互动"主要体现在科普教师与参观者之间的互动。例如，在讲解或表演中设置问题引导观众回答，在实验中邀请体验者等。新媒体时代下，互动产生了许多新的可能，不再局限于人与人的互动，也可以实现人机互动、远程互动甚至是穿越时空的互动。在传统的互动中，科普教师与参观者是互动的两个终端，而新媒体时代的互动，每个人都是互动的发起者、接受者、传播者。

尽管目前我国科技馆在结合展项开发、开展教育活动还处于初探阶段，但是根据国外的先进经验和我们的现有尝试，可以基本证实结合展项开发、开展教育活动是一种可持续发展的教育模式，也将是我国科技馆教育活动未来的发展趋势之一。作为科普教师，我们应当积极探索创新教育活动的开发与实践，充分发挥主观能动性来面临种种挑战，为科技馆事业和科普事业的发展增添活力。

（包若冰：中国科学技术馆，网络科普部）

高校专业教育

人才培养创新实验区模式下的教学体系建设探索①

——以中国劳动关系学院文化传播专业群为例

高传智

摘要： "人才培养模式创新实验区"模式自2007年由教育部和财政部联合提出后，在促使高校在教学内容、课程体系、实践环节、教学运行和管理机制、教学组织形式等方面的改革起到了积极推动作用。中国劳动关系学院文化传播专业群在这一背景下，以影视制作和职工文化为特色，进行了影视制作人才培养教学体系建设的探索，主要以"人文为本，技能为用"为理念，实施"四四一一"的实验课程体系贯彻理念，同时健全相关配套措施，保证理念、课程取得实效。

关键词： 影视制作人才培养　创新实验区　人文　技能

中国劳动关系学院文化传播学院，下设新闻学、汉语言、戏剧影视文学三个本科专业，是中华全国总工会所属的唯一高等院校文化传播类教学机构，面向社会和工会系统，承担着多种功能和角色，在近十年的教学过程中，逐渐明确了以影视制作和职工文化为特色的教学方向。

为落实这一方向，教学中开始实施人才培养模式创新实验区建设。"人才培养模式创新实验区"这一概念在2007年由教育部和财政部联合提出，旨在促使高校在教学内容、课程体系、实践环节、教学运行和管理机制、教学组织形式等多方面进行人才培养模式的综合改革，形成一批创新人才的培养基地。作为一个本土概念，完全契合的研究文献均为国内，在CNKI中可见的有《构建人才培养模式创新实验区的探索》②《四川大学拔尖创新人才

---

①　本文系中国劳动关系学院"影视制作人才培养创新实验区研究"项目研究成果。

②　王平祥、唐铁军、刘薇、申沛：《构建人才培养模式创新实验区的探索》，《中国大学教学》，2010年第5期。

培养模式创新试验区——吴玉章学院2007级人才培养方案的改革与思考》[①]等四十余篇。

这些文献多根据自身学校特点和资源禀赋，对人才培养模式进行了探索。因专业不同，所采取的做法也有差异，但总体上都注意课程设置的调整，与实践的密切联系。尤其是针对日益增加的就业压力，以及用人单位对应用型人才的迫切需求，大多数研究都对我国高等教育重理论、轻实践的痼疾进行了反思，在创新实践教学模式、提高学生动手能力方面予以充分关注。如湘潭大学、东北农业大学 都提出了"3+1"的实践教学模式，本科生三年校内学习、第四年直接进入企业单位，以工代学；北方工业大学 、广州大学音乐舞蹈学院则分别与世界知名公司、自身院团深度合作，将用人单位需求嵌入日常教学实践，从机制上避免校外导师流于形式的挂名导师。华中科技大学则设立由学生主导的创新团队，积极介入社会实践，对"产学研一体化教学"进行了拓展。上述教学单位的探索，对深化我国高等教育改革提供了有益的参考。

在以往的教学理论和实践中，"实践教学"是与课堂教学相对而言的，主要是指通过实践的途径使学生对课堂中所学的一些知识有更为深刻的理解和应用。因此，在众多的教学体系中，实践教学是依附于课堂教学的，被看成是课堂教学的延伸和补充，这种价值定位在很大程度上影响了一些以应用为目的的专业实践教学的进行。在笔者的教学实践中，也发现了即使是班级最顽劣的学生，将其放到真实的工作情境中锻炼一段时间，所获取的专业技能、对自身缺陷的反省，要远远好于课堂上的耳提面命，这样确立了在教学中以实践教学进行人才培养实验区研究视角的选择。

一 确立"人文为本，技能为用"的人才培养创新 实验区建设理念

在教学过程中，如何更好地融合所辖三个专业的知识内涵，同时依托学校其他院系的教学资源，做好影视制作人才的培养，一直是需要深度思考的问题。对此，笔者提出了在跨专业资源融合的背景上，确立"人文为本，技

① 张红伟、刘黎、高博：《四川大学拔尖创新人才培养模式创新试验区——吴玉章学院2007级人才培养方案的改革与思考》，《高等理科教育》，2009年第2期。

能为用"的人才培养创新实验区建设理念："人文为本"是强调以人文素养（文化、艺术、美学、教育、哲学、国学、历史等相关内容）的提高作为文化传播人才培养的根本；"技能为用"，是遵循文化传播类专业的应用型特点，只有让学生切实掌握现代信息传播技能，才能将思想和创意传达出去。这一理念的认识基础在于：

首先，文化的发生，文明的进步，受惠于传播与交流；同样，传播的丰富，交流的深入，也有赖于文化与文明的繁盛。文化与传播的关系，是如此紧密，在信息传播技术高度发达的当代，文化与传播超越了内容与形式的关系，形式的革命不断孕育出崭新的内容，文化与传播日益相互依赖，相互促进，不可分割。影视制作人才的培养，应该秉持文化与传播并重，以多种传播手段传播优秀文化，以优秀文化加持传播手段的思路，在人才培养时，注意以新闻学专业为起点，不断引入人文积淀厚重的汉语言文学、戏剧影视文学等专业组成教学共同体，在加强实践技能的同时，开设"文传通识：文明的力量——元典导读"、音乐、书法、篆刻等人文类课程，使专业间架构合理，资源互补，相互支撑。

第二，人文素养、理论知识固然重要，但长期以来，重演绎思辨、轻验证操作的传统教育观念，涵盖了我国高等文科教育的几乎所有学科。这种不分学科特性的教学理念，给我国新闻等文化传播类教育事业留下了不少弊端。"中国学生动手能力差"的评价，在上世纪六十年代就已有定论。现在，随着我国高等教育由精英教育向大众教育的转变，大学生动手能力不足的缺陷被"就业难"等现实问题日益放大。而信息时代的到来，又对文化传播的实践性提出了前所未有的要求，媒介的融合要求从业者"想"和"做"的能力也要融合。很难想象，一个不熟悉网络知识、不懂得音视频制作、不具备项目实施能力的年轻人，能够在将来胜任高素质职业传播者的工作角色。因此，重视学生的全媒体传播能力培养，是时代的必然要求。

第三，教学的最终目的，是服务于实践，服务于国家。十七届六中全会指出加强文化建设的重要意义，提出了推动文化大发展大繁荣的指导思想，以及到2020年我国文化产业的发展目标，这为文化传播事业发展提供了广阔空间。同时，文化传播学院依托工会系统，拥有遍布全国各地企事业单位的组织支持网络，与社会结合尤其紧密，承担着多种社会功能，其中影视制作和职工舆情调查具有鲜明的办学特色。因此在服务师生文化传播教学活动、传播优秀文化服务社会，反映职工特色文化增进社会沟通方面，具有责无旁贷的责任和得天独厚的优势。

所以，中国劳动关系学院文化传播学院影视制作人才的培养定位，是以文化与传播结合，人文与技术结合、校园和社会结合的"三结合"为指导方针，以打造文化传播类专业特色实验课程体系为手段，使学生成为博通、专精与创新的综合型人才。

二　建设"四四一一"的实验课程体系贯彻理念

为贯彻上述理念，在人才培养的实验教学观念层面，确立了三个转变：一是变过去的实验教学仅仅是课堂教学的补充，向实验教学渐成体系、相对独立转变。只有这样才能充分发挥实验教学能力培养的平台作用，引起师生对加强动手能力训练的重视；二是变过去老师在实验教学中惯常的主导地位，向老师和学生组成实践共同体或老师配合学生进行创新实验项目转变。只有赋予学生更多主动权，学生才能在宽松的环境里自由学习和实践，锻炼出实操能力之外的沟通能力、组织能力、协作能力和创新能力，最终实现综合能力的全面提升；三是树立基础与前沿兼容，传统与现代结合的技术观念。当代文化传播手段呈现出新旧并存、各擅专场的态势，这提醒我们在实验室建设和实验技术避免盲目跟风，不薄古厚今，既保留部分传统传媒技术和介质，如书法、篆刻、报纸，又要积极采用数字传媒技术，如网络、微视频、电子杂志，实现基础与前沿技术相互兼容，传统与现代技术有机结合。在这一认识基础上，实验教学课程体系成为整个影视制作人才培养创新实验区的核心，为此在教学中采用"四四一一"的建设方案，即"四个实验教学模块、四个实验教学层次、一个实训教学平台、一个实践教学系统"。

"四个实验教学模块"，是根据学院专业特点，把实验教学课程分为人文艺术模块、传统媒体模块、新媒体模块和职工文化特色模块。其中人文素养模块课程共9门，包括书法、表演导演艺术基础、钢琴、演讲学、视听语言、影视产品策划与管理、影视剧本写作（1）、影视剧本写作（2）、影视作品创作实践；传统媒体模块课程共12门，包括广播电视新闻、基础写作、摄影摄像、书刊选题策划与管理、新闻编辑、新闻采访与写作（1）、新闻采访与写作（2）、新闻摄影实践、摄像与编辑、电视摄像与编辑实践、纪录片创作实践、图片摄影；新媒体模块共13门，包括图像处理、计算机应用基础、网页制作、数据库、程序设计、Flash动画设计、三维动画设计、数字媒体与影视制作、计算机导论（一）、计算机导论（二）、平面设计与网站美工、计算机应用实践（一）、计算机应用实践（二）；职工文化特色模块课程共3门，包括舆论学（含职工舆论调查和分析）、社会调查方法、企业文化咨询实务。

"四个实验教学层次"，是按照实验教学体系的要求，把实验课程按照"基础性——综合性——设计性——创新性"四个层次，使学生在循序渐进中掌握文化传播技能的专业知识和制作手段，并在实践中培养自主创新的能力。

基础实验教学着重实验的基础知识、基本方法、基本技能的训练，通过严格训练使学生系统掌握文化传播类实验项目的基本方法和基本技能，如电视摄像与编辑、新闻摄影中的机器构造和基本操作实验项目，表演导演艺术基础等课程；

综合实验要求学生在进行多个单元实验学习后，教师根据学科问题和实验技能的系统性、完整性要求，设计综合性实验项目，学生综合运用所学基础知识和实验方法、技能进行多角度的、多方面的分析和研究。如广播电视新闻中给定对象的深度报道，新闻编辑中的给定主题的新闻策划，以及网页制作等课程，侧重在应用技能培养上提升，要求学生创作具有一定专业水准的作品。

设计性实验是鼓励和提倡学生自拟选题或参与教师主持的实验选题。在实验过程中，学生在教师的指导下需要独立查阅文献、制订计划或进行文案策划、准备材料和设备、进行开发或实施并对结果进行分析、撰写研究报告等，初步体验科学研究的完整过程。如职工舆情调查与分析、书刊选题策划与管理等课程，重在培养学生的分析、解决问题的能力。

创新性实验强调在实践过程中提高学生的创新能力，发掘学生中蕴藏的创造潜能，探索媒介和文化传播前沿的最新动态，引导学生创造短片、短剧等优秀作品，如纪录片创作等课程。

"一个实训教学平台"，是从我校实验实践教学的具体情况出发，以各实验室及网络为依托，建立跨专业实践教学互联网平台，以网络电视台、电子杂志、DV大赛、戏剧节、《我的讲坛》、论辩赛等大型活动专项、实践技能教学互动论坛等实训项目，衔接、整合文化传播学院新闻学、戏剧影视文学、汉语言文学三个专业的核心技能，兼服务全校其他各专业，面向工会和社会开放，实现实践教学的常态化、情境化和有效激励，让师生在稳定的实践共同体中提高技能，在过程中获得团队融合与共识，最终为学生就业、创业乃至服务工会与社会，提供切实的帮助。平台既相对独立，又作为全校实训平台的一个组成部分。

"一个实践教学系统"，是充分依托所隶属的中华全国总工会，把工会系统作为中心实践教学密切联系科研院所、行业、企业的网络。中国工会系统是世界上最大的工会组织，2010年的统计数字表明，全国工会基层组织数达到近200万个，全国工会会员达到2.39亿人，是执政党联系职工群众的桥梁和纽带，也是我国的重要社会支柱之一，这对实验教学对外联系的资源拓展具有得天独厚的优势。

三　健全配套措施，保证理念、课程落到实处

第一，抓实教学质量。

教学质量是影视制作人才培养创新实验区建设的根本，因此必须对教学质量实行全流程和多角度的绩效监督办法。实验教师的教学大纲、教学进度、实验设计必须在课程开始前提交纸本文件供检查；讲授、学生实验作业评审或讲评、学生辅导等情况的考察由学生匿名网上评分、抽查评估、教学督导现场考察等方式进行考核。考核结果及时反馈给教师本人，注意在今后工作中扬长补短。对于考核成绩低于学院教师平均分的教师，予以特别提醒，列为下一学期重点检查对象。为保证自编教材的高质量，要求突出实操性、可检验性、可复制性，需要将基本理论和基本知识进行适当的凝练和提纯，概括精要。需要紧密结合典型案例、示范，解释不同层次的实验教学的过程及要求。在教学大纲方面，要求16课时以上的实验课程，任课教师必须给出独立的教学大纲，对教学目标、实验项目、教学进度和考核方式做详细的说明，对不足16课时、包含在课堂教学内的实验内容，要求任课教学在课程大纲内进行重点阐述，保证实验教学理念和教学体系的切实贯彻

第二，强化队伍建设。

决定教学质量的最重要因素是人。在师资建设上，应该专业、兼职、校内、校外多元并举，实行岗位聘任制，多选聘在业界有影响、有真才实学的教师充实到实验教学队伍。建立了专职教员轮换制度。从新闻采编、广播电视、摄影、DV制作、音乐创作等实践性强、实验量大的教学领域挑选年轻教师加入专职人员队伍，并实施定期轮换。这样既提高了实验教学质量，又

使这些年轻老师不会因成为专职实验管理人员而有职称、待遇等方面的后顾之忧。另外，从事实践技能培养的老师，衡量时看学历但不能唯学历，尤其是在文化传播的新兴领域，如影视制作高级后期领域，实践技能高的师资并不具备高学历，具备高学历的反而实践技能严重不足。因此，业界的业务尖子也应该通过建立劳务机制纳入到实验教师队伍中来。作为对队伍建设的一种补充，可以在高年级学生中培养实验教学助理，这一措施被证明效果明显，低年级和高年级同学沟通起来更顺畅，也更具有示范效应。通过学长的传帮带，新生的实践兴趣和技能提升迅速，同时也能从实验教学助理的高年级学生中选拔人才。

第三，激励机制保证执行力。

行之有效的激励机制是组织执行力的驱动器。实验课耗时费力，对实验教师提高课时计算系数，实行合约管理，按约履聘，同岗同酬，各级岗位聘用均引入竞争机制，激励与约束并举，明确规定和可操作性细则，优上劣退。通过物质激励、成就激励与精神激励相结合，让实验教学队伍保持活力和竞争力，最终体现在目标的执行力上，只有这样，才能实现教学质量的稳定提升；对实验室推进教学实验室科学评价体系的建设，考评指标涵盖实验室开放、仪器设备管理、实验室日常工作管理等方面。通过绩效考评，提高实验室投入的综合效益。以此为依据，建立科学量化的绩效评价体系，考评结果将作为下一年度教学实验室经费投入的依据。

第四，放大实践教学平台的信息枢纽作用。

信息畅通是系统健康运转的必要条件。教学中已经建立起独立服务器的中心网站，专门开设了依课程分类的教学互动论坛，保障师生间在课堂下的深度交流；开设了预约系统，充分借助现代信息手段，加速设备流转，提高效率服务学生；设立了网络电视台、电子杂志等学生媒体发布平台，使之成为学生文化生产的载体和检验实践能力的渠道。在此基础上，网站要继续放大它衔接课堂与社会、老师与学生、理论与实践的信息枢纽作用，通过独立的服务器和存储阵列，整合中国职工音像出版社、音像资料库，创建一批网上课程资源库，影视制作素材库，提供音视频点播、学生以远程登录提交作业、教师远程随时随地批改等功能，使之成为实验教学系统的信息大脑和课堂延伸。

第五，打造学校与业界资源互通的教学综合体。

实践教学的最终目的服务社会需求。在今后三年，把深化与社会资源的有效对接，作为未来工作的重点和突破口来抓。通过借助工会网络、知名校友、实训基地的社会辐射等途径，将社会需求、业界项目、先进技术引入校内，为师生拓宽眼界和把握教学方向，提高实践技能学习效果。在打造学校与业界资源互通的过程中，建立成果社会转化的资金投入机制和效益分配机制，生产出两到三部有一定影响的精品文化产品，培养出一批达到较高技能水平的优秀学生。

第六，成立目标实施监管小组加强全程控制。

教学中成立目标实施监管小组，把目标分解落实到时间和具体教师，通过制定的考核指标体系，在各节点进行检查，做到心中有数，责任到人。发现目标滞后情况及时分析原因，寻找对策督促实施，加强目标实施过程中的监管和控制，避免目标制定后流于形式，在实施末期短促突击的不良结果。

（高传智：中国劳动关系学院文化传播学院副教授，博士）

创 意 孵 化 器

产业化文学网站运营模式对比研究
——兼谈我国文学网站的现存问题及未来发展

王　淼

摘要：本文简明介绍了我国产业化文学网站的产生及现状，阐释、对比了两种我国产业化文学网站的典型运营模式：盛大文学的"全版权"运营模式和中文在线的"全媒体"运营模式。分析了产业化文学网站现存的两大问题并提出了具体的解决对策。

关键词：产业化文学网站　运营模式　盛大文学　中文在线

网络文学是文学与网络科技融合产生的新型文学样态，它在消费社会与媒介融合的背景下产生，其流行文化的性质契合了新媒介时代大众的普遍精神需求，而与网络技术的结合又使得网络文学具有了独特的传播优势。因此，网络文学从诞生之初就蕴藏着巨大的商业价值和产业化的萌芽。

文学网站是网络文学的重要载体，也是目前网络文学的主要生存空间和传播平台。1997年中国原创网络文学网站"榕树下"的成立标志着中国大陆网络文学产业正式发端，网站依赖作品出版后的版权分享及广告收入获益，形成了第一代文学网站运营模式。2003年10月，玄幻文学门户网站"起点中文网"试运行VIP收费阅读制度并成功，这一制度也成了当时的行业标准，这则代表着网络文学产业的兴起。由此，资本大量介入文学网站，裹挟着网络文学走向产业化道路。

一　盛大文学与中文在线运营模式比较研究

（一）盛大文学与中文在线案例选择原因

经历了十几年的摸索和实践，产业化文学网站形成了较为成熟的新型运营模式和完整的产业链。运营商通过实践其运营模式获得了丰厚的利润，从而促使我国的网络文学产业蓬勃发展，使其具有了较大的规模和很高的收益，并成为我国当代文化产业的一支重要力量。

产业化文学网站现行运营模式主要有以盛大文学为代表的"全版权"运营模式和以中文在线为代表的"全媒体"运营模式。

目前，盛大文学占有了中国网络文学产业超过一半的份额，已成为这一产业的寡头，形成垄断之势，其所倡导的"全版权"运营模式获得了成功，并成为了中国网络文学产业的标准运营模式而被广泛运用，这也正是本文选择分析盛大文学运营模式的原因。

在数字出版领域，另一国内领先的运营商则为中文在线。中文在线2000年成立于清华大学，是中国数字出版的开创者之一，也是现今国内最大的正版数字内容提供商之一。它同国内400余家版权机构合作，签约知名作家、畅销书作者2000余位，驻站网络作者超过10万名，较有代表性的原创文学网站17K文学网即隶属中文在线。多年来，中文在线在实践中形成了具有自身特色的"全媒体"运营模式。中文在线与盛大文学在经营上各有侧重，形成了错位竞争，因此，分析中文在线的"全媒体"运营模式并与盛大文学的"全版权"运营模式进行比较也是本文的任务之一。

（二）盛大文学与中文在线运营模式的阐释与比较

盛大文学的"全版权"运营模式是指以原创网络文学作品版权为核心，在版权的所有渠道上进行扩张和销售，包括线上和无线阅读、实体出版、影视及话剧制作、网络游戏改编、动漫改编等，从而形成了原创网络文学生产、传播以及消费的产业链，实现了多维度的版权开发与增值。这种模式可以概括为版权的"一次生产、多次销售"，也是一种以优质内容为基础，从而对原创网络文学版权进行深度开发的模式。网上读者的点击率和评价使真正优秀的作品脱颖而出，而这种网上市场的预热也极大地降低了版权运作的风险，使得运营商能够大胆地将经过网络市场检验的优秀作品进行版权的多维开发，并使产业链延伸到下游。

盛大文学"全版权"运营模式的成功案例有《鬼吹灯》《步步惊心》等。本文分析其版权运营最为成功的案例《鬼吹灯》。《鬼吹灯》是网络写手"天下霸唱"于2006年2月开始在起点中文网上连载的惊悚悬疑类系列小说，该作品以盗墓、探险为主题，经过两年完成，共两部8卷。网上连载后，《鬼吹灯》仅在起点中文网的点击率就超过千万，并获得了很高的付费阅读收入。网络市场的成功使得该作品迅速走向了实体出版，安徽文艺出版社用三年时间出版了《鬼吹灯》全部 8 卷。2007 年，《鬼吹灯》在大陆的实体书销量超过 100 万，创造了出版界的奇迹。同年，林莹等人改编的漫画《鬼吹灯》在起点中文网连载，网上点击超过 100 万，并开启了网络连载漫画收费阅读的先河。漫画的实体书首批销量也超过 10 万册，成为 2006–2007 年十大最受欢迎的动漫图书，2008 年该漫画则进入了日韩市场。起点中文网还在 2007 年 8 月以 100 万价格将《鬼吹灯》上部的电影改编权转让给上海华映文化传媒公司。2009 年 6 月，知名话剧品牌戏逍堂购买了《鬼吹灯》话剧改编权。由盛大集团根据网络小说开发的网游《鬼吹灯外传》也在 2009 年 9 月正式上线并获成功。在 2009 年的法兰克福书展，盛大向全球招募合作开发《鬼吹灯》国际版权的伙伴，让这一版权产品走向世界。在这一案例中，盛大文学以网络小说《鬼吹灯》的版权为核心，在实体出版、动漫改编、电影改编、话剧改编、网络游戏改编五个领域实现了多渠道的版权销售和扩张，形成了多层次的版权衍生产品，获得了巨大的版权收益。《鬼吹灯》的版权运作也因而成为了盛大文学"全版权"运营模式的代表。

与盛大文学侧重点不同的另一运营模式则为中文在线提倡的"全媒体"运营模式。"全媒体"运营模式指的是将一种版权内容用多个媒体同时发布，"满足任何人在任何时间、任何地点，以任何方式获得任何内容的需求，实现'一种内容、多种媒体、同步出版'"[①]。这是一种建立在受众细分基础上的运营模式，其实质是同一种版权产品的多元、共时发布。相比于盛大模式侧重优质的内容，这种模式则更侧重不同媒介的多覆盖性，强调多渠道的同步出版，实现了传播模式的多元化。

中文在线"全媒体"运营模式的成功案例有《非诚勿扰》《橙红年代》《关云长》《建党伟业》等多部作品。本文分析应用"全媒体"运营模式出版的首部成功作品《非诚勿扰》。《非诚勿扰》是著名导演冯小刚于 2008 年创作的首部长篇小说，主要讲述主人公秦奋回国征婚的浪漫与尴尬遭遇。2008 年 12 月，这部小说同时通过互联网、手持阅读器、手机等多种数字媒体实现在线付费阅读和下载付费阅读，并在同一时间也以实体书和同名电影的形式面世。其中，中文在线选择与长江文艺出版社合作，由后者负责《非

---

① 中文在线：《公司简介》，http://www.chineseall.com/about.shtml。

诚勿扰》实体书的出版与发行，中文在线则通过17K文学网、移动梦网、汉王手持阅读器等多种媒体终端平台将该书进行数字出版，短短半年时间其手机阅读用户量就突破了10万，互联网阅读用户则超过百万，实现了50%至60%的效益增长，同名电影的票房也达到3.25亿。《非诚勿扰》因此开创了国内"全媒体"出版运营模式的先河。从这一案例中可以看出，中文在线提倡的"全媒体"运营模式就是将同一种版权内容通过互联网、手机、手持阅读器、纸质图书、影视等多种媒体渠道同时发布，以求同时覆盖所有潜在的读者，并使每个读者都能够选择自己习惯的方式进行阅读。这种模式依靠吸纳尽可能多的受众从而降低成本，以实现效益的最大化，可以概括为版权内容的"一次生产、多元发布"。

通过上述阐释，我们可以比较总结两种模式的异同。两种模式存在共性，而且相互借鉴、相互渗透，并非完全不同。无论是盛大文学的"全版权"还是中文在线的"全媒体"，都是运营商主导的经营模式，都是一种范围里有规模的经济，盛大文学和中文在线均通过各自的运营模式扩大了其内在经营品种，力争在每个窗口都榨取效益，从而实现价值链条的增值。需要指出的是，两种模式的成功均源于同一基础性制度，那就是发轫于起点中文网的VIP收费阅读制度，这是一种以量取胜、薄利多销的微支付模式。这种低廉而便捷的付费阅读制度吸引了大量的网络读者，极大增强了文学网站的用户粘性，也有助于吸引优秀的作者，从而形成品牌效应。

然而，由于侧重点不同，两种模式还是存在一定的差异。盛大文学的"全版权"运营模式是在纯文学已经没落、网络文学盛行的背景下，抓住了网络文学的深度开发。从本质上看，它遵循的仍是畅销书运作的"二八法则"，这是一种逐步深入、步步为营的运营模式，其核心和基础是优质的内容，这种模式侧重历时性，抓大众，这一点在《鬼吹灯》案例中就体现的较为明显。而中文在线的"全媒体"运营模式则侧重长尾理论下的受众细分，侧重共时性，抓小众。"全媒体"运营模式是长尾时代的获利出版，它侧重媒介的多覆盖性，追求多点出击而非优质内容，其所运营的作品不一定像盛大模式那样经过网络市场的充分预热，也不一定预知畅销，只是以获利为目的而被多元发布。然而，其局限性也是显而易见的，这种模式同时占有多个媒介，几乎不存在销售真空，这种对媒介的一次性投入开发意味着分众，即消费者很可能只会选择一种媒介形式进行消费。"全版权"运营模式对媒介的历时性开发则形成了销售真空，更符合消费者的心理。销售真空的存在意味着同一消费者可能在不同时间选择多种媒介形式进行消费，以满足自身对同一版权产品的不同审美形式的需求。

综上所述，盛大文学的"全版权"运营模式和中文在线的"全媒体"运营模式都是在中国网络文学产业化的背景下产生的。由于中国网络文学具有异于欧美和日韩网络文学的自身特点，两种模式也就因此都带有这种中国特色。经过长期的探索和实践，两种运营模式已成为我国网络文学产业较为成功的商业模式，而产业化文学网站也在这种运营模式的导引下日趋繁荣。然而，仅受商业逻辑支配的运营模式也给我国产业化文学网站带来了一系列问题。如何解决这些问题，如何引导产业化文学网站向着良性发展也成为本文试图阐释的问题。

二　产业化文学网站的现存问题及未来发展

产业化文学网站借助互联网技术手段颠覆了传统文学生产、传播、消费的单一线性机制，打破了创作、出版与接受的界限，建立了作者、运营商、读者的新三元互动机制。尽管我国早期的网络文学以其超前的先锋性和实验性特征著称，但随着资本的逐渐介入，这种特征日趋弱化，网络文学也从抒发作者的心灵诉求走向以市场为中心的功利与媚俗。产业化过程中诞生的运营模式以商业盈利为旨归，在繁荣中国网络文学的同时也必然为文学网站带来了诸多问题。

（一）资本裹挟网络文学、市场主导产业化文学网站的运营使网络写手沦为文字工人，文学网站沦为文化超市，网络文学作品沦为文化快餐，缺乏有文化担当的精品力作。

在当前，商业逻辑成为文学网站运营的至上原则，这使网络作家完成了从抒写自我性灵到取悦市场与读者的转变，使创意作者变成了职业写手。很多网络写手为获取利益的最大化故意拉伸作品长度，制造超长篇小说，为满足读者的猎奇心理一味设置惊悚奇幻的情节，玄幻、穿越等超现实题材的作品由于满足了读者释放压力、休闲娱乐的精神需求而成为网络文学中最受欢迎的几种类型。后工业时代的消费意识形态主宰了网络写手的写作方向："网络在线民主所构筑的世俗文化或'新民间文学'不过是消费意识形态的

---

① 欧阳友权：《网络文学的学理形态》，中央文献出版社，2007年版，第253页。

工具而已。"①因此，网络文学作品的内容类型化倾向严重，这种类型化作品的泛滥根源于媚俗："媚俗的激增是由工业备份、平民化导致的，媚俗有一种独特的价值贫乏，和关于美以及独创性的美学相对，媚俗提出了其'模拟美学'。"①大量模式相同、情节相似的网络文学作品正是在这种模拟美学的基础之上产生的。除此之外，很多写手为了商业利益保持着惊人的写作速度，成为文学网站雇佣的文字工人，他们在短时间内创造大量作品的同时也创造了惊人的财富："2012年中国作家富豪榜首次出炉了网络作家富豪排名，这二十位网络作家在5年中创造了1.77亿财富，唐家三少、我吃西红柿、天蚕土豆位列前三名。"②这说明，职业网络写手中已经诞生了高收入群体。与此对比明显的是，根据中国互联网信息中心最新发布的《第31次次中国互联网络发展状况调查统计报告》："我国网络文学使用率不及互联网普及率，网络文学仍然是慢于整体互联网发展的应用。作品质量粗糙、创新不足、内容类型化是网络文学现阶段面对的问题，成为了网络文学继续前行的阻力。"③这说明，资本过度干预网络文学的发展，降低了其文学价值，网络文学缺乏精品，已难掩表面繁荣下的隐忧。

诚然，网络文学的大众文化及流行文化属性决定了其噱头必然是复杂性、娱乐性、悬疑惊悚性。然而，网络文学却仍然是一种审美范式和美学范畴，网络文学作品作为一种文化商品就决定了其既有商品属性，又有审美的意识形态属性，这就要求其必然要有一定的文化价值担当。网络文学需要产业化，但决不能仅仅走经济路线从而只满足于赢利。文学网站也不同于淘宝网，它所打造的乃是文学品牌而非物质品牌。因此，产业化文学网站不能沦为文化超市，而应该成为高端的文学生产基地，并对文化建设有所助益。网络写手也不应一味追求名利，而要通过创作高文化价值的精品实现一个作家的社会价值。网络文学精品应该是具有先锋实验性，能够启蒙大众、提升人的文化品格的作品，而不是固守或降低读者的品位。

要解决上述问题，引导文学网站进入良性发展，我们需采取如下对策：

第一，政府有关部门应该出台专门针对网络文学的管理办法，从管理角度扶植高文化价值的精品优先出版，对格调低俗的作品进行整治。2012年

---

① [法]波德里亚、刘成富等：《消费社会》，南京大学出版社，2000年版，第114~116页。
② 腾讯读书：http://book.qq.com/a/20121126/000002.htm。
③ 中国互联网络信息中心：《第31次中国互联网络发展状况调查统计报告》，2013年,第38~39页。

底，新闻出版总署新起草的《网络出版服务管理办法》正式向社会征求意见，有望在今年得到实施。然而，这一管理办法外延包含了几乎所有形式的网络出版物，对网络出版物的奖励和处罚规定仍过于宽泛，有关部门应该拟定专门针对网络文学作品的管理细则，进一步细化、明晰奖惩标准，这样才能真正规范中国网络文学。政府还应指导文学网站采用技术手段限制网络文学作品的内容，可以限制读者每日的阅读总量以有利于其身心健康，过滤、删除低俗内容，以保护鉴别力低的青少年读者。

　　第二，文学网站本身应自觉采取措施，改进发展模式，努力建立网络文学的良好发布平台。文学网站应该有效整合资源，实现深度的跨媒体出版，提高其文化影响力。在数字出版时代，网络文学作品的功用不仅仅是供读者阅读，更重要的是成为下游创意产业的内容来源。这也是以游戏起家的盛大集团成立"盛大文学"的初衷。但是，从上文的分析当中可以看出，无论是"全版权"还是"全媒体"运营模式目前主要是进行网络文学作品版权的转让和销售，和欧美的数字出版巨擘相比，这是一种对网络文学版权的浅度开发，文学网站仅仅停留在将作品的游戏或影视改编权卖给他人。以美国兰登书屋出版集团（现已合并为企鹅兰登书屋）为例，他们在2010年成立了知识产权创造与发展集团，主要负责与其他媒体公司合作开发视频游戏等下游产品，兰登书屋不是仅仅将数字图书的游戏改编权卖给其他公司，而是通过与他人合作，深度、全程参与游戏的改编，例如整合优秀作者为游戏情节设计提供编辑服务支持。在影视改编方面，兰登在2005年与福布斯公司成为了合作伙伴，以兰登书屋畅销世界的数字及纸质图书为蓝本，两者共同参与剧本改编、制作人员及演艺人员选择、电影产品宣传营销等所有环节，共享收入。电影在世界范围内获得广泛成功的同时，兰登书屋的影响力也会在全球得到提升。我国的文学网站应该积极借鉴兰登书屋的举措，从浅度的版权销售走向深度的版权合作开发与经营，实现全球性、有机的跨媒体出版，只有这样才能真正提升其文化影响力，实现更大规模赢利，同时也有助于中华文化"走出去"战略，有助于提升我国的文化软实力。另外，文学网站还应运用自己的数字资源优势承担更多的社会责任，如促进教育资源的公平共享。"中文在线"在这方面已经做出了很好的尝试。他们在2009年建成了覆盖江苏、浙江、福建三个省超过3万所中小学校的"书香中国"系列数字图书馆，他们还推广"电子书包"使个性化教育可以成为现实。

第三，网络写手应该创新叙述方式，摒弃类型化写作模式，提升个人修养，加强生活积淀和创作积累。我国网络文学作品类型化倾向严重的情况和美国的畅销书非常相似。在美国，畅销书有着明显的类型化特征，"浪漫小说"、"惊悚悬疑小说"等都是在美国市场非常受欢迎的畅销书类型，这使读者在阅读时会默认一种自我喜好的类型。类型化的弊病是让网络文学流于浅薄，它使网络小说失去了最初的先锋实验性，完全暴露在产业化背景之下，仅仅变成了语言的狂欢。因此，网络写手加强与传统作家的交流学习，使数字出版与传统出版形成互补，提升个人修养，加强生活积淀，甚至可以借鉴好莱坞影片的发展之路。最初的好莱坞影片也是产业化和类型化的，但现在的好莱坞大片走向了与纯艺术结合的道路，在提升自身文化价值的同时也获得了全球观众的更高认同。

第四，政府、文学网站、作者和读者应当协作，构建全新的"网络文学批评范式"。由于网络文学在生产、传播、消费等各个环节都有着迥异于传统文学的自身特性，因此应该打破传统的批评模式，建立全新的批评范式。"当前的网络文学批评具有两大特征，一是批评主体的泛化，二是批评话语的通俗化。"[1]有学者认为，要改变这种状况，应该建立"距离批评模式，即零距离批评、近距离批评和远距离批评"[2]，或者建立"空间转向的批评范式，其具体的内涵就是批评的主体是'个人化的大众批评'，批评的方法是'跨语境的文化批评'，批评的价值观是'开放的多元批评'。"[3]还有学者主张，学界批评家"以'学者粉丝'的身份进行'介入性分析'。理论研究者要以'外地人'的谦虚态度，向网络文学的'土著们'学习，倾听他们几乎是本能地使用着的'土著理论'，然后，将它们加工（或翻译）成严密的学术语言和学术理论，最后，将这个辩证的学术理论还给网络文学。"[4]而对于"网络文学土著批评家"，盛大文学在2012年历时三个月招募了首批30名"白金书评人"，通过给予白金书评人优厚的待遇以及培训机会，盛大文学表现出了改善当下网络文学书评生态的决心。盛大的这一举措值得借鉴，文学网站可以与政府部门合作，从而重建网络文学评价体系。

---

① 禹建湘：《网络文学产业论》，中国社会科学出版社，2011年版，第183页。
② 刘克敌：《网络文学新论》，凤凰出版社，2011年版，第207页。
③ 禹建湘：《网络文学产业论》，中国社会科学出版社，2011年版，第186页。
④ 邵燕君：《网络文学：如何定位与研究》，《人民日报》，2012年7月17日。

（二）网络文学作品遭到严重的盗版和侵权

由于我国读者付费意识和版权意识淡薄，导致网络文学作品侵权案件频发。很多图书出版商非法盗印点击率高的网络文学作品，致使正规出版社由于利益原因放弃购买这些作品的版权从而给文学网站、作者带来经济损失，或者出版商直接盗印已出版的网络小说，使文学网站和传统出版社产生版权纠纷。更普遍的现象是大量的盗版网站为了吸引读者点击率，获得广告赞助而提供付费网络文学作品的免费链接。而搜索引擎则成为了盗版网站及其链接的推广途径，充当了网络文学盗版产业的幕后推手。2011年盛大文学起诉百度公司侵权行为的案件获得了胜利，这是文学网站维权的阶段性成果。政府部门立法相对滞后、管理监督缺失，网络技术自身存在漏洞，网络写手缺乏维权意识是网络文学作品遭遇盗版侵权的主要原因。要解决文学网站的盗版侵权问题，我们应该采取以下对策：

第一，政府部门应该健全法律体系，在相应的法律法规中进一步细化完善对网络文学作品著作权的保护，创新数字版权公共服务模式。2012年国家版权局完成了《著作权法》的第三次修订工作，在修订草案中，版权局提高了作品使用者使用的法定许可门槛，强化了使用者向著作权人支付报酬的责任，设计了以会员制为主、非会员制为辅的著作权集体管理制度，提高了侵权者的法定赔偿标准，增加了惩罚性赔偿的规定。《著作权法》修改草案第68条还提到，网站没有审查盗版内容的义务。对此，我们应当加强向其他国家的学习，进一步细化和规范网络文学版权的法律保护，弥补上述缺陷，比如设立删除侵权内容的具体时限。

第二，政府和文学网站应合作，用技术手段防止盗版链接。例如，在国家开展的打击网络侵权的"剑网"行动中，版权局要求各地建立侵权网站的"黑名单"，不定期在国家版权局网站上公布列入该名单的侵权网站，并将"黑名单"提供给电信运营商，禁止向这些侵权网站提供网络接入服务。还有的文学网站利用"电子水印"技术保护自己的网络文学作品版权，通过对水印的追踪发现侵权网站。百度文库在2011年还提出了"文库版权作品DNA比对识别"的技术解决方案，该方案不仅可以系统清除文库中网友已经上传的侵权作品，也使得侵权作品将来在上传时能被系统自动拒绝。上述技术能够从源头上有效遏制网络侵权行为，应当在政府主导、文学网站协作之下推广应用。

第三，增强读者、作者、文学网站的版权意识。虽然近年来我国读者的付费与版权意识显著增强，但是与国外发达国家相比，由于我国网民"网络资源本应免费共享"的意识长期存在，读者对于网络文学作品版权意识的提高还任重道远。文学网站和作者应该对作品的版权归属做出明确标注，并强调侵权的后果，宣传盗版危害，从而促使读者版权意识真正觉醒。只有读者自愿从行动上杜绝阅读侵权作品才能真正从源头上解决网络文学作品的版权问题。同时，文学网站在作者投稿时也要加强对国家版权法律法规的宣传，明确作者应该承担的义务，使其自觉避免剽窃和一稿多投。近年来，我国产业化文学网站版权意识显著提升。2006年，中国版权协会将反盗版委员会秘书处和"在线反盗版联盟"均设在中文在线，开政府和文学网站合作保护版权之先河。"在线反盗版联盟"整合了网站、出版社、律师事务所，及时收集盗版信息，为会员的网络文学作品及传统图书维权。2012年10月，在新闻出版总署指导下，盛大文学与百度、搜狗、奇虎360、腾讯搜搜四家搜索引擎签署了《维护著作权人权益联合备忘录》，开始了与搜索引擎的维权合作，搜索引擎通过删除盗版链接、正版置顶等措施使盛大文学的正版原创网络文学作品得到优先展示，净化了网络原创文学的文化生态。

综上所述，本文介绍了我国产业化文学网站的产生及现状，阐释、对比了两种我国产业化文学网站的典型运营模式：盛大文学的"全版权"运营模式和中文在线的"全媒体"运营模式；分析了产业化文学网站现存的两大问题并提出了具体的解决对策，中国的网络文学产业应该走经典内容、创新的叙述模式、良好的发布平台、完善的版权保护相结合的道路。网络文学虽然有着全新的媒介形态，但作为文学作品仍有审美的意识形态属性，如何创造高文化价值的网络文学作品并提升中国网络文学的世界文化影响力仍然需要我们未来深刻的反思和积极的探索，未来呼唤网络文学"中国模式"的真正诞生。

（王淼：首都师范大学文学院文化产业专业研究生）

2003年以来国内外媒介素养教育研究的现状与趋势

郭双双

摘要： 本文对国内外关于媒介素养教育的文献进行了梳理，从媒介素养教育的本质研究、媒介素养教育程度的调查研究、媒介素养的教育内容和理念的研究、中小学媒介素养教育等四个方面进行了综述。在此基础上，对于我国开展媒介素养教育的具体途径进行了探讨。

关键词： 媒介素养　媒介素养教育

一　关于媒介素养教育的本质研究

目前，有一部分国内外学者主要围绕媒介素养教育的概念、功能、实现、趋势等方面进行研究。

比如，有的学者从媒介素养的概念建构角度进行了研究。学者对媒介素养和信息素养进行了比较，指出虽然加拿大传播学家麦克卢汉提出了"媒介即信息"，但信息素养更侧重于科学技术层面，着重于如何更有效地利用计算机进行信息检索。而媒介素养更侧重于思想观点层面，着重于如何使用和解构媒介信息。[①]

接着，有的学者从媒介素养教育的社会功能角度进行了研究。一部分学者认为媒介素养教育其实是在更高层面上通过传媒对大众进行思想控制。代表观点有，人们头脑中关于"社会图景"的信息95%以上是通过大众传播媒介获知。因此，大众媒介是现代社会中最重要的"塑型力量"。关于传媒的

[①]　王帆、张舒予：《从教育视角解析媒介素养与信息素养》，《电化教育研究》，2007年第3期。

控制一般有两种方法：一是国家集中控制，实现相对单一化的传媒体制；二是通过社会文化价值观的形成，使公民对于传媒的选择和使用有一种趋利避害的能力和自觉，形成个人媒介素养。①此外，另一部分学者认为，媒介素养教育其实是通过个体媒介素质的提高而使得其从媒介的控制中解放出来。代表的观点有，媒介素养教育其实是"媒介操控和宣传的解毒剂"。②媒介素养教育的意义在于可以抵制媒介传播对社会造成的一些负面影响。③

又如，有的学者从媒介素养教育的实现路径进行了研究。他们指出媒介素养教育的实现，需要公民的知识、性格与能力全方位的提高与结合，"需要我国公众的媒介素养在媒介知识结构与媒介功能观念、人格主体重塑、能力结构等方面做出顺应时代要求的调整。"④还有的学者指出，媒介素养包括两个维度，即媒介信息处理和媒介参与意向。通过实证研究发现，个体政治认知水平和开放型的人际讨论模式，将有助于提高媒介素养。报纸新闻等能够培养思考能力的因素更有益于媒介信息处理能力的提高；娱乐性的内容能够提高大众的媒介参与意向。更高水平的媒介信息处理能力预示着更高的媒介参与意向。⑤

再如，有的学者从媒介素养教育的发展趋势进行了研究。有学者指出，传播学教育应该从媒介研究转变为媒介素养，从专业教育转变为公共素质教育。⑥此外，还有学者指出，在未来的研究领域中，主要有三个趋势：第一，媒介素养研究者将会研究什么样的知识和技术最为必要；第二，媒介素养研究者将会研究不同的解释认知类型之间的区别；第三，媒介素养研究者将超越认知领域，将媒介素养与现实生活更好地关联。另外，还有学者提出了需要在未来形成媒介素养合作共同体的理念，并指出目前在俄国媒介教育仍停留在理论概念和本地实验上，没有推向广阔的实际应用。因此需要加强高等教育机构、大学、新闻部、实验者、媒介联盟之间的相互合作，齐心协

---

① 喻国明：《从青少年抓起提高全民族的媒介素养》，《中国青年研究》，2003年第07期。

② 张开、石丹：《提高媒介传播效果途径新探——媒介素养教育与传播效果的关系》《现代传播》（双月刊），2004年第1期。

③ 郑保章、柴玥：《我国没结素养教育体系的建构主体及方式》，《新闻记者》，2005年第6期。

④ 陈龙：《媒介全球化与公众媒介素养结构的调整》，《现代传播》（双月刊），2004年第4期。

⑤ 周葆华、陆晔：《从媒介使用到媒介参与：中国公众媒介素养的基本现状》，《传播学》，2008年第4期。

⑥ 臧海群：《传播学教育新方向：从媒介研究到媒介素养》，《现代传播》（双月刊），2003年第6期。

力地提高国民的媒介素养。[①]

最后，还有一部分学者从"对研究进行研究"的角度分析了媒介素养教育。学者指出，在当前国内媒介素养的研究中，存在如下问题：未能从国家战略的高度进行阐释和研究；未能对媒介素养教育进行系统化的梳理；概念界定混乱，媒介素养教育、传播教育、传媒教育等混用；媒介素养研究对象主要集中在大学生群体，对于其他群体关注较少；媒介素养教育的研究领域主要集中在新媒体，但对传统媒体领域的研究太冷等问题。[②]

二 关于媒介素养教育程度的调查研究

目前，在对媒介素养进行实证调查的研究中，主要以国外的学者为主。

例如，有的学者对小学生的媒介素养教育效果进行了调查研究。研究者对土耳其开塞里城市中 1194 位六年级、七年级和八年级已经上过媒介素养教育课程的小学生进行了实证研究，但研究结果显示被测者没有表现出对于媒介渠道和内容的充分意识。[③]

比如，有的学者对大学生的媒介信息认知进行了实验研究。研究者对 80 名本科新闻学学生进行了如下实验：随机地将所有学生分为两组，让其中一组被测者阅读有关媒介所有权的利弊分析的文章，之后让两组被测者阅读并分析四则新闻故事的可信度，分析维度包括对事实（truth）、表面化论述（superficiality）、一般准确性（general accuracy）和完整性（completeness）进行判断。结果显示，两组被测者在对表面化论述和一般准确性的判断上差距很大。由此可知，对于媒介所有权的认知会提升对新闻媒体的批判性回应。[④]

① Alexander Fedorov. "The Contemporary Mass Media Education in Russia: In Search for New Theoretical Conceptions and Models". *Acta Didactica Napocensia*.2012 Volume5, Number 1

② 胡连利、王佳琦：《我国大陆媒介素养研究的进展和缺失》，《河北大学学报（哲学社会科学版）》，2007 年第 1 期。

③ Hamza Cakir, Mustafa Kacur, Hakan Aydin. "An Empirical Research on the Media Viewing Habits of Elementary Schoolchildren who Took Media Literacy Courses". *New World Sciences Academy*.2011

④ Seth Ashley, Mark Poepsel, Erin Willis, "Media Literacy and News Credibility: Does knowledge of media ownership increase skepticism in news consumers?". *Journal of Media Literacy Education*.2010.

　　再如，有的学者对教师的媒介素养情况进行了研究。研究者对480名参加了土耳其Dumlupinar　University大学2008至2009教育年活动的老师进行了媒介素养的测验，结果显示未来的老师们对于媒介信息的反应度较低，不能很好地向周围的人传达媒介的影响，但是他们会通过多种渠道获得信息，并且对媒介素养有一定的认知。[①]此外还有研究显示，在教师对于教授媒介素养课程的兴趣的影响因素中，训练和经验占据主要位置，而不是年龄或出生地。[②]

　　又如，还有学者研究了具体的媒介形式在媒介素养教育上的应用。有研究者指出，图像小说（Graphic　Novels）因为依赖印刷和图像两种形式，所以它被认为是符合资格的媒体教育课文，并且适合在K-12教室内运用。[③]

三　关于媒介素养的教育内容和理念的研究

　　目前，国内外的学者主要探讨了在媒介素养实际教授的过程中，哪些知识和技能应该被学生掌握。在不同国家，媒介素养教育的大体内容一致，但有细微差别。

　　例如，在加拿大的媒介素养教育中，有八个核心概念：所有的媒介都是建构出来的、媒介建构了所谓的"真实"、受众能够诠释媒介信息意义、媒介暗含有商业因素、媒介包含意识形态及价值观念、媒介信息包含社会政治因素、媒介信息的形式与内容紧密结合、每种媒介都有其独特的美学形式。加拿大正在把媒介素养融入语言艺术、历史、法律、家庭生活教育、科学、健康与体育教育、音乐等课程中。[④]加拿大的媒介素养教育共有三个层次。首先，是帮助学生理解媒介内容不等于现实内容，例如动画人物是想象出来的、魔术是某种特殊效果的产物等。其次，是培养学生的"自我认同"能

---

①　Taskin Inan, Turan Temur. "Examining Media Literacy Levels of Prospective Teachers". International Electronic Journal of Elementary Education.2012.

②　Hans C. Schmidt. "Media Literacy Education from Kindergarten to College: A Comparison of How Media Literacy is Addressed across the Educational System".Journal of Media Literacy Education. 2013.

③　Katie MONNIN. "Teaching Media Literacy with Graphic Novels".New Horizons in Education. Dec 2010.

④　张艳秋：《加拿大媒介素养教育透析》，《现代传播》，2004年第3期。

力，即通过帮助他们区分虚拟和现实、个人和世界的关系，认识媒体价值和自我价值，并懂得自我价值不应为媒体所主导，同时还要提高学生作为媒体消费者的意识。最后，是培养学生的"公民意识"，即学生应该知道公民的作用，以及如何行使好自己的公民权。①

又如，在美国的媒介素养教育中，教师在讲授时应该注意五点，即所有的媒介信息均是被建构的、媒介信息的建构有其创造性的语言和独特的价值、不同人对同样的媒介信息有不同的感受、媒介被嵌入了价值和观点，以及大多数的媒介信息的组织是为了获取利益和（或）权力。据此，在分析每一篇媒介文本时，都可以问五个问题：谁创造了这则信息？作者使用了什么样的新颖技巧来获得我的注意？不同的人将怎样不同地理解这条信息？这则信息中透露或展现了什么样的价值观、生活方式和观点？为什么这则（而不是其他的）信息被发送？②

再如，在英国的媒介素养教育中，经历了教育理念的思想转变。在英国，上一代媒介素养教育工作者大多坚守一种保护主义的教育立场，使学生免受媒介所传播的不良文化、道德观念或意识形态的负面影响。近年来，一种超越保护主义的媒介素养理念在英国诞生。使学生由"抵制"和"免疫"变为"理解"和"参与"媒介。③

最后，在日本的媒介素养教育中，课程强调视听能力和制作能力，具体而言是包括理解（对媒介特性的理解和批判性接受）、使用（媒介的利用和选择）和制作（媒介的构成和制作）。④

四　中小学媒介素养教育的研究

目前，学者针对在中小学实行媒介素养教育方面的研究，主要集中有以下问题以及解决方案。

虽然在我国中小学媒介素养教育尚未得到普及，但是有学者根据目前中

---

① 张毅、张志安：《加拿大未成年人媒介素养教育初探》，《新闻记者》，2005年第3期。

② Katie MONNIN. "Teaching Media Literacy with Graphic Novels" . "*New Horizons in Education*" . Dec 2010.

③ [英]大卫·帕金翰：《英国的媒介素养教育：超越保护主义》，宋小卫译，《新闻与传播研究》，2000年第6期。

④ 裴涵、虞伟业：《日本媒介素养探究与借鉴》，《现代传播（双月刊）》，2007年第5期。

小学生的媒介使用、媒介意识等现状进行了分析。例如，有学者指出，现在中小学生媒介使用上存在如下问题：长期超时使用网络，从事一些与学习无关的活动；对不良信息的识别能力不强，处理方法不妥当；不能很好地分辨现实世界与虚拟世界。①还有的学者认为，当前媒介素养教育面临多重困境，如理论范式重叠、操作模式具有依赖性、课程体系断层等。②

针对以上问题，学者们也提出了相应的解决方法。例如有学者指出，媒介素养教育的培养对策是以学校作为媒介素养教育的主要阵地、家庭作为媒介素养教育的第二课堂、媒体作为媒体素养教育的重要力量。其次，社会组织也应对媒介素养教育有所作为。③我国小学生媒介素养教育必须做到：开发媒介素养教育的教材资源；重视小学媒介素养教育的实施和学生的实践活动；对教师进行培训，培养教师的媒介素养能力；利用多种形式的社会媒介提升小学生的媒介素养。④对中学生进行媒介素养教育包括三个方面的内容：学校媒介素养专题教育的内容、学校媒介素养教育的学科渗透的内容、学校指导家庭媒介素养教育的内容。⑤对我国中小学实施媒介素养教育的建议有，提高对媒介素养教育的认识；规范、明确媒介素养教育的目的和内容；采用多元的媒介素养教育的方法；提高教师的媒介素养。⑥在对青少年进行媒介素养教育时，要价值取向的素养化、教育主体的自律化、教育设计的层次化、教育模式的多元化、媒介师资的专业化以及研究方法的整合化。⑦在中小学推行媒介素养教育的策略有：发起一场自下而上的媒介素养教育运动；整合社会各方面资源，建立起完善的媒介素养教育的链条；将媒介素养根植于当下的学科教育。⑧

① 王锢、李伟、李燕红：《中小学生媒介素养教育的策略探讨》，《中国电化教育》，2006年第6期。

② 施勇、张舒予：《从困境到超越：我国媒介素养教育发展状况反思》，《广州广播电视大学学报》，2011年第2期。

③ 左艳萍：《初中学生媒介素养现状与培养对策研究——以大连地区为例》，硕士学位论文，2006年。

④ 邵素清、王清：《从英国小学媒介教育看小学生媒介素养教育》，《东南传播》，2009年第3期。

⑤ 张洁：《高中生媒介素养教育的实践研究》，硕士学位论文，2006年。

⑥ 张国强、王学云：《关于我国中小学实施媒介素养教育的思考》，《中国教师》，2011年1月上半月版。

⑦ 张新明、高宇：《论媒介文化与青少年媒介素养教育》，《北京邮电大学学报（社会科学版）》，2006年第10期。

⑧ 张泽涵、陆婷：《中小学媒介素养教育的认识、难题和实施策略》，《中国广播电视学刊》，2010年第10期。

也有学者在实践中发现了问题，并提出解决方案。目前，已有教师在教学实践中尝试融入媒介素养教育，组织学生开展关于媒体新闻的讨论。但是也产生了一些问题，如无法让所有同学积极参与、学生新鲜感会降低、教师的教学任务增重等。针对此，有学者提出了一些在中学语文教学中引入媒介素养教育的建议，如系统地规范媒介素养培养目标、在评价体系中融入媒介素养内容、培养语文教师的媒介素养等。[①]

五　文献综述小结及启发——呼唤实践

综上可以看出，目前国内的学者研究的主要领域和方向仍集中在对媒介素养教育的本质、性质、理论等方面的探讨，注重思辨层面。而国外的学者主要是通过实地考察的方式，用数据呈现媒介素养教育的现状、经验和不足，注重实证层面。

国内学者对于媒介素养教育的性质的讨论是有益的，但是更理想的状态是部分学者能够暂时从理论的思考中跳出来，进行实地的考察、实践，使得理论与实践并行发展，相互促进。用实践检验理论，用理论指导实践。相信若是能双轨并行，我们的媒介素养教育便可能会迈入一个崭新的阶段。

媒介素养教育的本质是教育，而教育的本质是实践[②]。今天我们研究媒介素养教育，不能只是在实验室、象牙塔里研究，要走出去，在与学生真实的互动中发现问题、解决问题。这是因为现实远比理论要来得更加复杂，如果只在理论的圈子里打转，却无法将其应用于现实环境、解决现实问题、指导现实发展，那么即使是再好的理论，其意义也会大打折扣。

我们在这里呼唤实践，并不是贬低理论的地位。理论是重要的，但实践是缺乏的。没有实践的支撑，理论将难以得到检验。没有优秀的理论，在实践中也会遭遇瓶颈。所以两者需要并行，需要相互促进、共同发展。

（郭双双：首都师范大学文学院文化产业专业研究生）

---

① 刘文：《论媒介素养教育与高中语文教学》，硕士学位论文，2010年。
② 宁虹：《严格科学地实现素质教育——教师的专业》，《教育研究》，2012年第11期。

探析媒介公共知识分子与当代社会之关系

李嗣茉

摘要： 当下，中国大众传播业的急速发展与扩张产生了大量的媒介公共知识分子。公共知识分子参与公共事务的形式是多样的，但比较常见和有效的一种方式便是通过大众传媒对其关注的事情进行表达，新媒介时代既蕴含着公共知识分子的新契机，也埋藏着诸多陷阱，对此，公共知识分子在新的传播环境中须积极尝试，更须审慎对待。

关键词： 媒介　公共知识分子　传播　话语权

一　公共知识分子的界定

无论是公共知识分子还是知识分子，都不是中国本土的概念，"知识分子"作为舶来品从西方传入中国，也不过是八十多年的事情。什么是公共知识分子?对于这一问题，学界有多种不同的回答，对于公共知识分子的界定，西方学界较为推崇的是英国传播学家古拉斯·加汉姆和美国哲学家拉塞尔·雅各比的相关表述。古拉斯·加汉姆认为，知识分子是扩大化的工业部门的骨干，而他们又卷入到为了公众而对公共意义的创造和传播当中，通过他们选择的谈话方式，对公共意义部分进行创造①。拉塞尔·雅各比在《最后的知识分子》一书中指出，以前的知识分子通常具有公共性，他们是为有教养的读者写作的。他认为公共知识分子应该当用自己的言行和创作

---

① 尼古拉斯·加汉姆：《解放·传媒·现代性———关于传媒与社会理论的讨论》，李岚译，新华出版社，2005年版，第170页。

参与社会运转①。另外，西方学者波斯纳这样描述公共知识分子："公共知识分子以社会公众可接近的方式表达自己，并且其表达聚焦于有关或涉及政治或意识形态色调的社会公众之问题。公共知识分子可以依附于大学，也可以与大学毫无相关；他们可以是全职的学术人员，亦可以为兼职学术人员；可以是新闻人员或出版界人士，可以是作家或者艺术家；可以是政治家或政府官员；他们可以高谈阔论，或者就社会发展方面或机体健康提供一般性回应②。"

　　"公共知识分子"是一个歧义较多、难以准确定义的概念，而且容易引起价值争论。我国学术界、知识界开始谈论"公共知识分子"是在2002年华东师范大学专门召开的"公共知识分子与现代中国"国际研讨会上。会后，许纪霖甄选了该会议的一些代表性论文，编撰了《公共性与公共知识分子》一书。自此，公共知识分子问题开始受到国人的关注。朱苏力教授通过对国内特殊社会因素的考察，得出了中国当代公共知识分子的界定："越出其专业领域经常在公共媒体或论坛上就社会公众关心的热点问题发表自己的分析和评论的知识分子，或是由于特定时期自己专业是社会的热点问题而把自己专业的知识予以大众化，并且获得了一定社会关注的知识分子③。"马立诚教授认为："公共知识分子是这样一种人，他们维系着社会的主要价值，比如民主、自由、平等、公正。这个是公共知识分子这个概念中'公共'两字的含义。他们通过舆论方式引导社会，推动社会进步和问题的解决④。"许纪霖则认为，"公共知识分子也就是指那些以独立的身份，借助知识和精神的力量，对社会表现出强烈的公共关怀，体现出一种公共良知、有社会参与意识的一群文化人⑤。"《南方人物周刊》2004年第7期推出的"影响中国公共知识分子50人"中指出，公共知识分子是"具有学术背景和专业素质的知识者，是进言社会平等和公共事务的行动者，是具有批判精神和道义担当的理想者。"

　　随后，网络、报纸、杂志上出现了大量关于讨论"公共知识分子"问题

　　① 拉塞尔·雅各比：《最后的知识分子》，洪洁译，江苏人民出版社，2002年版。
　　② 理查德·A·波斯纳：《公共知识分子——衰落之研究》，徐昕译，中国政法大学出版社，2002年版，第43页。
　　③ 朱苏力：《公共知识分子的社会建构》，《天涯》，2004年第5期。
　　④ 杜光：《驳"吉方平<析"公共知识分子"论》，[EB/OL].http://yqdht.bolgchina.com, 2005-01-21.
　　⑤ 许纪霖：《另一种启蒙》，花城出版社，1999年版，第3页。

的文章。在2009年，一个思想类的知识分子同仁网站"共识网"还评选出"百位华人公共知识分子"。可见，公共知识分子的概念蕴含着两重特性，专业性和公共性。在社会生产空前繁复和专业分途日益细密的当今，公共知识分子必然会从属于某一专业知识领域，但就其社会价值而言，他们又应当积极介入，在公共领域创造或者阐释意义，并产生舆论影响力。公共知识分子的两重特性存在着某种内在张力，它要求公共知识分子在不断地"超越"和"介入"中，实现其自我身份的认同和公共价值的建构。当下，公共知识分子不仅因为对公共问题的关注成为了一个现实的存在，而且也因为突出表现，成为了人们关注和探讨的对象。

二　大众媒介与公共知识分子的关系

公共知识分子通过媒介表达言论，以期影响社会、发挥实际作用的行为，并非某个时代的偶然。在今天，媒体已无可置疑的成为公共知识分子产生不可或缺的条件。"从某种意义上来说，媒介的生成和发展是知识和知识分子产生和存在的基础，从语言衍生出来的各种各样的传播媒介，构成了我们的人类生存方式，而媒介的革命势必引起知识的革命乃至知识分子地位和功能的演变①。"可见，不同的媒介环境下，公共知识分子有着不同的地位、表现和作用。

一方面，大众媒介是公共知识分子产生的基础。公共知识分子和媒体处于一种"共生"的关系中，二者不可分离。媒体不仅以自己的存在为公共知识分子发表意见提供了渠道和平台，而且还因为自己对社会问题的立场、观点等，为公共知识分子提供了话题和发表意见的契机，这样，就使得更多的专业人士、文化精英能因对这些问题的言说而进入公共生活领域，从而建树起公共知识分子的群体形象。西方启蒙时代的公共知识分子借助书报产业的规模发展占据了文化生产的中心地位，在中国，"同人办报"和"文人论政"的传统开始发端。大众媒介时代，公共知识分子与媒介的联姻更加紧密，大众媒介无可比拟的传布范围和影响深度使其成为了公共知识分子在公共领域内言说表达的重要平台。

---

① 张志伟：《媒介革命与知识分子地位的演变》，《中国教育报》，2001年5月24日第7版。

美国传播学家格伯纳就因此提出了一种"涵化理论"。在他们看来，传播媒介所能产生的效果可以被视为是一种"涵化"的效果，至于说到何为"涵化"，则主要是指它们能因自己对公共意见的传播"形成当代社会观和现实观的'主流'[①]。"也就是说，"媒介在'主流化'过程中尤其发挥着强大的作用，它可以超越不同的社会属性，在全社会的范围内广泛培养人们关于社会的共同印象，"而且这种影响是长期的、潜移默化的。

另一方面，大众媒体也是公共知识分子青睐的平台。首先，公共知识分子通过大众媒介将自身具有的专业知识公共化，得到自身社会价值的实现。由于现代社会专业化的知识分工，普通大众对于纷繁复杂的社会问题并没有足够的分析判断能力，缺乏相关的知识来解读新闻信息背后的意义。特别是涉及敏感话题时，大众容易被情绪化的声音左右[②]。知识分子的社会良知，使他们永远对现存秩序具有批判精神并保持极大热情。同时超越性的道德关怀使知识分子觉得自己对社会有责任，而非社会现实问题的旁观者，他们通过自己的思想为社会问题与困境谋求解决之道。知识分子在媒介场域中发言，其专业知识被放到更广阔的背景下考虑，内在价值和意义得到新的阐释，为社会问题提供深入的多维的视角。大众媒介的特性也正满足了这一需求。知识分子介入到媒介场域中，使大众文化和精英文化相互融合，赋予大众文化深刻意义，知识和信息不再被知识精英独占，而是以公共知识的方式普及给大众，同时实现自身的社会价值。同时，公共知识分子多在某一研究领域取得较大成就，其自身的社会声望也增强了其观点的权威性，能有效赢得公众的信任，增强传播效果。

其次，大众媒体为公共知识分子提供了宽松的环境。如果所借助的平台有过于严格的要求和限制，则哪怕他们的表述能力再强，对所谈论的问题再心中有数，亦很难取得好的成效。令公共知识分子们庆幸的是，在这一问题上，他们遇上了一个好的平台，这就是媒体。尽管作为一种传播手段，媒体本身会受到来自各方的影响和制约，并因此会对自己延聘的专业人士等提出相应的要求，但由于它们究其本质来说是"社会之公器"，至少从逻辑上讲

---

① 赖特·米尔斯：《社会学的想象力》，陈强、张永强译，三联书店，2005年版。

② 张爱华、储德天：《公共知识分子何以可能——访华东师大历史系许纪霖教授》，《社会观察》，2004年第5期，第65~66页。

享有宪法和法律保护的言论自由,因此,这就无形中给公共知识分子提供了一个较其他平台要宽松得多的环境。这种情况诚如朱苏力所指出的那样,"对公共知识分子,媒体一般的态度是拿你当'嘉宾',说得好你可以再来,说得不好,最多不再邀你说,而大多不会去追究公共知识分子的责任①。"这样一来,便使得公共知识分子对媒体邀请参与的节目能够抱着一种"客串"的态度,相对自由地抒发心中所想。

三 新媒介时代公共知识分子面临的阻碍

首先,公共知识分子的独立性被削弱。在大众媒介时代,由于受到商业逻辑的侵蚀,不少公共知识分子逐渐丧失了对"主体话语"的独立控制,蜕变为"媒体镜像"或者"身份符号"。大众媒介具有政治属性、经济属性和文化属性等多重属性,既要顺从政治的力量又要顺从经济的力量。当大众媒介获得各种权力并对社会文化生产发挥作用时,传统意义上公共知识分子与媒介之间的"文学经典——印刷媒介"同构模式也在宣告终结,日渐壮大的大众媒介开始从这个同构模式中独立出来②。具有强大影响力的大众媒介很容易受控于其他力量,从而丧失自主性,以其结构力量,对其他领域施加控制力。

新的信息发布模式,使得利益集团通过控制和公关影响媒介的难度变得更大。新媒介正在显示着革命性的商业潜质,网络技术催生出来的形形色色的营销模式正在走向成熟。新媒介环境仍然有可能由商业文化及商业逻辑所主导。越来越多的公共知识分子已经不再是完整鲜活的人文存在,而蜕变为"媒体镜像"或者"身份符号",成为媒介填充传播内容的物化材料,成为媒介借以增强权威感的附庸。按照鲍曼的说法,启蒙时代的公共知识分子时代已经难以复现,公共知识分子由"立法者成为了阐释者③"。逐渐掌握独立话语权并对公众产生更显著影响力的公共知识分子,必然会招引来自商业营销、企业公关行业的目光。由于大众媒介与学术、专业各有其规则和话语方

---

① 朱苏力:《公共知识分子的社会建构》,《天涯》,2004年第5期。
② 刘继明:《公共知识分子:告别还是开始》,《天涯》,2005年第2期,第20~21页。
③ 齐格蒙·鲍曼、洪涛:《立法者与阐释者:论现代性、后现代性与知识分子》,上海人民出版社,2000年版。

式，在大众媒介规则的迫使之下，介入到大众媒介中的知识分子的声音势必与媒介规则发生冲突。知识分子与大众媒介的冲突，实质上是知识分子与普通大众和市场的冲突。当然，也有在这场博弈中依然坚持自我的人，但结果往往是媒体占据了上风，因为在这个被动的过程中，"大众文化产业的知识分子所遭受的主要挫折，根源于他（她）对自己的工作缺乏控制以及他被一个作者不明的生产过程所同化，在这个过程中他也丧失了他的自主权①。"

其次，大众媒介对公共知识分子声音的消解。主要表现在大众文化的审美取向成为评判公共知识分子价值的第一准则，大众媒介服从的是市场逻辑，表现出煽情性、庸俗化、娱乐化的特征。一旦知识分子的声音介入到媒介场域，其理性、批判性和建设性就很容易被大众媒介消解。收视率、好评率取代知识与意见的内在理性价值，成为公共知识分子言说内容的合法性来源，"电视学术达人"，"资深媒体评论人"的出现与传统意义上皓首穷经、潜心学术的知识分子形象形成反差，他们"把学术和流行时尚混为一谈，用大众媒介的尺度和标准来侵蚀学术和艺术的自律准则，进而以'上镜率'和'收视率'，来获得'功夫在诗外'的附加资本，并扰乱学术自身的游戏规则②。"即使是对于社会批判的思想和观点，也会被文化工业纳入到自己的体系中，异化成媒介赢利的工具。知识分子的声音即使是出于公共立场和公共价值，也很容易被错解和质疑，被认为是带有商业动机，纯粹是为了受众的趣味。

在电子媒介称王称霸的时代，知识分子与媒体的关系则变得越来越复杂，公共知识分子不再被置放于大众媒介的评价系统之中，也不必在大众媒介的旨趣与自我实现的目标之间痛苦博弈，他们的言说不再来源于公共知识分子本身的价值，而是借助于强大的媒介力量产生公共影响。许纪霖也谈到："所谓的知识分子批判，变成一个煽情的演员手势、一种娇揉造作的舞台造型、一连串博取掌声的夸张修辞。而所谓的正义、良知和真理，在这样的市场作秀闹剧中，变为虚张声势的图腾和得心应手的道具。"如何在与新媒介的互动进程中避免受到来自商业利益的影响，如何避免成为商业利益集团进行议程设置的同谋或是工具，这些都是希望在新媒介环境中有所作为的

---

① 刘易斯·科塞、郭方等：《理念人——一项社会学的考察》，中央编译出版社，2004年版，第87页。

② 皮埃尔·布尔迪厄、许钧译：《关于电视》，辽宁教育出版社，2000年版，第36~38页。

公共知识分子需要考虑的。

四　新媒介环境中公共知识分子何去何从

首先，公共知识分子应与公众加强互动。知识分子既需要利用大众媒介的影响力来发挥知识分子的作用，又不得不服从媒介的规则逻辑，这就很容易丧失独立性和自主性。这正是知识分子与大众媒介关系中难以解开的结。也因为这个原因，才有了公共知识分子和学院知识分子的分野。介入到大众媒介之中，无疑是必要的。虽然不同时期公共知识分子对媒介的选择受到所在时代的社会环境、媒介体制等因素的综合影响，但公共知识分子却始终活跃在社会舞台上，现身媒介以公开的方式表达言论。公共知识分子"应当做的，就是将个人困扰和思虑转换为可直接诉诸理性的社会论题和问题[①]。"这既是时代的需要，也是公共知识分子之"公共性"的内在需求。当这个前提迎合了现今的时代背景——互联网时代，表现出的便是公共知识分子大规模的活跃于网络，其言论表达速度之快、数量之多超过了以往的任何一个时期。此时虽然传统媒体作为公共知识分子之"公共性"展现的平台仍旧发挥着重要作用，但是日渐崛起的网络信息传播系统，日益成为公共知识分子言论表达的重要渠道[②]。值得注意的是，不少公共知识分子已经或正在占据信息高位，以"意见领袖"的身份生存，成为网络世界里的"意见领袖"。公共知识分子的这种"意见领袖"化生存，不仅是对媒介生存环境变化的积极回应，也恰是舍弃媒介权力保护，敞开面向普通受众的必然要求。公众需要公共知识分子起到"意见领袖"的作用，扩大公众参与的广度和深度；公共知识分子也需要与公众联手，在科技的不断推动下，一起来解决中国复杂的社会问题，搭建良好和谐的公共空间，构建理想的公民社会。

其次，公共知识分子应改善与媒体的关系。知识分子不是登上高山或者讲坛，然后从高处慷慨陈词。知识分子显然是要在最能被听到的地方发表自己的意见，而且要能影响正在进行的实际过程，比方说，和平和正义的事业。在信息化社会当中，这里所谓的最能被听到的地方，无疑就是大众媒

---

① 郑晓娟：《解读公共知识分子角色——简述米尔斯关于社会科学家的理想形象》，《党史博采（理论）》，2009年第7期。

② 田秋生：《传媒中的公共知识分子现象》，《当代传播》，2005年第1期，第20~22页。

介。尽管大众媒介有自己的规则逻辑且受控于种种力量，但知识分子仍不能以丧失自己的独立性和批判性来屈从于媒介力量，而是应为自己的立场和主张竭力争取。公共知识分子与媒体可以称得上是相互依存的关系。公共知识分子参与社会事务的主要平台就是媒体。不论是传统媒体还是新媒体，都需要依靠公共知识分子的优势，实现其引导舆论和监督社会的作用。可是在实际的运作中，两者之间的摩擦仍然存在。这种摩擦一方面来自于媒体在市场和权力的压迫之下进行的新闻选择。正如阿特休尔所说的："报纸、杂志、广播、电视并非独立的行为者，都是那些实施政治、经济权力者的代言人[①]。"这使得媒体在外界压力与利益选择的影响之下，对持有某些观点的公共知识分子的言论采取拒绝的态度。另一方面，公共知识分子本身也会由于价值观念和立场态度的差异而放弃与某些媒体合作的机会。公共知识分子正在面对的，是这样一个全新的媒介生存环境：私人世界的扩张侵蚀着人们对公共问题的集中关注，人与人之间或互相吸引或彼此排斥的好恶情绪在很大程度上决定着个人影响力的形成机制。为了建设一个良好的公共空间，势必要在公共知识分子与媒体之间达成平衡，既给予公共知识分子足够的言论自由，又保证媒体自身的权益，只有这样才能形成健康的舆论环境，为建构更好的舆论监督和媒体环境提供条件。大众传媒除了加强专业素养、提高从业者的素质以外，还必须加强与公共知识分子之间的联系，保证平台的开放。这样公共知识分子才可能有充分的表达空间。

再次，公共知识分子要提高专业优势。公共知识分子的专业性优势是其与普通大众的最大区别。日渐独立自主的公共知识分子又被置放在一个空前开放又不断震荡的竞争环境当中，纷纷与大众媒介结束联姻的公共知识分子，其媒介生存策略将被置放在这一全新的媒介生存环境当中，接受审视和验证[②]。他们在专业知识的基础上参与公共讨论，为公共议题带入理性与专业意见，他们的媒介表达理应体现出更强烈的人际吸引力，以实现个人声望和影响的扩大提升，并据此与非公共知识分子的意见领袖形成竞争态势。但是，很多的专家学者只是就议题展开必要和基本的分析，依据专业的常识对议题定性而得出结论。很多时候，他们仅仅发挥着普通公众参与公共舆论的

---

① 笑蜀：《窑奴事件，知识界再次失语》，《南方都市报》，2007年7月8日，A23版。

② 丁汉青、王亚萍：《SNS网络空间中"意见领袖"特征之分析——以豆瓣网为例》，《新闻与传播研究》，2010年第3期。

作用。那些依靠专业知识深入而复杂的调查与研究，因为需要大量的时间和精力而被他们放弃。部分公共知识分子只做了触手可及的工作，而没有将他们的专业优势最大程度地发挥出来，真正体现出他们的优势。在介入到大众媒介中间后，对于公共事务，不要一味地讨好大众，而是保持清醒和警惕，以旁观者乃至对立的姿态，提供意见和批判。对于大众媒介，也要对媒介的过度商业化和庸俗化进行纠偏，担负起启蒙和教化的责任。他们既对大众媒介的负面作用进行抨击和批判，又充分利用大众媒介作为发表自己意见的平台。在姿态上，知识分子应保持声音的冷静和理性，避免情绪化，与其他群体平等对话，而不是以高高在上和教训的姿态出现。在未来，随着越来越多的公众参与公共事务，公共知识分子要想显示出其独特的价值，除了具备广博的知识以外，更需要依靠专业力量，最大程度发挥自身的优势推动社会进步。

（李嗣苿：首都师范大学文学院文化产业专业研究生）

北京名人故居与城市文化品牌建设发展初探

赵诗雯

摘要： 名人故居是一个城市多年历史积淀下来的产物，见证了城市的兴衰与发展。对名人故居的价值和保护问题的正确认知既关系到当代城市名人故居的存亡问题，同时也关系着城市历史文化血脉的传承问题。本文从北京名人故居的发展现状、对城市品牌建设的促进作用以及当前面临的困境等方面来探析名人故居这一宝贵的历史文化资源对北京建设首善之区的重要作用。

关键词： 名人故居　城市文化品牌　开发

引　言

北京，作为一座拥有3000余年建城史和近1000年建都史的历史文化名城，经过了千年历史的沉淀和多民族文化的碰撞和交融。名人故居作为北京这座文化古城的重要的历史遗迹，其深厚的文化底蕴和存世价值构成了北京城市文化品牌的重要组成部分，在城市的各个角落散发着浓厚的文化气息。

名人故居是一个城市多年历史积淀下来的产物，见证了城市的兴衰与发展，对名人故居的价值和保护问题的正确认知既关系到当代城市名人故居的存亡问题，同时也关系着城市历史文化血脉的传承问题。作为六朝古都的北京，曾有大量政治家、艺术家、思想家、科学家生活于此，他们的故居遗存现已成为一座座地标，分散在城市的各个角落，成为北京城市文化不可分割的重要组成部分。北京名人故居具有区别于其他城市的地方特色，彰显了北京作为首善之区所独有的大气、包容、创新、厚德的城市文化。

一　首都名人故居的界定与开发现状

（一）名人故居概念的界定

名人故居，顾名思义，是指历史上的名人出生或较长时间居住、生活过的住宅和建筑，是人们缅怀、纪念名人的重要场所，是已逝名人精神的物化象征。北京作为多朝古都，曾经在此生活过的名人浩若繁星，留下的历史遗迹更是不计其数，如若对此不加以界定，全数保存下来是不现实的，对此文物部门对北京地区名人故居的界定早在上个世纪90年代已有共识，主要包括以下三类：第一类是对民族、对国家在政治、经济、科技、文化等方面产生过重大影响的人物，例如孙中山、李大钊、毛泽东、宋庆龄等，以及对在社会科学和自然科学领域为国家做出重要贡献的杰出人物。第二类是在北京历史上占有重要位置，在研究北京历史时不可缺少的人物，例如文天祥、于谦、袁崇焕、朱彝尊等。第三类是"京文化"的杰出代表，与北京百姓文化生活密切相关的人物，例如作家中的鲁迅、老舍、茅盾等；画家中的徐悲鸿、齐白石等；表演艺术家中的梅兰芳、程砚秋等。①除此之外，在进行名人故居的划定时还有以下几种情况存在分歧，需要特别说明：

1. 以故居的主人是否为"正面人物"来判定"名人故居"

历史人物有好也有坏，但他们仍然可以划入"名人"之列，他们都对中国的历史进程有着或推动或阻碍的影响，因此，研究名人故居时不应局限于正面人物，对待非正面人物我们也应保护其故居的历史存在价值，挂牌警示后人。如清朝有名的大太监李莲英的宅院便位于海淀区中关村西区，对这个历史形象的评价多为负面，但他对中国晚清宫廷政治的影响是不可小觑的。显然，对此类故居，如果仅仅依据后人对其主人的负面价值判断，就将其排除在"名人故居"之外，是对历史的不尊重，也不利于教育后代。

2. 名人曾在多地居住导致名人故居认定歧义

有些名人不止居住过一个地方，从而留下多处遗存。针对这种情况，很多人认为应挑选出一处来作为名人故居，有人则持不同意见。我们认为，名人在不同住所的生活时段有不同的人生经历，我们可根据在某一住所居住的时候，该名人对社会的政治、历史、文化方面的贡献进行衡量，综合考虑后

---

① 秦红岭：《城默——北京名人故居的人文发现》，华中科技大学出版社，2012年版，第68页。

选择更具有代表性的故居，并且可以不局限于一个。例如鲁迅先后住过绍兴会馆、八道湾11号院、砖塔胡同61号以及西三条胡同21号院。前两处住所与外界隔绝，院门深锁，而后两处则深入到百姓中，鲁迅在此了解劳动人民的真实生活，掌握了大量的第一手资料，并创作了很多著名的作品，《祝福》便是鲁迅居住在砖塔胡同61号的九个月中完成的。针对这种情况，我们应更着重保护并开发砖塔胡同61号院的文化资源，将鲁迅在此遗址居住时的成就通过挂牌展示的方式向公众进行宣传教育。

3. 名人故居保护应以何种价值为尺度

很多名人故居由于年代久远或者维修不善等原因"看起来破烂不堪"，有些甚至被划为危房并不被列于名人故居的保护名单中，如此以建筑价值为划分依据是不正确的。2012年1月曾为北京古城保护作出重大贡献的两位建筑学家梁思成和林徽因夫妇的故居被拆除，消息一出震惊了所有人。早在2010年6月，国家文物局已将梁林故居认定为不可移动的保护文物，并邀请专家进行实地考察制定具体的保护措施，对故居进行最大限度的修缮。而在两年之后，东城区文化委竟以故居年久失修、陈旧、无人居住、易出现险情为理由，予以拆除。上个世纪三十年代，林徽因的"太太的客厅"曾是很多社会名流进行思想碰撞，议论时局的沙龙场所，直到今天仍是文人骚客谈起的话题，可就在一夜间"太太的客厅"被夷为平地，我们推掉的不只是一幢房子，而是一个世纪的文化积淀。

（二）北京名人故居的开发现状

据统计，目前北京已经确认的名人故居有88处，已经挂牌保护的国家级、市级、区级名人故居有31处。被列入国家重点文保单位的2处，被列为市级文保单位的17处，被列为区县级文保单位的12处，另有3处被列为普查登记项目、5处作为保护院落。[①]北京市域内各级文物保护单位中，全国重点文物保护单位是宋庆龄故居和郭沫若故居，都位于西城区；市区级文保单位有29处，其中东城有11处，有老舍、茅盾、蔡元培、豆腐池毛主席故居、梁启超、欧阳予倩、田汉、毛主席、陈独秀、杨昌济、朱启钤故居；宣武区有11处，有康有为、纪晓岚、朱彝尊、尚小云、余叔岩、谭嗣同、荀慧生、林白水、沈家本、顾炎武和鲁迅的绍兴会馆；西城区有6处，有李大

---

① 吴迪：《名人故居，无法再生的资源》，《北京日报》，2005年7月14日。

钊、鲁迅、程砚秋、梅兰芳、齐白石、张自忠故居；通州有一处，王芝祥故居。①

二 北京城市文化品牌建设的发展现状

（一）什么是城市文化品牌

美国Kelvin lane Keller教授指出，"如同产品和人一样,地理位置可以品牌化。在这种情况下,品牌是根据某个特定的地理名称确定的,品牌的功能,就是让人们认识和了解这个地方,并对它产生一些好的联想。"②城市文化是城市品牌的灵魂，是一座城市居民的心灵住所。由于历史发展进程不同，世界地理位置不同，城市居民的生活习惯不同等条件的差异限制，世界上每个城市都有自己不同的城市文化。

刘文俭在《城市文化解析》一文中把城市文化分为三个层次："一是表层的物质文化,包括城市建筑风格、地理风貌、人造景观、文化雕塑、广场道路等有形物质因素中体现的精神因素;二是中层的行为文化,包括城市法律规章、管理制度、城市形象、行为准则、典礼仪式、组织领导方式以及其他行为方式中所体现的精神因素;三是深层的观念文化,包括城市精神、价值观念、最高目标、风俗习惯、道德规范等纯精神观念因素等方面。"③在第一层次物质文化中，城市的建筑和雕塑是一座城市的表面肌理，直接呈现在人们的眼前，例如我们一提到伦敦这座城市，伦敦大本钟、白金汉宫和大英博物馆这些举世闻名的伦敦地标就会出现在眼前，这就是一个城市的文化名片，是其他城市不可复制模仿的。而一提到我们北京，就一定会联想到反映北京古都历史的故宫、天坛，以及国家政治性象征的建筑，如天安门、人民大会堂、毛主席纪念堂、中华世纪坛等等，这些拥有较高认同度的地标组成了北京作为中国首都的庄严肃穆、气势恢宏的城市物质文化。第二层中层的行为文化是城市制度化、规范化的表现形式，它体现了城市居民在生活中如何处

---

① 根据北京市文物局公布《北京文物保护单位》的数据整理得出，http://www.bjww.gov.cn/wbsj/bjwbdw.htm。

② 凯文·莱恩·凯勒：《战略品牌管理》，李乃和译，中国人民大学出版社，2003年版，第124页。

③ 刘文俭、马秀贞：《城市文化解析》，《中共杭州市委党校学报》，2005年第2期。

理人与人之间的关系，百姓与政府之间的领导管理方式，以及城市独有的一些节日典礼仪式，例如北京每天都会在太阳出来之时在天安门广场举行升旗仪式，仪仗队整齐的步伐、干净利索的动作、庄严的国歌这一切都是北京城市文化的重要组成部分，使得每个来北京参观游玩的人都要目睹一下。第三层次是深层的观念文化，这是一种无形的城市文化，它存在于市民的生活习惯、市民的价值观、市民的知识文化水平以及市民的信仰中，这是一种更深层次的城市文化。这种文化品牌是在传播中形成的，传播方式主要分两种，一种是亲自来北京生活过的人群通过与北京市民百姓的接触，了解了北京的人文情态、生活态度从而形成的对北京的印象，再将这种印象传播给身边的人。另一种传播方式是通过多媒体进行表现、传递，例如广播、电视、报纸、网络等宣传北京的城市文化内涵。

（二）北京城市文化品牌建设的现状

北京是国务院首批公布的历史文化名城，也是世界最著名的历史古都之一，蕴含着丰富而悠久的城市文化。在全球化蔓延的今天，文化作为国家最重要的"软实力"已经成为城市发展的深层目的和内在要求，文化决定着城市竞争的胜败已成为普遍的共识。2007年的《城市文化北京宣言》指出："城市建设必须特别重视城市文化建设，城市的形态和布局要认真吸取地域文化和传统文化的营养；城市的风貌和特色要充分反映城市文化的精神内涵；城市规划和建设要强化城市的个性特色。"[①]

2008年北京在万众瞩目下承办了第29届奥林匹克运动会，相继提出了"人文奥运""人文北京"的理念，北京奥运会的成功举办不仅为北京留下了更美好的蓝天、清澈的空气、整洁的道路、还有壮观的国家体育馆鸟巢、水立方，更是带动北京全市举行了各式各样的"迎奥运、讲文明、树新风"活动。北京市民不文明的现象减少了，文明的现象增多了。下至幼儿园的小朋友，上至胡同里的耄耋老人，市民兴起了学外语热。通过北京奥运会，北京市民的素质得到了很大的提高，向世界展示了中国悠久而灿烂的文明。

奥运会结束近五年，北京的城市建设并没有松懈脚步，2011年11月2日，北京市公布了"北京精神"表述语——"爱国、创新、包容、厚德"，进一步表达了北京加强城市文化品牌建设的迫切诉求。北京作为全国的政治

---

① 《城市文化北京宣言》，《中国建设信息》，2007年第12期，第7页。

文化中心，具有无可比拟的集聚效应，汇聚了来自全国各地的人才。北京拥有众多高校和科研院所，培养了大批的专业人才，这些人才都是首都文化建设和产业发展的重要资源。其中不仅包括领导人才、管理人才，还有很多享誉国内外的文学家、艺术家和学者，他们共同组成了北京文化建设的中坚力量。除了优秀的人才以外，北京还有着十分深厚的文化生存环境，北京拥有全国最多最著名的文艺团体，有全国水准一流的剧场剧院，北京的人民艺术剧院每天都有高水平的话剧演出，另外在会展交流、影视制作、图书出版和媒体传播交流的等方面也已逐渐趋于成熟。北京的文化市场呈现繁荣局面，带动了市民的文化消费，推动北京全面而和谐地发展，把北京的文化品牌推向全世界。

三　北京名人故居在城市文化品牌建设中的重要作用

北京这座城市之所以迷人不在于美轮美奂的高楼大厦，不在于光怪陆离的灯光霓虹，不在于车水马龙的繁华生活，而在于那无比深厚的文化内涵、丰富多彩的民间文化以及北京的老百姓们在见过太多世事沧桑后的平静、自得其乐的生活态度。在千年的历史更迭中，北京以极大的包容性容纳了每个真心想要生活在这里的人们，无论种族、民族、肤色，正因如此，北京成为了社会名流的聚集地，历史上众多名人都曾在这片热土上留下自己的足迹并深深地爱上这里。如今，这些人留下的遗迹也成为北京这座城市的文化灵魂，代代传承着北京精神的精髓。

（一）四合院、胡同的独有特色见证了历史的变迁

老北京的胡同和四合院不仅是这座城市的基本建筑符号更是北京独特文化的重要载体。自元朝在北京建都后，重新规划的北京城大街主要以南北向为主，胡同则沿着南北大街的东西两侧平行排列。胡同由一个个院落组成，这便形成了最早的四合院。随着时代的变迁，四合院的外部结构和内部装饰形式一直在不停地改进，这种建筑形式被完好地保存下来并发展到极致。到明清时期，北京的四合院约占民居的一半，而北京到底有多少条胡同谁也说不清，有言道"有名的胡同三千五，无名的胡同赛牛毛。"四合院和胡同成为了北京独一无二的建筑财富，是世界建筑史上的一个奇迹，它见证了古城历史的变迁，古老的北京离不开四合院，四合院是北京的精髓，同样古老的

北京也离不开胡同，胡同是这座城市的血脉，它们是推动这个城市的发展的历史标记和线索。

北京的四合院只有在北京才能彰显出它独有的味道，这是一种老北京的味道。如果将四合院原封不动地盖在其他城市，它只能是一幢房子，因为四合院是与北京的庄严静谧的整体氛围相辅相成的，坐落在威严肃穆、气势恢宏的紫金城皇宫外，被高低错落的红墙隔开，这一切都是不可分割的整体，不能复制。随着岁月的变迁，北京城的风貌发生着巨大的变化，但胡同和四合院仍然是北京城街道里随处可见的景观，它们已经成为北京文化精神的灵魂。首都博物馆馆长郭小凌曾说过："可以毫不夸张地说，胡同与四合院是北京城文化包容性、递升性、创造性的源泉之一。"①的确，代代生活在四合院里的北京人血液里流淌着谦和、宽容、随性的性格，是这座千年古城最迷人的文化名片。

（二）浓郁的人文气息是城市文化传承的标记

北京的名人故居承载着北京灿烂历史的演绎，太多名人轶事、重大事件发生在这里。中国伟大的文学家、思想家和革命家鲁迅就曾在西城地域内的八道湾11号院居住、生活过，在这个院落中完成了很多不朽的著作，创作了举世瞩目的不朽篇章，这些佳作对新文化运动都起到了推动作用。1919年8月鲁迅在八道湾11号院居住期间创作了被誉为"中国新文学史上最具思想深度和审美概括力的杰作"《阿Q正传》。鲁迅结束了多年漂泊的生活后，在北京与家人团聚安定下来，深入群众了解世间百态，这里可以说是鲁迅文学事业辉煌的起点。在这里居住的近四年的时间里，鲁迅相继完成了《故乡》《风波》《社戏》《呐喊》《中国小说史略》（上卷），译文《桃色的云》《工人绥惠略夫》《爱罗先珂童话集》等，著作与译文共一百余篇。鲁迅兄弟除了进行文学创作外，还经常邀请一些社会文化名士来家里做客，八道湾11号院成为了当时名噪一时的周氏沙龙的举办地点，李大钊、蔡元培、胡适、郁达夫、俞平伯、刘半农等学者频频造访。时至今日，我们仍可想象"五四"先驱们在这里纵论时局，提倡革命，畅想新中国愿景的场面。这个院子承载了太多的人文气息，先人已逝，但他们留下的精神价值却以这样的一个载体成为这座城市的永久回忆。复旦大学中文系副教授、鲁迅研究

---

① 首都博物馆：《北京的胡同四合院》，北京燕山出版社，2012年版，第13页。

者张业松认为，八道湾11号院是"五四文学最牛宅邸"，堪称"五四"文学和中国现当代文学"第一故居"，这座拥有如此高的人文价值的院子曾面临多次拆迁威胁，在很多有识之士的努力下，终于被保留下来，现已成为学生的爱国主义教育基地。

（三）丰富的民俗文化是城市个性的象征

老北京城里很多名人故居的设计充满着丰富的民俗文化，这些四合院的装饰、彩绘、雕刻乃至院落种植的花草树木都有其独特的讲究，这些老北京的民俗风格体现着中国传统城市民居设计所推崇的"修身""齐家"的人生观，处处细节的点缀反映了人们对于人与自然和谐相处，对美好生活充满向往的信仰。著名京剧演员梅兰芳先生的故居位于原护国寺大街甲1号（现为9号），梅先生在这里度过了生命中的最后十年。这是一座典型的北京四合院，原为清末庆亲王奕劻王府的一部分，古色古香的小院洋溢着古朴醇厚的文化氛围。梅居的正门门楼两侧摆放着两个雕刻着蝙蝠和鹿形图案的两个门墩，在中国的传统民俗文化中蝙蝠的寓意是"福"，鹿象征着"禄"，这种古老的传统图案表达了故居主人对于"福、禄、寿"这一吉祥含义的美好愿望。进入朱红色的大门，走进门房，就到了正院。院中种植了两棵柿子树、一棵苹果树和一棵海棠树，按照谐音这四棵树合起来寓意着"事事平安"，梅先生就是在这里，每天早起，清晨唱戏，起舞练剑，成为了四大名旦之首。而梅居所在的护国寺大街是以寺庙"敕建大护国隆善寺"而得名的，后来寺庙渐渐遭到损毁，人们在庙里定期举办城市的集会，也就是我们现在说的庙会。在上个世纪，老北京的庙会是极为热闹的，庙会上无论是卖吃的、用的，还是玩的，名目是极全的，有北京本地汉民族的冰糖葫芦、驴打滚、大碗茶，清真的羊双肠、爆肚、炸灌肠等等，各个民族交融在一起，形成了一种独特的"京味文化"。北京以一种宽广的胸怀和开放的心态不断地丰富着自己，在千年历史的演变中多民族融合的民间文化交织在一起，形成了北京特有的容纳百川的城市个性。

四　首都名人故居构建城市文化品牌面临的困境及对策

（一）对外宣传力度不够，人文价值开发不够

北京是一座历史文化古都，具有较强的历史文化资源优势，对这些历史

文化遗产的保护与利用是北京城市文化品牌建设的重要环节。名人故居作为见证城市历史文化脉络的遗产有着不可替代的社会效益和文化效益，但目前对名人故居的开发局限于对历史建筑遗产的保存和修复，对文化资源的利用还不够重视，没有充分强调名人故居的重大历史文化价值、宣传还不够深入，宣传主要偏重于鲁迅、郭沫若、宋庆龄等人的故居上面，缺乏对北京众多名人资源的整体把握，造成了资源的浪费。因此，对于以上问题要求我们有效整合北京的文化名人资源，系统绘制北京名人故居地图，深入考察北京的每一个胡同，通过实地调研挖掘掩藏在那一幢幢古老房子深厚的人文精神和爱国情怀，冯骥才曾说过："故居保护与城市建设并不矛盾，现代城市越是发展，越需要保护名人故居，它们是留下的可以感知的有灵魂的记忆空间。人们走进这一空间，也就走进了历史与文化的情景，去他们生活过的地方感受，和在博物馆看资料的感受是不一样的，会有很多新的发现和感悟。"①名人故居就如同一本本生动的历史教科书存在于我们的城市，他们是一个个文化坐标与城市的高楼大厦并列在一起，为北京这座现代化都市涂抹了人文关怀，因此北京必须立足传统文化和地方特色，梳理出北京名人故居群的整体脉络，借鉴其他国家的优秀经验，尽快制定出保护名人故居方面的相关法律法规，把名人故居这一宝贵的文化资源完好珍藏流传后世。

（二）资金来源匮乏，获得政府支持难

北京地区名人故居日常维护和开发的资金来源主要是政府拨款和自行创收两个方面。目前北京地区除了少数确定为国家级、市区级的几十个已整理开放的名人故居获得政府定期的资金支持外，大部分名人故居都存在经费不足、难以维持、无法可持续发展的问题，造成大量文化资源被弃置。但由于名人故居的房屋维护、内部物品的保藏、日常维护、工作人员的工资等，这些开支累计起来成本很高，单靠政府的财政支持是不现实的，针对这种实际情况，我们认为拓宽名人故居保护的开发渠道是非常必要的，鼓励社会各界人士、企业参与名人故居保护的工作，重视社会捐助的资金来源形式，学习国外的成功经验创立名人故居保护基金会，全面科学的统计名人故居的数量、位置、修缮程度，详细记录成北京名人故居的文化地图。鼓励社会有名

---

① 张志勇：《冯骥才现场考察梁思成林徽因故居后呼吁——北京急需绘制名人故居地图》，《中国艺术报》，2009年8月7日。

的企业家、文化家、名人的后代以及生前好友等认领保护，签订法律文书，以民办公助的形式，借助全社会各方力量切实推动名人故居的保护工作，解决名人故居保护资金来源匮乏的现状。

（三）相关保护政策不完善，主管部门不明确

近年来，北京地区的多处名人故居被拆的消息使人们感到痛心，北京城的可用地变得越来越少，一幢幢故居便成了开发商的眼中钉。由于缺乏完善的保护政策，还未来得及挂牌保护的名人故居被私自夷为平地，宝贵的文化资源大量流失。相关法律法规不健全的问题亟待解决。因此，相关部门必须尽快制定出台《名人故居保护法》，让全国各地的名人故居保护问题有法可依，真正落实，把保护名人故居纳入法律范围。

五　结语

名人故居是北京文化发展史上一颗颗熠熠生辉的明珠，不仅能让后人感受到我们历史长河的灿烂悠久，更重要的是打造了北京文化所独有的文化氛围，让全世界崇尚文化的人们产生一种对文明古都的敬仰，让更多的人了解不同年代的历史，感受名人的高尚精神，深入到他们的生活当中去，触摸北京文化的独有的魅力。名人故居作为一种宝贵的文化资源，在北京城市文化品牌的建设过程中起到了非常重要的促进作用，因此在塑造北京城市文化品牌时应充分重视名人故居开发利用的重要性。

（赵诗雯：首都师范大学文学院文化产业专业硕士生）

"798"的我见我思

张宇忻

听说"798"已经很多年了，很多朋友来过北京，都推荐要去"798"看看，这次终于来到了"798"，然而此时的我也成了文创专业的学生，这次就睁大了眼睛，希望能体会到其中美好的同时，也可以试着提出自己的观点。除此之外，就"798"艺术区，加上自己对于家乡台湾部分文创园区的观察、体验，做一些简单的比较，透过反思，得到更多关于文创园区设计、管理的启发。

事先搜集了一些数据，得知"798"艺术区的前身是国营电子工厂，而老建筑已有50多年的历史，虽然这样的时间并不算长，但它所呈现的却是极难得的包浩斯风格，真的很令人眼睛为之一亮。我们都知道包浩斯对于当代设计产生了多大的启发及影响，但早期的包浩斯风格作品在亚洲却不常见，虽然世界各地都有创意园区，但"798"的规模与建筑真的算是十分有特色。

一 质量控管、卫生加强

"798"可说是创意、设计、绘画、雕刻……许多形式的文化及艺术展现平台，不论之于北京抑或中国，都有着不可或缺的重要性。但走在园区里，在许多小店里逛着，除了手做的创意作品外，更常见的是打着创意却随处可见的商品，并不是商业贬低了其所谓的艺术价值，而是这些东西早已失去了原创性，质量没有把关，甚至是在低廉的纪念品商店买得到的东西，这会使得园区的定位模糊，失去其独特的魅力及吸引力。

另外，"798"艺术区的面积高达60万平方米，卫生间却很少，这是一

个很基本却十分关键的问题。当我们设计一个园区或是空间时，通常希望游客呆的时间长一点，因为这样可以带来更多的收入，然而我们所呈现的内容与环境的舒适程度，在这部分的影响极大，首先内容必须追求丰富多元且引人注目，另外在园区的环境卫生设计上，至少也要达到群众的基本需求，卫生间的数量要多、要干净清洁，且分布位置要与人群移动聚集方向相对应，在这样硕大的徒步、艺术展示空间里，能坐下休息的区域及座椅也很重要。总不能让参观者上个厕所要走十五分钟，脚酸了找不到休憩区，否则这样的空间根本无法留下游客，再访率也很难提高。

然而提起园区内的休憩区，许多人也看准了人潮必能带来饮食休憩的需求，所以园区内有很多的餐厅、咖啡厅、酒吧，这是一正常不过的现象，但如何达成平衡却很难，我们如何安排饮食与艺术的主副角色？如何使两者相辅相成，为参观者营造更完美的环境，而非抢了彼此的风采？

二　可亲近性、可深入性

在交通方面，虽然"798"艺术区不是位于北京的市中心，附近也没有地铁站，但是其地理区域位置仍属合理到达的地方，且这与"798"旧历史空间场域属于工业空间有关。然而我读过"798"的资料，发现外来观光客是其很重要的受众群体，但这样的地理位置，对于短期来到北京的朋友们来说，很难将"798"纳入行程中，因为参观"798"可能得花费一整个白天的时间，所以我认为可以用接驳的方式，以时间、便利性来弥补其较远的距离，尤其是越来越多的中高端消费者选择以自由行的方式观光，这样的安排对于此群体将会是一个很大的诱因。

另外一点，就是进入园区之后，整体的可深入性就受到了很大的挑战，因为虽然有大型的地图以告示牌形式呈现，但却没有免费的园区地图、手册让游客人手一本，这让我十分匪夷所思，地图跟店家简介竟然还要花钱买，我想"798"的单位或许是不想要增加成本、也想避免资源的浪费，所以让真正有需要的游客花钱购买，但相反的，是否思考过有多少的人因为省钱没买地图手册，所以在园区里乱逛，找不到目标，所以他无法意识到我们的存在，更别说实质上的消费，这无疑是对于园区的可深入性、亲近性造成了负面的影响。

三 如何有效数字化

"798"的网站信息并不是非常完整，若我们在网络上百度"798艺术区"我们会进入一个不存在的页面，必须搜寻"798艺术网"才能进入官方网站(http://www.bj798arts.com/index.html)。点击进入一个展览的链接，很多时候我们可以看到艺术家的简介及展览相关推荐，但往往找不到展览位置、开放时间……一些最基本的参观信息，在"798"这样拥有众多独立艺术组织单位的复合式空间里，对于有特定目标的参观群众，没有办法提供多大的帮助。

网页里面的信息很多，但在视觉设计上比较生硬，更令人不解的是近期展览的日期，仍停留在去年。现在数字化的年代，尤其"798"的受众大部分是年轻一代，如何针对主要受众熟悉的媒体接收使用习惯，提供最充分完整有效率的信息，对于空间、单位的营运将可以有很大的帮助。我认为在这部分相比，台湾的文创园区网页，则较有即时性、设计感，如：华山文创园区(http://www.huashan1914.com)，另外所有活动项目前面都会加上分类，方便受众一目了然。

另外从网站上提供信息的角度，可以发现"798"艺术网，并没有好好利用数字化的媒介、技术，使其受众市场及受众碎化扩张，没有额外提供画廊、咖啡厅等网页链接，让大家能深入，做出更个人化的消费。另外在艺术信息部分都会注明艺术家、创作者的名字，但呈现的既有单一作品，也有展览，易造成混淆，其主要营销项目，究竟是展览？还是艺术家个人？是"798"内的各个独立空间、商家？还是"798"艺术区整体?这样的营销，对于建立良性完整的艺术产业链，增添的是更多的暧昧，而不是完整性。

然而"798"艺术网也有部份数字化服务做得十分出色，如：网上展厅，这样的设计，通常大量应用在大型博物馆、美术馆经营，这也反映"798"紧扣艺术核心精神的反应，使艺术以更多元的形式进入人们的生活，不再受限于时间、空间。但除了作品照片，若能附上作品名称及相关文字叙述，信息将会更加完整。

四　展览可以不只是展览

然而我必须说，就我这次的参观经验，认为"798"大部分的展览空间所做的展出都有一定的水平，重要的不是艺术性的高低，而是如何让观众产生共鸣、理解、有想象空间。可以免费或者较低的门票门槛，就可以看到很有启发性的展览，另外因为每个展览空间的专长及重点还是有所区隔，如：现代艺术、陶艺、绘画艺术、雕塑……也增加了整体空间及展出的多样性，这便是艺术区(产业群聚)比起独立展演空间多了的优势。我想相关单位

也花了很大的心力在软件的加强，包含人才的培育及展览的具体内容及呈现方式，如：北京国际设计周，以荷兰为主轴，其出色的设计创意及文化产业，对于文创尚未发展成熟的我们都会是很好的学

习，我也得到很大的启发。

但就展览而言，其实整个园区内我们所看到的一切都是展示，所有对象包含环境都可视为展品，环境与展品可以传达出整个空间及展览的定位、核心，甚至连

组织软件部分的精神也不例外，所以马虎不得。我看到很多展览都在互动性上，下了很多工夫，让参观民众可以透过更多元的方式领略。但在室外空间的部分，我认为还需要加强，大至布满整个园区的电子广告牌、店家门口艺术品的展示、小至店家招牌的设计及位置……如何不显得突兀、与周边环境联结、充分展现品牌精神，便需要加以琢磨，如图片所示，展品不只是摆放，如何保持其良好的状态，更是时常被忽略。

或许是因为场域空间较大，相较于台湾的文创园区，"798"所呈现的艺术面向及形式是很广的。"798"的空间可操作性不容小觑，我认为每个单位都有很大的空间，可以决定其营运方向、呈现的一切，如UCCA可以举办很多讲座、策划展览主题包含现代艺术、设计、城市、人文现象……另外也可以经营商品部。

而反观台湾一般的文创园区，通常可分为餐饮、音乐展演、静态展览三种复合式的空间运用。但在静态展览空间部分，通常是由管理园区的组织策画展览或是开放出租，因此我认为台湾文创园区普遍的艺术成分相对"798"淡了许多，以台北华山文创园区为例，除了目前取得五年经营权的台湾文创发展公司，并没有另一个长驻型的策展团队公司，最常见的都是大型媒体策展集团所办的大型的商展(如：多啦A梦展)，门票约为200台币的大型展出，但是这样的展览，因为主办单位最在意的是活动营销、门票销售及周边商品的开发贩卖，策展质量及水平往往令人失望，展览的核心价值被忽略，包含展示方式、参观动线规划、相关配套加值服务。大家可能好奇，场地开放出租，难道无法增加展览的多元性以及次文化的展现？但是这也是台

湾文创园区令人诟病的地方——场租太贵，所以许多微型创业家、企业、非营利组织，其实是无法跨过这门槛的。

五　场域的复合性

就如前面提到的，在台湾几个较大型的文创园区里，如：华山文创园区、松山烟场、铁花村……在营运模式、空间使用性上，都有一定的共通性，他们的主题策划项目并不受限于特定艺术、文化产业项目，例如：林业文化园区，在此前提下，整体空间使用的复合性及其所能反映的次文化多元性应该是大大增加。通常我们可以简单归纳为音乐展演空间、餐饮空间、静态展览空间，我认为"音乐"在台湾的文创园区中扮演很重要的一个元素，尤其是近年，台湾独立音乐的壮大，连带着音乐现场演出表演受到欢迎，live house、户外演唱会的存在，带来更多的观众，而且在这样动态的演出中，观众及听众不再只是单一接收、消费角色，更主动转化、参与了创作和艺术展现的过程，因此创作者与消费者的界线消失，我认为音乐展演对文创园区的有机性、内部所累积的文化能量，产生了很大的帮助。

另外由于两岸的社会政治结构上的差别，所以文化产业发展的方向也不同，台湾的文创能量，主要累积产生于民间，所以有许多创作者同时也是微型创业者，"手创、手作"便是其最好体现，由此而产生的创意市集，也是台湾文创园区常见的例行性活动。文创园区的创意市集通常在假日举办，如此的时间安排选择可以带来大量人潮，也提供创作者与消费者直接交流的平台，就仿佛在艺术文化生产及消费市场中搭起一座桥，透过各种实时回馈及沟通，能更有效增加创作的商业性，也为消费者带来更符合其需求的产品服务。

最近一年，很多人在关心的则是台北文创园区的另一现象。电影院、大型连锁书店的进驻，在华山开放了一座小型电影院，但其主打项目是艺术及非主流电影，也参与相关影展活动的联映；但诚品书店的出现，让有的专家学者认为其企业定位及特色，会把文创园区拉向一个资本主义猖狂的浮夸世界，台湾文创小巧而随处可生的现状会被取代，进而拉开普遍群众与艺术文化的真实距离。但这是个一体两面的问题，诚品书店的复合式经营策略，无疑可以为文创园区带来更多的人潮，但是其所传达的高端设计与生活风格，有时很容易让受众抱着崇尚膜拜的心理，成为纯粹的消费者，而忽略了自我创作、灵感的生成。

当然同样的问题困境，也或多或少发生在世界各地的文创园区，很多人此时会选择回归到文化产业化的根本问题，然而这就是另一个可以无限扩大延伸的主题，但我认为我们应该回归原点，思考关于究竟希望文创带来什么改变？有了这样的共识前提，再去思考如何善用不同媒介、商业模式、政策，彼此相辅相成、互相制约，去达到所谓的共同目标。

我认为台北与北京文创园区，两者其中一点最大的差异，便是文创园区之于群众的定位、意义，然而这跟城市文化氛围有密切的关系。"798"塑造出的形象是个艺术胜地、画廊、小型美术馆的汇聚地，但根据我的观察，可能是因为呈现内容的专业度，其主要受众就是比较专业、高端的消费者，另外因北京的城市规模太大，"798"所在的位置，无法塑造市民假日随意休闲的去处，与大众的生活还是有段距离。相较于在台北的文创园区，民众可以十分轻松的抵达，时间、交通成本都比较低，有很大部分的民众没有参观目的，可能只是去晒晒太阳、喝喝小酒、随意逛逛，此时的文创园区可以仅仅是个公园。

六　同中求异，异中求同

"798"里的空间或大或小，都是艺术文化的体现，就连建筑体本身也是历史的再现，这是"798"的整体共性，所以在这样的平台与场域，初步应该要锁定相似的受众客群，讨论出大方向的经营目标及任务，才可以塑造出艺术区的和谐感。但同时，我们也要追求并开发自身的特色，在"798"艺术区里，大大小小的艺廊、咖啡厅不下十几间，如何再进一步将市场碎化，提供每个人最享受又满意的选择，才是真正的生存之道，如此一来，各场域、组织也才可能追求最大利益。

所谓"同中求异，异中求同"便是如此，然而回到执行面，究竟如何做呢?除了透过提升服务质量外，提升顾客的品牌忠诚度、口碑营销外，更重要的是如何开发潜在顾客，因为对于外来观光的人口来说，"798"并没有重游性，再次来到"798"的机会不大，此时对外的宣传营销与品牌定位便显得格外重要，如何抓住第一次来"798"的群众，并给予他们最满意、最个人化的服务及选择，所以手册、地图、网站信息便可发挥很大的效用。

七 空间的永续性、有机性

以上所做的分析，很大部分来自于此次参观"798"所得到的观察，不过我相信其中提到得很多论点，不只适用于"798"，更可以套用在世界各地的文化园区规划，这些困境及现象都是所有同类型场域必须经历及面对的。反观我来自的地方，台湾——一个小小的岛，却也拥有各式各样大大小小的超过百个文化园区，我常常觉得这样的现况究竟有没有必要？不论是政府或是商人，似乎都把成立文化园区视为一个拯救产业、复兴传统文化的最省事、最具商业性的终极方法，但若无法创造经营一个有特色且充满人性的空间，并体现出它的完整价值，是否反而造成资源的浪费呢？

因此我认为设计经营文创园区，最核心的目标，就是要让它反映出有机性，透过持续更新的活动、展览，带来人潮，并设计多元的互动展示媒体、方法，增加受众的主动性，不只接受信息更勇于创造概念及作品，并达到让文化艺术进入人们的日常生活，提升城市、全民对于美学、文化内涵的追求。在具备有机性的前提下，更提升园区整体的有续性，我们必须学习最新的概念及技术，但谨慎保守运用，不能只看眼前所产生的正效果及利益，必须同时考虑到所可能存在

的负面影响，凡事不能只看当下"结果"，而是将资源做更有效的分析，把眼光放大放远，将一切变成社会发展进步的"过程"，而这个过程必须有全民的参与。

对比台北最具代表性的华山文创园区、最近诚品集团进驻的松烟文创园区，"798"的规模根本是以倍数计算，而且之于城市及国家的不可或缺性似乎又更大，我想从它的历史空间、发展的历程及现在的样貌，其所面对的困境跟台北有些本质上的不同，如何透过人与空间、时间三者的相互作用，使所有参观者体会到艺术的美好，甚至创造关于北京的阐述及印象，会是"798"艺术区的核心价值之一。

（张宇忻：首都师范大学文学院交换生、台北教育大学文创产业学生）

从受众阅读需求看网络文学盗版问题的解决之道

朱文琪

摘要： 当前，网络文学作品的数量和受众规模在不断扩大，网络文学的市场及其影响力也在向纵深发展。然而，网络文学市场旺盛的需求和网络传播的开放性特征，在网络文学蓬勃发展的同时，网络文学盗版行为愈演愈烈，严重影响到网络文学产业的健康发展。本文旨在通过对网络文学读者的阅读特征及其对版权的认知情况的调查，分析网络文学受众的阅读诉求，以此为基础，来探讨网络文学盗版问题的解决途径。

关键词： 网络文学　盗版问题　受众需求

本文所谈到的网络文学盗版主要包括两种情况，一种以"网络文学盗贴"的形式，即在未经作者允许、相关权利人或者企业组织机构授权的情况下，将其发表的需要支付费用才能有权阅读的文字、图片、网络文学链接转载在未授权发表的网站、论坛、博客、社区等地方，或通过网络邮箱、网盘或其他网络传播方式传播这些未授权传播的讯息的行为。[①]另一种盗版形式主要是一些盗版网站针对原创文学网站热门畅销的小说，有计划地组织网络文学写手创作这些畅销作品的"前传""后传"等作品，并以相似的笔名有意误导读者，利用原创作品的读者基础和影响力短时间内聚集大量的人气和点击率获取利益，如盛大文学签约作者"我吃西红柿"的作品《星辰变》在起点中文网走红后，"读吧网"推出"不吃西红柿"的《星辰变后传》，在网上颇受欢迎，就是属于这一种情况。

---

① 林胜、陈溢洲：《试论网络文学盗贴行为的控制》，《牡丹江大学学报》，2011年第2期，第34~36页。

在网络文学及其阅读方式的选择方面，读者拥有很强的自主性，只有真正把握网络文学读者的阅读诉求，才能更好地制定出控制网络文学盗版的有效举措。因此，我们在探讨如何解决网络文学盗版问题时，有必要先从对网络文学受众的调查入手。笔者自2013年1月29日至2月27日在专业的在线问卷调查平台上向广大的网络文学用户投放问卷，对网络文学读者群体进行调研，共收回问卷209份，其中有效问卷206份。通过对调查数据的分析，并结合与其他相关数据的比较研究，以及更加深入地了解网络文学用户特征和对网络文学的诉求，来探究网络文学盗版防治的可行路径。

一　网络文学受众分析

（一）网络文学受众阅读习惯分析

1. 受众对网络文学题材的差异性选择

不同性别的用户在文学题材的选择上显示出很大的差异性。男性用户更加偏爱玄幻奇幻、武侠仙侠、盗墓探险、科教历史等题材的文学作品，这些题材的文学作品符合男性喜欢刺激、寻求冒险的心理特征，由网络文学作品而生的网络游戏、漫画、电影、周边等衍生产品也是男性用户通常的休闲娱乐选择，这些产品"殊途同归"，其内容共同指向男性读者喜爱的网络文学题材，它们的共通性和相互影响性使得男性用户更加偏好对此类文学题材的选择。相比之下，穿越类，言情类，职场、婚恋、家庭等现实题材的作品多受女性读者的欢迎，这也与女性读者感情细腻、寻求安稳的心理特征相契合，而由网络小说改编的影视剧、动漫及其衍生周边也受到了女性用户的热捧。

2. 受众阅读时间的选择

与传统纸质文学的整本阅读相异，网络文学呈献给读者的是未完结的在线连载小说和完结小说两种形式，网络文学读者每天阅读网络文学的时间也随着阅读形式的不同而产生较大的差异性。喜欢阅读在线连载形式小说的读者每天花费在网络文学阅读上的时间大多少于60分钟，此类读者多是利用学习、工作之余的零碎时间进行网络小说新上传章节的阅读，阅读网络小说对他们来说更多的是一种娱乐休闲，是一种调节紧张的工作、学习状态的方式。

另外有的读者每天用于阅读网络小说的时间超过一个半小时，甚至还有些读者表示"只要在线，随时阅读网络小说"，这类读者大多习惯短时间内完成完结版的网络小说的阅读或者一次性看完所有自己喜爱的更新章节，但是由于网络小说中有相当一部分作品内容量非常可观，这就使得这部分读者每天需要花费大量的时间来阅读网络小说，阅读网文也成为他们生活的重要内容。

3. 受众与文学网站、文学作品的交互分析

接近半数的读者会选择在文学网站随意浏览以获取作者和作品信息，从而择优进行阅读。良好的布局策划和作品推介有助于吸引读者的目光，进而培养读者群体的阅读习惯，保持读者群体对文学网站的忠诚度。除文学网站外，百度、Google等搜索引擎的小说排行榜，百度知道、搜狗问问等互动问答社区，百度贴吧、小说论坛、微博、微信等互动交流平台以及网络小说阅读的评论区也成为读者获取作品信息的重要渠道。同时，调查也发现网络文学读者与网络文学作者以及其他读者的交流性越来越强，一部网络文学作品一旦为读者所喜爱，该作者的其他作品被读者以及周边读者翻阅的可能性较大。因此文学网站有意识地培养"意见领袖"，引导读者关注本网站，也是培养读者忠诚度，建设网站品牌的有效途径。

(二)受众对网络文学版权的认知分析

1. 受众的网络文学版权意识

在我国，网络文学盗版行为十分严重，而盗版内容的广泛存在给了许多读者"投机取巧"的机会，这种免费版网络小说的"易得性"进一步加深了读者"网络信息等同于免费资源"的错误观念，使得读者的版权意识更加淡薄。在对待盗版态度上，有2.91%的被调查者表示赞成，33.5%的被访者表示明确反对，63.59%的被访者选择了中立态度。在明知一部作品为盗版形式时，将近50%的被访者表示会照常阅读。

2. 受众对网络文学盗版原因的认识

当问及网络文学频遭盗版的原因时，大多数读者认为其中重要的原因在于原创文学网站的付费内容太贵。目前原创文学网站的VIP小说价格看似"物美价廉"，但一般付费小说的章节内容庞大，一部完整的网络小说累积下来的支付价格就会非常可观；再者，有相当数量的读者认为"网络文学的本质就在于免费共享"；此外，还有不少读者认为原创文学网站防盗不力是网络文学频遭盗版的重要原因，目前，大量的网络文学盗版网站正朝着规模化

的方向快速发展，对正版文学网站的生存空间构成了威胁。

3. 网络盗版对网络文学及其产业的危害

网络文学盗版现象的持续存在会给原创网络文学网站的发展带来不利影响，网络文学作者的利益也将受到损害。独立文学网站现行的"微支付"付费阅读模式多是以章节付费的形式将收取的费用在作者和网站之间按比例进行分配，原创内容一旦被盗，其可替代阅读途径的存在会大大降低读者的付费意愿，直接导致正版网站大量付费读者和潜在付费读者的流失，原创文学网站则会因浏览量的减少和小说付费收益的降低使己方利益蒙受损失，而作者潜在收入的减少将会严重打击他们创作的积极性，有些作者甚至在作品创作半途搁笔。作为网络文学产业基石的原创文学内容不能得到充分保障，则会严重拖累网络文学行业的产业规模和创意价值效应，进而会遏制网络文学产业的后续发展。再者，盗版网络文学的长期存在使得读者几乎不用付出任何代价就轻易得到付费小说的全部内容，不利于培养读者为智力成果付费的消费意识和消费习惯。

二 基于受众分析对解决网络文学盗版问题的思考

对于网络文学盗版的控制，应该站在受众阅读诉求的角度，主要在加强文学内容建设、调整网络阅读模式、严厉打击盗版等方面下工夫。只有读者觉得获得盗版作品的成本太高或者原创文学网站内容和服务无可取代，付费的价格比较合理时，才真正愿意培养新的消费习惯，这样才能从根源上遏制网络文学盗版行为的扩散。

（一）加强文学网站内容建设，沉淀潜在用户群体

1. 对不同性别用户差异性需求的满足

由于网络传播的开放性、包容性等特征，网络文学题材不断衍生和细分，不同类型的故事适合于不同受众的心理特征和阅读期待。文学网站可以根据自己的受众定位，对原创内容进行有效的筛选和细分归类，并注重用户兴趣的聚合，开设专门的频道，定期策划专题活动，全方位提供相关专题的信息和服务，聘请知名网络作家进行实时创作。这样有区别地选择文学题材进行推送，一方面能够更专业地为细分用户提供服务，进一步拉近作者与读者的距离，另一方面也有助于用户在文学网站可以找到感兴趣的内容，增加

对文学网站的忠诚度。

2. 文学网站"意见领袖"的培养

就网络文学作品的信息获取而言，很多读者的阅读信息是通过与别人的互动交流或者通过其他人的阅读推荐、排行榜获得的，意见领袖在其中的作用非常大。文学网站若在热门作品的评论区、小说论坛，百度贴吧和豆瓣读书等互动平台，以及年轻人常光顾的微博、微信、QQ等即时交流工具上培养起自己的意见领袖，募集资深阅读者和优秀的网络小说书评人活跃在各大互动交流平台进行相关作者和作品的宣传，或者建立知名作者的个人网页，对网站和热门作者作品进行"病毒式传销"，有意识的引导读者选择文学网站，也能吸引大批读者。

3. 调整付费阅读模式，提供产品增值服务

一个网站越是能多方位地实现用户需求，就越容易培养用户对它的忠诚度。对文学网站来说，要使读者群体保持对其持久的关注度，无疑要能够提供明显不同于盗版文学网站的使用体验。首先，文学网站在保证其正常运营的情况下，可以适当调整网站作品的支付价格，完善小说评论区的"道具商城"，如当读者到达一定级别，免费为读者提供霸王票、鲜花、荷包、鸡蛋等道具，吸引读者参与和作者的互动交流；开发更加便捷的支付方式，将部分文学作品以"促销"的形式推荐给读者，以增加读者对网站的忠诚度。再者，授权网站可以为该网站的VIP用户提供增值服务，如为网站的VIP用户提供充值套餐业务或优惠活动；精心设计阅读版面、字体、行间距等，传播网站经营理念，优化阅读环境等。

（二）加强文学网站的盗版防治工作，优化网络文学发展的外部环境

1. 与搜索引擎合作，共同打击盗版

搜索引擎对盗版网站的链接，间接导致了正版文学网站流量和广告的流失。许多盗版网站每天的点击量超过100万次，甚至超过了盛大文学一些子网站的访问量，而这些盗版网站又成为其他盗版网站的源头。如果文学网站与搜索引擎展开合作，就能从地址根源上减除盗版文学网站存在的可能性。根据《信息网络传播权保护指导意见》的相关规定，原创文学网站可以采用由授权网站提供给搜索引擎一定的分成，搜索引擎为权利人提供盗贴网址，再由授权网站进一步查找地址根源，搜集侵权证据，在权利人提供网络文学版权证明后删除盗贴链接，从而遏制网络文学盗版的肆虐。

2. 使用盗版防治技术，追踪打击盗贴文学网站

防盗贴的使用主要是起到控制扩散的作用，可以作为盗版防治的一个重要的辅助手段。在屏蔽源文件技术、数字水印技术等文学网站常用的防盗技术外，2012年盛大创新院自主研发了一套文学作品指纹技术及版权追踪系统并于年底成功应用于盛大文学，该系统通过对网络文学作品进行指纹采集，并对各大盗版网站进行实时监控和数字指纹比对，从而使网络盗版真伪立现。盛大文学的文学作品指纹技术配合搜索引擎的链接追踪行动，使得网络文学维权工作的效率上有了显著提升，也为权利人在开展维权工作时提供了更为翔实的数据支持和依据。①

3. 诉诸法律手段，严厉打击盗版

在网络文学盗版防治道路上，虽然舆论维权能够发挥巨大的作用，能在一定程度上引起公众对互联网知识产权的关注和重视，但是，言论讨伐并不涉及盗版方的"切肤之痛"，诉诸法律手段才是更直接、更有效的盗版防治之策。

"根据相关调查显示，盗版的肆虐使得数字阅读付费率仅为6%，而网络文学的付费率尚不及此"②，盗版极大地影响了网络文学全版权产业链的有效运营，也加大了内容监管的难度。对待网络文学盗版决不能存有"姑息"心态，只有坚持持久、严厉地打击网络盗版，才可能为正版文学网站争取到合理的生存空间。2013年3月，盛大文学配合执法机构，破获了多起盗版网站侵犯著作权集群案件，共抓获二十余名涉案人员，小说5200、读小说网等网站负责人被判处一到三年有期徒刑，若雨中文网、最空网等网站负责人已被刑事拘留，再度彰显了盛大文学不惜一切代价，清除网络盗版毒瘤的决心。③网络文学维权又一次取得了突破性的进展。

4. 完善现行网站注册管理制度，鼓励举报内容侵权的网络文学作品

网络信息更新速度快，作者和授权网站很难及时发现和制止盗版行为，加上很多网络文学盗贴"隐蔽性"强，大型盗版网站一般采取在境外注册站点的方法逃避检查，中小型盗版网站则采用不断更换域名的策略隐身，④侵

---

① 张书乐：《网络文学如何活下去》，http://tech.hexun.com/2013-02-05/150969505.html。

② 《网络文学盗版成灰色产业链 搜索引擎成幕后推手》，http://news.cntv.cn/society/20110605/103552.shtml。

③ 《盗版网站二十余人被捕 盛大文学称对侵犯版权的任何行为都绝不容忍》，http://www.ccw.com.cn/ccwnews/internet/htm2013/20130322_1001429.shtml。

④ 马季：《网络文学透视与备忘》，北京：中国社会出版社，2010年版，第175页。

权人的身份不容易辨认，所以加强对注册网站的信息核实和备案很有必要。在实名登记制度实施的同时，还应提高网络备案信息的透明度，方便信息的公开查询，有利于权利人的维权举证。另一方面，政府部门应联合授权文学网站，在文学网站设立专门的检举中心，便于作者和读者举报涉嫌盗版侵权的网络文学作品，及时公布检举信息并给予检举人合理的报酬补偿，以鼓励公众对于网络文学作品的关注和监督。对于作品投诉的事件，可由授权网站和侵权作者或盗版网站进行协调解决，若检举情况属实，可通过通知公示、法律诉讼等手段维护权利方的合法利益；若情况不符，则应对投诉作者采取一定的处罚，以此来约束胡乱举报的现象。

当下，网络文学盗版问题已经引起了越来越多的关注，然而在目前社会背景下，由于民众观念、阅读需求、网络技术等方面的原因，网络文学盗版行为并不能从根本上消除。我们所能做的就是通过多种手段加强文学网站的内容建设和网络文学盗版的控制和管理，防治侵权行为，以此提高网络文学读者对原创文学网站的忠诚度和粘附性，保护权利人的合法权益。总体看来，对网络文学盗版行为进行有效的控制和管理仍然任重而道远。

（朱文琪:首都师范大学文学院文化产业专业硕士生）

编后语

学刊编余赘语，照例要说上几句。

本卷学刊编辑的时间比较长，有好几个月，时断时续。作为教学、科研之外的一项工作，编辑学刊对我们这些业余编辑来说，几乎是一种折磨。这就像是一顿饭要分N多次吃一样，吃到最后，饥饱与味道差不多全都感觉不到了。

不知为什么，我们总是感到忙碌不堪，做了很多事，又感觉好像什么都没做。过去的2013年，这种感觉并没有减轻。回头想想，做过的那些貌似有意义的事情，真的很有意义吗？实在担心已没有回头一望的勇气了。

忽然想到苏轼的《和子由渑池怀旧》，曰："人生到处知何似，应似飞鸿踏雪泥。泥上偶然留指爪，鸿飞那复计东西。老僧已死成新塔，坏壁无由见旧题。往日崎岖还知否，路长人困蹇驴嘶。"想想编辑学刊的过程，亦可谓"路长人困蹇驴嘶"，我们的劳作恐怕也是鸿爪雪泥了。作者与读者有知如此，大概就是我们的意义吧。

又想起鲁迅笔下的"过客"来。"过客"的宿命是前行，虽然有野百合、也有坟，但还是要不停地走下去。

本卷学刊的部分成果得到首都师范大学文化研究院重大招标课题"北京精神的文化内涵与践行路径研究"的经费资助，也有部分成果得到首都师范大学研究生教育专项经费的资助，在此一并表示感谢。特别要感谢本卷学刊的作者与读者，大家的努力与付出，使本刊得以走得更远！

编者谨记

2013年12月

《燕京创意文化产业学刊》约稿启事

　　近年来，我国文化创意产业蓬勃发展，高等学校、科研机构对文化创意产业的科学研究和学科建设也不断深入。目前，据不完全统计，全国有70余家高校创办了文化创意产业相关专业或招生方向，各级各类文化创意产业研究机构也大批涌现。文化创意产业管理、教学、科研人员已经形成为一个有特色有规模的群体。但是，与此发展不相适应的是，文化创意产业领域的科研成果很难发表，阻碍了文化创意产业学科建设的发展。

　　《燕京创意文化产业学刊》由首都师范大学文学院文化产业系主办，其办刊宗旨是立足于首都北京，面向国内外文化创意产业管理、科研、业界领域，发表科研、教学、管理等方面的优秀研究成果，积极推进文化创意产、学、研三者的深度融合，为繁荣我国文化创意产业做出应有的贡献。

　　《燕京创意文化产业学刊》（2014年卷总第5卷）以首都文化创意产业的发展历史、现状、趋势和问题为主要研究对象，同时兼及全国其他省市文化创意产业发展问题，介绍并分析世界先进国家文化创意产业发展经验。以窗口形式集中反映首都文化创意产业研究者、管理者、从业者的最新研究成果。以一定篇幅反映文化创意产业学科建设的学理性思考和成就。以一定篇幅反映创新平台孵化的成果。

　　衷心欢迎您将未发表的最新研究成果惠寄给我们。论文字数控制在8000～10000字，特约稿不受此限。论文摘要150字左右，不超过200字。关键词3～5个。请您务必提交作者简介（姓名、出生年月、供职单位、职务或职称、学术研究方向与主要成就）。来稿请寄：首都师范大学文化创意产业研究中心（请写明：北京海淀区西三环北路83号，首都师范大学文学院文化产业系包晓光老师收。邮编100089），同时请务必将稿件电子版发送到yjwhcycyxk2009@sina.com；或 baoxiaog@sohu.com；baoxiaoguang@solcnu.net。

请注明真实姓名、工作单位、职称、职务、通讯地址、邮政编码、电子邮件地址等信息。来稿请自留底稿，未用稿一律不退，三个月内未收到录用通知，作者可自行处理。《燕京文化创意产业学刊》第5卷截稿日期为2014年10月31日。本刊常年收稿，择优采用。

附：来稿格式要求

1. 注释。原稿中的引文注释，格式要保持统一。一般要求写成脚注，每页重新编号，不采用随文注和集中注。脚注要按照学术规范注明出处（作者、书名、卷次、译者、出版社、出版年份、页码）。例如：

（1）乌家培等：《经济信息与信息经济》，中国经济出版社1991年版，第145～146页。

（2）高铭暄主编：《刑法学原理》，第3卷，中国人民大学出版社1994年版，第516页。

（3）[德]黑格尔：《美学》，第一卷，朱光潜译，商务印书馆1979年版，第323页。

（4）张敏：《培养创新意识和创新能力》，《光明日报》，1998年9月23日。

（5）黄蓉：《自有云霄万里高》，《中国图书评论》，1998年第4期。

（6）许慎：《说文解字》，四部丛刊本，卷六上，第九页。

（7）英文注释：英文注释格式与中文注释的要求基本一致，只有一些技术上的差别。英文注释的文章名用引号，书名和期刊名用斜体。再次引用同一外文文献，只需注明作者姓名、文献名和页码（请注意斜体部分）。

①专著

Michael S. Werner (ed.), *Concise Encyclopedia of Mexico*, Chicago and London, Fitzroy Dearborn Publishers, 2001, p.366(pp.890~892).

②论文

Peter Kingstone, "Elites, Democracy, and Market Reforms in *Latin America*", *Latin American Politics and Society*, Vol.43, No.3, Fall 2001, p.139.

③文集中的文章

David William Foster, "Tango, Buenos Aires, Borges: Cultural Production and Urban Sexual Regulation", in Eva P. Bueno and Terry Caesar (eds.), *Imagination Beyond Nation: Latin American Popular Culture*, Pittsburgh, University of Pittsburgh Press, 1998, pp.167~168.

（8）互联网资料

如果资料来源于互联网，请注明详细网址。如果网址太长，可注上一级网址，但应使读者能够方便查找。

2. 引文。文稿中引用他人著作或文章中的言论，必须认真核对原文（包括标点符号），并注明原文具体出处。一篇论文中引用同一书名，第二次及以后出现时可省略出版社与出版年代；若引用报刊，第二次及以后出现时可省略报刊名、出版年、期、月、日等。请各位作者务必按照原文认真核对引文，确保无误。

3. 标点符号。一律按照国家技术监督局1995年12月13日发布（1996年6月1日起实施）的《标点符号用法》，准确地使用（请使用中文状态下的标点符号）。

4. 其他要求。正文用五号宋体字。脚注用小五号宋体字。一级标题用三号黑体字，居中。副标题用四号宋体字，加粗。页边距取默认值。论文提要不超过150字，字体用五号宋体。关键词3到5个，字体用五号宋体。论文篇幅在8000～12000字之间。

同一页原稿中有两个以上注释时，按其出现的先后，顺序编列序号①，②，③……（仅有一个注释时，编"①"）。若引用完整的一段话，句号在引号内；若引用不完整的一段话，即引文出现在行文的从句中，句号在引号外。引文内句子后面的问号、感叹号均在引号内。引文内若有省略（含引文里的注或其他符号），请注上省略号。

声明：本刊提倡严谨的学术规范与学术道德，在此方面有瑕疵者，一经发现即取消采用资格。凡投稿给本刊者，本刊视为同意此项要求并自愿受此约束。鉴于本刊人力有限，无法逐句逐段逐篇进行检索，如出现剽窃等违反学术规范与学术道德行为，由作者承担责任。凡涉嫌违反四项基本原则、违法、违纪的言论，本刊一概不予发表。

本刊不收作者版面费。在本刊发表的论文不支付稿酬。

首都师范大学文学院文化产业系

《燕京创意文化产业学刊》编辑部2013年12月